一本书读懂
民法典

张永兵◎著

法律出版社
LAW PRESS · CHINA
北京

图书在版编目(CIP)数据

一本书读懂民法典 / 张永兵著. -- 北京 : 法律出版社, 2021(2025.12 重印)

ISBN 978-7-5197-5433-4

Ⅰ. ①一… Ⅱ. ①张… Ⅲ. ①民法-法典-中国-通俗读物 Ⅳ. ①D923-49

中国版本图书馆 CIP 数据核字(2021)第 044029 号

一本书读懂民法典
YI BEN SHU DUDONG MINFADIAN

张永兵 著

责任编辑 黄琳佳
装帧设计 鲍龙卉

出版发行 法律出版社
编辑统筹 学术·对外出版分社
责任校对 周诗淜 周合芝
责任印制 胡晓雅 宋万春
经　　销 新华书店

开本 710 毫米×1000 毫米 1/16
印张 25.25 **字数** 387 千
版本 2021 年 5 月第 1 版
印次 2025 年 12 月第 6 次印刷
印刷 北京建宏印刷有限公司

地址:北京市丰台区莲花池西里 7 号(100073)
网址:www.lawpress.com.cn
投稿邮箱:info@lawpress.com.cn
举报盗版邮箱:jbwq@lawpress.com.cn

销售电话:010-83938349
客服电话:010-83938350
咨询电话:010-63939796

书号:ISBN 978-7-5197-5433-4 **定价**:76.00 元

凡购买本社图书,如有印装错误,我社负责退换。电话:010-83938349

民法像慈母一样，敞开她温暖的怀抱，

保护着每一个弱小个体的生命、健康、财产……

序 言

2020 年 5 月 28 日，十三届全国人大三次会议表决通过了《中华人民共和国民法典》（以下简称《民法典》），自 2021 年 1 月 1 日起施行。

民法是智慧之法，为人的日常生活提供行为规范和人文关怀。民法以权利为本位，弘扬私法自治，追求人的自我发展与自我实现。《民法典》以平等、自愿、公平、诚信、合法、公序良俗、绿色等为原则，对自然人、法人和非法人组织的诸项私的权利予以全面翔实的规定和保护，其规定与我们每个人都息息相关。我们绝大多数人可能一辈子不会和刑法等法律有交集，但我们无时无刻不在和民法打交道。

在时间跨度上，《民法典》“从出生前管到死亡后”。自然人出生前，涉及遗产继承、接受赠与等胎儿利益保护的，胎儿视为具有民事权利能力；自然人死亡后，死者的姓名、肖像、名誉、荣誉、隐私、遗体等受到侵害的，其配偶、子女、父母有权依法请求行为人承担民事责任，死者没有配偶、子女且父母已经死亡的，其他近亲属有权依法请求行为人承担民事责任。

在调整内容上，《民法典》“从人身管到财产”。《民法典》物权编调整物的归属和利用关系，《民法典》合同编调整交易关系，《民法典》人格权编调整人格利益，《民法典》婚姻家庭编调整婚姻家庭关系和收养关系，《民法典》继承编调整财富的代际传承关系，《民法典》侵权责任编调整民事权益受到侵害后的保护问题。

人格权编和侵权责任编成为我国《民法典》立法的两大亮点。人格权单独成编彰显了立法者对人格独立、人格自由和人格尊严予以大力保护的决心。侵权责任单独成编彰显了立法者对民事权利予以周全救济的态度。

《民法典》体系庞杂、内容繁多,法条多有晦涩。本书以通俗语言梳理和解读《民法典》中与我们日常生活密切相关的法律制度,并辅以实践中的浅显案例,希望没有法律专业知识的读者能像读故事一样地学习《民法典》,形成法治观念和权利意识,当自身的民事权利受到侵害时能够拿起法律的武器保护自己。

是为序!

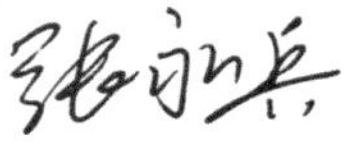

目 录
CONTENTS

总 则 编

物 权 编

人格权编

婚姻家庭编

继 承 编

侵权责任编

总　则　编

第一讲

胎儿的权利：自受胎时起至出生时止

当我的同事小乔老师将她怀孕的好消息告诉丈夫先博士时，他们俩开心极了，甚至给家里这位将要到来的重要成员起了个“先贝贝”的可爱名字。爷爷奶奶开心之余也开始操心起来，时时叮嘱他们要注意安全，嘱咐孕妇不要游泳，不要爬山，不要去健身房，等等。“先贝贝”俨然“已经”成为他们家庭的一分子，成为他们家庭中重要的一位成员。那么，胎儿是家庭成员吗？胎儿有权继承遗产吗？胎儿受到伤害能以自己的名义主张赔偿吗？

胎儿还是婴儿？

出生的事实区分了婴儿与胎儿，出生前母体内的幼体为胎儿，出生后的幼体为婴儿。两者在生命旅程中属于不可分割的自然延续，在法律地位上却又存在一定的区别。

什么是出生？好像无须多言，又好像得作出解释。生活中的词语，如果要赋予它法律意义，总是需要进行精准的界定。有人认为，剪断脐带是出生；有人认为，全部露出是出生；有人认为，一部分露出便是出生；有人认为，独立呼吸才算出生。我们认为，出生包括“出”和“生”，“出”是指与母体分离，“生”是指活着，即以活着脱离母体并开始独立呼吸为出生的时间，至于婴儿存活时间之长短，在所不问。之所以如此计较这个准确的时间点，实属兹事体大，在涉及遗产继承的时候，意义尤其重大，容后说明。值得注意的是，为了惩罚杀婴犯罪行为，刑法将出生时间的认定标准确定为"一部露出"。

出生时间，以出生证明记载的时间为准；没有出生证明的，以登记的时间为准。有其他证据足以推翻以上记载时间的，以相关证据证明的时间为准。王大花与丈夫钟大强在给女儿填写出生日期时遇到了麻烦，出生证明上记载的时间是2018年3月6日，户口本上记载的时间是2018年3月9日，但王大花记得是2018年3月5日。此时应以出生证明上记载的时间为准。

胎儿是"人"吗？

在生活中，人们早已将"胎儿"当成了家庭成员，这个即将到来的新生命也早已成为每日话题之一，仿佛就坐在家人的旁边，但在法律上，还不能完全这样说。《中华人民共和国民法典》（以下简称《民法典》）规定，涉及遗产继承、接受赠与等胎儿利益保护的，胎儿视为具有民事权利能力；但是，胎儿娩出时为死体的，其民事权利能力自始不存在。一方面，在涉及遗产继承、接受赠与等胎儿利益保护时，胎儿视为"人"，即当作胎儿已经存在于世；在不涉及胎儿利益保护时，胎儿不被视为"人"，即不认为胎儿已经存在于世。另一方面，即使是涉及遗产继承、接受赠与等问题，胎儿视为"人"的，如果将来胎儿娩出时是死体，则溯及一开始胎儿就不是"人"，即从来不曾存在于世。小玉来北京出差，约见大学同寝室友小怡，叙旧中得知小怡已有身孕四个多月，小玉满心欢喜，便将所戴手表赠送给腹中胎儿，此时我们视胎儿为"人"，可以作为权利主体，只是因其无行为能力，无法独立完成这个赠与合同，故由母亲小怡代为受赠；如果将来胎儿娩出时是死体，则我们认为胎儿从来不曾存在于世，即不曾为"人"，进而当时小玉对胎儿所作赠与归于无效，所赠手表应当返还给小玉，而非由胎儿母亲小怡取得。

胎儿有权继承遗产吗？

过去的立法认为，胎儿并不具有民事权利能力，也就不是"人"，也就无权继承遗产，但是为了照顾胎儿的利益和未来成长的需要，在遗产继承时，应当为胎儿保留必要的遗产份额，此时胎儿属于被特别照顾，并非继承人。依《民法典》的规定，既然在涉及遗产继承时，胎儿视为"人"，胎儿也就当然有权继承遗产了。此时,胎儿是以自己的名义参与继承,自己本身就是继承人。不过,毕竟胎儿未来能否成为真正的“人”,仍然存在不确定性,因此,遗产分割时,应当保留胎儿的继承份额。胎儿娩出时是死体的,保留的份额按照法定继承办理。

换言之,胎儿继承遗产的,如果出生并存活下去,则该遗产属于婴儿自己的财产;如果出生后婴儿短暂存活数秒便死亡,这继承来的遗产也已经属于婴儿自己的遗产,由婴儿的继承人进行继承;如果出生时便是死体,则其不曾存在于世,也不曾继承过该遗产,这遗产仍然属于原被继承人的遗产,由该人之继承人对此遗产进行继承。田某因意外去世,其遗产综合价值为 80 万元,其父母健在,妻子刘某怀孕六个月。依《民法典》的规定,田某的父母、妻子刘某和胎儿均属于第一顺序继承人,一般情况下由四人平均分配该遗产,胎儿可以继承 20 万元遗产。如果胎儿出生不久便死亡,则该 20 万元遗产属于婴儿自己的遗产,由其唯一的继承人——刘某——继承;如果胎儿出生时是死体,则该 20 万元遗产仍属于田某的遗产,由其继承人——田父、田母、刘某——再次进行继承分割。

胎儿受到侵害怎么办?

胎儿受到侵害,可以自己的名义主张赔偿。王大花的妹妹王小花的丈夫刘发展在下班路上被违章行驶的邓某驾驶出租车撞到,经抢救无效死亡。此时,王小花已有六个月的身孕。王小花腹中的胎儿能否以自己的名义向邓某主张赔偿被抚养人生活费呢?由于涉及胎儿利益保护的,胎儿是独立的“人”,因此,王小花腹中的胎儿可以自己的名义向邓某主张赔偿被抚养人生活费,无须等待出生之后再主张。当然,胎儿母亲因行为人的行为遭受损害的,其也有权请求行为人承担侵权责任,两者互不冲突。胎儿受到侵害,也可以在出生后再主张损害赔偿。

2006 年 11 月 8 日 21 时 25 分,张某之母史某到雅蓝医院产科就诊,经检查诊断:孕 3 产 1 孕 30 +5 周妊娠,枕左前未临产;胎膜早破;先兆早产。2006 年 11 月 12 日 12 时 8 分,史某自然分娩一女即张某,体重 1000 克,诊断为早产儿。2007 年 5 月 10 日,张某在市儿童医院诊断为“中枢性协调障碍”。2009 年 4 月 21 日,市儿童医院诊断为小儿脑性瘫痪,治疗建议为综合康复训练。2008 年 12 月 6 日,张某诉至天山区人民法院,请求法院判令雅蓝医院赔偿伤残赔偿金、医疗费、护理费、精神抚慰金、营养费、误工费、交通费等。经司法鉴定,医方在手术志愿书病历记载中未告知患方剖宫产手术的利弊,对羊水动态监测不够,在整个诊疗过程中只做了一次B超检查,而且对羊水过少可导致胎儿缺少脐带受压等严重后果未详尽告知,医方存在过错与鉴定人目前脑瘫存在间接因果关系,医方过错加大了疾病发展的可能,在疾病发展过程中起辅助作用,因此,患方疾病因素为主要责任,医方过错为次要责任。法院认定雅蓝医院对张某的损害应承担40%的赔偿责任,患方疾病因素为主要责任。判决雅蓝医院赔偿伤残赔偿金、医疗费、护理费、精神抚慰金、营养费等共计30万元。

胎儿死亡还是新生儿死亡?

胎儿受到侵害而导致胎儿死亡或新生儿死亡,存在较大差异。关某、梁某夫妇起诉当地阳江妇幼保健院,认为由于医院的过错使得胎内羊水浑浊导致双胞胎产生危险,最终两个婴儿出生后,其中一个经抢救无效而死亡,要求阳江妇幼保健院赔偿死亡赔偿金。阳江妇幼保健院则认为双胎之一的死婴是胎儿死亡,并非新生儿死亡。双方对此产生根本分歧。法院审查后认为,2015年9月3日下午2时,阳江妇幼保健院的医生对梁某进行剖宫产手术,娩出一死男婴和一活男婴。2015年11月19日,中山大学法医鉴定中心作出司法鉴定意见书,鉴定意见为"梁某之子符合因胎儿宫内窒息引起肺羊水吸入而致急性呼吸、循环功能障碍死亡"。2018年7月4日,广东省医学会作出医疗损害鉴定意见书,鉴定意见部分明确"阳江妇幼保健院的医疗过错行为对产妇梁某双胎之一的胎儿死亡的原因力大小为同等因素,参与度为50%"。从本案的手术记录、护理记录、分娩记录单等相关证据来看,娩出的死婴无呼吸、心率,阿氏评分均为"0"分,经抢救仍无生命体征,属于胎儿死亡。双胞胎之一娩出时没有独立呼吸,亦无其他生命体征,即娩出时为死体,不具有独立的民事权利能力。鉴于本案的损害后果是胎儿死亡,而非自然人死亡,因此,对死亡赔偿金不予支持。从广东省医学会作出的医疗损害鉴定意见书来看,产妇自身存在的高危因素和医方的过错原因力大小相同。胎儿死亡确实会对梁某造成较大的精神伤害,精神损害赔偿请求权应当支持,但死亡赔偿金的请求权,缺乏相应的法律依据。在本案中,若为新生儿死亡,则属于生命权受到侵害,赔偿内容应当包括死亡赔偿金;

若为胎儿死亡，则属于胎儿母亲的健康权或身体权受到侵害，赔偿内容不包括死亡赔偿金，导致胎儿母亲严重精神损害的，可以主张精神损害赔偿。

父母的优生优育选择权

错误出生，是指医务人员因检查中存在过错而导致孕妇生下残疾婴儿。此种情况下，婴儿和孕妇是否可以提起诉讼主张损害赔偿呢？

2006 年上半年，李某因怀孕多次到市妇幼保健院进行检查。2006 年 5 月 20 日，李某到市妇幼保健院进行彩色超声诊断检查，彩色超声诊断报告单称胎儿未见异常。2006 年 7 月，潘某出生，经省儿童医院诊断为先天性心脏病（法乐氏四联征），先天性脊柱侧弯畸形，先天性孤肾。2007 年 12 月 20 日，李某、潘某向区人民法院提起诉讼称，由于市妇幼保健院医生工作粗心大意、不负责任，检查完全流于形式，胎儿多个器官发育缺陷无一被发现，使李某丧失了优生优育选择权，不仅造成婴儿终身痛苦，而且给李某家庭带来沉重的精神和经济负担，请求判令市妇幼保健院承担产前检查漏诊、误诊责任，支付患儿畸形矫治手术费 180000 元、精神损失费 20000 元、残疾赔偿金 182820 元等。

区人民法院依法委托某医院司法鉴定中心进行鉴定，鉴定意见：被鉴定人潘某胎儿时（母体宫内）医方在 B 超检查时未检出左肾缺如，存在过错；医方在 B 超检查时未检出先天性心脏畸形（法乐氏四联征），先天性脊柱侧弯畸形，不存在过错。被鉴定人潘某患有先天性心脏病（法乐氏四联征），先天性脊柱侧弯畸形，先天性孤肾，评定为六级病残。后期医疗费用评估如下：法乐氏四联征手术费用约需 5 万元；先天性脊柱侧弯畸形手术费用约需 5 万元。

潘某是不是本案的受害人呢？实际上，潘某的残疾状态是先天性的，而不是市妇幼保健院的医疗过错行为导致的。换言之，市妇幼保健院的医疗过错行为并未导致潘某遭受损害。因此，潘某并非本案的受害人，不是本案适格的原告。

那么，市妇幼保健院的产前检查行为（诊疗行为）是否存在过错，给李某造成损害后果呢？法院认为，市妇幼保健院的医疗过错行为直接导致了该院未能及时探察和发现胎儿肾脏的发育状况并将该情况及时告知李某、提出终止妊娠的医学意见，进而导致李某亦未能及时进行适时、理性的决定和选择，最终导致李某不得不接受残疾婴儿的出生。市妇幼保健院的医疗过错行为侵害了作为生育主体的李某对母婴保健的知情选择权,给李某造成情感压力和精神痛苦,市妇幼保健院对此应通过支付精神损害抚慰金的方式对李某进行利益填补和精神抚慰。同时,李某因婴儿的出生不得不承担其比一般正常婴儿多出的费用,包括财务与劳力之付出。市妇幼保健院亦应根据其过错程度承担相应的民事赔偿责任。因市妇幼保健院的过错在于未发现胎儿的左肾缺失,对于胎儿的先天性心脏畸形(法乐氏四联征)和先天性脊柱侧弯畸形,产前检查未予发现并不存在过错。因此,市妇幼保健院仅就李某因潘某的左肾缺如而可能增加的额外抚养费用进行经济补偿。对于潘某因先天性心脏畸形(法乐氏四联征)和先天性脊柱侧弯畸形所需的手术费用,李某要求长沙市妇幼保健院赔偿,缺乏事实依据,不予支持。判决市妇幼保健院赔偿李某经济损失 135212 元、精神损害抚慰金 20000 元,驳回李某的其他诉讼请求。

李某和市妇幼保健院均不服一审判决,向市中级人民法院提出上诉。中级人民法院判决:驳回上诉,维持原判。

李某和长沙市妇幼保健院均不服二审判决,向省高级人民法院申请再审。省高级人民法院再审认为,原审法院认定市妇幼保健院对李某的胎儿多器官缺陷均未检出,而导致李某生下先天性多器官缺陷婴儿承担一定的赔偿责任是正确的。双方争议的焦点在于市妇幼保健院是否应当赔偿李某所生婴儿先天性心脏病、先天性脊柱侧弯畸形的治疗费用。司法医学鉴定意见书显示,胎儿存在先天性心脏病、先天性脊柱侧弯畸形的情况彩色超声检查无法检查出来,因此,市妇幼保健院的医疗过错行为与李某所生的婴儿潘某先天性心脏病和先天性脊柱侧弯畸形缺乏法律上的直接因果关系。因此,李某要求赔偿潘某所患先天性心脏病、先天性脊柱侧弯畸形的医疗费用和手术费用,缺乏法律依据,不予支持。判决:维持市中级人民法院作出的二审判决。

李某不服再审判决,向检察机关申请审判监督。最高人民检察院抗诉认为,左肾缺如和先天性心脏病、先天性脊柱侧弯畸形这几种病,始终同存于潘某一人之身,无法分开。鉴于左肾缺如是非常严重的疾病,足以影响孕妇作出是否继续妊娠的决定,如果长沙市妇幼保健院当时检出胎儿左肾缺如,李某就可以及时选择终止妊娠,从而不但避免因残疾婴儿左肾缺如而带来的精神痛苦和各项经济支出,还可以避免因残疾婴儿所患先天性心脏病、先天性脊柱侧弯畸形而带来的精神痛苦和各项经济支出。

最高人民法院再审认为,长沙市妇幼保健院的过错在于未发现胎儿的左肾缺如,对于胎儿的先天性心脏病和先天性脊柱侧弯畸形,其产前检查未予发现并不存在过错。市妇幼保健院在产前检查中未能发现胎儿左肾缺如的过错行为与潘某因患先天性心脏病和先天性脊柱侧弯畸形所致李某可能增加的额外治疗费用之间虽然存在客观上的因果联系,但不具备医疗损害责任纠纷中诊疗行为与损害后果之间的因果关系。判决:维持省高级人民法院再审民事判决。

第二讲

孩子或“熊孩子”：善恶双面体的奇妙存在

5 岁的孩子能打酱油吗？

熟人见面聊天寒暄，三句话离不开孩子。“哟，小宝长这么高了啊！”“上大班了吧？”“马上要进小学了！”“时间真快，小青都 5 岁了，能打酱油了呀！”5 岁的孩子能打酱油吗？这还得从自然人的行为能力说起。

行为能力是一种资格，是指自然人能独立实施法律行为，取得权利、行使权利和设定义务的可能性。你会发现，3 岁孩子可以有自己的玩具，也就是享有对玩具的所有权，会跟一起玩的小伙伴炫耀一下爸爸给他买的喜羊羊玩偶。但他能不能自己去买个玩具回来呢？显然不能！这是因为他没有行为能力，不能独立购买玩具（实施法律行为），只能由他的父母（法定代理人）代为完成购买玩具的行为，然后将玩具归自己所有。那么，几岁的未成年人可以独自实施法律行为，可以实施什么样的法律行为呢？

从新生婴儿到懵懂孩童，从小小少年到青少年，自然人的心智有一个逐渐成长与成熟的过程，会逐渐具备对这个社会中的事物进行认识和判断的能力。这种正确识别事物和判断事物的能力，被称为意思能力，也就是认识和判断自己行为的性质和后果的能力。通俗地说，就是知道自己在干什么，干了有什么后果。为了保护心智尚未完全健全的未成年人免受他人欺骗，立法者将其认定为无民事行为能力人或限制民事行为能力人,并将他们排除在全部或某些正常的交易之外,从而达到保护他们的目的,相关的行为由他们的法定代理人或监护人代为完成。

《民法典》按照“年龄主义 + 有条件的个案审查”标准,根据年龄、智力和精神健康状况,自然人分为完全民事行为能力人、限制民事行为能力人和无民事行为能力人三种。一般情况下,我们根据年龄来判断自然人是否具有民事行为能力,这并不是个绝对科学的标准,因为个体因家庭教育、社会环境等在认知能力上差异巨大,但这是立法能选择的相对合理的标准,因为我们无法做到对每一个自然人都进行精准的综合测试评估。但在例外情况下,我们需要对某个特殊自然人的行为能力进行单独的审查认定。20 岁的刘立在商场购买了一台笔记本电脑,后刘立的父母告知商场,刘立是精神病人,要求退货,商场拒绝。刘立的父母起诉到法院,要求法院认定刘立所签订的买卖合同无效。在诉讼中,刘立的父母提出刘立患有精神病,要求宣告刘立为无民事行为能力人,此时法院应当中止原诉讼,按特别程序对宣告刘立为无民事行为能力人立案审理。应对刘立进行法医精神病司法鉴定,从而确定其是否有行为能力。

(1)完全民事行为能力人。完全民事行为能力人,是指心智已经健全,能够认识到自己所从事的一切行为的性质和后果的人。这类人可以自己独立实施所有法律行为,不再需要他人代为实施或者事先征得他人同意才能实施。就年龄而言,成年与完全行为能力是同一概念,以成年为自然人具备完全民事行为能力的标准。18 周岁以上的自然人为成年人,是完全民事行为能力人;16 周岁以上的未成年人,以自己的劳动收入为主要生活来源的(能够以自己的劳动取得收入,并能维持当地群众一般生活水平的),视为完全民事行为能力人。

(2)限制民事行为能力人。限制民事行为能力人,是指心智已有一定的成长发育,能够认识到一部分行为的性质和后果,但仍有一部分行为的性质和后果超出其认知范围的人。此类人可以自己独立实施和自己的年龄、智力、精神健康状况相适应的法律行为,其他行为仍然需要由他的法定代理人代理,或者事先征得他的法定代理人的同意,或者事后得到他的法定代理人的追认。8 周岁以上的未成年人属于限制民事行为能力人;不能完全辨认自己行为的性质和后果的成年精神病人或老年人也属于限制民事行为能力人。是否与行为人的年龄、智力、精神健康状况相适应,可以从他的具体年龄、生活习惯、行为与本人生活的关联程度,行为标的数额等方面加以认定。比如同样是限制民事行为能力人,9 岁的孩子和 15 岁的孩子,其认知能力存在较大差异,需要区别认定。

(3)无民事行为能力人。无民事行为能力人,是指心智尚未成长发育到能认识到行为的性质和后果的人。此类人辨认识别能力仍然非常欠缺,不能独立从事民事活动,所有的行为应当由他的法定代理人代理。当然,这只是法律上的一种处理方式,谁也无法否认,6 岁的孩子也已经有一定的认知能力,人小鬼大的小大人比比皆是,法律规定显然和实际并不完全契合,但这就是法律的局限性,立法者明知此种现实,仍然不得不划定一个年龄标准,进行"批处理"。不满 8 周岁的未成年人、不能辨认自己行为的成年人(包括精神病人和老年人)以及不能辨认自己行为的 8 周岁以上的未成年人,属于无民事行为能力人。6 岁的小朋友天天将自己的手表扔到了路边,被路过的田某拾得,田某能不能取得手表的所有权呢?如果手表是遗失物,田某拾得遗失物之后,按照《民法典》的规定,应当通知失主领取,不知道失主的应当送交公安等有关部门;如果手表是无主物,田某拾得后构成先占,可以因此取得手表所有权。小朋友天天为无民事行为能力人,他所实施的抛弃手表的法律行为是无效的,也就是说,他对手表的所有权并未消灭,田某拾得手表,属于拾得遗失物,应当返还给天天,不能因此取得手表的所有权。

那么 5 岁的孩子到底能不能打酱油呢?类似的情形还有:6 岁的孩子到包子铺买一个包子、一杯豆浆,到文具店买一支笔,到冷饮店买个冰棒,等等。如果按照前面所说,这些行为无民事行为能力人都不能单独实施,需要法定代理人代理。但实际生活中,这种事情每天都数以亿计地发生着。这就是习惯法在发挥作用,习惯法也是民法的法律渊源,同样是民法的组成部分,只要不违反法律、行政法规的强制性规定和公序良俗原则,我们都是认可它的效力的,所以 5 岁的孩子买一瓶酱油的行为并不会无效。德国民法中的"零花钱规则"也体现了同样的理念,即无民事行为能力人用自己的零花钱实施日常生活中简单的、自己可以认知的行为可以有效。

父母能"套路"孩子的压岁钱吗?

9 岁的小军跟着爸爸妈妈回老家过春节,春节期间小军随爸爸妈妈给长辈拜年时,长辈总是会给小军一个红包,作为压岁钱。还没几天时间,小军就“收获颇丰”。直到一家人年后从老家带着满车的土特产回到自己家,妈妈对小军说:“军军啊,你的压岁钱妈妈先给你保管,等你长大了再给你。”那么,孩子的压岁钱能不能自己保管?父母能不能花孩子的压岁钱?

长辈给晚辈压岁钱,在民法上实际上属于赠与合同关系,即在长辈与晚辈之间成立一个赠与合同,长辈为赠与人,晚辈为受赠人,受赠人因长辈的赠与行为而取得压岁钱的所有权。该赠与合同属于民法上的纯获利益的民事法律行为。

8 周岁以上的未成年人属于限制民事行为能力人,能够独立实施纯获利益的民事法律行为,或者与自己的年龄、智力、精神健康状况相适应的民事法律行为;不满八周岁的未成年人,属于无民事行为能力人,不能独立实施民事法律行为,应由其法定代理人代为实施。同时,自然人从出生时起便具有民事权利能力,能够以自己的名义享有权利和承担义务。因此,无论是限制民事行为能力的未成年人还是无民事行为能力的未成年人,都有权利取得压岁钱。两者的区别在于:限制民事行为能力的未成年人可以独立接受长辈的赠与,即独立与长辈订立一个赠与合同,并独立取得压岁钱的所有权;而无民事行为能力的未成年人不能独立接受长辈的赠与,只能由父母代为订立该赠与合同,由于父母是作为孩子的法定代理人身份参与到赠与合同中的,赠与合同的受赠人为孩子,父母并非赠与合同的当事人,因此应由该未成年人取得压岁钱。

当然,如果压岁钱金额较大,则即使是 8 周岁以上的孩子也不能独立保管,应当由父母代为保管,但孩子可以在自己的认知范围内自由支配;如果是 8 周岁以下的孩子,应当由父母代为保管,并由父母代为支配,但应用于孩子的学习生活,不能用于父母的其他生活支出。

“熊孩子”在直播间打赏的钱能要回来吗?

2019 年 11 月,11 岁的宋怡君用其母亲周某的身份证号注册布谷鸟公司游戏第五元素,账户名为“Lemon Tree”,ID 号 99600711。实名认证信息为其母亲周某的手机号和周某的身份信息,周某没有玩游戏的习惯,从未玩过游戏。在 2020 年 4 月,宋怡君趁父母工作不在家利用上网课学习的时间,对布谷鸟公司第五元素游戏产品充值人民币19800元,钱款为宋怡君趁父亲在家时偷偷从他的微信将钱转账到自己的微信,再充值到游戏账号内,父母出门上班后宋怡君就开始玩游戏。宋怡君6月被家人发现在游戏里充钱,周某联系游戏公司协商此为未成年充值行为,认为该服务合同无效,要求游戏运营平台商返还充值费用,同时也按照布谷鸟公司客服人员提出的要求提供了所需的材料。客服随后一直未进行正面处理,以证明证据不足为由拒绝退款,并对游戏账号进行封停。宋怡君的微信并未绑定过银行卡,在注册账号过程中平台没有一个健全的审核识别机制,在不能充分证明是周某本人的情况下草草地完成了账号的注册,说明运营商在监管上存在漏洞。充值购买的装备都是皮肤、小花裙子等,符合宋怡君的年龄和兴趣特征。同期某音打赏主播、某某荣耀也都完成了退款。宋怡君在其个人的抖音账号内发布过玩游戏时的视频截屏,有游戏对象和对话的声音。后周某以宋怡君为原告,以布谷鸟公司为被告提起诉讼。

人民法院经审理后认为,《民法典》规定,8周岁以上的未成年人为限制民事行为能力人,实施民事法律行为由其法定代理人代理或者经其法定代理人同意、追认;但是,可以独立实施纯获利益的民事法律行为或者与其年龄、智力相适应的民事法律行为。宋怡君未经周某同意擅自使用周某的身份证信息、姓名进行注册、充值,该行为应视为宋怡君自己的行为。宋怡君在2019年进行案涉注册、充值消费行为时为11~12周岁,其在2019年12月至2020年6月向布谷鸟公司共支付19800元的大额消费行为明显与其年龄、智力不相符。宋怡君的法定代理人周某在与布谷鸟公司的沟通过程中和案件审理过程中均明确表示对宋怡君的大额支付行为不予追认,故该民事法律行为无效。

《民法典》规定,民事法律行为无效、被撤销或者确定不发生效力后,行为人因该行为取得的财产应当予以返还;不能返还或者没有必要返还的,应当折价补偿。有过错的一方应当赔偿对方由此所受到的损失;各方都有过错的,应当各自承担相应的责任。法律另有规定的,依照其规定。据此,上述民事法律行为无效后,布谷鸟公司应当向宋怡君及其监护人返还充值款。

宋怡君作为未成年人,应将主要精力放在学习上,不应沉迷于游戏;周某作为宋怡君的监护人,应当对宋怡君进行必要的教育、监管并妥善保管好自己的身份证件和账户信息。宋怡君多次、长时间玩网络游戏并对游戏账户进行多笔大额充值,其监护人对孩子的行为未作必要的管束,未能保管好自己的账户、密码等信息,对其监管教育引导具有明显的不足,导致宋怡君能长期发生这样的网络消费。宋怡君的监护人对案涉损失的造成具有过错。布谷鸟公司作为提供网络游戏相关服务的平台,应尽可能采取措施预防未成年人在其平台冒充他人身份注册和大额消费。但在本案诉讼中,布谷鸟公司未能举证证明其在用户注册时采取了充分措施以保证注册人提供的身份信息与本人的一致性,宋怡君得以成功冒用周某的身份信息注册和充值消费。综合考虑合同效力、双方的过错程度和损失情况,本院酌情确定布谷鸟公司向宋怡君返还游戏消费的充值款19800元的60%,即11880元,其余损失由宋怡君及其监护人自己承担。判决:被告布谷鸟公司自本判决发生法律效力之日起10日内向原告宋怡君返还11880元;驳回原告宋怡君的其他诉讼请求。

谁来照顾、教育和保护孩子?

未成年人的心智有一个发育、成长和成熟的过程,在此期间,其人身和财产权益需要得到保护。监护正是对无民事行为能力人、限制民事行为能力人的人身、财产及其他合法权益进行监督、保护的法律制度。

《民法典》规定,父母对未成年子女负有抚养、教育和保护的义务。父母是未成年子女的监护人。以子女出生为发生原因,一直延续到子女年满18周岁。亲子血缘关系和子女未成年状态是其设立和存在的自然基础。

父母担任监护人的,可以通过遗嘱指定监护人。父母与子女血缘关系最近,亲情最浓,父母最关心子女的健康成长和权益保护,所以《民法典》允许父母选择自己最信任、对子女最有利的人担任监护人,既尊重了父母的意愿,也有利于更好地保护被监护人的利益。小昕出生时,母亲难产去世,由父亲田某抚养长大,小昕9岁时,田某被查出癌症晚期,于是订立遗嘱写明:“现有女儿小昕,年龄尚小,我去世后,交由我的好友方某抚养。”一年后,田某去世,小昕的爷爷奶奶要求担任监护人,为此和方某产生争议。方某属于小昕父亲田某遗嘱指定的监护人,小昕的爷爷奶奶是法律规定的监护人,由于遗嘱指定监护具有优先地位,故应当由方某担任监护人。

需要说明的是,如果不是父母担任监护人,其他监护人不得通过遗嘱指定监护;如果父母没有担任监护人,如因侵害被监护人合法权益被撤销监护人资格、因丧失监护能力没有担任监护人等情形，则父母也不能通过遗嘱的形式指定监护人。

如果父母双方的遗嘱指定了不同的监护人，以最后死亡的父母一方的指定为准。小乐的父母不幸先后去世，小乐的父亲在生前立有遗嘱写明："现有儿子小乐，年龄尚小，我去世后，交由我的好友方某抚养。"小乐的母亲在生前立有遗嘱写明："我去世后，小乐交由我的好友顾某抚养。"此时，应当按照小乐的母亲的遗嘱指定为准。

《民法典》规定，未成年人的父母已经死亡或者没有监护能力的，由下列有监护能力的人按顺序担任监护人：(1)祖父母、外祖父母；(2)兄、姐；(3)其他愿意担任监护人的个人或者组织，但是须经未成年人住所地的居民委员会、村民委员会或者民政部门同意。父母是未成年人的当然监护人，在父母有能力担任监护人时，其他有监护能力的人是不能担任监护人的。另外，其他有监护能力的人担任监护人时有顺序的限制，主要目的是防止具有监护资格的人之间互相推卸责任。"其他愿意担任监护人的个人"，主要是指自愿担任监护人的关系密切的其他亲属、朋友，必须经未成年人住所地的居民委员会、村民委员会或者民政部门同意，具有监护能力，有利于未成年人的健康成长。"其他愿意担任监护人的组织"，主要是指有监护意愿和能力的社会组织，他们是家庭监护的有益补充，也可以缓解国家监护的压力。由于监护不仅仅是简单的生活照顾，还要对被监护人的财产进行管理和保护，代理被监护人实施民事法律行为，对被监护人的侵权行为承担责任，因此这类社会组织需要具有良好信誉、有一定的财产和工作人员等条件。

两个或两个以上的其他有监护能力的人都愿意担任监护人时，他们可以协议确定监护人，当然，协议确定监护人应当尊重被监护人的真实意愿；协商不成的，如多个有监护资格的人争当监护人或互相推诿不愿担任监护人，可以由被监护人住所地的居民委员会、村民委员会或者民政部门指定监护人，居民委员会、村民委员会、民政部门或者人民法院应当尊重被监护人的真实意愿，按照最有利于被监护人的原则在依法具有监护资格的人中指定监护人，此时可以不受《民法典》规定的顺序的限制。有关当事人对指定不服的，可以向人民法院申请指定监护人；有关当事人也可以直接向人民法院申请指定监护人。小玉的父母因意外事故去世，小玉的祖父母和小玉的姐姐(具有监护能力)都想担任小玉的监护人,此时小玉的祖父母和小玉的姐姐可以先进行协商,协商不成的,可以按照监护争议解决程序处理,即由被监护人住所地的居民委员会、村民委员会或者民政部门综合各方面情况,按照最有利于被监护人的原则在依法具有监护资格的人中指定监护人。双方对指定不服的,可以向人民法院申请指定监护人;双方也可以直接向人民法院申请指定监护人。

按照《民法典》规定的顺序应当担任监护人的个人认为自己不适合担任监护人,或者认为其他具有监护资格的人更适合担任监护人的,可以进行协商确定监护人;协商不成的,同样可以按照监护争议解决程序处理。小玉的父母因意外事故去世,小玉的祖父母作为第一顺序的监护人,认为自己年事已高,小玉的姐姐(需要具有监护能力,如果小玉的姐姐自己都未成年,还需要监护人照顾的话,显然没有监护能力)各方面条件更好,由其姐姐担任监护人更有利于小玉的成长,可以先与其姐姐进行协商,协商不成的,依法通过监护争议解决处理程序。但在有关组织或法院指定监护人前,小玉的祖父母不得拒绝履行监护职责。

监护人被指定后,不得擅自变更;擅自变更的,仍由变更前被指定的监护人承担责任,擅自变更后的监护人也要根据其过错承担相应的责任。小玉的父母不幸在车祸中丧生,经居民委员会指定,由小玉的爷爷奶奶作为监护人,后小玉的外公外婆提出由他们来做小玉的监护人,小玉的爷爷奶奶同意后,小玉便跟随外公外婆生活。小玉在玩耍时不慎伤到其他小朋友,由谁承担责任?应由小玉的爷爷奶奶承担责任;小玉的外公外婆存在过错的,承担相应的责任。

《民法典》规定了兜底性监护人。没有依法具有监护资格的人的,监护人由民政部门担任,也可以由具备履行监护职责条件的被监护人住所地的居民委员会、村民委员会担任。主要是指被监护人的父母死亡或者没有监护能力,也没有其他近亲属,或者其他近亲属都没有监护能力,还没有符合条件的其他愿意担任监护人的个人或组织的情形。如有的是父母均已去世成为孤儿,有的是父母长期服刑,有的是因一方死亡另一方失踪而成为事实上的孤儿,有的是精神病人的父母因年老无力监护,其他近亲属因经济条件等各种原因也无力监护,等等。如果存在有监护资格的人,但其拒绝担任监护人,则不适用本条,其必须履行监护职责,不可拒绝或放弃,因为监护不仅是权利,更是义务和责任。

《民法典》规定了临时监护制度。有时候监护争议解决程序需要一定的时间，在指定监护人之前，被监护人的人身、财产权益就会处于无人保护状态。在此期间，现行立法规定由被监护人住所地的居民委员会、村民委员会和法律规定的有关组织或者民政部门担任临时监护人。

孩子在父母因疫情等被隔离后由谁来照顾？

《民法典》规定了临时生活照料制度。因发生突发事件等紧急情况，监护人暂时无法履行监护职责，被监护人的生活处于无人照料状态的，被监护人住所地的居民委员会、村民委员会或者民政部门应当为被监护人安排必要的临时生活照料措施。2020 年 1 月 22 日，毕某从武汉回到山东威海老家，随后自己和父母就相继被确诊隔离，留下一对未满周岁的双胞胎无人接管照顾。而千里之外，妻子一家也因封城，被困武汉。正当一家人束手无策、濒临崩溃之时，威海市妇幼保健院派出了经验丰富的医生和护士前来支援，轮流照顾这对双胞胎。2020 年 2 月 24 日，湖北十堰一位老人在家中死亡，社区工作人员在敲老人家的门后，6 岁的孩子把门打开了，社区工作人员发现了已经离世的老人，爷爷离世后他饿了就吃饼干，直到被社区工作人员发现。针对这些让人揪心的事例，《民法典》增加了这一临时生活照料制度。

监护人不用心监护怎么办？

监护人的职责是代理被监护人实施民事法律行为，保护被监护人的人身权利、财产权利以及其他合法权益等。监护人应当按照最有利于被监护人的原则履行监护职责。监护人除为维护被监护人利益外，不得处分被监护人的财产。未成年人的监护人履行监护职责，在作出与被监护人利益有关的决定时，应当根据被监护人的年龄和智力状况，尊重被监护人的真实意愿。监护人不履行监护职责或者侵害被监护人合法权益的，应当承担法律责任。王女士与丈夫刘某经法院调解离婚，10 岁的儿子由刘某抚养，调解书中明确约定位于某花园小区的房产归儿子刘佳个人所有，在离婚后也将房产过户到了儿子名下。两年后，王女士在某房产中介公司看见出卖儿子房产的信息，经了解，刘某近两年嗜赌如命，为了还赌债准备卖掉儿子刘佳的房子。刘某显然并非为了被监护人的利益，因此其不得处分刘佳的房子。相反，如果是因刘佳治疗重大疾病需要或出国留学需要等,为筹措资金,刘某有权卖掉刘佳的房子。如果监护人刘某已经将房子卖给了赵某,出卖房屋的行为有效还是无效呢?《民法典》规定,监护人不履行监护职责或者侵害被监护人合法权益的,应当承担法律责任,但并未因此认定监护人和第三人进行的交易无效。

《民法典》规定,监护人存在严重不当行为的,人民法院根据有关个人或者组织的申请,撤销其监护人资格,安排必要的临时监护措施,并按照最有利于被监护人的原则依法指定监护人。严重不当行为包括:实施严重损害被监护人身心健康的行为;怠于履行监护职责,或者无法履行监护职责且拒绝将监护职责部分或者全部委托给他人,导致被监护人处于危困状态;实施严重侵害被监护人合法权益的其他行为。可以向法院提出申请的有关个人、组织包括:其他依法具有监护资格的人,居民委员会、村民委员会、学校、医疗机构、妇女联合会、残疾人联合会、未成年人保护组织、依法设立的老年人组织、民政部门等。这些个人和民政部门以外的组织未及时向人民法院申请撤销监护人资格的,民政部门应当向人民法院申请。

胡晓璐与曾宇平于 1994 年 9 月 29 日登记结婚,两人在 2012 年育有一女胡某亚,曾宇平于 2013 年 3 月死亡。胡晓璐有长时间吸毒史,并因多次盗窃受到行政拘留及刑事处罚,甚至曾带上胡某亚行窃,对胡某亚健全人格养成有恶劣影响;胡晓璐长期无业,居无定所,无法为胡某亚的基本生活和学习提供保障;胡晓璐精神状况也不稳定,甚至突发精神失常并扬言要杀死胡某亚,对胡某亚的生命安全具有威胁。2018 年 4 月,胡晓璐先后四次实施盗窃,后因盗窃罪被判处有期徒刑 9 个月。在其服刑时,其所在社区居民委员会向法院申请撤销胡晓璐监护人资格,申请指定所在区民政局为胡某亚的监护人,所在区人民检察院支持社区居民委员会起诉。胡晓璐的母亲已年迈,其母亲和哥哥均不愿意担任胡某亚的监护人,曾宇平的母亲以及曾宇平的姊妹也不愿担任胡某亚监护人。人民法院认为,胡某亚父亲已去世,胡晓璐系胡某亚的母亲、法定监护人,其因多次盗窃而被判刑,现尚在服刑中,对胡某亚不能履行其监护之责。另外,胡晓璐有吸毒现象,其思想品行和行为习惯也不利于胡某亚的身心健康和抚养教育,已不适合担任胡某亚的监护人,依法应当撤销其监护人资格。胡某亚近亲属没有监护能力,且没有其他愿意担任监护人的个人或者组织。鉴于胡某亚年纪尚小,涉及成年之前的教育、医疗以及日常生活等费用,若由社区居民委员会担任其监护人则可能不能使其得到妥善安置，而民政部门设立有相关救助机构，指定区民政局担任胡某亚的监护人，更有利于她的生活和成长。故判决：撤销胡晓璐为胡某亚的监护人资格；指定区民政局为胡某亚的监护人。

依法负担被监护人抚养费、赡养费、扶养费的父母、子女、配偶等，被人民法院撤销监护人资格后，应当继续履行负担的义务。这是因为，法院撤销监护人资格，指定他人为监护人，只是改变了共同生活、直接抚养的关系，并不免除监护的职责，被撤销监护人资格的人，仍应履行法定的抚养义务。

被监护人的父母或者子女被人民法院撤销监护人资格后，除对被监护人实施故意犯罪的外，确有悔改表现的，经其申请，人民法院可以在尊重被监护人真实意愿的前提下，视情况恢复其监护人资格，人民法院指定的监护人与被监护人的监护关系同时终止。不得恢复其监护人资格的情况主要有：性侵害、出卖未成年人的；虐待、遗弃未成年人 6 个月以上、多次遗弃未成年人，且造成重伤以上严重后果的；因监护侵害行为被判处 5 年有期徒刑以上刑罚的。邵某某长期殴打、虐待女儿邵某，致其头部、脸部、四肢等多处严重创伤。2013 年又因强奸、猥亵邵某，被法院判处有期徒刑 11 年。母亲王某某自 2006 年后从未看望过邵某，亦未支付抚养费用，致其流离失所、生活无着。邵某因饥饿离家，被人收留。邵某某的父母早年去世，无兄弟姐妹。王某某肢体三级残疾，其父母、弟、妹均明确表示不愿意抚养邵某。人民法院判决，撤销邵某某对邵某的监护权，撤销王某某对邵某的监护权，指定区民政局作为邵某的监护人。本案的情形中，邵某某对邵某有性侵害行为，故其监护权永远不得恢复。

孩子受到性侵害怎么办？

我国刑法对未成年人受到性侵害作出了规定，并加大保护力度。以暴力、胁迫或者其他方法强制猥亵他人或者侮辱妇女的，处 5 年以下有期徒刑或者拘役；聚众或者在公共场所当众犯前款罪（强制猥亵、侮辱罪、猥亵儿童罪）的，或者有其他恶劣情节的，处 5 年以上有期徒刑；猥亵儿童的，依照前两款的规定从重处罚。焦某与前夫离婚后，于 2014 年 7 月与被告人杜某玺结婚，并携带被害人焦某某（女，生于 2004 年 2 月）等四个子女与杜某玺共同生活。2015 年 8 月至 2016 年 1 月，杜某玺趁妻子焦某每天凌晨外出务工之际，多次对焦某某进行性侵害，并威胁焦某某不要将此事告诉他人，否则会将其全家杀害，焦某某因此对杜某玺的行为不敢反抗，也没敢告诉别人。2016 年 1 月，焦某因与杜某玺感情不和闹离婚，领着四个孩子从杜某玺的租房搬出。2016 年 9 月 15 日，杜某玺打电话叫焦某某到其租房来时，焦某某便将以前杜某玺欺负她的事告诉其外祖母周某某，随后周某某领着焦某某到区公安分局报案。区人民检察院以强奸罪对杜某玺提起公诉。法院认为，区人民检察院指控被告人杜某玺犯罪事实清楚，证据确实、充分，予以认定，但指控罪名不当，应予纠正。判决：被告人杜某玺犯猥亵儿童罪，判处有期徒刑 3 年。

加害人被判处刑罚后，得到了刑法的惩罚，此时是否还需要承担民法上的责任呢？答案显然是肯定的。刑法的目的在于惩罚犯罪、保护人民，是国家对行为人违反刑法的犯罪行为的制裁，维护的是社会公共秩序；民法的侵权责任制度的目的在于使受害人所受到的人身和财产损害能够得到填补，主要保护的是受害人的民事权益。所以，加害人的行为在刑法上构成猥亵儿童罪的，在民法上则构成对受害人身体权、健康权的侵害，应当承担相应的侵权损害赔偿责任。未成年人因被性侵害而造成的人身损害，未成年被害人及其法定代理人、近亲属可以请求加害人支付为进行康复治疗所支付的医疗费、护理费、交通费、误工费等合理费用，造成严重精神损害的，还可以主张精神损害赔偿。孔小乐原系厦门市思明区某小学三年级学生，沈某强原系该校孔小乐所在班级实习老师。2017 年 4 月 1 日中午 12 时许，沈某强谎称辅导作业，诱骗其学生孔小乐到其暂住处，在床上对孔小乐实施猥亵导致孔小乐人身伤害。事发后，孔小乐被迫转学，并先后到多家医院的肛肠科、皮肤科、临床心理科、心理健康科进行治疗。沈某强于 2017 年 12 月 11 日被一审法院以猥亵儿童罪判处有期徒刑 3 年 6 个月。孔小乐向法院提起民事诉讼，要求沈某强承担侵权赔偿责任，包括精神损害赔偿。沈某强认为其已经被追究刑事责任，已经使受害人及其家属得到精神抚慰，不应再承担精神损害赔偿。法院认为，沈某强虽被追究刑事责任，但不影响其依法应承担的侵权赔偿责任，沈某强应支付孔小乐因遭受侵害产生的医疗费损失、心理疏导费、陪护人员误工费、律师费、精神损失费、交通费等。判决：沈某强于判决生效之日起 15 日内支付孔小乐各项损失共计 34227 元。

未成年人受到性侵害的，由于受社会传统观念影响，不少遭受性侵害的未成年人及其监护人有所顾忌，从未成年人的名誉、健康成长、成年结婚等现实角度思考，往往不愿、不敢公开寻求法律保护。有的情况是，未成年人年纪尚小，心智较弱，根本没有意识到所受到的侵害对自己来说意味着什么，于是并没有告诉自己的监护人。还有的情况是熟人作案，甚至是监护人自己作案，未成年人因害怕而不敢声张。如果等到未成年人成年之后自己寻求法律救济，往往已经过了法律规定的 3 年的诉讼时效。因此，《民法典》规定，未成年人遭受性侵害的损害赔偿请求权的诉讼时效期间，自受害人年满 18 周岁之日起计算。受害人成年后，脱离家庭了，或者有自主决定能力了，愿意或者敢于主张权利时，诉讼时效期间才开始计算，这样才能最大限度地保护受到性侵害的未成年人。当然，这里规定的是受害人可以行使权利的最晚期间，完全不排除未成年人的法定代理人在其年满 18 周岁之前，代为行使请求权。这里的代为行使请求权，应当是法定代理人向人民法院提起诉讼，人民法院作出生效判决的情形。如果法定代理人选择与加害人“私了”的方式解决纠纷，则受害人在年满 18 周岁之后，仍然可以依据本条的规定请求损害赔偿。

孩子在幼儿园、学校等教育机构受到人身损害怎么办？

据统计，我国在各类教育机构学习的人员总数已经超过我国总人口的 1/5，其中，绝大多数是无民事行为能力人和限制民事行为能力人。如果将他们的父母等近亲属计算进去的话，可以说他们的人身安全牵动着全社会每一个人的心。近年来在校学生人身伤害事故频繁发生，很多还属于重大恶性事故。一旦损害发生，家长和学校之间往往互相指责，家长认为他们把孩子交给学校，一切就应该由学校负责，发生损害，学校全部承担责任；学校认为学生虽然在学校学习，但家长才是孩子的监护人，学校尽到教育、管理职责，不应该承担责任。《民法典》对此作出了规定，明确界定幼儿园、学校和其他教育机构的侵权责任，有利于及时有效地解决纠纷。

《民法典》规定，无民事行为能力人在幼儿园、学校或者其他教育机构学习、生活期间受到人身损害的，幼儿园、学校或者其他教育机构应当承担侵权责任；但是，能够证明尽到教育、管理职责的，不承担侵权责任。这一条的受害人仅限于无民事行为能力人，即不满 8 周岁的未成年人和不能辨认自己行为的精神病人和老年人。由于无民事行为能力人认知较弱，其离开监护人到教育机构之后，监护人就失去了对未成年人的控制，整个教育活动都在学校的控制之下，要让监护人来证明学校的过错，几乎不可能，从公平原则来考虑，法律规定由教育机构承担举证责任，证明自己尽到了教育、管理职责，也就是证明自己没有过错，否则就推定教育机构存在过错。

2012 年 12 月 1 日，6 岁的曾某在株洲市芦淞区四季花舞蹈学校上舞蹈课时摔倒受伤，后在多个医院进行住院治疗。曾某向法院起诉要求舞蹈学校承担赔偿责任。湘雅二医院司法鉴定中心出具司法鉴定意见书认为，曾某下胸段及腰段脊髓重度萎缩，双下肢肌力 0 级，腱反射消失，属于二级伤残。被鉴定人现状系疾病与损伤共同所致可能性大，但难以分清主次，建议其外伤参与度为 40% ~60% 。法院认定，原告实际发生的医疗费、护理费、住院伙食补助费、残疾赔偿金、精神抚慰金、交通费、医疗辅助器具费、司法鉴定费等各项损失共计 1531712. 92 元。被告作为专业舞蹈培训机构，应当预见未成年人特别是不满 10 周岁的未成年人练习舞蹈可能发生的运动损伤，应当在可预见的范围内采取必要的措施防止损伤的发生。本案在诉讼中，被告并未提供充分的证据证明其在教学过程中采用了与受害人年龄、身体发育状况、认知能力等相适宜的教学方法，也未提供充分的证据证明在教学过程中采取了必要的安全措施。根据司法鉴定意见，法院认为由原告曾某与被告四季花舞蹈学校各承担 50% 的责任为宜，即被告赔偿原告曾某 765856. 46 元。法院另外查明，株洲市芦淞区四季花舞蹈学校系被告林艳、邓爱莲共同出资举办，由被告林艳、邓爱莲实际运营、管理，且其庭审中自认学校的学费存入个人账户用于学校日常开支，并未进入学校的专用账户，林艳、邓爱莲又未提交充分的证据证实，四季花舞蹈学校独立经营，故四季花舞蹈学校的财产未完全独立于林艳、邓爱莲。因此，法院认定林艳、邓爱莲对曾某的损失承担连带责任。在此案中，受害人是 6 岁的无民事行为能力人，故应由教育机构证明自己尽到了教育、管理职责，即证明自己没有过错，由于该学校未提供充分证据证明已经采取了必要的安全措施，故法院认定其存在过错，应当承担损害赔偿责任。

哪些情形下，学校无须承担责任呢？因下列情形之一造成的学生伤害事故，学校已履行了相应职责，行为并无不当的，无法律责任：（1）地震、雷击、台风、洪水等不可抗的自然因素造成的；（2）来自学校外部的突发性、偶发性侵害造成的;(3)学生有特异体质、特定疾病或者异常心理状态,学校不知道或者难于知道的;(4)学生自杀、自伤的;(5)在对抗性或者具有风险性的体育竞赛活动中发生意外伤害的;(6)其他意外因素造成的。下列情形下发生的造成学生人身损害后果的事故,学校行为并无不当的,不承担事故责任;事故责任应当按有关法律法规或者其他有关规定认定:(1)在学生自行上学、放学、返校、离校途中发生的;(2)在学生自行外出或者擅自离校期间发生的;(3)在放学后、节假日或者假期等学校工作时间以外,学生自行滞留学校或者自行到校发生的;(4)其他在学校管理职责范围外发生的。

2015年7月8日,周生、戴芬之子周天成(男,生于2008年2月18日)交纳500元参加肖某开办的"蓝天托教"暑期补习。该托教班的作息时间为上午8时30分至11时30分,下午2时30分至4时30分。7月30日上午放学后,周天成回家吃午饭。中午时分,周天成在去蓝天托教补习班的途中,因到附近的王太水库玩水不幸溺水身亡。经查,肖某在本人无教师资格证、未向相关行政管理机构申请获得批准的情况下,以"蓝天托教"的名义招收学生从事有偿教育辅导,且招聘的两名雇员亦无教师资格证。同时查明,民益投资公司取得了王太还建小区还建楼及配套工程用地许可,上述范围包括了王太水库在内,并将该水库远景规划为一处景观水体,由于尚未实际开发该水库,该公司未在该水库周边设置警示标志及其他防护装置。原告周生、戴芬向法院提起诉讼,要求肖某、民益投资公司承担赔偿责任。法院认为,由于周生、戴芬疏于对周天成的安全教育和管理,在午休时间放任其外出无人监护,对周天成溺水事故的发生应承担主要责任。民益投资公司作为王太水库的所有人、管理人,没有尽到应尽的安全保障义务,对周天成溺水死亡事故的发生存在一定过错,应承担次要民事责任。本案事故发生时正值应由家长监护的午休时间,并非托教班实施教学辅导活动期间,事发地点亦非肖某或托教班负有管理责任的场所,肖某对事故的发生不存在过错。而肖某本人是否具有教师资格、其开办托教班是否获得行政审批,与周天成死亡后果的发生并不具有直接和必然的因果关系,无须承担责任。

《民法典》规定,限制民事行为能力人在学校或者其他教育机构学习、生活期间受到人身损害,学校或者其他教育机构未尽到教育、管理职责的,应当承担侵权责任。这里是针对限制行为能力人受到损害的情形。由于限制行为能力人的心智已经渐趋成熟，对事物已有一定的认识和判断能力，对一些容易遭受人身伤害的行为也有了较清晰的认识，因此适用的是过错责任原则，即应当由受害人举证证明学校等教育机构存在未尽到教育、管理职责的过错，教育机构没有责任“自证清白”。另外，在判断学校是否尽到教育、管理职责时可以通过采用客观化的判断标准，即只要证明学校或者其他教育机构违反了法定的教育、管理职责，即可认为其具有过错，应当承担责任。

哪些情形可以认定为学校存在过错呢？根据《学生伤害事故处理办法》的规定，主要有下列情形：(1)学校的校舍、场地、其他公共设施，以及学校提供给学生使用的学具、教育教学和生活设施、设备不符合国家规定的标准，或者有明显不安全因素的；(2)学校的安全保卫、消防、设施设备管理等安全管理制度有明显疏漏，或者管理混乱，存在重大安全隐患，而未及时采取措施的；(3)学校向学生提供的药品、食品、饮用水等不符合国家或者行业的有关标准、要求的；(4)学校组织学生参加教育教学活动或者校外活动，未对学生进行相应的安全教育，并未在可预见的范围内采取必要的安全措施的；(5)学校知道教师或者其他工作人员患有不适宜担任教育教学工作的疾病，但未采取必要措施的；(6)学校违反有关规定，组织或者安排未成年学生从事不宜未成年人参加的劳动、体育运动或者其他活动的；(7)学生有特异体质或者特定疾病，不宜参加某种教育教学活动，学校知道或者应当知道，但未予以必要的注意的；(8)学生在校期间突发疾病或者受到伤害，学校发现，但未根据实际情况及时采取相应措施，导致不良后果加重的；(9)学校教师或者其他工作人员体罚或者变相体罚学生，或者在履行职责过程中违反工作要求、操作规程、职业道德或者其他有关规定的；(10)学校教师或者其他工作人员在负有组织、管理未成年学生的职责期间，发现学生行为具有危险性，但未进行必要的管理、告诫或者制止的；(11)对未成年学生擅自离校等与学生人身安全直接相关的信息，学校发现或者知道，但未及时告知未成年学生的监护人，导致未成年学生因脱离监护人的保护而发生伤害的；(12)学校有未依法履行职责的其他情形的。

《民法典》规定，无民事行为能力人或者限制民事行为能力人在幼儿园、学校或者其他教育机构学习、生活期间，受到幼儿园、学校或者其他教育机构以外的第三人人身损害的，由第三人承担侵权责任；幼儿园、学校或者其他教育机构未尽到管理职责的，承担相应的补充责任。幼儿园、学校或者其他教育机构承担补充责任后，可以向第三人追偿。这里的第三人，是指幼儿园、学校或者其他教育机构以外的第三人，如果是因为幼儿园、学校或者其他教育机构本身的人员的行为造成的损害，则不属于这一条规定的情形。另外，孩子在学校期间监护权是否转移给学校？答案是否定的。监护责任属于监护人应尽的法定职责，并不因孩子在学校就读、住宿而发生转移，仍应由监护人依法履行自身的监护职责。

李仁博与梁京昆系鹅城小学三年级(1)班的同班同学。某日上午第三节体育课接近下课时，在体育教师刘国庆把体育器材放回器材室期间，梁京昆将李仁博绊倒，致使李仁博牙齿碰到篮球杆上受伤。由于梁京昆属于学校的学生，并非教育机构以外的第三人，故不适用该条的规定。梁京昆将李仁博绊倒是造成李仁博伤害的主要原因，其监护人应承担主要责任。同时，由于事故发生在学校上体育课期间，且事故发生时体育教师不在现场，学生处于脱管状态，学校当课教师没有尽到教育、管理职责，对造成李仁博伤害也具有一定的因果关系，但系次要原因，鹅城小学应承担次要责任。法院酌定梁京昆负担60%的责任，鹅城小学负担40%的责任。

2017年3月28日上午8时许，精神病患者柴某奎混入陆平县常乐镇双语幼儿园，将1名3岁学生小张砍伤，小张后经抢救无效死亡。此案属于幼儿园、学校或者其他教育机构以外的第三人实施侵犯他人生命权的行为，适用本条的规定。首先，由柴某奎的监护人承担侵害生命权的赔偿责任。其次，如果幼儿园没有尽到教育、管理职责，如幼儿园的安全保卫工作存在过失，门卫管理制度欠缺或者门卫管理不善，导致校外人员随意进入学校，或者学校将校舍、场地等租给他人使用等，则幼儿园应当承担相应的补充责任。另外，只有在柴某奎的监护人没有能力承担全部侵权责任时，幼儿园才承担相应的补充责任。即幼儿园即使要承担责任，也不是全额补充，而是在其未尽到安全保障义务的范围内确定其应当承担的责任份额。

“熊孩子”惹祸了怎么办？

《民法典》规定，无民事行为能力人、限制民事行为能力人造成他人损害的，由监护人承担侵权责任。监护人尽到监护职责的,可以减轻其侵权责任。有财产的无民事行为能力人、限制民事行为能力人造成他人损害的,从本人财产中支付赔偿费用;不足部分,由监护人赔偿。根据这一规定,无民事行为能力人、限制民事行为能力人造成他人损害的,无论监护人是否有过错,均应承担侵权责任;监护人尽到监护职责的,只是可以减轻其侵权责任,并非免除其责任。在加害人本人有财产时,先用本人财产支付赔偿费用,监护人承担补充责任;加害人本人没有财产时,直接由监护人承担赔偿责任。由于会涉及加害人本人财产承担责任的问题,因此在起诉的时候,受害人应当将实施加害行为的无民事行为能力人或限制民事行为能力人和监护人作为共同被告。

2013 年 6 月 12 日晚,杨小飞、夏瑞各自与自己的朋友分别在位于重庆市武隆区的前贵 KTV 的 4 号和 3 号包房内进行娱乐。杨小飞所在的 4 号包房结账后准备离开时,与 3 号包房内的夏瑞等发生纠纷,工作人员当即进行了劝阻并拨打了报警电话。之后,杨小飞等人离开吧台并走出了负一楼大门,夏瑞等人跟着出来再次与杨小飞等人发生争吵。争吵过程中,夏瑞上前与杨小飞发生扭打,在负一楼楼梯口处,夏瑞持携带的折叠刀捅刺杨小飞的胸腹部。后杨小飞被送往医院,经抢救无效死亡。重庆市第三中级人民法院判决夏瑞犯故意杀人罪,判处有期徒刑 13 年。2014 年 3 月 4 日,杨小飞的父母诉至一审法院,请求夏瑞承担赔偿责任,并要求前贵 KTV 承担补充责任。由于侵权人夏瑞系没有财产的未成年人,根据《民法典》的规定,其侵权行为所产生的民事责任,应由其监护人承担。

前贵 KTV 是否应当承担补充责任?依《民法典》的规定,宾馆、商场、银行、车站、机场、体育场馆、娱乐场所等经营场所、公共场所的经营者、管理者或者群众性活动的组织者,未尽到安全保障义务,造成他人损害的,应当承担侵权责任。因第三人的行为造成他人损害的,由第三人承担侵权责任;经营者、管理者或者组织者未尽到安全保障义务的,承担相应的补充责任。经营者、管理者或者组织者承担补充责任后,可以向第三人追偿。因此,前贵 KTV 是否应当承担责任,取决于其是否尽到安全保障义务。在认定 KTV 所负的安全保障义务时应当考虑其对危险发生的预防能力和对危险本身的控制能力。杨小飞遇害的原因系其在与夏瑞扭打过程中突然遭到捅刺。KTV 作为一般的经营场所没有配备安检设备,不可能对夏瑞随身携带的刀具进行检查。杨小飞是因夏瑞的刑事犯罪行为而受伤,该刑事犯罪是偶然、突发的,即使给予应有的注意和防范,也不可能完全避免刑事犯罪对他人人身的侵害。工作人员在第一次纠纷发生后就即时报了警,已经尽到了安保义务。杨小飞是在结账后离开吧台,并走出大门之后遇害,此时已经脱离了前贵 KTV 工作人员的视线范围。因此,KTV 在提供娱乐服务的过程中,并不存在未履行安全保障义务的过错行为,因此要求 KTV 承担补充赔偿责任的请求不能成立。

《民法典》规定,无民事行为能力人、限制民事行为能力人造成他人损害,监护人将监护职责委托给他人的,监护人应当承担侵权责任;受托人有过错的,承担相应的责任。在此情形,受害人可以将加害人和监护人作为共同被告提起诉讼,也可以将加害人、监护人和受托人一起作为共同被告提起诉讼。

梅浩明与梅某一及其他几个小孩在道路上玩耍,梅某一先用几根杉树枝往梅浩明脸上扔,后用芦苇秆扔向梅浩明,梅浩明被芦苇秆刺中右眼,被送至寻乌县人民医院抢救治疗,后又被送往中山大学附属眼科医院住院治疗。事发时,梅某一的父母梅朝阳、谢某在外地打工,他们已经将其儿子梅某一委托给梅朝阳的父亲梅仁连监护。后梅浩明以梅某一、梅朝阳、谢某为被告提起诉讼,要求损害赔偿。梅朝阳、谢某提出异议,称他们两人不在现场,没有过错,不应承担责任。法院认为,公民享有生命健康权,侵害公民人身权益,依法应当承担侵权责任。被监护人造成他人损害的,应由监护人承担民事责任。监护人将监护职责委托给他人的,应当由监护人承担责任,受托人有过错的,承担相应的责任。本案中,梅朝阳、谢某异议的理由不成立,不予支持。虽然受托人梅仁连在对梅某一监护过程中存在过错,应当承担相应的责任,但因受害人并未起诉受托人梅仁连,故受托人梅仁连无须承担相应的责任。

现实生活中,有时候成年人会挑逗、唆使未成年人从事加害他人的行为。对此,《民法典》规定,教唆、帮助无民事行为能力人、限制民事行为能力人实施侵权行为的,应当承担侵权责任;该无民事行为能力人、限制民事行为能力人的监护人未尽到监护职责的,应当承担相应的责任。教唆人、帮助人应当承担责任,是第一位责任人。被教唆、帮助的无民事行为能力人、限制民事行为能力人,无须承担连带责任;监护人没有尽到监护职责的,才承担相应的责任,即依据监护人的过错程度来确定责任。这是因为，在教唆、帮助未成年人实施侵权行为的情况下，未成年人实际上沦为了教唆人进行侵权时利用的工具，故应由教唆人承担责任。耿某7岁的儿子浩轩平时非常淘气，经常用石头砸别人家的窗户，攀爬树木，摘折花草。某日，浩轩在马路边玩耍时，遇到有装修公司工人用三轮车拉着几块玻璃。邻居李某见状对浩轩说：“你不是很厉害吗，有本事把那个玻璃砸碎，才算你厉害。”浩轩听完后当即就捡起一块石头砸过去，结果导致价值800元的两块玻璃被砸碎。装修公司找到耿某要求赔偿，耿某支付了800元，但随即得知浩轩砸玻璃是邻居李某唆使的，便要求李某赔偿。李某说，“你自己孩子调皮惹祸，当然是你自己负责”，并拒绝赔偿。本案中，浩轩砸玻璃是李某教唆所致，根据《民法典》的规定，李某才是侵权人，损失应由李某来承担。

还能不能网上“晒娃”了？

2020年5月，一位荷兰女士将孙子的照片上传到自己的社交软件个人主页上，被孩子的妈妈以“严重侵害孩子隐私”为由，起诉到法院。法官认为奶奶的行为违反了欧盟的“数据保护指令”，要求其将孩子的所有照片删除，否则将面临每天50欧元、最高1000欧元的罚款。

葡萄牙一家地方法院，要求一对夫妇不得在社交网络上披露他们12岁女儿的照片或相关消息。法官说，子女并不是父母的所属物品，他们也有自己的权利，其中包括对自己照片的使用权。

法国法律规定，父母若未经子女同意，擅自公开他们的私人生活，即属违法，最高可罚款4.5万欧元（约合32万元人民币）及监禁1年；若小孩成年后因此控告父母，父母更可能还要支付巨额赔偿。

意大利罗马法院审理了一起肖像权及隐私权案。一位母亲在社交网络肆意发布16岁孩子的照片，被孩子告上法庭。法庭要求母亲删除所发布的全部子女照片，日后未经子女同意，禁止发布子女肖像或涉及子女隐私的信息，否则将对其处以1万欧元的罚款。

相信喜欢“晒娃”的人看到这些信息，会吓出一身冷汗。实际上，随意将未成年人的照片上传到社交网站上的行为，一方面，存在侵犯未成年人的肖像权和隐私权的法律问题;另一方面,过度分享孩子的照片和私人信息,将孩子的姓名、常出现的地点、学校等信息公开在网络,容易让不法分子有机可乘,还可能造成信息盗用,甚至为孩子引来人身伤害。

第三讲

自然人下落不明:宣告失踪与宣告死亡

徐伟周怎么都没想到,他的母亲单玉梅竟然信仰“全能神”邪教,这个邪教又叫“东方闪电”,是当前国内最具危害性的邪教组织之一。徐伟周劝他的母亲认清邪教本质,脱离该教,结果他的母亲单玉梅一怒之下,离家出走,经家属寻找、公安部门工作,至今没有下落。徐伟周的父亲徐长谦想要卖掉他和单玉梅共有的一套房屋,但被告知需要单玉梅共同在合同上签字,并共同为买房的人办理过户登记。徐长谦单位的同事见徐长谦单身五六年了,想把自己一位离异的亲戚介绍给他处对象,但徐长谦和单玉梅的婚姻关系还没有解除。

宣告失踪有什么作用?

宣告失踪,是指自然人下落不明达到法定期间,经利害关系人申请,人民法院依照法定程序宣告其为失踪人的一项制度。由于自然人下落不明后,其财产处于无人管理的状态,为避免其财产受到侵害,于是可以通过宣告失踪制度,为其确定一个财产代管人,以管理和保护其财产,实现失踪人对他人享有的债权,清偿失踪人对他人所负的债务,清缴失踪人所欠税款等,保护失踪人和利害关系人的利益,维护社会经济秩序的稳定。比如,在上述案例中,徐伟周的父亲徐长谦想要卖掉他和单玉梅共有的一套房屋,但被告知需要单玉梅共同在合同上签字,并共同为买房的人办理过户登记。如果通过宣告失踪制度，将单玉梅宣告为失踪人，则可以指定其丈夫徐长谦为其财产代管人，此时徐长谦即有权对共有的房屋进行出卖。

符合什么条件才能申请宣告失踪？

《民法典》规定，自然人下落不明满2年的，利害关系人可以向人民法院申请宣告该自然人为失踪人。具体而言，需要符合以下几个条件：

首先，自然人下落不明满2年。所谓下落不明，是指自然人持续不间断地没有音讯的状态。这里的2年，从其失去音讯之日起计算；战争期间下落不明的，自战争结束之日起计算；因意外事件下落不明的，自有关机关确定的下落不明之日起计算；登报寻找失踪人的，从登报之日起计算。①

其次，利害关系人向人民法院申请。利害关系人，是指与下落不明的自然人有人身关系或者民事权利义务关系的人，包括被申请宣告失踪自然人的配偶、父母、子女、兄弟姐妹、祖父母、外祖父母、孙子女、外孙子女以及被申请宣告失踪自然人的债权人、合伙人等。多个利害关系人提出宣告失踪申请的，列为共同申请人。

王晓飞曾从卫勤那里借了10万元，后王晓飞下落不明，卫勤找到王晓飞的妻子徐晓媛要求还款，徐晓媛认为这是王晓飞借的钱，应当王晓飞自己还，现在她也不知道王晓飞在哪里。此时，卫勤即属于利害关系人，有权向法院申请宣告王晓飞为失踪人，从而以王晓飞的财产来还债。当然，如果王晓飞的借款构成夫妻共同债务的，卫勤也可以要求徐晓媛以夫妻共同财产来清偿借款的本金和利息。

刘中林系鹤峰县公路管理局代表工。1997年10月刘中林被认定为工伤，并经劳动鉴定委员会鉴定为工伤六级伤残。鹤峰县公路管理局据此给刘中林补发了伤残抚恤金和一次性伤残补助金，并从1996年10月1日起按月发放伤残抚恤金。2014年，鹤峰县公路管理局按当地最低工资标准给刘中林补齐了以

---

① 民法中有一个比较有意思的现象。由于民法中计算期间时，开始的当日并不计算在内，因此我们所说的从某一日起计算，和某一日的次日起计算，实际上是同一个意思。比如从6月28日起计算和从6月28日的次日起计算，实际上都是将6月29日作为开始计算的第一天。这里是从失去音讯之日、战争结束之日、登报之日起计算，都是将下一日作为第一天。

前的伤残津贴差额,以后亦按当地最低工资标准发放伤残津贴。刘中林于 2017 年 2 月 21 日离家出走下落不明,如果已经满 2 年,鹤峰县公路管理局可以作为利害关系人申请宣告刘中林失踪。

利害关系人应当向下落不明人(被申请人)住所地的基层人民法院提出申请。住所地与居住地不一致的,由最后居住地的基层人民法院管辖。只有下落不明人住所地的基层人民法院才有管辖权,利害关系人向其他法院(如非住所地的基层人民法院、中级人民法院、高级人民法院、最高人民法院等)提出申请的,其他法院应当裁定不予受理。住所地是指公民的户籍所在地;经常居住地是指公民离开住所地至起诉时已连续居住 1 年以上的地方,但公民住院就医的地方除外;居住地是指公民实际居住的地方,居住地并不使用户籍或居住时间进行认定。申请符合上述条件的,法院应当受理;反之,裁定不予受理。

最后,由人民法院根据法定程序进行宣告。由于宣告失踪会对自然人的财产利益产生重大影响,因此,必须由司法机关经过严格的程序来进行,即宣告失踪只能由人民法院作出,其他任何机关和个人无权作出宣告失踪的决定。由于宣告失踪案件中,并不存在有争议的双方当事人,不存在原告和被告,仅存在有利害关系的一方申请人,因此,法院审理宣告失踪案件,适用特别程序。人民法院受理后,作出判决前,申请人撤回申请的,人民法院应当裁定终结案件,但其他利害关系人加入程序要求继续审理的除外。

由于下落不明人是否真的下落不明,不能仅根据利害关系人的陈述来判断,故人民法院受理后,应当发出寻找下落不明人的公告。宣告失踪的公告期间为 3 个月。寻找下落不明人的公告应当记载下列内容:(1)被申请人应当在规定期间内向受理法院申报其具体地址及联系方式。否则,被申请人将被宣告失踪、宣告死亡。(2)凡知悉被申请人生存现状的人,应当在公告期间内将其所知道情况向受理法院报告。在公告期间,法院可以根据申请人的请求,清理下落不明人的财产,指定案件审理期间的财产代管人(这里的财产代管人只是案件审理期间的财产代管人,并非最终宣告失踪后指定的财产代管人)。

公告期间,如果下落不明人出现或者已经查明其下落或行踪的,或者说公告期间届满,宣告失踪的事实未得到确认的,应当判决驳回申请。公告期间届满,下落不明人仍然没有音讯,失踪事实确实存在,法院应当判决宣告该公民为失踪人;同时指定失踪人的财产代管人(这里指定了财产代管人之后,案件审理期间的财产代管人如果和最终指定的财产代管人并非同一人,则前者应当将代管的财产移交给后者,并向后者报告财产代管的情况)。两种判决一经送达,即生效力,不得上诉,不得再审。

宣告失踪能不能解除婚姻关系?

由于宣告失踪的法律后果就是法院为失踪人指定财产代管人,对失踪人的财产进行管理,并不改变失踪人和他人之间的人身关系,因此,失踪人与其配偶之间的婚姻关系,并不因宣告失踪而自动解除。如果下落不明人被宣告失踪后,其配偶即与他人结婚,可能构成重婚罪,应当承担刑事责任。如果其配偶想要解除婚姻关系,可以申请宣告死亡,通过宣告死亡来解除婚姻关系;也可以向法院提起离婚诉讼,法院受理后,通过公告送达法律文书,审理后判决离婚,从而解除婚姻关系。

失踪人的财产怎么管?

首先,谁来管?我们知道,法院判决宣告下落不明人为失踪人后,需要为其指定财产代管人。那么指定谁来担任财产代管人呢?《民法典》规定,失踪人的财产由其配偶、成年子女、父母或者其他愿意担任财产代管人的人代管。“其他愿意担任财产代管人”包括其他亲属、朋友,也包括有关组织。代管有争议,或没有前述所列的人,或者前述所列的人无代管能力的,由人民法院根据有利于保护失踪人财产的原则指定的人代管。无民事行为能力人、限制民事行为能力人失踪的,其监护人即为财产代管人。

其次,怎么管?《民法典》规定,财产代管人应当妥善管理失踪人的财产,维护其财产权益。财产代管人因故意或者重大过失造成失踪人财产损失的,应当承担赔偿责任。妥善管理,即尽到善良管理人的义务,亦即能够像管理自己的事务一样来管理失踪人的财产。财产代管行为是因法律的规定而产生的(人民法院依照法律规定指定代管人),代管的目的也不是从中获利,属于无偿行为,因此,我们对财产代管人的注意义务要求较低,仅在故意或重大过失时才承担赔偿责任,财产代管人对因一般过失造成的损害不承担赔偿责任。失踪人的利害关系人可以向人民法院请求财产代管人承担民事责任,并可以按照《民法典》

的规定,向人民法院申请变更财产代管人。人民法院变更财产代管人的,变更后的财产代管人有权请求原财产代管人及时移交有关财产并报告财产代管情况。

财产代管人的管理行为,既包括对失踪人财产的保管,也包括对失踪人享有的到期债权的收取,还包括对失踪人应当履行的义务的履行。如失踪人所欠税款、债务和应付的其他费用,由财产代管人从失踪人的财产中支付。“其他费用”,包括赡养费、扶养费、抚育费和因代管财产所需的管理费等必要的费用。财产代管人要求失踪人的债务人偿还债务的,可以以自己为原告向法院提起诉讼;财产代管人拒绝支付失踪人所欠的税款、债务和其他费用,债权人提起诉讼的,以代管人为被告。但是,如果债务人下落不明,但未被宣告失踪(此时自然也就没有被指定财产代管人),债权人起诉要求清偿债务的,仍以下落不明的债务人为被告,人民法院可以在公告传唤后缺席判决或者按中止诉讼处理。王晓飞曾从卫勤那里借了 10 万元人民币,到期后卫勤找王晓飞偿还借款本息时,发现王晓飞已经被宣告失踪,法院指定其妻子徐晓媛为其财产代管人,此时,卫勤可以直接要求徐晓媛以她代管的王晓飞的财产清偿债务,如果徐晓媛拒绝,卫勤有权以徐晓媛为被告提起诉讼。对王晓飞应当尽到的对儿子小乐的抚养义务,徐晓媛有权从代管的财产中直接支付抚养费。

《民法典》规定,财产代管人不履行代管职责、侵害失踪人财产权益或者丧失代管能力的,失踪人的利害关系人可以向人民法院申请变更财产代管人。此时,存在有争议的双方当事人,故利害关系人应以原代管人为被告起诉,由被告住所地人民法院管辖,并按普通程序进行审理。

邓勇与周兰是夫妻关系,邓小立是两人的儿子。2005 年 9 月 23 日,人民法院根据周兰的申请,判决宣告邓勇失踪,指定周兰为失踪人邓勇的财产代管人。邓勇以个人名义在银行有存款 81 万元。2005 年 11 月 16 日,周兰从失踪人邓勇的个人存款账户上取走存款合共 79 万元,同年 12 月 31 日又取走 1 万元。2005 年 12 月 27 日,邓勇的父母邓普和刘桂香向法院起诉周兰,请求变更失踪人财产代管人。2006 年 5 月 10 日,法院判决变更失踪人邓勇的财产代管人为邓普、刘桂香、周兰。2006 年 7 月 11 日,邓普和刘桂香向法院起诉周兰侵害邓勇财产。法院认为,该银行存款不是周兰的个人财产,属于邓勇和周兰共同所有的财产,周兰对失踪人邓勇所有的财产(包括共有财产)只能代为管理,非因法定事由,不能擅自处分。周兰在取得代管人身份后于几个月内从失踪人邓勇的个人存款账户上取出存款合共80万元,侵犯了失踪人邓勇的财产权益。

《民法典》规定,财产代管人有正当理由的,可以向人民法院申请变更财产代管人。此时不存在争议的双方当事人,不存在原告和被告,由财产代管人提出申请,人民法院比照特别程序的规定进行审理。申请理由成立的,裁定撤销申请人的代管人身份,同时另行指定财产代管人;申请理由不成立的,裁定驳回申请。周世恒被宣告失踪后,由其妻子薛莉代管其财产。后薛莉因患重大疾病须长期卧床休养,则薛莉可以向人民法院申请变更财产代管人。

失踪人又重新出现了怎么办?

人民法院判决宣告下落不明人为失踪人,只是根据所掌握的证据资料进行的法律上的推定,自然有可能和真实情况存在出入,如果被宣告失踪的人重新出现,则应当按照法定程序重新恢复其原有的财产关系状态。所谓失踪人重新出现,是指重新得到了失踪人的音讯,从而消除了其下落不明的状态,可以是本人直接回到原来的生活区域,也可以是有证据证明其确实生活于其他地方。

失踪人重新出现后,人民法院并不会依职权主动撤销宣告失踪判决,必须经由本人或利害关系人向原审法院(下落不明人住所地基层人民法院)提出申请,原审法院通过法定程序作出新的判决,撤销原判决。

宣告失踪的判决被撤销后,原有的财产代管关系终止,财产代管人的代管职责应当相应结束,被宣告失踪的自然人本人就应当恢复对自己财产的控制。财产代管人应当将其代管的财产及其收益返还给该公民,并报告财产代管情况。当然,如果财产代管人为代管财产而支出必要费用的,可以请求本人支付。

宣告死亡有什么作用?

宣告死亡,是指自然人下落不明达到法定期间,经利害关系人申请,人民法院经过法定程序在法律上推定失踪人死亡的一项民事制度。自然人长期下落不明会使其原有的人身关系和财产关系都处于不确定的状态,既不利于保护其财产利益,也不利于利害关系人的人身和财产利益的保护,还不利于维护正常的经济秩序和社会秩序。宣告自然人死亡,是对自然人死亡在法律上的推定,这种推定将产生和生理死亡基本一样的法律效果。[①] 宣告死亡不仅旨在结束被宣告死亡者财产关系的不确定状态，而且旨在结束被宣告死亡者人身关系的不确定状态，保护被宣告死亡者的利害关系人的合法权益。

有了宣告失踪，为什么还需要宣告死亡制度？两者的立法目的不一样，宣告失踪只是为了给下落不明人指定财产代管人，防止其财产因处于无人管理状态而被侵害，实现其债权，清偿其债务，侧重于保护下落不明人本人的合法权益；而宣告死亡则是要彻底结束下落不明人的人身和财产关系的不确定状态，解除其相关的人身关系，因继承开始而分割其合法遗产，侧重于保护下落不明人的利害关系人的合法权益，同时也为了维护正常的经济秩序和社会秩序。

符合什么条件才能申请宣告死亡？

首先，自然人下落不明达到法定期限。一般情况下，自然人下落不明[②]的期间要满 4 年；因意外事件而下落不明的，下落不明的期间要满 2 年；因意外事件下落不明，经有关机关证明不可能生存的，不受时间限制，申请人可以随时申请宣告死亡。

其次，利害关系人向人民法院申请。利害关系人范围与宣告失踪相同，包括被申请宣告失踪自然人的配偶、父母、子女、兄弟姐妹、祖父母、外祖父母、孙子女、外孙子女以及被申请宣告失踪自然人的债权人、合伙人等。多个利害关系人提出宣告失踪申请的，列为共同申请人。利害关系人之间，没有顺序的限制。有的利害关系人申请宣告死亡，有的利害关系人申请宣告失踪，符合宣告死亡条件的，人民法院应当宣告死亡。王晓飞曾从卫勤那里借了 10 万元，后王晓飞下落不明，卫勤找到王晓飞的妻子徐晓媛要求还款，徐晓媛认为这是王晓飞借的钱，应当王晓飞自己还，现在她也不知道王晓飞在哪里。后卫勤向法院申请宣告王晓飞死亡，而王晓飞的妻子徐晓媛向法院申请宣告王晓飞失踪，不同意申请宣告王晓飞死亡，她觉得王晓飞肯定会再回来的。此时，如果符合宣

① 生理死亡，又称自然死亡，绝对死亡，是指自然人生命最终结束的自然事件。这种死亡是生命不可逆的结束的客观真实的认定，并非法律上的推定，这点和宣告死亡不同。

② 这里的下落不明，与宣告失踪的要求相同，从其失去音讯之日起计算；战争期间下落不明的，自战争结束之日起计算；因意外事件下落不明的，自有关机关确定的下落不明之日起计算；登报寻找失踪人的，从登报之日起计算。

告死亡条件，人民法院应当宣告死亡。

利害关系人应当向下落不明人（被申请人）住所地的基层人民法院提出申请。住所地与居住地不一致的，由最后居住地的基层人民法院管辖。申请符合上述条件的，法院应当受理；反之，裁定不予受理。

最后，须经法院依法定程序宣告。人民法院受理后，依照民事诉讼特别程序的规定进行审理。人民法院应当发出寻找下落不明人的公告，宣告死亡的公告期间为1年；因意外事故下落不明，经有关机关证明不可能生存的，公告期间为3个月。

人民法院受理后，作出判决前，申请人撤回申请的，人民法院应当裁定终结案件，但其他利害关系人加入程序要求继续审理的除外。

公告期间，如果下落不明人出现或者已经查明其下落或行踪的，或者公告期间届满，宣告死亡的事实未得到确认的，人民法院应当判决驳回申请。公告期间届满，下落不明人仍然没有音讯，宣告死亡的事实确实存在，人民法院应当判决宣告该公民死亡。

该判决一经送达，即发生法律效力。《民法典》规定，被宣告死亡的人，人民法院宣告死亡的判决作出之日视为其死亡的日期；因意外事件下落不明宣告死亡的，意外事件发生之日视为其死亡的日期。注意这里的死亡日期的认定，既不是下落不明之日，也不是下落不明满4年之日，而是人民法院宣告死亡的判决作出之日。

被宣告死亡的人的婚姻关系怎么处理？

宣告死亡与自然死亡的法律效力相同，也就是按照自然死亡那样来处理下落不明人的人身和财产关系。由于自然人的民事权利能力始于出生，终于死亡，因此被宣告死亡的自然人的民事权利能力、诉讼权利能力、仲裁权利能力也在判决作出之日终止。《民法典》规定，被宣告死亡的人的婚姻关系自死亡宣告之日起消除，其配偶可以再行缔结婚姻而不构成重婚。

被宣告死亡的人的财产关系怎么处理？

被宣告死亡的人，其死亡时间为法院的宣告死亡判决作出之日。自此，其财产变为遗产,按照有效遗嘱或者继承法的规定,由其继承人继承。

邓勇与周兰是夫妻关系,邓小立是两人的儿子。2005 年 9 月 23 日,人民法院根据周兰的申请,判决宣告邓勇失踪,指定周兰为失踪人邓勇的财产代管人。邓勇以个人名义在银行有存款 81 万元。2005 年 11 月 16 日,周兰从失踪人邓勇的个人存款账户上取走存款合共 79 万元,同年 12 月 31 日又取走 1 万元。2005 年 12 月 27 日,邓勇的父母邓普和刘桂香向法院起诉周兰,请求变更失踪人财产代管人。2006 年 5 月 10 日,法院判决变更失踪人邓勇的财产代管人为邓普、刘桂香、周兰。2013 年 3 月 5 日,周兰向法院申请要求宣告邓勇死亡,2014 年 3 月 25 日,法院判决宣告邓勇死亡。邓普、刘桂香与周兰、邓小立就邓勇个人存款账户中的 81 万元存款的继承分割问题,产生了争议,于是因继承纠纷起诉到法院。邓普和刘桂香要求对该 81 万元存款进行遗产分割,而周兰则主张这部分存款已经用于家庭生活支出,不同意作为遗产分割。

法院认为,邓勇被宣告失踪时遗留银行存款 81 万元,其配偶周兰被指定为财产代管人时取走 80 万元,周兰主张款项用于家庭开支及儿子的抚养费,但未能提供证据证实邓勇失踪后家庭存在大额支出,且对于夫妻共同财产,夫妻双方应平等协商使用,即使邓勇失踪,周兰也应在合理范围内使用上述夫妻共同财产,否则有损邓勇的利益。邓勇遗留的银行存款在邓勇被宣告死亡后,扣除家庭合理开支及分割属于周兰的财产后,剩余部分应属于邓勇的遗产。法院酌情确定邓勇失踪期间,周兰的家庭合理开支包括子女的抚养费,可在邓勇的银行存款中支出 10 万元。因此,邓勇的银行存款 81 万元,扣除周兰的家庭开支、子女抚养费等 10 万元,并扣除一半为周兰个人所有,剩余部分[(81 万元 - 10 万元) ÷ 2 = 35.5 万元]应属于邓勇的遗产,由邓普、刘桂香、周兰、邓小立各继承 1/4。由于涉案存款、存折由周兰持有,故周兰应向邓普、刘桂香支付上述款项。

自然人被宣告死亡后,保险公司是否应当赔付保险金?

投保人为被保险人订立以死亡为给付保险金条件的保险合同,被保险人被宣告死亡后,当事人要求保险人按照保险合同约定给付保险金的,人民法院应予支持。被保险人被宣告死亡之日在保险责任期间之外,但有证据证明下落不明之日在保险责任期间之内，当事人要求保险人按照保险合同约定给付保险金的，人民法院应予支持。《民法典》规定，在意外事件被宣告死亡的情况下，意外事件发生之日为死亡日期。因此，如果意外事件发生之日在保险责任期间内，当事人有权要求保险人按照保险合同约定给付保险金。

林保森与太平保险吉林支公司签订人身保险合同，投保金佑人生终身寿险，被保险人为林保森，身故受益人及分配方式法定，保险期间自 2014 年 11 月 25 日零时起至终身止或合同列明的终止性保险事故发生时止。2016 年 11 月 25 日，林保森与杨艳登记结婚，2017 年 7 月 5 日登记离婚。2018 年 2 月 7 日，所涉人身保险合同变更受益人为杨艳。2018 年 10 月 31 日，林保森在随“鲁荣远渔 897”号船出海作业时失踪。2019 年 5 月 8 日，青岛海事法院判决宣告林保森死亡。杨艳要求保险公司支付保险金，保险公司拒绝，杨艳起诉到法院。

法院认为，《保险法》规定，被保险人或者投保人可以变更受益人并书面通知保险人。保险人收到变更受益人的书面通知后，应当在保险单或者其他保险凭证上批注或者附贴批单。投保人变更受益人时须经被保险人同意。林保森同时作为投保人和被保险人，将案涉保险合同受益人变更为杨艳，太平保险吉林支公司已签发变更批单，故保险公司主张案涉保险合同未变更受益人不能成立。法院查明，林保森已交纳 2018 年 11 月 25 日前的保险费。根据青岛海事法院作出的宣告死亡判决，能够认定林保森于 2018 年 10 月 31 日下落不明，因下落不明之日在保险责任期间之内，故杨艳要求太平保险吉林支公司给付 6 万元保险金，符合案涉保险合同约定和法律规定，应当予以支持。

被宣告死亡的人并未实际死亡怎么办？

被宣告死亡从本质上讲是一种拟制的死亡，有可能本人并没有自然死亡或者说真正死亡。下落不明人在被宣告死亡期间，难免会继续生活在社会中，仍然会从事各种民事活动，从吃穿住行到购房置产，不一而足。如果因为下落不明人已经被宣告死亡，便不承认他的民事权利能力和民事行为能力，进而不承认他所实施法律行为的效力，显然也是不合情理的，也不利于维护交易安全和社会秩序。因此，《民法典》规定，自然人被宣告死亡但是并未死亡的，不影响该自然人在被宣告死亡期间实施的民事法律行为的效力。

陈艳与丈夫田平安于1986年结婚,育有一女田娟,一子田浩。田娟生有一女田丽。田平安于2012年外出打工后下落不明,法院在2018年10月8日判决宣告田平安死亡。经查,田平安和陈艳共有房屋一套,田平安名下有股票价值30万元,属于其个人财产。陈艳、田娟和田浩三人平分了房屋的一半份额,每人分得1/6;三人平分了田平安的30万元股票。实际上,田平安并未死亡,2019年年初病重时,立下遗嘱,将其与陈艳共有的房屋中属于自己的部分由儿子田浩继承,股票由田丽继承。其后不久,田平安病逝,一位朋友将遗嘱带回老家,告知其家人相关情况。此案中,田平安在被宣告死亡期间所订立的遗嘱,仍然有效,其遗产应当按照遗嘱的内容进行继承。

《民法典》规定,死亡宣告被撤销的,婚姻关系自撤销死亡宣告之日起自行恢复,但是其配偶再婚或者向婚姻登记机关书面声明不愿意恢复的除外。由于宣告死亡产生与自然死亡相同的法律后果,婚姻关系解除,被宣告死亡的人的配偶可以再行结婚,如果其配偶再婚,则死亡宣告被撤销后,出于对新的婚姻关系的保护,原有的婚姻关系不能自动恢复。有时候,下落不明人失去音讯时间过久,其配偶即使没有再婚,也会觉得双方已经没有感情而不愿意恢复原有的婚姻关系,法律对此予以认可,但其须向婚姻登记机关书面声明不愿意恢复。

《民法典》规定,被撤销死亡宣告的人有权请求依照《民法典》继承编取得其财产的民事主体返还财产;无法返还的,应当给予适当补偿。被宣告死亡的人重新出现,并申请撤销了死亡宣告后,当时对其财产进行继承的前提已经不存在,为平衡双方的利益,加上继承人往往是无偿取得财产,因此,法律允许被撤销死亡宣告的人要求他人返还财产。由于取得财产的人已经将其作为自己的财产进行使用、消费,甚至毁损,导致无法返还,此时如果要求其按照原值折价补偿,也不合情理。因此,立法规定由取得财产的人给予适当补偿。如果该财产已经被第三人合法取得的,第三人可以不予返还,由依继承的规定取得财产的人给予适当补偿。

合 同 编

第四讲

订立合同:实现自己的想法

当你早上醒来想煎两片培根和一个鸡蛋,给自己做个营养的早餐,却发现煤气已经出现预警断气,你拿起手机打开燃气公众号预存500元钱的时候,你订立了一个合同。当你经过安检,刷卡进入地铁站坐地铁上班的时候,你订立了一个合同。当你看到一篇自己喜欢的公众号文章中推荐的广告产品,心动下单时,你订立了一个合同。当你坐在办公室处理文件,给自己的云盘续费时,你订立了一个合同。当你下班逛菜场时,随着一次次扫码支付,你又订立了几个合同。当你晚上宅家在线观看一部付费电影时,你再一次订立了一个合同。也许你还没有意识到,我们已经被合同悄无声息地包围了。每个人每年至少要订立成千上万个合同。正是通过与他人订立一个个的合同,我们实现了自己的想法,得到了自己想要的物品、服务,也给他人提供产品、服务,从而使每个人的生活变得更加美好。

合同具备什么条件才有效?

我们每天都在订立各种各样的合同,但也经常会听到人们说他们订立的某个合同是无效的,那么,合同具备什么条件才有效?什么样的合同又是无效的?这还得从合同的成立说起。

合同的成立,是指双方当事人经过接触、谈判、磋商,对合同的主要条款达成了一致,从而在当事人之间产生了一个合同关系。所谓合同的主要条款,又叫必要条款,是指合同要想成立必须具备的条款。缺少了这些条款,合同就没有成立。能够确定当事人名称或者姓名、标的和数量的,一般应当认定合同成立。合同的内容由当事人约定,一般包括下列条款:当事人的姓名或者名称和住所;标的;数量;质量;价款或者报酬;履行期限、地点和方式;违约责任;解决争议的方法。其中,前三个条款属于必要条款,必须具备;后面的条款可以具备,如果没有,也不影响合同的成立。当事人可以参照各类合同的示范文本订立合同。

合同的成立,意味着双方当事人之间事实上存在一个合同。这个合同既可以是口头的,也可以是书面的;既可以是白纸黑字写着的,也可以是传真或电子邮件往来达成的,还可以是聊天工具里达成的。有时候,法律要求或者当事人约定必须采用书面形式,如房屋买卖合同必须采用书面形式。当韩立告诉我,他和谭政签订了一个房屋买卖合同时,实际上是说,他们之间今天建立了一个合同关系,这是在描述一个客观事实。至于他们订立的这个合同是不是有效、能不能生效,还得看这个合同是不是符合法律规定的有效要件,如果符合,那就是个有效的合同;如果不符合,那就可能无效。

《民法典》规定,具备下列条件的民事法律行为有效:行为人具有相应的民事行为能力;意思表示真实;不违反法律、行政法规的强制性规定,不违背公序良俗。这便是合同的有效要件,符合上述三个条件,合同便是有效的。“行为人具有相应的民事行为能力”是对签订合同的主体资格的要求,如果当事人不具有相应的行为能力,则合同的效力有可能无效或者效力待定。如无民事行为能力人订立的合同是无效的,没有代理权的人以他人名义订立的合同可能是效力待定的。“意思表示真实”是对订立合同的主体的意思是否自愿真实的要求,如果当事人所表达的意思并非出自自愿或并不真实,则合同的效力可能无效或可撤销。如基于欺诈订立的合同可能是可撤销的。“不违反法律、行政法规的强制性规定,不违背公序良俗”是对合同内容的要求,如果当事人订立的合同的内容违反了法律、行政法规的强制性规定,或者违背了公序良俗,则合同无效。如当事人签订的买卖枪支弹药的合同是无效的。

合同有效,只是我们的法律肯定了合同的效力,合同具有法律上的约束力,但不一定在当事人之间产生现实的约束力,即当事人还不一定必须按照合同约定的内容进行具体的履行,这还要取决于合同是否生效,如果合同生效了,那么当事人必须按照合同约定的内容进行履行,否则就构成违约;如果合同没有生效,则当事人无须按照合同约定的内容进行履行,并且不构成违约。我和外甥约定,如果他考上大学,我就送他一台华为笔记本电脑。我们之间就存在一个赠与合同,这个合同具备了必要条款,已经成立。这个合同符合上面所列的三个有效要件,因此是有效的,我得受这个合同的约束,不得反悔,不得擅自变更合同,但此时我并不需要立马送他一台华为笔记本电脑,因为这个赠与合同还没有生效。只有他考上大学了,合同才生效,我才必须按照合同约定的内容进行具体的履行,即真实地送他一台华为笔记本电脑;如果他没有考上大学,合同就不生效,那我就无须真实地送他一台华为笔记本电脑。这便是,合同虽然有效,但还没有生效,能不能生效还不确定。

可以对霸王条款说不吗?

迪士尼乐园禁止人们带任何食品,而且入园前还要搜身搜包,很多人觉得这个做法有问题,只不过很少有人较真起来。上海某大学的大三学生王某将上海迪士尼(上海国际主题乐园有限公司)告上法庭,称上海迪士尼乐园禁止游客自带食物的规则不合法,侵犯消费者的合法权益。也有人认为,迪士尼有关方面存在侵犯消费者选择权和公平交易权的嫌疑,尽管其表示,自己给消费者提供了很多选择,但唯独没有提到价格是否公道,避重就轻。上海迪士尼方面回应称:“关于外带食品与饮料的规定,与中国的大部分主题乐园及迪士尼在亚洲的其他目的地一致;如果游客自己携带食品或饮料,可以在乐园外的休息区享用。”但在加州迪士尼、奥兰多迪士尼和巴黎迪士尼,则并未明确禁止游客自带食物。几个月后,上海迪士尼开始实施其主题乐园的食品携带新规。禁带整个西瓜、榴莲、臭豆腐等,游客可携带供本人食用的食品及饮料进入上海迪士尼乐园,但不允许携带需加热、再加热、加工、冷藏或保温的食品及带有刺激性气味的食品。所有个人随身行李都必须接受检查,所有游客都需要通过金属探测器。

霸王条款是一些经营者单方面制定的逃避法定义务、减免自身责任的不平等格式合同、通知、声明和店堂告示或者行业惯例等。很多时候,消费者是以个人形式面对集体形式的商家,存在心理弱势,往往不得不自认倒霉,花了冤枉钱还得受窝囊气。2013 年 12 月，北京市市场管理部门就曾叫停了餐饮业的六种"霸王条款"，包括："禁止自带酒水""消毒餐具工本费一元""消毒餐具另收费""包间最低消费 × ×元"等。

霸王条款在性质上属于格式条款。所谓格式条款，是当事人为了重复使用而预先拟定，并在订立合同时未与对方协商的条款。《民法典》规定，采用格式条款订立合同的，提供格式条款的一方应当遵循公平原则确定当事人之间的权利和义务，并采取合理的方式提示对方注意免除或者减轻其责任等与对方有重大利害关系的条款，按照对方的要求，对该条款予以说明。"采取合理的方式"，是指采用足以引起对方注意的文字、符号、字体等特别标识，并按照对方的要求对该格式条款予以说明。提供格式条款一方对此承担举证责任。如对保险合同中免除保险人责任的条款，保险人在订立合同时应当在投保单、保险单或者其他保险凭证上作出足以引起投保人注意的提示，并对该条款的内容以书面或者口头形式向投保人作出明确说明；未作提示或者明确说明的，该条款不产生效力。提供格式条款的一方未履行提示或者说明义务，致使对方没有注意或者理解与其有重大利害关系的条款的，对方可以主张该条款不成为合同的内容。

《民法典》规定，有下列情形之一的，该格式条款无效：具有《民法典》规定的法律行为的无效情形的；提供格式条款一方不合理地免除或者减轻其责任、加重对方责任、限制对方主要权利；提供格式条款一方排除对方主要权利。"免除其责任"，是指免除格式条款提供者在合同中的核心责任，该责任的免除将导致相对人丧失基本救济手段。提示与说明义务中的"免除或限制其责任的条款"如果构成这里的情形，直接无效，而非可撤销；不构成这里的情形的，属于可撤销。"加重对方责任"，是指不合理地加重对方的责任，即依法律规定或交易习惯，对方不应承担此类责任。"限制、排除对方主要权利"，应根据具体合同的性质来认定何种权利属于主要权利。如格式条款规定，发生纠纷只能协商解决，不得诉讼或仲裁，或商品离店，概不退换，均属限制或排除对方主要权利。

《消费者权益保护法》规定，经营者不得以格式条款、通知、声明、店堂告示等方式，作出排除或者限制消费者权利、减轻或者免除经营者责任、加重消费者责任等对消费者不公平、不合理的规定，不得利用格式条款并借助技术手段强制交易。格式条款、通知、声明、店堂告示等含有前款所列内容的，其内容无效。

消费者在租房买房时，合同中有时会规定，"不交装修押金不给钥匙""业主、客户及双方近亲属、朋友、同事签字,视为本人签字认可”等;小区物业公司为催促小区居民交纳物业费,会贴出通知:“欠缴物业管理费六个月以上的住户,物业公司有权停水停电,如延期交纳物业管理费,按日加收应缴纳费用的3%的滞纳金”;消费者在购物时,店堂告示规定:“特价、促销商品,概不退换”“金银饰品、内衣制品概不退换”“商场对赠品不实行三包”“本商场拥有本次活动的最终解释权”“本干洗店对顾客衣服的污损概不负责”等;消费者在旅游时,旅行社与消费者订立的合同中会规定:“在不减少景点的前提下,旅行社保留对景点进行调整的权利”“行李、财产损失概不负责”“出现自然单间游客补房费”等,这些均属于无效格式条款。

陆某参加 WDF 通信集团 H 省 C 市分公司推出的“充话费、送话费 + 抽奖”活动,办了一张“九州行畅游卡”,并进行了充值。该公司在《服务协议》中列举了 C 市分公司有权解除协议、收回号码、终止提供服务的情形,其中包括“话费超过有效期 1 年”。后陆某的手机号码因此被停机。陆某诉至法院,要求取消限制,恢复通信服务。诉讼中,C 市分公司主张在客户办理业务时已由业务员告知客户话费有效期,且通过单联发票、宣传册和短信的方式向客户进行了告知,但均未能提供有效的证据予以证明,另外,《服务协议》相关内容字体与其他条款字体相同,字体较小且不易辨明。笔者认为,C 市分公司利用格式条款约定可以解除协议、收回号码、终止提供服务,属于免除了自己的主要责任,也排除了对方的主要权利,应为无效。

2008 年下半年,上海市虹口区株洲路某号房屋的产权人李某到多家房屋中介公司挂牌销售涉案房屋。2008 年 10 月 22 日,某房地产经纪有限公司带陶德华看了该房屋。11 月 23 日,某房地产顾问有限公司带陶德华之妻曹某某看了该房屋。11 月 27 日,中原置业顾问有限公司(以下简称中原公司)带陶德华看了该房屋,并于同日与陶德华签订了《房地产求购确认书》,并约定,陶德华在验看过该房屋后 6 个月内,陶德华或其委托人、代理人、代表人、承办人等与陶德华有关联的人,利用中原公司提供的信息、机会等条件但未通过中原公司而与第三方达成买卖交易的,陶德华应按照与出卖方就该房屋买卖达成的实际成交价的 1%,向中原公司支付违约金。当时中原公司对该房屋报价 165 万元,而某房地产顾问公司报价 145 万元,并积极与卖方协商价格。11 月 30 日,在某房地产顾问公司中介下,陶德华与卖方签订了房屋买卖合同,成交价 138 万元。后买卖双方办理了过户手续,陶德华向某房地产顾问公司支付佣金 1.38 万元。

中原公司认为陶德华利用该公司提供的销售信息,故意跳过中介,私自与卖方直接签订购房合同,违反了《房地产求购确认书》的约定,属于恶意“跳单”行为,于是起诉到法院要求陶德华按约支付中原公司违约金 1.65 万元。被告陶德华辩称:其一,《房地产求购确认书》中的禁止“跳单”条款属于无效格式条款,不具有法律效力。其二,涉案房屋原产权人李某委托多家中介公司出售房屋,中原公司并非独家掌握该房源信息,也非独家代理销售。陶德华并没有利用中原公司提供的信息,不存在“跳单”违约行为。

一审法院判决,被告陶德华应于判决生效之日起 10 日内向原告中原公司支付违约金 1.38 万元。宣判后,陶德华提出上诉。二审法院认为,房屋买卖中介合同中常有的禁止“跳单”格式条款,其本意是为防止买方利用中介公司提供的房源信息却“跳”过中介公司购买房屋,从而使中介公司无法得到应得的佣金,该约定并不存在免除一方责任、加重对方责任、排除对方主要权利的情形,应认定有效。但是,如果买方并未利用该中介公司提供的信息、机会等条件,而是通过其他公众可以获知的正当途径获得同一房源信息,则买方有权选择报价低、服务好的中介公司促成房屋买卖合同成立,而不构成“跳单”违约。原产权人通过多家中介公司挂牌出售同一房屋,陶德华及其家人分别通过不同的中介公司了解到同一房源信息,并通过其他中介公司促成了房屋买卖合同成立。因此,陶德华并没有利用中原公司提供的信息、机会,故不构成违约,对中原公司的诉讼请求不予支持。

有时候,双方当事人会对格式条款的内容产生不同的理解。《民法典》规定,对格式条款的理解发生争议的,应当按照通常理解予以解释。对格式条款有两种以上解释的,应当作出不利于提供格式条款一方的解释。格式条款和非格式条款不一致的,应当采用非格式条款。

购房者与房地产开发商签订《商品房买卖合同》,在合同中的“逾期交房责任”部分约定:“出卖人按日计算向买受人支付全部已付款日万分之五的违约金”;同时,在合同附件《商品房买卖合同补充协议》中有“已付房价款为购房户实际支付给开发商的房款(不包括银行提供的按揭款)和实际已归还给银行的按揭款本金的总和”的内容。后开发商逾期交房,双方为逾期交房违约责任的计算产生争议,一方主张以“全部已付款”为基数,另一方主张以“实际支付给开发商的房款(不包括银行提供的按揭款)和实际已归还给银行的按揭款本金的总和”为基数。按照通常理解进行解释的话,“全部已付款”应当包括首付款和按揭款,这种解释结果是明确的、具体的。这与合同附件中约定的“实际支付给开发商的房款(不包括银行提供的按揭款)和实际已归还给银行的按揭款本金的总和”存在差异,应以通常解释的内容为准。即使按照对格式条款有两种以上解释的,应当作出不利于提供格式条款一方的解释规则,两种主张中前者对购房者保护更有利,因此也应当按照“全部已付款”为基数来计算违约金。

代孕协议是否有效?

《人类辅助生殖技术管理办法》规定,本办法所称人类辅助生殖技术是指运用医学技术和方法对配子、合子、胚胎进行人工操作,以达到受孕目的的技术,分为人工授精和体外受精—胚胎移植技术及其各种衍生技术。人工授精是指用人工方式将精液注入女性体内以取代性交途径使其妊娠的一种方法。根据精液来源不同,分为丈夫精液人工授精和供精人工授精。体外受精—胚胎移植技术及其各种衍生技术是指从女性体内取出卵子,在器皿内培养后,加入经技术处理的精子,待卵子受精后,继续培养,到形成早期胚胎时,再转移到子宫内着床,发育成胎儿直至分娩的技术。实施供精人工授精和体外受精—胚胎移植技术及其各种衍生技术的医疗机构应当与卫计委批准的人类精子库签订供精协议。严禁私自采精。据此,人工生育技术,是指非通过男女之间自然的性行为而是利用人工生育技术受胎而生育子女的技术,又称为辅助性生育技术。主要分为人工体内授精、人工体外授精、胚胎移植和代理母亲生育四种类型。

(1)人工体内授精。人工体内授精,是指将精子注入女性体内以替代自然性交途径使其妊娠的一种方式。包括同质人工体内授精和异质人工体内授精。同质人工体内授精,又叫夫精体内授精,是指以人工的方式将丈夫的精子注入妻子体内使其受孕分娩。由于精卵细胞来自夫妻双方,夫妻与所生子女间具有血缘关系,与自然血亲的父母子女关系完全相同。异质人工体内授精,又叫捐精体内授精,是指以人工的方式将第三人的精子注入女性体内使其受孕分娩。在夫妻关系存续期间,并且夫妻双方一致同意进行异质体内授精所生子女应推定为婚生子女;在妻隐瞒或在夫不同意情况下,实施异质体内授精所生子女的,现行立法并无规定,我们认为,男方得提起父子女关系不存在的确认之诉,从而否认父子女关系。捐精者仅为帮助他人生育而提供精子,与自愿为他人捐献血液、捐献器官相似,并无成为该子女之父的意愿,不得主张权利。

(2)人工体外授精。人工体外授精,是指用人工方法将精子和卵子放在培养皿中受精,再将受精卵分裂的胚胎移入妻子子宫内着床、发育并分娩。依此方法生育的子女被称为“试管婴儿”。包括妻卵同质人工体外授精、妻卵异质人工体外授精、第三人捐卵的同质人工体外授精和第三人捐卵的异质人工体外授精。妻卵同质人工体外授精,是指以妻卵、夫精进行人工体外授精,其所生子女属于婚生子女。妻卵异质人工体外授精,是指以妻卵、第三人捐赠的精子进行人工体外授精,如果经丈夫同意,则属于婚生子女;如果未得到丈夫同意,则丈夫有权提起父子女关系不存在的确认之诉。第三人捐卵的同质人工体外授精,是指以第三人卵子、夫精进行人工体外授精,其所生子女属于婚生子女,捐卵者相当于器官捐献者,并无成为该子女之母的意愿,不得主张权利。第三人捐卵的异质人工体外授精,是指以第三人捐卵、第三人捐精进行人工体外授精,此时的子女会有一个生物学上的提供精子的父亲、一个法律上的养育自己的父亲、一个生物学上的提供卵子的母亲和一个法律上的养育自己的母亲,在婚姻关系存续期间,因夫妻双方同意而进行人工生育的子女与该夫妻形成亲子关系。

(3)胚胎移植。胚胎移植,是指将精子注入第三女性的体内与其卵子授精,并在授精后四天至五天,将受精卵自体内取出,再注入妻子的子宫内使其着床、发育并分娩。属于人工体内授精与人工体外授精相结合的一种人工生殖技术。包括捐卵同质授精的胚胎移植和捐卵异质授精的胚胎移植。捐卵同质授精的胚胎移植,是指夫提供精子,利用人工体内授精技术将其精子注入第三女性体内与其卵子进行受精,再将分裂的受精卵胚胎细胞注入妻子的子宫使其着床、发育并分娩。所生子女应为婚生子女,捐卵者相当于器官捐献者,并无成为该子女之母的意愿,不得主张权利。捐卵异质授精的胚胎移植,是指第三人提供精子,注入第三女性体内与其卵子进行授精,再将分裂的受精卵胚胎细胞注入妻子的子宫使其着床、发育至分娩。在婚姻关系存续期间,因夫妻双方同意而进行人工生育的子女与该夫妻形成亲子关系。

(4)代理母亲生育。代理母亲生育,是指使用妻卵夫精、妻卵捐精、捐卵夫精、捐卵捐精在体外授精,然后将胚胎移入他人子宫内妊娠生育,此妊娠生育者即为代理孕母。我国现行法律禁止以任何形式买卖配子、合子、胚胎。医疗机构和医务人员不得实施任何形式的代孕技术。

王佩君与沈某均系离异,王佩君与前妻育有一女,沈某与前夫育有一子。沈某、王佩君作为委托方分别与俞宝程签订《试管婴儿包成功》代孕协议,主要内容为:俞宝程安排代孕妈妈,怀孕方式为试管婴儿代孕,至精子供应方(王佩君)的一个婴儿顺利生产后,甲方应缴纳给乙方总金额人民币75万元。2016年12月8日,王某某在医院出生,该院开具的"出生医学证明"显示:母亲姓名沈某,父亲姓名王佩君。上述协议约定的代孕费用由王佩君向代理方俞宝程结清。经司法鉴定,王佩君系王某某生物学父亲。王某某向法院起诉,要求确认王某某与沈某不存在亲子关系。王某某认为,有充分证据证明沈某非代孕者,只是代孕过程中借用了沈某的身份,且沈某与王某某父亲只是男女关系,未实际抚养过王某某,故与王某某之间不存在亲子关系。沈某认为,沈某和王某某父亲长期以夫妻名义共同生活,双方有共同养育子女的合意,故决定寻求代孕服务,沈某与王某某虽没有血缘关系,但沈某系王某某的分娩妈妈;另外,王某某出生后,沈某即承担了主要抚养和教育责任,现王某某父亲年事已高,从有利于孩子成长角度考虑,应当认定王某某与沈某存在法律上的亲子关系。

法院查明,王某某系其父亲王佩君自行提供精子,由非法中介供卵进行试管婴儿代孕所生,显然与沈某没有生物学上的血缘关系。沈某主张其为王某某的分娩妈妈,但从医院孕妇产检和分娩记录反映,产妇姓名虽登记为沈某,但血型、身高、生育史等基本信息均与沈某不符,说明该院没有尽到应有的审慎义务,或如沈某所言与非法代孕中介存在特殊关系,该院的行为一定程度上扰乱了医疗行业的秩序。王某某父亲王佩君与沈某私下进行人工生育,其行为属于法律法规明令禁止的,也违反公序良俗,《试管婴儿包成功》代孕协议无效。王某某父亲王佩君与沈某虽存在特殊的男女关系,但最终未转变为合法的婚姻关系,沈某即使有抚养王某某的情形,也无法形成事实上的抚养教育关系,故沈某、王某某之间不存在法律上的亲子关系。

双方以合法形式掩盖非法目的而订立的合同是否有效?

以合法形式掩盖非法目的,是指当事人实施的民事法律行为在形式上是合法的，但在内容和目的上是非法的。在这种行为中，当事人故意表现出来的行为并不是其真正目的，也不是他们真实的意思表示，而只是希望通过这种表现出来的行为来掩盖并达到他们的非法目的。“以合法形式掩盖非法目的”是我国过去立法中使用的词，《民法典》中用“以虚假意思表示实施的法律行为”加以替代，又称“虚伪表示”，双方当事人都知道自己所实施的法律行为不是真实意思，双方都不希望这一行为能真正发生法律上的效果。虚伪表示一般包括内外两层行为，外部的表面行为，是双方当事人串通后共同作出的表面上的行为，这并非他们的真实意思，也叫伪装行为；内部隐藏行为则是被隐藏在表面行为之下，体现了他们真实意思的行为。

一般地，当事人会用合法行为来掩盖非法目的。例如，当事人假借订立国际货物买卖合同来进行走私货物，国际货物买卖并非双方的真实的意思，属于表面行为；走私货物是双方的真实的意思，属于隐藏行为，目的是非法的，损害了国家利益。再如，双方当事人进行毒品交易，为了掩人耳目，便于毒品的交接，双方签订了一个《樱桃买卖合同》，由卖方向买方出售一批樱桃，但实际交付时，水果箱中装的是毒品。有时候，当事人会用合法行为来掩盖另外一个不想为他人知道的合法行为，如当事人为逃避税款而假借赠与合同来进行买卖，赠与并非双方的真实意思，属于表面行为；买卖是双方的真实意思，属于隐藏行为。有时候，只存在表面行为，不存在隐藏行为，如当事人为逃避债务而假装进行财产赠与，赠与行为是表面行为，但并不存在隐藏行为。《民法典》规定，行为人与相对人以虚假的意思表示实施的民事法律行为无效。以虚假的意思表示隐藏的民事法律行为的效力，依照有关法律规定处理。也就是说，表面上的行为无论是合法还是非法，都是无效的；隐藏的行为要根据法律行为有效要件进行判断，符合有效要件就是有效的，不符合有效要件就是无效的。

某房地产开发总公司多名职工因为不满国企领导在企业改制过程中，将资产装进了私人腰包，将组建该公司的多家行政单位、改制后成立的新公司和新公司股东告上了法庭，请求法院“确认改制无效”。同时，经职工举报，省、市纪检与检察机关揭开了某市国土局原副局长、原某房地产开发总公司总经理陈某在企业改制过程中为谋取巨大利益而大肆行贿、非法操作的内幕。一些国企领导往往借改制之机，通过转移资产、评估缩水、低价出售等形式处理国有资产，然后再通过各种方式自卖自买，将巨额国有资产“合法”地装入个人腰包。从表面上看,企业领导获得巨额资产都是合法的,但国有资产却在一夜之间蒸发和缩水,属于以合法的形式掩盖非法目的,这种改制行为应当认定无效。

丁洪与刘小丽于去年 5 月协议离婚。离婚后两个多月,刘小丽听说丁洪在夫妻关系存续期间,私自购买一套房产,还将房产过户给"小三"孙艳。刘小丽找到丁洪,要求他将送给孙艳的房子要回来。丁洪说,房子早已卖给了孙艳,双方签订有《房屋买卖合同》,已经过户给孙艳了,产权证上写的是孙艳的名字。他与孙艳已经分手,孙艳根本不可能将房子还给他。刘小丽将前夫丁洪和孙艳告上法庭,请求法院确认丁洪与孙艳签订的房屋买卖合同无效。孙艳认为,丁洪自愿将房屋出卖给自己,并且已经将房屋过户到自己名下,不违反法律规定。法院认为,丁洪与孙艳虽然签订了房屋买卖合同,但这只是表面行为、伪装行为,真实行为是丁洪将房屋权利赠与孙艳,而赠与行为侵害了刘小丽的合法权益,该合同属于无效合同。判令孙艳返还刘小丽该房屋一半的购房款。

双方恶意串通损害他人合法权益而订立的合同是否有效?

恶意串通损害他人的法律行为,是指行为人与相对人互相勾结,为牟取私利而实施的损害他人合法权益的法律行为。行为人在主观上有相互串通、损害他人的目的,在客观上实施了损害他人的行为。如委托人将六套房屋委托给受托人出卖,受托人将市值 1300 万元的房产以 110 万元的价格卖掉,法院认为受托人的行为严重违背了诚实信用原则,房屋买卖行为属恶意串通损害他人合法利益的情形。

《民法典》规定,行为人与相对人恶意串通,损害他人合法权益的民事法律行为无效。实践中,债务人与第三人恶意串通,损害债权人利益的行为即属于无效的法律行为。另外,双方当事人还可能进行恶意串通,实施虚假诉讼以损害其他人合法权益,同样违反了诚实信用原则,法院不仅不应该支持当事人的诉讼请求,而且还应当对此种恶意诉讼的行为作出民事制裁。

因石英县粮食局所属企业粮油公司进行改制,经石英县政府批准,决定对粮油公司综合楼和部分门面(地上建筑物面积为 2958.4 平方米,土地面积为 1594.8 平方米)予以出让。石英县粮食局同金英拍卖有限公司签订《委托拍卖合同》,对房产进行拍卖。石英县国土资源储备中心与金英拍卖有限公司签订

《国有土地使用权委托拍卖出让协议书》。华厦公司给张新宝出具《授权委托书》，明确其职务为公司副总经理，代理权限为石英县粮食局地块拍卖投标有关事宜。张新宝以华厦公司的名义参与竞拍，并作为买受方与金英拍卖有限公司签订《拍卖成交确认书》，张新宝在买受人处签字，华厦公司加盖公章。拍卖完毕后，该宗地登记在华厦公司名下。

后石英县国土资源储备中心、石英县粮食局因与被告华厦公司拍卖合同纠纷，以华厦公司在拍卖过程中与其他竞买人恶意串通为由，请求法院确认竞买无效。而华厦公司提起反诉，认为华厦公司和代理人张新宝交纳了土地拍卖款462万元及23万元的佣金，并投入大量资金进行前期开发，请求石英县国土资源储备中心、石英县粮食局、金英拍卖有限公司返还土地款及佣金，并补偿188万元损失。

法院认为，华厦公司、张新宝等人串通，采取给其他竞买人好处费的方式，促使其他竞买人退出，并最终导致张新宝竞拍成功，华厦公司、张新宝等人的行为违反了法律禁止性规定，损害他人利益，本案《拍卖成交确认书》及拍卖行为无效。

拍卖行为被法院宣告无效后，有什么法律后果呢？《民法典》规定，无效的或者被撤销的民事法律行为自始没有法律约束力。民事法律行为无效、被撤销或者确定不发生效力后，行为人因该行为取得的财产，应当予以返还；不能返还或者没有必要返还的，应当折价补偿。有过错的一方应当赔偿对方由此所受到的损失；各方都有过错的，应当各自承担相应的责任。具体到本案，华厦公司将诉争土地返还给石英县国土资源储备中心，石英县国土资源储备中心返还给华厦公司实际支付的土地拍卖出让款362万元，金英拍卖有限公司返还给华厦公司拍卖佣金23万元。由于华厦公司和张新宝是导致合同无效的有过错一方，没有证据表明石英县国土资源储备中心和石英县粮食局对于合同无效的结果具有过错，因此华厦公司要求补偿188万元损失的请求不能得到支持，相反，因其过错给其他三方当事人造成损失的，应当承担赔偿责任。

因重大误解而订立的合同有效吗？

在为订立合同而进行的磋商、谈判过程中，当事人会对对方所表达的意思产生误解,比如对合同的性质,相对人,标的物的品种、质量、规格和数量等产生错误认识,从而使行为的后果与自己的内心意思相背离,并造成较大损失的后果,此即重大误解。重大误解中,并不存在对方的欺诈和隐瞒,是当事人自己对相关重大事项理解错误,属于典型的会错意,即如果他能正确理解对方的意思的话,就不会订立这样的合同。如双方当事人签订了买卖地瓜的合同,买方一直以为地瓜就是红薯,为了买红薯回来加工一些红薯粉而签此买卖合同。地瓜的含义是确定的,只是因买方的不了解而发生认识错误,构成重大误解。

当事人构成重大误解后,有什么法律后果呢?《民法典》规定,基于重大误解实施的民事法律行为,行为人有权请求人民法院或者仲裁机构予以撤销。换言之,当事人可以将所订立的合同予以取消,从而恢复到没有订立合同时的状态。

有时候,当事人会对行为性质产生认识错误。如某酒店客房内备有零食、酒水供房客选用,价格明显高于市场同类商品,房客关某缺乏住店经验,又未留意标价单,误认为系酒店免费提供而饮用了一瓶洋酒。结账时酒店欲按标价收费,关某拒付。关某属于对行为性质的误解,关某有权予以撤销,撤销的后果是返还,但是关某已经将该洋酒饮用,无法返还原物,所以折价补偿。如果关某明知酒店商品并非免费提供,则不得主张属于重大误解,不得撤销。

有时候,当事人会对标的物的性质和数量产生认识错误。如甲乙双方欲订立买卖小枣的合同,甲方出示了样品,该样品为二级品,乙方以为是一级品。合同订明,标的物的质量以样品为依据。乙方收货后,经鉴定发现是二级品。如果对质量的判断错误,纯属乙方自己的原因,不能归咎于甲方,则不能认定构成重大误解;如果乙方的判断错误源于甲方的错误陈述,则可以按重大误解处理。

但在例外情况下,有些认识错误不构成重大误解,当事人不得主张撤销。当事人对标的物价值存在认识错误的,不属于重大误解。如当事人以为某一清朝的陶罐值 5 万元,实际上仅值 2 万元,由于价值具有主观性,因此,不成立重大误解。

当事人自愿从事具有一定风险的行为的,不属于重大误解。如潘某去某地旅游,当地玉石资源丰富,且盛行“赌石”活动,买者购买原石后自行剖切,损益自负。潘某花五千元向某商家买了两块原石,切开后发现其中一块为极品玉石,市场估价上百万元。商家深觉不公,要求潘某退还该玉石或补交价款。因

“赌石”活动中，双方当事人都明确知道原石实际价值和交易价值之间可能存在巨大差距，可能价值高达百倍，也可能分文不值，故不存在重大误解。

当事人对法律的认识错误，不成立重大误解。每个国家的立法者，都认为法律自颁布生效之日起，全体国民都已经完全熟知每部法律的每个条文的准确意思。因此，对法律的认识错误不属于重大误解，否则交易将缺乏稳定性。

当事人知假买假的，即明知是假货仍然订立买卖合同的，不成立重大误解。如甲为一老烟民，熟知烟的价格。乙为一小贩，火车车厢叫卖：“红塔山香烟，10元钱一条。”甲欣然购买。经查，该烟为假烟。甲既然熟知烟的价格，那就应该很清楚乙卖的香烟并非真货，其并未产生错误的认识，并未因错误而进行交易，不构成重大误解。当然，该香烟买卖合同因违反法律强制性规定而无效。

因被欺诈而订立的合同有效吗？

欺诈，是指当事人一方故意编造虚假事实或故意隐匿事实真相，使对方陷于错误判断，并基于该错误判断而进行交易的行为。如果没有欺诈行为，对方当事人很可能将不会订立该合同。如房屋所有人在出售房屋时应当将房屋权属存在争议告知买受人，应当将房屋内发生命案的事实告知买受人，这些事实真相会严重影响买受人作出是否购买该房屋的决定，如果未告知，则属于故意隐匿事实真相，构成欺诈。当然，若属善意欺诈或一般夸大的广告，不构成欺诈。如化妆品广告中声称：“今年二十，明年十八”“让你拥有宛若新生婴儿般的肌肤”。

当事人因被欺诈订立合同后怎么处理呢？《民法典》规定，一方以欺诈手段，使对方在违背真实意思的情况下实施的民事法律行为，受欺诈方有权请求人民法院或者仲裁机构予以撤销。

陈菊之父陈南康，因右肺腺癌于2010年8月10日入院治疗，至2010年8月24日病情平稳后出院。2010年8月25日，陈菊为陈南康在西海岸保险公司投保了8万元的身故险和附加重大疾病险。陈菊和陈南康均在“询问事项”栏就病史、住院检查和治疗经历等项目勾选为“否”。两人均签字确认其在投保书中的健康、财务及其他告知内容的真实性，并确认保险公司及其代理人已提供保险条款，对免除保险人责任条款、合同解除条款进行了明确说明。双方确认合同自2010年9月2日起生效。

2010年9月6日至2012年6月6日,陈南康因右肺腺癌先后9次入院治疗。2012年9月11日,陈南康以2012年3月28日的住院病历为据向保险公司申请赔付重大疾病保险金。保险公司经调查发现,陈南康于2010年3月10日入院治疗,被确认为“肝炎、肝硬化、原发性肝癌不除外”,因此保险公司于2012年9月17日以陈南康投保前存在影响该公司承保决定的健康情况,而在投保时未书面告知为由,向陈菊送达解除保险合同并拒赔的通知。2014年3月11日至3月14日,陈南康再次因右肺腺癌入院治疗,不久后,陈南康因病死亡。陈菊遂诉至法院,请求保险公司给付陈南康的身故保险金8万元。

法院认为,投保人陈菊在投保时故意隐瞒被保险人陈南康患有右肺腺癌的情况,违反了如实告知义务,保险人依法享有合同解除权。被告保险公司自陈菊向其申请理赔的2012年9月11日起始知道该解除事由,即于2012年9月17日向陈菊送达书面通知拒赔并解除合同。陈菊未在3个月异议期内提出异议,双方合同已于2012年9月17日解除。陈菊以2014年3月24日陈南康因病死亡为由诉请被告保险公司支付保险金8万元没有法律依据,故判决驳回原告陈菊的诉讼请求。

有时候,当事人之间并不存在欺诈行为,而是合同外的第三人对合同的某一方当事人实施了欺诈行为,此时,合同的另一方当事人可能知情,即知道第三人实施了欺诈行为,也可能另一方当事人不知情,即不知道第三人实施了欺诈行为。《民法典》规定,第三人实施欺诈行为,使一方在违背真实意思的情况下实施的民事法律行为,对方知道或者应当知道该欺诈行为的,受欺诈方有权请求人民法院或者仲裁机构予以撤销。

杨贺正在计划在开元市购置房产。赖某是凡科房地产公司总经理的亲戚,向杨贺谎称凡科房地产公司开发的楼盘品质优异、环境优美、配套完善,并极力劝说杨贺购买凡科的房屋。杨贺信以为真,凡科房地产公司并不知情,后双方签订了房屋买卖合同。杨贺入住后,发现小区环境杂乱,配套简陋。杨贺能否以受到欺骗为由撤销合同呢?答案是不能。受欺诈人杨贺的相对人凡科房地产公司并不知道第三人赖某实施了欺诈行为,因此,受欺诈人杨贺不得撤销。

蔡某扮成建筑工人模样,在工地旁摆放一尊廉价购得的旧双龙陶罐,冒充新挖出文物等待买主。陈水曾以5000元从蔡某处买过一尊同款陶罐,发现被骗后正在和蔡某交涉时，马时中过来询问。陈水有意让马时中也上当，以便要回被骗款项，未等蔡某开口便对马时中说："我之前从他这买了一个青花瓷碗，转手就赚了，这个你不要我就要了。"马时中信以为真，以5000元买下双龙陶罐。第三人陈水对马时中实施欺诈行为时，蔡某完全知情，故受欺诈人马时中有权向人民法院申请撤销双龙陶罐的买卖合同。

因被胁迫而订立的合同有效吗？

胁迫包括威胁和强迫。威胁是指行为人一方以未来的不法损害相恐吓，使表意人陷入恐惧，并因此而实施的行为。强迫是指行为人一方以现时之身体强制，使表意人处于无法反抗的境地而实施的行为。这种胁迫行为既可以是威胁对受胁迫人或其亲友的人身权益造成损害，如以损害其生命、健康、自由、名誉、荣誉为要挟；也可以是威胁对受胁迫人或其亲友的财产权益造成损害，如以烧掉其房子为要挟。

胁迫既可以是目的不正当，也可以是手段不正当，还可以是目的与手段结合的不正当。如甲说，如不将藏獒卖给甲，则举报乙犯罪，乙照办，后查实乙不构成犯罪。举报他人犯罪，手段正当，但以强迫他人交易之目的侵害受让人交易自愿之自由不正当，构成胁迫。如甲说，若不购买甲即将报废的汽车，将公开乙的个人隐私，乙照办。手段不正当，目的也不正当，构成胁迫；但为实现正当权利而以行使权利相威胁的，不构成胁迫。如甲说，如不赔偿乙撞伤甲的医疗费，则举报乙醉酒驾车，乙照办，甲取得医疗费和慰问金。甲举报乙醉酒驾车的手段合法，希望获得乙撞伤甲的医疗费，目的合法，且该目的为其正当权利内容，则不构成胁迫。

被胁迫的人不得不作出符合胁迫人要求的意思表示，并非被胁迫人真实的内心意愿。因此，《民法典》规定，一方或者第三人以胁迫手段，使对方在违背真实意思的情况下实施的民事法律行为，受胁迫方有权请求人民法院或者仲裁机构予以撤销。

乘人之危订立的显失公平的合同有效吗？

乘人之危订立的显失公平的合同，是指一方当事人意识到对方处于危困状态、缺乏判断能力等不利情境,并利用这一不利情境和对方当事人订立权利义务显著不对等的合同。所谓危困状态,是指当事人因处于急迫困境而迫切需求金钱或财物,如一方利用对方家人患有重病、急需巨额医疗费而出卖房产之机,以明显低于市场价格购买其房产。所谓缺乏判断能力,是指利用当事人不具有判断行为后果的专业知识和评估能力,如银行柜台销售人员向不懂金融的老年人以高价销售较低收益率的理财产品。《民法典》规定,一方利用对方处于危困状态、缺乏判断能力等情形,致使民事法律行为成立时显失公平的,受损害方有权请求人民法院或者仲裁机构予以撤销。

2012 年 3 月 15 日,凡科房地产开发公司与湖蓝建设工程集团签订《建设工程施工合同》,约定由湖蓝公司承建凡科公司的“缇香国际”工程,合同金额暂定为 1.65 亿元,湖蓝公司于 2016 年 8 月 8 日按时交工,凡科公司与业主约定的交房日也是 2016 年 8 月 8 日。工程接近收尾时,因某供材未按时进场,凡科公司向湖蓝公司支付了 380 万元材料款,湖蓝公司承诺,保证按期交工,交工前不再额外要求支付任何款项。

2016 年 8 月 15 日,湖蓝公司突然停止施工,监理公司督促后仍未复工。8 月 20 日,“缇香国际”工程的业主打出要求交房的横幅围堵了凡科公司售楼部以及附近的城市公共道路,引发媒体大量报道,并引起政府有关部门关注。8 月 22 日,区住房建设局和工程所在街道办事处联合向凡科公司发函,要求凡科公司与施工方及时沟通协商,解决矛盾,恢复施工,尽早完工并交房给业主。8 月 29 日,凡科公司与湖蓝公司就“缇香国际”工程尽早复工和交工事宜签订《复工协议》,凡科公司按照湖蓝公司的要求,在合同总价款外再支付 360 万元材料款。湖蓝公司在收到 360 万元的额外材料款后复工。10 月 2 日,“缇香国际”工程竣工,并于 10 月 15 日进行了竣工验收。

半年后,凡科公司将湖蓝公司起诉至法院,以“湖蓝公司乘人之危,导致签订《复工协议》显失公平”为由,请求撤销该《复工协议》,并要求湖蓝公司返还额外支付的 360 万元及其利息。一审法院认为,湖蓝公司的无故突然停工行为,造成“缇香国际”工程的业主堵路、封路等不良社会影响,凡科公司面对业主的高额违约金赔偿请求和政府部门的压力下,不得不接受湖蓝公司的条件,签订《复工协议》,支付合同外的 360 万元,湖蓝公司的行为构成乘人之危致显失公平的法律行为,依法应当予以撤销。湖蓝公司不服,提起上诉,二审法院判决驳回上诉,维持原判。

我们会发现,无论是因重大误解而订立的合同,还是因被欺诈、被胁迫订立的合同,抑或是因乘人之危订立的显失公平的合同,重大误解方、被欺诈方、被胁迫方和受害方都有权利要求撤销该合同。这里有权要求撤销合同的权利,我们叫作撤销权。这里的撤销权应当通过向法院提起诉讼的方式行使,直接向对方当事人通知撤销的,不发生撤销的后果。合同被撤销后,行为人因该行为取得的财产,应当予以返还;不能返还或者没有必要返还的,应当折价补偿。有过错的一方应当赔偿对方由此所受到的损失;各方都有过错的,应当各自承担相应的责任。法律另有规定的,依照其规定。

撤销权作为一项当事人享有的权利,在法律规定的期间内不行使,便会消灭,权利人不得再主张,合同也当然会一直有效下去。这是因为,如果当事人享有撤销权,便应当在法律规定的期间内及时行使,从而改变原来的合同效力,如果不行使,法律没有必要让原来的合同一直处于效力不稳定的状态,否则也不利于交易的安全和社会经济秩序的稳定。因此,《民法典》规定,有下列情形之一的,撤销权消灭:(1)当事人自知道或者应当知道撤销事由之日起1年内、重大误解的当事人自知道或者应当知道撤销事由之日起90日内没有行使撤销权;(2)当事人受胁迫,自胁迫行为终止之日起1年内没有行使撤销权;(3)当事人知道撤销事由后明确表示或者以自己的行为表明放弃撤销权。当事人自民事法律行为发生之日起5年内没有行使撤销权的,撤销权消灭。

2018年9月16日,张小飞到刘小备家中做客,看到刘小备的宠物狗大柴,误认其品种为阿拉斯加,心生喜欢,愿以1000元购买大柴。刘小备同意,将狗交给张小飞,张小飞当场支付2000元现金。第二天,张小飞去宠物医院给狗注射疫苗时,被告知该狗并非阿拉斯加,而是擅长拆家的哈士奇。2019年1月16日,张小飞能否以重大误解为由要求刘小备返还2000元?答案是不能。重大误解的当事人自知道或者应当知道撤销事由之日起90日内没有行使撤销权的,撤销权消灭。张小飞2018年9月17日便知道该狗并非阿拉斯加,此时即知道了撤销事由,应当在2018年12月17日之前行使撤销权,逾期权利消灭,不得再行使。

能不能对合同的生效附加一定的条件?

有时候,人们订立合同时,并不希望该合同立即生效,而是希望在具备一定的条件时再生效,以体现当事人内心的动机,此时当事人可以订立附条件的合同。如父母为激励孩子认真学习,会将取得好成绩作为奖励的前提条件。《民法典》规定,民事法律行为可以附条件,但是根据其性质不得附条件的除外。附生效条件的民事法律行为,自条件成就时生效。附解除条件的民事法律行为,自条件成就时失效。

条件,是指当事人约定的决定法律行为效力发生或终止的将来、客观、不确定的事实。当事人可以约定以某个条件作为合同的生效要件。如甲对乙讲:“如果明天下雨,我就送你一把伞。”第二天,果然有雨。这里的条件属于生效条件,因条件已经具备,故赠与合同生效,甲应当实际送给乙一把伞。当事人也可以约定以某个条件作为合同的失效要件。如甲、乙双方签订有效期为 5 年的房屋租赁合同,但是在合同中约定如甲在外地工作的儿子于该租赁合同有效期内调回本市工作的话,该租赁合同即行解除,后甲的儿子在 2 年后调回本市工作。这里的条件属于失效条件,又叫解除条件,因条件已经具备,故租赁合同失效,也就是已经生效了两年多的租赁合同在此时自动失效,合同解除。有些法律行为不允许附条件,如甲对乙说:“如果你给我 500 万元,我就嫁给你。”结婚属于身份行为,不允许附条件,故甲、乙之间的约定无效。条件必须是合法的事实,以不法行为作为条件的,合同无效。如甲对乙说:“如果你把丙杀了,我就给你 100 万元。”这里的条件是乙将丙杀害,显然属于不法事实,故甲、乙之间的约定是无效的。

母亲会说:“如果这次期末考试你的五门功课能取得优秀,我就送你一台平板电脑。”很明显,这是一个赠与合同,但这个赠与合同包含了当事人赠与的动机,也就是赠与合同附加了一个条件,属于附条件赠与。这位母亲是否需要真的送一台平板电脑给孩子,也就是该赠与合同是否能生效,在他们订立赠与合同时尚不确定,需要等待期末考试的结果。如果孩子满足了这个条件,则赠与合同生效,母亲需要真的送一台平板电脑给孩子;如果孩子没有满足这个条件,则赠与合同不发生效力,母亲不需要真的送一台平板电脑给孩子。

有时候，当事人为了促使合同生效或者促使合同失效，会不正当地促成条件具备或阻止条件具备。《民法典》规定，附条件的民事法律行为，当事人为自己的利益不正当地阻止条件成就的，视为条件已经成就；不正当地促成条件成就的，视为条件不成就。实际上体现的是，立法者不允许当事人通过不正当的行为获利。

甲打算卖房给乙，乙一向迷信，就跟甲说："若明天早上 7 点你家屋顶上来了喜鹊，我就出 100 万元买你的房子。"甲同意。乙回家后非常后悔。第二天早上 7 点差几分时，恰有一群喜鹊停在甲家屋顶上，乙正要将喜鹊赶走，甲不知情的儿子拿起弹弓把喜鹊打跑了，后再无喜鹊飞来。甲是否有权要求乙履行该合同？答案是不能。乙本来想赶走喜鹊，也就是不正当地阻止条件成就，但还未来得及实施，甲不知情的儿子拿起弹弓把喜鹊打跑，因此，乙并未实际实施该阻止的行为。所以，该买卖合同中，条件没有具备，合同并未生效，甲无权要求乙履行该买卖合同。

能不能对合同的生效附加一定的期限？

有时候，人们订立合同时，并不希望该合同立即生效，而是希望在某个特定的时间到来时再生效，以体现当事人内心的动机，此时当事人可以订立附期限的合同。《民法典》规定，民事法律行为可以附期限，但是根据其性质不得附期限的除外。附生效期限的民事法律行为，自期限届至时生效。附终止期限的民事法律行为，自期限届满时失效。如父母对孩子说："等你 18 岁生日时，我送你一辆小汽车。"这里的 18 岁生日时，就属于民法中的期限。

期限，是指以其到来而决定法律行为效力产生或者终止的法律事实。期限和条件的区别在于，期限是确定会到来的，而条件是否会具备具有不确定性。如甲对乙说："下次下雨时，我卖给你 100 把伞。"虽然下次哪一天会下雨不确定，但下次下雨是将来确定会发生的事实，因此属于期限。而"如果明天下雨"则属于条件。决定合同生效的期限，成为生效期限。期限到来时，合同就开始生效。如当事人约定"本合同自 2018 年 9 月 9 日起生效"。决定合同效力消灭的期限，为终止期限。如当事人约定本合同自 2018 年 12 月 31 日起终止。

把别人的物品卖了的合同有效吗?

朱九戒和高小美因离婚问题起诉到法院,法院判决离婚,并将登记在朱九戒名下的一处房屋判给了高小美。高小美因工作繁忙忘了去登记机关办理过户登记,朱九戒便将房屋卖给了不知情的孙小行,并将房屋过户给了孙小行。朱九戒和孙小行之间签订的房屋买卖合同有效吗?

生活中,我们会经常把自己的物品借给他人使用,如借给朋友一本书、一台电脑、一只手表等。借用人虽然占有和使用着这个物品,但他并没有所有权,当然也没有处分权,如果借用人将这个物品卖给别人,这个买卖合同是否有效呢?

首先,我们要区分这里存在的两个行为,一个是双方订立买卖合同的行为,也叫作订立出卖他人之物的合同,另一个是当事人办理房屋过户登记的行为。其次,我们要区分两个效力,一个是双方签订的买卖合同的效力,另一个是双方之间能不能发生所有权变动的效力,即买方能不能取得房屋的所有权。我们在日常生活中很少会注意到这个问题,但只有区分了这两种行为和两种效力,才能正确地解决这类法律问题。

双方仅仅签订一个买卖合同,并不会导致物品的所有权发生变动。比如我们两个协商一致,我把一个元代的青花瓷碗卖给你,但此时你还不能说这个青花瓷碗已经是你的了,因为所有权还没有发生变动,我仍然还是所有权人。但你作为买卖合同的买方,你有权要求我交付青花瓷碗给你,这是你根据买卖合同享有的权利,这叫债权;而我作为买卖合同的卖方,我有权要求你支付价款给我,这是我根据买卖合同享有的权利,这也是债权。所以,就买卖合同的效力而言,它只能在当事人之间产生债权债务关系,但并不能导致所有权直接发生移转。那么,你什么时候才能取得这个青花瓷碗的所有权呢?在我将青花瓷碗交付给你,也就是你取得了对青花瓷碗的占有的时候,你才取得它的所有权,你才能说这个青花瓷碗是你的。所以,一个有效的买卖合同,再加上一个交付的行为,才能发生动产的所有权变动的效力;一个有效的买卖合同,再加上登记的行为,才能发生不动产的所有权变动的效力。

我们再来看上面的案例,朱九戒将房屋卖给了不知情的孙小行,这属于朱九戒卖掉了高小美的房屋,属于订立出卖他人之物的合同。由于买卖合同只是在当事人之间产生债权债务关系，并不能直接导致标的物所有权发生移转，因此，出卖人对标的物有没有所有权，并不会影响买卖合同的效力，即出卖他人之物的合同也是可以有效的。这和我们朴素的生活认知有一定的差异，但这是法学逻辑思维的结果，具有法律上的正确性。如果认为合同无效，那对于买受人来说也不公平。也许你会认为，这样也太不安全了吧！其实，我们的法律只是承认了买卖合同有效，并没有承认买受人能取得所有权。由于出卖人卖掉的是他人的物，出卖人并无所有权，因此其无法将自己没有的所有权移转给买受人，因此，买受人是不能取得所有权的，对真正的所有权人并不会产生实际损害。那认定合同有效还有什么意义呢？买受人虽然不能取得所有权，但可以根据有效的买卖合同来要求出卖人承担违约责任。如果我们认定买卖合同无效，买受人就不能主张违约责任了，显然不利于对买受人的保护。

用别人的名字订立的合同有效吗？

有时候，因为没有时间、没有精力、没有专业知识，或者不方便自己亲自出面，我们会委托他人代我们订立合同，这便是通过代理人实施法律行为。如我们会委托一位业内朋友代我们购买一台笔记本电脑。有时候，他人未经本人同意，以本人的名义订立合同，这种合同有效吗？如公司的业务员，在离职之后，仍以公司的名义和原来的客户订立合同，并收取款项。这时候合同的效力就比较复杂。无论哪种情形，都涉及民法中的代理制度。

代理，是指代理人在代理权限内，以被代理人名义实施的民事法律行为，对被代理人发生效力。代理涉及三方当事人，即被代理人、代理人和第三人。被代理人与代理人之间存在代理权授予关系或法定关系，目的是产生代理权，如张三授权李四代理自己去福建武夷山采购两公斤上等的大红袍茶叶，又如当事人委托律师事务所的某律师代理自己参加某个案件的诉讼；代理人和第三人之间存在法律行为关系，如张三以李四的名义和福建武夷山某茶场的王五签订了一份茶叶买卖合同。

有些行为必须当事人自己亲自实施，不得委托他人代理完成。如按照法律规定、当事人约定或法律行为的性质应由本人亲自实施的行为，不得代理。这类行为即使由他人代理实施也不发生法律效力，必须由本人重新实施。现实生活中,结婚登记、收养子女、离婚登记等身份行为,预约撰稿、演出、授课、讲演,特定的技术转让合同,求职面试、抽血体检、当兵体检,侵权行为等,均不得由他人代理。

代理人在代理权限内以他人名义订立合同的,属于有权代理;代理人在没有代理权的情况下以他人名义订立合同的,属于无权代理。梅特拉赫公司委派业务员刘学到某服装厂采购男装,刘学考察该服装厂的男装款式和质量后,选定了其中两款,并签订了采购合同,这属于有权代理,代理权来源于公司的授权。如果业务员刘学发现该服装厂的童装款式和质量都很好,也选定了两款童装,并签订了采购合同,这部分便属于无权代理,因为刘学超出了公司授予他的代理权限。

代理人在实施代理行为时,以被代理人的名义订立合同的,叫作直接代理;以代理人自己的名义订立合同的,叫作间接代理。陆明轩想为自己的女朋友庄婉婷送一套高档性感内衣,但自己不好意思进店选购,于是委托其女性好友吴亚楠为其挑选,吴亚楠进店表明来意,告诉店员其是为门口的陆明轩挑选内衣,后选定购买。吴亚楠之行为构成显名的间接代理,该合同直接约束委托人陆明轩和销售者。但如果销售者和吴亚楠明确约定,有问题只找吴亚楠,则该合同仅约束吴亚楠和销售者。如果吴亚楠进店后自行挑选,后选定购买,吴亚楠之行为构成隐名的间接代理,该合同直接约束受托人吴亚楠和销售者。吴亚楠购得内衣后再依据其与陆明轩之间的委托合同,将内衣所有权移转给陆明轩。

代理人应当尽到谨慎和勤勉的职责要求;代理人原则上应当亲自完成代理事务,不得擅自转委托。代理人不履行或者不完全履行职责,造成被代理人损害的,应当承担民事责任。代理人和相对人恶意串通,损害被代理人合法权益的,应当承担连带责任。代理人知道或应当知道代理事项违法仍然实施代理行为,或者被代理人知道或应当知道代理人的代理行为违法未作反对表示的,被代理人和代理人应当承担连带责任。萨尔公司员工范九溪受公司委托从粤北公司订购一批空气净化机,萨尔公司对净化机单价未作明确限定。范九溪与粤北公司私下商定将净化机单价比正常售价提高 200 元,粤北公司给范九溪每台 100 元的回扣。商定后,范九溪以萨尔公司名义与粤北公司签订了买卖合同。范九溪与粤北公司恶意串通损害萨尔公司的利益,应对萨尔公司承担连带责任。

合同订立后发生了重大疫情等不可预料的情况怎么办?

人们订立合同的初衷,当然是希望双方都能按照合同约定,全面适当地履行自己的义务,从而各自实现订约的目的,因为这符合双方利益。但在现实生活中,可能会发生一些当事人订立合同时不可预料的重大变化,此时合同如果继续履行可能会导致双方权利义务完全不对等,也就是我们所说的显失公平,也可能会导致合同继续履行变得毫无意义。

2018 年 9 月 11 日,斯达公司为改进现存的三座中型燃煤锅炉的脱硫技术,与博士股份有限公司签订《技术委托开发合同》。博士股份有限公司遂派出技术团队进驻斯达公司开展锅炉脱硫改造的工作。2018 年 10 月 22 日,H 市政府作出拆除 H 市所有中小型燃煤锅炉的行政决定。博士股份有限公司能否解除《技术委托开发合同》?

《民法典》规定,合同成立后,合同的基础条件发生了当事人在订立合同时无法预见的、不属于商业风险的重大变化,继续履行合同对于当事人一方明显不公平的,受不利影响的当事人可以与对方重新协商;在合理期限内协商不成的,当事人可以请求法院或者仲裁机构变更或解除合同。法院或者仲裁机构应当结合案件的实际情况,根据公平原则变更或解除合同。

“情势”是指客观情况,泛指一切与合同有关的客观事实,如战争、经济危机、政策调整等。如严重通货膨胀、法律变动、行政行为等。“变更”则指合同赖以成立的环境或基础发生异常之变动。这种合同成立的基础或环境的客观基础的变动有可能导致合同当事人预期的权利义务严重不对等,从而使原先的合同失去其本来的意义。

正常的商业风险应由当事人按照合同的约定承担,属于当事人应当预见的交易风险,不由情势变更规则进行调整和矫正。比如市场价格的波动、物价的波动、社会政治经济文化环境的变化、消费者的价值观的变化、币值、汇率的涨落、市场的兴衰等都可能成为商业风险与情势变更的共同原因,但两者的法律效果却截然不同,关键在于该风险是否在正常范围内。

在前例中,市政府的行政决定,导致《技术委托开发合同》无法履行,属于当事人无法预见的非商业风险,构成情势变更,加上合同已经无法履行,变更合同并不能解决这里的问题，因此，博士股份有限公司可以解除《技术委托开发合同》。

凡科房地产公司将一套房屋卖给徐周丙，徐周丙向凡科房地产公司支付了首付款 50 万元。后因国家出台房地产调控政策，徐周丙不具备购房资格，凡科房地产公司与徐周丙之间的房屋买卖合同不能继续履行。这属于情势变更，徐周丙有权请求解除合同。

有时候，客观情况发生重大变化，并不属于情势变更。赵某为了自己的孩子能到 S 大附小上学，于 2017 年 10 月 10 日抢购到了凡科地产集团开发的“长郡春天”小区的一套住房。合同特别约定：凡科地产集团保证“长郡春天”小区住房为 S 大附小学区房。该套房屋于 2017 年 11 月 11 日完成过户登记。2018 年 1 月 11 日，教育部门发布《更改校区分片的决定》，“长郡春天”小区对应的小学变更为新民小学。赵某能否以情势变更为由请求解除合同呢？我们认为是不能解除合同的。该套房屋于 2017 年 11 月 11 日完成过户登记，合同已经履行完毕之后发生的重大变化，不属于情势变更。此外，当事人应当能够预料到，校区分片政策有变化的可能性，不属于不可预见之情形。

第五讲

合同的保全和担保:给合同上个"保险"

李四借张三的钱到期无力还款,王五欠李四的钱到期后,李四又不找王五要求还款,导致张三的借款债权的本金和利息无法收回,张三该怎么办?李四借张三的钱到期无力还款,担心张三起诉到法院要求拍卖自己的一辆汽车,于是将这辆汽车赠送给了自己的好朋友王五,并办理了车辆过户,张三该怎么办?李四找张三借款,张三担心李四借款不还,要求李四提供担保,以确保将来自己的借款债权的本金和利息能够顺利收回,李四可以提供哪些担保?

什么是债权人的代位权?

因债务人担心自己找他人讨债要回来的钱款会被债权人索取走,于是往往消极对待,不去主动讨要自己的债权。为此,法律规定了债权人的代位权制度来应对债务人的此种行为。《民法典》规定,因债务人怠于行使其债权或者与该债权有关的从权利,影响债权人的到期债权实现的,债权人可以向人民法院请求以自己的名义代位行使债务人对相对人的权利,但是该权利专属于债务人自身的除外。

所谓"怠于",是指应行使、能行使而不行使其权利。即债务人不履行其对债权人的到期债务,又不以诉讼方式或者仲裁方式向其债务人主张其享有的具有金钱给付内容的到期债权,致使债权人的到期债权未能实现。债务人只是向次债务人提出履行请求,并未以诉讼或仲裁方式主张的,也构成怠于。

债权人的代位权着眼于债务人的消极行为,目的是保持债务人的财产,当债务人有权利行使而不行使,以致影响债权人权利的实现时,法律允许债权人代债务人之位,以自己的名义向第三人行使债务人的权利。代位权是债权的法定权能,无论当事人是否有约定,债权人都享有此种权能,可以称为债权的保全权能。

李四借张三10万元人民币到期不还,王五欠李四20万元的钱到期后,李四又不找王五要求还款,导致张三的借款债权的本金和利息无法收回。此时,张三便可以通过行使债权人的代位权而直接向王五主张相应的权利,从而实现自己的债权。

首先,并非债务人对第三人享有的所有债权,债权人都能行使代位权。专属于债务人自身的债权,如基于扶养关系、抚养关系、赡养关系、继承关系产生的给付请求权和劳动报酬、退休金、养老金、抚恤金、安置费、人寿保险、人身伤害赔偿请求权等权利,因具有人身专属属性,只能由债务人行使,即使债务人怠于行使该权利,债权人也不能行使代位权。如李四本来有权要求其儿子李小四每月支付赡养费,但李四怠于行使,不向李小四主张,此时,张三也无权代李四之位向李小四主张。

其次,由于代位权会对三方都产生重大影响,因此债权人应当以自己的名义通过法院以诉讼的方式行使,即债权人应向被告住所地人民法院提起债权人代位权的诉讼。张三作为债权人,是诉讼中的原告;王五作为债务人的债务人(民法上称为次债务人),是诉讼中的被告;由于代位权是由次债务人王五对张三进行直接清偿债务,故李四并非被告,其作为债务人,是诉讼中的无独立请求权的第三人。

再次,债权人行使代位权的范围以债权人享有的到期债权金额为限。如李四借张三10万元人民币到期不还,王五欠李四20万元的钱到期后,李四又不找王五要求还款,导致张三的借款债权的本金和利息无法收回。张三在向王五主张债权人的代位权时,以自己的10万元债权金额为限。但是,如李四借张三20万元人民币到期不还,王五欠李四10万元的钱到期后,李四又不找王五要求还款,导致张三的借款债权的本金和利息无法收回。张三在向王五主张债权人的代位权时,因李四对王五仅享有10万元债权,王五也只有义务清偿10万元的债务，故张三的代位权仅以 10 万元债权金额为限。

复次，债权人行使代位权的必要费用，如律师费用、差旅费用，由债务人负担。诉讼费由次债务人负担，从实现的债权中优先支付。

最后，债权人的代位权主张得到法院支持的话，由债务人的相对人向债权人履行义务，债权人接受履行后，债权人与债务人、债务人与相对人之间相应的权利义务终止。如果法院认定张三的代位权成立，则由王五向张三偿还 10 万元借款，张三接受后，张三和李四之间的债权债务关系因此消灭，李四和王五之间的债权关系也部分消灭，即由原来的 20 万元债权，变成了 10 万元债权。

什么是债权人的撤销权?

有时候，债务人不仅是担心自己找他人讨债要回来的钱款会被债权人索取走，从而消极对待，怠于向自己的债务人主张债权，而且是采取积极的行为使自己的财产减少，同样危害着债权人债权的实现。为此，法律规定了债权人的撤销权制度来应对债务人的此种积极损害自己财产的行为。债权人的撤销权着眼于债务人的积极行为，目的是恢复债务人的财产，当债务人在不履行其债务的情况下，实施减少其财产而损害债权人债权实现的行为时，法律赋予债权人有诉请法院撤销债务人所为行为的权利。

《民法典》规定，债务人以放弃其债权、放弃债权担保、无偿转让财产等方式无偿处分财产权益，或者恶意延长其到期债权的履行期限，影响债权人的债权实现的，债权人可以请求人民法院撤销债务人的行为。债务人以明显不合理的低价转让财产、以明显不合理的高价受让他人财产或者为他人的债务提供担保，影响债权人的债权实现，债务人的相对人知道或者应当知道该情形的，债权人可以请求人民法院撤销债务人的行为。

周宇文开设了“高离子防冻剂”专卖店从事销售经营活动。2012 年 12 月，曾先融等 14 人从周宇文处购买了“高离子防冻剂”对夏橙果树进行施用，后夏橙果树出现大量落果现象。曾先融等 14 名原告于 2013 年 10 月向江永县人民法院起诉被告销售者周宇文、生产者河北品源化工有限公司承担产品责任，要求两被告赔偿相关损失。法院经审理于 2014 年 9 月依法作出判决，判决生产者河北品源化工有限公司、销售者周宇文共同赔偿 14 名原告的经济损失共计

48 万元。被告周宇文对判决不服,向永州市中级人民法院提起上诉,永州市中级人民法院于 2015 年 3 月作出判决,驳回上诉,维持原判。

曾先融等 14 名原告于 2015 年 7 月 16 日向法院申请强制执行,法院执行局在执行过程中于 2015 年 7 月 22 日通过到江永县房产局调取周宇文的房产资料,发现被告周宇文、曹常玉已于 2013 年 1 月 24 日在江永县民政局协议离婚并对财产进行了分割、赠与处理,该院执行局将该情况通报给 14 名原告。周宇文、曹常玉在离婚协议中约定,关于财产及债务问题:(1)家用小轿车、鸡爪坪电站股份、小沽源电站股份归周宇文所有;(2)公安局家属房、四级电站股份归曹常玉所有;(3)县中医院门面房、正冲电站股份赠与儿子周雨所有。周宇文、曹常玉进行了离婚登记,周宇文将分配到其名下的电站股份进行了转卖;曹常玉将公安局家属房转移登记到其个人名下,将位于江永县中医院门面房转移登记至周雨名下。

14 名原告在得知被告周宇文、曹常玉已经通过协议离婚并转移财产,且被告周宇文名下尚未有可供执行的财产后,于 2016 年 1 月向该院起诉,要求撤销被告周宇文、曹常玉离婚协议中关于江永县公安局家属房的分割以及将江永县中医院门面房赠与周宇的财产处理部分。法院认为,被告周宇文销售“高离子防冻剂”造成 14 名原告夏橙受损的事实发生在被告周宇文、曹常玉夫妻关系存续期间,该事实已经法院生效的裁判所确认,故该债权成立于被告周宇文、曹常玉离婚之前。14 名原告申请法院强制执行后,被告周宇文一直未依法履行法院生效裁判确认的给付义务,被告周宇文离婚对财产的处分行为客观上损害了 14 名原告的债权,原告申请撤销该财产处理部分有明确的事实和法律依据,应当依法予以支持。于是判决:对被告周宇文、曹常玉离婚协议中将公安局家属房的全部产权归被告曹常玉所有的财产处理部分予以撤销;对被告周宇文、曹常玉离婚协议中将位于县中医院门面房的所占产权赠与被告周宇所有的财产处理部分予以撤销。本案案件受理费 8500 元,由被告周宇文、曹常玉负担;财产保全费 2900 元,由被告周宇文、曹常玉、周宇负担。

如何进行保证担保?

我们在借钱给别人的时候,总是担心借款人到期不还钱怎么办,且不说利息能不能拿到，本金能不能要回来都是问题。于是，我们便会让借款人提供一定的担保，给债权的实现增加一点保障。借款人可以提供的担保方式一般包括人的担保、物的担保和金钱担保。

人的担保，是指以人的信誉设立的担保，当债务人不履行债务时，由该担保人负责清偿。人的担保主要是保证，实质上是使履行合同的义务，从原来的仅债务人自己扩张到第三人的一般财产之上，即除了债务人需要用自己的全部财产来偿还债务之外，保证人也需要用自己的全部财产来偿还债务，从而扩大了用于偿还债务的财产的范围，进而使债权人的受偿可能性大大增加。人的担保就是我们所说的保证。

物的担保，是指以物为标的物设立的担保。如果债务人不履行其债务，债权人就可以通过对担保财产进行拍卖、变卖或折价，并从中优先受偿。在物的担保中，债权人看中的不是担保人的信誉，而是为债权担保的标的物的价值，除了这个特定的标的物，担保人的其他财产是不可以用于清偿债权人的债权的。如果标的物经过拍卖、变卖或折价之后所获得的价款不足以清偿债权，担保人也无须就不足的部分再承担任何责任，债权人此时只能继续找债务人主张不足部分。物的担保就是我们所说的抵押、质押和留置。

金钱担保，是指以金钱作为标的设立的担保。当事人可以约定一方向对方给付一定的金钱作为债权的担保，交付定金的一方不履行债务的，无权再要回定金；接受定金的一方不履行债务的，应当双倍返还定金。金钱担保主要就是指定金。

保证，是指第三人和债权人约定，当债务人不履行债务时，该第三人按照约定履行债务或者承担责任的担保方式。该第三人即为保证人。这里的债权人既是主债权的债权人，又是保证合同的债权人。《民法典》规定，保证合同是为保障债权的实现，保证人和债权人约定，当债务人不履行到期债务或者发生当事人约定的情形时，保证人履行债务或者承担责任的合同。保证分为一般保证和连带责任保证两种类型。

一般保证，是指对债务人不履行债务承担补充责任的保证。在一般保证中，债务人在履行期限届满没有履行债务的，债权人必须先起诉债务人，拿到生效判决，执行完毕后仍然不能获得足额清偿的，才可以向保证人主张保证责任，由保证人就债务人未能足额清偿的剩余部分承担补充责任。当然，债权人也可以将债务人和保证人一并起诉，法院可以将两者列为共同被告，但在判决书中应当明确在债务人的财产被依法强制执行后仍不能履行债务的，保证人才承担保证责任。如甲欠乙100万元，主合同约定6月1日前甲还款。丙为保证人，保证合同约定：“若甲不能清偿债务，由丙承担保证责任。”6月1日过后，甲未清偿。乙于6月2日找到丙，要求丙还款100万元。“不能”表明只有债务人无力清偿，即债权人已经穷尽起诉或仲裁、执行手段，仍无法完全受偿时，保证人才承担保证责任。

连带责任保证，是指保证人在债务人不履行债务时与债务人承担连带责任的保证。在连带责任保证中，债务人在履行期届满没有履行债务的，债权人既可以要求债务人履行债务，也可以要求保证人在其保证范围内承担保证责任。换言之，只要债务人在履行期届满没有履行债务，债权人就可以直接要求保证人在其保证范围内承担保证责任，无须经过对债务人的起诉、执行等程序。2015年8月16日，关小羽向千达汽车品牌店购买豪华汽车一辆，首期付款后，余款通过按揭方式向交建银行H支行贷款，以汽车办理两年期抵押贷款。关小羽和银行签订了《抵押合同》并办理了抵押登记。梅特公司在《贷款合同》中的“连带担保人”一栏签字盖章。后关小羽到期未偿还贷款本息，H支行要求梅特公司承担保证责任。梅特公司主张，H支行应该先找关小羽主张债权。梅特公司的理由不能成立，因为梅特公司承担的是连带责任保证，只要关小羽到期未偿还贷款本息或未足额偿还贷款本息，H支行就可以要求梅特公司承担保证责任。如果双方当事人就保证的形式没有约定清楚，按哪种保证对待呢？《民法典》规定，当事人在保证合同中对保证方式没有约定或者约定不明确的，按照一般保证承担保证责任。

债权人应当在特定期间内向保证人主张保证责任，超过这一期间的，保证人的保证责任消灭，债权人不得再要求保证人承担保证责任。这一特定期间，叫作保证期间，是指确定保证人承担保证责任的期间，在此期间，债权人若不主张权利，则保证责任消灭。债权人与保证人可以约定保证期间，但是约定的保证期间早于主债务履行期限或者与主债务履行期限同时届满的，视为没有约定；没有约定或者约定不明确的，保证期间为主债务履行期限届满之日起6个月。2015年8月16日，关小羽向千达汽车品牌店购买豪华汽车一辆，向交建银行H支行贷款，期限为2年。梅特公司在《贷款合同》中的“连带担保人”一栏签字盖章。后关小羽到期未偿还贷款本息。连带责任保证的保证期间为主债务履行期限届满之日起6个月。主债务履行期限于2017年8月16日届满(因为贷款期限为2年),保证期间即为从2017年8月17日起计算6个月,也就是说,H支行应当在2018年2月17日之前向梅特公司主张保证责任。如果在此期间没有主张的,则梅特公司的保证责任消灭,H支行不得再主张。

如何进行抵押担保?

我们在购买房屋的时候,会采用向银行办理按揭贷款的方式进行付款,实际上就是购房者将约定的首付款支付给开发商,然后以所购房屋的所有权作为抵押,由银行先行支付剩余的房款给开发商,购房者在未来的约定年限内按月向银行分期支付所贷款项的本金和利息。购房者和银行之间,便存在借贷法律关系和抵押法律关系,购房者为银行设立抵押权,目的就是担保银行的借款债权能够顺利实现。我们在生活和生产经营中也会用到抵押担保制度,如我们会将房屋或者企业的生产设备抵押给银行获得一笔贷款用于资金周转。

抵押,是指抵押人不移转标的物财产的占有而以该财产为自己或他人的债务提供担保,在债务人不履行到期债务或发生当事人约定的实现抵押权的情形时,债权人有权以抵押物折价清偿抵押担保的债权,或者对抵押物进行变价而以变价的价款优先使被担保债权受偿的一种债权担保方式。抵押权,是债权人对于债务人或者第三人不移转占有而供作担保之物,在债务人不履行到期债务或当事人约定条件成就时就该物优先受偿的权利。

《民法典》规定,为担保债务的履行,债务人或者第三人不转移财产的占有,将该财产抵押给债权人的,债务人不履行到期债务或者发生当事人约定的实现抵押权的情形,债权人有权就该财产优先受偿。前款规定的债务人或者第三人为抵押人,债权人为抵押权人,提供担保的财产为抵押财产。

首先,并非所有的财产都可以用于抵押。可以抵押的财产包括:建筑物和其他土地附着物;建设用地使用权;海域使用权;生产设备、原材料、半成品、产品;正在建造的建筑物、船舶、航空器;交通运输工具;等等。不得用于抵押的财产包括:土地所有权,因为土地所有权只能归国家或集体;耕地、宅基地、自留地、自留山等集体所有的土地使用权,但是法律规定可以抵押的除外;学校、幼儿园、医疗机构等以公益为目的成立的非营利法人的教育设施、医疗卫生设施和其他公益设施，如公共图书馆、博物馆、体育场、青少年宫、文化宫、影剧院、敬老院、青少年基金会、残疾人福利基金会等公益性事业单位和社会团体（“公立”“民办”在所不问，若不属于公益设施，如非教育设施或非医疗设施，则可以抵押）；所有权、使用权不明或者有争议的财产；依法被查封、扣押、监管的财产；国有不可移动文物；等等。

其次，抵押权的设立必须遵守法律的规定。设立抵押权，应当采取书面形式订立抵押合同。以建筑物和其他土地附着物、建设用地使用权、海域使用权、正在建造的建筑物等不动产设立抵押权的，在订立书面的抵押合同后，还需要办理抵押登记，抵押权自登记时设立，未办理抵押登记的，债权人不享有抵押权。甲向乙借款，丙与乙约定以自有房屋担保该笔借款。丙仅将自己房屋的不动产权证交给乙，未按约定办理抵押登记，此时乙对该房屋并不享有抵押权。以动产设立抵押权的，抵押权自抵押合同生效时设立。登记与否并不影响抵押权的成立，但未经登记，不得对抗善意第三人。

以建筑物抵押的，该建筑物占用范围内的建设用地使用权一并抵押；以建设用地使用权抵押的，该土地上的建筑物一并抵押。抵押人未依照规定一并抵押的，未抵押的财产视为一并抵押。此即“地随房走、房随地走”。如债权人对建筑物设定抵押权，根据“视为一并抵押”规则，建设用地使用权视为一并抵押，债权人对建筑物和建设用地使用权均享有抵押权。

建设用地使用权抵押后，该土地上新增的建筑物不属于抵押财产。但由于房地一体，不可能分开拍卖给不同的人，因此，该建设用地使用权实现抵押权时，应当将该土地上新增的建筑物与建设用地使用权一并处分，但新增建筑物所得的价款，抵押权人无权优先受偿。甲公司以一地块的建设用地使用权作抵押向乙银行借款3000万元，办理了抵押登记。其后，甲公司在该地块上开发建设住宅楼，由丙公司承建。现住宅楼已竣工验收，但甲公司未能按期偿还乙银行借款，并欠付丙公司工程款1500万元，乙银行和丙公司同时主张权利，法院拍卖了该住宅楼。在拍得的价款中，乙银行只能对其中属于建设用地使用权的价值部分享有优先受偿权，对其中属于住宅楼的价值部分不享有优先受偿权。

最后，债务人不履行到期债务或者发生当事人约定的实现抵押权的情形，抵押权人可以与抵押人协议以抵押财产折价或者以拍卖、变卖该抵押财产所得的价款优先受偿。抵押财产折价或者拍卖、变卖后,其价款超过债权数额的部分归抵押人所有,不足部分由债务人清偿。拍卖是由专门从事拍卖业务的拍卖行,通过公开叫价竞购,把抵押财产卖给出价最高的买受人的一种变价形式。变卖是由第三方(如法院),将抵押财产卖给特定的买受人的一种变价形式,如法院在司法拍卖平台上对抵押财产进行变卖。折价,是指债权人与抵押人对抵押财产的价值进行协商评估后,由债权人取得该抵押财产从而折抵其债权,一般通过折价受偿协议的方式进行。拍卖和变卖需要通过公开市场交易完成,因此其最终的价格往往比较接近于抵押财产的市场价格,而折价是债权人与抵押人对抵押财产的价值进行协商以确定价格,因此可能出现折算价格过低的情形。对此,《民法典》规定,折价受偿协议损害其他债权人利益的,其他债权人可以请求人民法院撤销该协议。

如何进行质押担保?

质押,是指债务人或第三人将动产或特定的财产权利移交给债权人作为债权实现的担保,当债务人不履行到期债务或发生当事人约定的事由时,债权人可就该动产或财产权利予以变价并优先受偿的担保方式。通过质押所设定的担保权利叫质权。享有质权的债权人,称为质权人;移交动产或财产权利的债务人或第三人称为出质人;移交的动产或财产权利称为质押财产。以动产为债权人设定质押担保,称为动产质押,债权人取得动产质权。以财产权利为债权人设定质押,称为权利质押,债权人取得权利质权。

在设立动产质权时,出质人和质权人应当以书面形式订立质权合同。如果未采用书面形式,一方已经履行主要义务,对方接受的,该合同成立。质权自出质人交付质押财产给质权人时设立。乙欠甲货款,二人商定由乙将一块红木出质给甲并签订质权合同,乙随后将红木交付给甲占有,甲自取得对红木的占有时,取得质权。

《民法典》规定,质权人负有妥善保管质押财产的义务;因保管不善致使质押财产毁损、灭失的,应当承担赔偿责任。质权人的行为可能使质押财产毁损、灭失的,出质人可以请求质权人将质押财产提存,或者请求提前清偿债务并返还质押财产。如质权人将质押的油画置于阴冷潮湿的地下室,导致画作发霉腐烂，质权人应当对自己的过错承担损害赔偿责任。

《民法典》规定，质权人有权收取质押财产的孳息，但是合同另有约定的除外。前款规定的孳息应当先充抵收取孳息的费用。甲向乙借款10万元，借款当日，甲将自己饲养的市值5万元的名贵宠物鹦鹉质押交付给乙，作为债务到期不履行的担保。两个月后，鹦鹉产蛋一枚，市值2000元，乙有权收取该孳息，充抵收取孳息的费用后，用于偿还乙的利息债权，再其后用于偿还乙的本金债权。

在设立权利质权时，法律对不同的权利质权作出了不同的规定。《民法典》规定，债务人或者第三人有权处分的下列权利可以出质：(1)汇票、支票、本票；(2)债券、存款单；(3)仓单、提单；(4)可以转让的基金份额、股权；(5)可以转让的注册商标专用权、专利权、著作权等知识产权中的财产权；(6)现有的以及将有的应收账款；(7)法律、行政法规规定可以出质的其他财产权利。

以汇票、支票、本票、债券、存款单、仓单、提单出质的，当事人应当订立书面合同。质权自权利凭证交付质权人时设立。如交付汇票、本票或支票。没有权利凭证的，质权自办理出质登记时设立。法律另有规定的，依照其规定。如记账式国库券和在证券交易所上市交易的公司债券等无纸化有价证券，需到中央国债登记结算公司或证券登记结算机构办理出质登记。

以基金份额、股权出质的，应当订立书面合同。质权自办理出质登记时设立。以基金份额、证券登记结算机构登记的股权出质的，在证券登记结算机构办理出质登记；以其他股权（主要是指可转让的有限公司的股权、非上市的股份有限公司的股权）出质的，在市场监督管理部门办理出质登记。

以注册商标专用权、专利权、著作权等知识产权中的财产权出质的，必须订立书面合同，质权自办理出质登记时设立。

如何进行留置担保？

留置权，是指债务人不履行到期债务时，债权人得留置其已经合法占有的债务人的动产，并在一定条件下就该动产优先受偿的权利。甲将电脑显示器交由乙修理，若甲不按照约定支付修理费，乙可以拒绝将修好的显示器返还给甲，且有权依法就该显示器的变价优先受偿。其中，甲为债务人，乙为留置权人，电脑显示器为留置财产。

在保证、抵押和质押的担保方式中，当事人都需要签订担保合同，通过订立合同来设定担保，而在留置的担保方式中，并不存在也并不需要留置合同，因为留置权是根据法律规定直接产生的，只要符合法律规定的条件，债权人就自动、当然取得留置权，就可以行使该权利。

首先，法律允许债权人留置的，必须是债权人已经合法占有的动产。如果债权人不是合法占有，则不享有留置权。如李四欠张三 10 万元钱到期未还，张三带领几位朋友冲到李四家中，将一把红木太师椅搬走，然后告诉李四，只有还钱了才能把红木太师椅拿走。此时，因为张三不是合法占有该红木太师椅，所以不享有留置权，否则这无异于法律鼓励人们通过私力救济自己的权利。

其次，并非所有的动产都允许债权人留置。如海关监管货物，未经海关许可，不得开拆、提取、交付、发运、调换、改装、抵押、质押、留置、转让、更换标记、移作他用或者进行其他处置；在洪水暴发之时，不得为了收取运费而留置救灾物资，不得为了收取修理费而留置残疾人的假肢；不得对不具有让与性的身份证、骨灰等进行留置。

再次，债权人不仅可以留置合法占有的债务人的动产，也可以留置债务人交付给债权人合法占有的第三人的动产。甲借用乙的山地自行车，刚出门就因莽撞骑行造成自行车链条断裂，甲将自行车交给丙修理，约定修理费 100 元。自行车修好后，甲嫌修理费太高不愿意支付。此时，丙就自行车享有留置权，即使乙要求丙返还，也需要先支付修理费。这是因为，留置权是一项物权，是设立在物上的，和谁是物权人没有直接的关系。

最后，债权人（留置权人）享有留置权后，留置权人与债务人应当约定留置财产后的债务履行期间；没有约定或约定不明确的，留置权人应给债务人 2 个月以上履行债务的期间，但鲜活易腐不易保管的动产除外。宽限期从债务人收到留置权人通知时起算。宽限期届满后，债务人未履行的，留置权人可以与债务人协议以留置财产折价，也可以就拍卖、变卖留置财产所得的价款优先受偿。

如何进行定金担保？

定金也是我们在签订和履行合同时经常会用到的一种担保方式。我们在看房、买房时,为了让对方保留房源,会交一笔金钱作为定金;在去五金店定做一套铝合金门窗时,对方也会收取定金。有时候人们还会经常用到留置金、担保金、保证金、订约金、押金或者订金等,这些和定金有什么区别,各自都是什么意思?

《民法典》规定,当事人可以约定一方向对方给付定金作为债权的担保。定金合同自实际交付定金时成立。定金的数额由当事人约定;但是,不得超过主合同标的额的20%,超过部分不产生定金的效力。实际交付的定金数额多于或者少于约定数额的,视为变更约定的定金数额。

其一,定金合同应当以书面形式订立,并且须明确使用“定金”字样。当事人交付留置金、担保金、保证金、订约金、押金或者订金等,但没有约定定金性质的,当事人主张定金权利的,人民法院不予支持。如B县国土资源局公告挂牌出让某处一宗国有土地使用权,要求参加竞买者在报名时须交纳保证金2000万元。斯特公司向国土资源局递交“挂牌出让竞买申请书”,并于同日依约汇入2000万元,国土资源局出具了收据一份,确认收到该笔款项。该2000万元为当事人约定的保证金,不具有定金的性质,将来当事人要求适用定金罚则的,人民法院不予支持。

其二,定金合同为实践性合同,以定金的交付为合同的成立要件。换言之,当事人只是订立了定金合同,但并未实际交付定金的,定金合同没有成立。

其三,定金的数额由当事人约定,但是不得超过主合同标的额的20%,超过部分不产生定金的效力。但是,20%的部分,仍然可以认定为定金,具有定金的效力。实际交付的定金数额多于或者少于约定数额,视为变更约定的定金数额;收受定金一方提出异议并拒绝接受定金的,定金合同不生效。

债务人履行债务后,定金应当抵作价款或者收回。给付定金的一方不履行债务,或者履行债务不符合约定致使不能实现合同目的的,无权请求返还定金;收受定金的一方不履行债务,或者履行债务不符合约定致使不能实现合同目的的,应当双倍返还定金。当事人一方不完全履行合同的,应当按照未履行部分所占合同约定内容的比例,适用定金罚则。甲、乙双方签订买卖合同,甲将100吨汽油卖给乙,合同签订后乙应向甲支付10万元定金,合同在支付定金时生效。合同订立后,乙将10万元定金交付给甲,甲到期没有交付100吨汽油。根据定金罚则,收受定金的甲不履行债务的,应当双倍返还定金,即应当返还给乙

20 万元,以承担自己的违约责任。

定金不同于预付款。预付款为合同约定价款的一部分,不以实际交付为生效要件;定金并非合同价款的一部分,以实际交付为成立要件。合同履行完毕后,定金应当返还或抵作价款;而预付款实际上是提前支付的一部分价款,相当于部分履行了合同义务,在性质上属清偿。预付款的合同双方当事人不履行合同的,不发生丧失或双倍返还预付款的后果。

定金不同于订金。"订金"并无严格的法律上的界定。订金一般也被认定为预付款,它不具备定金性质。双方均依约履行合同的,订金返还给交付方或抵作交付方应付款项。如在商品房买卖中,交付订金的一方主张定金权利的,不予支持,订金数额应在合同总价的 5‰以内,双方在签订商品房买卖合同后,订金应及时返还或抵作价款。

定金不同于保证金。保证金一般只对履行合同的义务起保证作用。如在招投标关系中,招标人可在招标文件中直接规定履约保证金。中标人不履行与招标人订立的合同的,履约保证金不予退还,给招标人造成的损失超过履约保证金数额的,还应当对超过部分予以补偿;没有提交履约保证金的,应当对招标人的损失承担赔偿责任。

定金不同于押金。押金没有明确的法律地位,其意思是把金钱交给他人作担保,目的也是督促债务人履行债务。押金的数额通常是与担保债权的数额或价值相当,甚至超出担保债权标的价值,如租用游泳圈时支付押金 100 元,实际上游泳圈的价值才 60 元;而定金的数额不能超过主债标的总额的 20%。定金的担保功能是通过定金罚则实现的,且对双方同样适用;押金仅对交付押金的一方具有约束力,交付押金的一方不履行合同,就会丧失押金,而接受押金的一方往往都是已经履行完自己的全部或主要义务,不存在双倍返还押金的问题。如定做皮鞋,交付定金时皮鞋尚未做成,更未到定做人手中;而租用照相机、演出服等,交付押金时,照相机、演出服等已经或即将转移到交付押金者手中。

第六讲

违约责任：不履行合同的代价

与他人产生了合同等民事纠纷有哪些解决途径？

民事纠纷，是指平等主体之间的民事权利义务争议，包括人身关系争议和财产关系争议。民事纠纷的解决途径包括民事诉讼解决机制和诉讼外民事纠纷解决机制，诉讼外民事纠纷解决机制主要有和解、诉讼外调解、仲裁。

1. 和解

和解，是指无第三方介入时，争议双方自愿达成和解协议而解决民事纠纷的行为。当合同纠纷发生时，双方当事人可以直接沟通、协商从而达成和解协议，进而解决纠纷。

2. 诉讼外调解

诉讼外调解，是在第三方的主持下，争议双方进行协商，达成协议以解决民事纠纷的行为。包括人民调解、行政调解、行业调解等。当合同纠纷发生时，双方当事人当然也可以采用这种方式予以解决。

（1）人民调解。人民调解，是指在人民调解委员会主持下，当事人在平等协商基础上自愿达成调解协议或和解协议，解决民事纠纷的活动。人民调解委员会，是依法设立的调解民间纠纷的群众性自治组织。村民委员会、居民委员会设立人民调解委员会；企业事业单位根据需要设立人民调解委员会。当事人可以向人民调解委员会申请调解；人民调解委员会也可以主动调解。当事人一方明确拒绝调解的,不得调解。如北京市医疗纠纷人民调解委员会是依法设立的专业从事医疗纠纷调解的群众性组织。医患双方自愿达成调解协议的,由医调委制作医疗纠纷调解协议书。协议书经双方当事人签名、盖章或按指印,并于调解员签名并加盖医调委印章之日起生效。医患双方不能达成调解协议的,医调委终结调解,医患双方可以依法通过司法、行政、鉴定等途径维护自己的权利。医患双方未明确表示是否接受调解建议的,视为自动放弃调解,按调解终结处理。

(2)行政调解。行政调解,是指行政机关依照法定职责和规定程序,以自愿平等为基础,促使当事人化解民事纠纷的活动。如《治安管理处罚法》第9条规定,对于因民间纠纷引起的打架斗殴或者损毁他人财物等违反治安管理行为,情节较轻的,公安机关可以调解处理。经公安机关调解,当事人达成协议的,不予处罚。经调解未达成协议或者达成协议后不履行的,公安机关应当依照本法的规定对违反治安管理行为人给予处罚,并告知当事人可以就民事争议依法向人民法院提起民事诉讼。

(3)行业调解。行业调解,是指通过一些行业协会或组织(如消费者权益保护协会)所设立的调解机构调解特定领域的民事纠纷的行为。例如,广东省保险行业协会保险纠纷调解处置专业委员会、内蒙古农牧业产业化龙头企业协会人民调解委员会、内蒙古医药商会人民调解委员会(商事调解)等。又如,消费者权益保护协会受理消费者的投诉,并对投诉事项进行调查、调解。消费者权益保护协会居中调解,也可以提出解决纠纷的方案或建议,但不能代替消费者或经营者作出决定。

当事人达成的有民事权利义务内容,并由双方当事人签字或者盖章的调解协议,具有民事合同性质,此类诉讼外调解协议、和解协议对双方都有法律上的约束力,但不具有强制执行力,即当事人不能凭该调解协议要求法院对协议内容进行强制执行。但当事人可以申请办理债权文书公证、申请司法确认或申请支付令。

(1)债权文书公证。调解协议、和解协议如果具有给付内容,当事人可申请公证机构办理债权文书公证。债务人不履行债务的,债权人可依法申请执行公证债权文书。

(2)申请司法确认。经调解达成的具有民事合同性质的协议,当事人可以在其生效之日起30日内共同向调解组织所在地基层人民法院或者人民法庭依法申请司法确认。①依法确认调解协议有效的，作出司法确认裁定书，一方当事人拒绝履行或者未全部履行的，对方当事人可以向人民法院申请强制执行；②依法确认调解协议无效的，当事人可以通过人民调解方式变更原调解协议或者达成新的调解协议，也可以向人民法院提起诉讼。如对适宜调解的纠纷，登记立案前，人民法院可以经当事人同意委派给特邀调解组织或特邀调解员进行调解；登记立案后或者在审理过程中，可以委托给特邀调解组织或者特邀调解员进行调解（和人民法院主持下的诉讼调解不同，此为诉讼外调解、立案前调解）。经调解达成协议的，当事人可向调解组织所在地或委派调解的基层人民法院申请司法确认。此外，经律师调解工作室或律师调解中心调解达成的具有民事合同性质的协议，当事人可以向工作室或调解中心所在地基层人民法院申请确认其效力。

（3）申请支付令。以给付金钱或者有价证券为内容的和解协议、调解协议，债权人可以向有管辖权的基层人民法院申请支付令。债务人未在法定期限内提出书面异议且逾期不履行支付令的，当事人可以申请强制执行。如陆明轩以徐子谦为被申请人，向徐子谦住所地的基层法院申请发布支付令，主张徐子谦欠自己 6 万元的债务，并提交了一张书面证据，上面写明“六个月内支付货款六万元整”，并有徐子谦的签名。人民法院受理后，询问了陆明轩，审查了案件材料，认为债权债务关系简单清楚，付款期限已过，于是发出支付令，命令徐子谦在 15 日内履行债务。如果徐子谦收到支付令后置之不理，则陆明轩可以向法院申请强制执行。如果徐子谦收到支付令后，立即委托律师向法院提交了书面异议。异议认为，欠条属实，欠款因向陆明轩购买明代青花瓷碗而产生，但陆明轩交付的碗存在质量问题，自己已经向陆明轩住所地的法院提起了追究其瑕疵担保责任的诉讼。法院审查认为双方确实存在实质性争议，应当作出终止支付令程序（督促程序）的裁定。

3. 仲裁

仲裁，是指仲裁机构根据当事人的仲裁协议对民事财产纠纷进行审理并作出裁决的纠纷解决方式。此处仅指民商事仲裁，不包括劳动仲裁和土地承包经营纠纷仲裁，且只解决财产关系纠纷，不解决婚姻、收养、监护、扶养、继承等人身关系纠纷。仲裁是社会救济方式，仲裁机构属于民间组织，独立于行政机关和司法机关。当事人之前必须存在有效的仲裁协议，才能启动仲裁，替代法院诉讼来解决当事人之间的纠纷。生效的仲裁裁决与生效的法院判决一样,可以成为执行依据。

民商事仲裁不同于劳动仲裁。劳动仲裁,是指由劳动争议仲裁委员会对劳动争议居中公断与裁决。无须存在仲裁协议,适用《劳动争议调解仲裁法》。当事人必须先申请仲裁,对仲裁裁决不服,才能向法院起诉。

民商事仲裁不同于土地承包经营纠纷仲裁。土地承包经营纠纷仲裁,是指由农村土地承包仲裁委员会对土地承包经营纠纷居中公断与裁决。无须存在仲裁协议,适用《农村土地承包经营纠纷调解仲裁法》。当事人可以申请仲裁,也可以直接向人民法院起诉。

4. 诉讼

司法是社会正义的最后一道防线;诉讼是民事纠纷解决的最后一条途径。民事诉讼,是指法院基于当事人的请求,运用国家审判权强行解决民事纠纷的机制。民事诉讼法律关系,是法院、诉讼参与人在审理和解决民事案件的过程中所进行的各种诉讼活动以及由这些活动所产生的各种诉讼法律关系。民事诉讼在审判阶段要依靠审判权确定民事权利义务关系,在执行阶段则要依靠执行权实现生效法律文书的内容。区别于群众自治组织的人民调解委员会和民间性质的仲裁委员会的纠纷解决方式。法院作出的发生法律效力的判决书、裁定书、调解书、决定书、支付令等若具有执行内容,而义务人拒不履行,法院可以依申请或依职权强制执行。各参与主体应当遵守法律规定的民事诉讼推进程序。若不依法实施诉讼行为,就不会产生预期的诉讼法上的效果,甚至还可能承担某种不利的后果。

违约责任是否需要违约方有过错?

当事人订立合同的初衷是双方都按照合同的约定全面适当地履行各自的义务,从而满足对方的目的,使双方的权益都得到实现。但在现实中,并非每个合同都能得到圆满的履行,都能得到美好的结局。很多时候,合同因各种原因而没有得到履行,此时就需要考察是否有违约责任的产生,以及如何承担违约责任问题。

违约责任,是指当事人不履行合同义务或者履行合同义务不符合约定时所承担的民事责任。一般地，只要当事人存在违约行为，就应该承担违约责任，属于无过错责任，即不考虑违约方是否存在过错，但如果存在法定或约定的免责事由，则违约方可以不承担违约责任或减轻违约责任。

在例外情形下，《民法典》要求违约方具有过错才承担责任，如果没有过错，则不承担责任。如赠与合同中，因赠与人故意或者重大过失致使赠与的财产毁损、灭失的，赠与人应当承担损害赔偿责任。赠与人故意不告知瑕疵或者保证无瑕疵，造成受赠人损失的，应当承担损害赔偿责任。如租赁合同中，承租人应当妥善保管租赁物，因保管不善造成租赁物毁损、灭失的，应当承担损害赔偿责任。如加工承揽合同中，承揽人应当妥善保管定作人提供的材料以及完成的工作成果，因保管不善造成毁损、灭失的，应当承担损害赔偿责任。如客运合同中，在运输过程中旅客自带物品毁损、灭失，承运人有过错的，应当承担损害赔偿责任。如有偿的保管合同中，因保管人保管不善造成保管物毁损、灭失的，保管人应承担损害赔偿责任，但保管是无偿的，保管人证明自己没有重大过失的，不承担赔偿责任。如有偿的委托合同，因受托人的过错给委托人造成损失的，委托人可以要求赔偿损失。无偿的委托合同，因受托人的故意或者重大过失给委托人造成损失的，委托人可以要求赔偿损失。

预期违约有哪些法律后果？

有时候，合同约定的履行期限还没有到来，一方当事人便表明自己将不履行合同，这就叫作预期违约。包括明示的预期违约和默示的预期违约。

明示预期违约，又叫明示毁约，是指当事人明确表示将不履行合同。如甲、乙签订一个买卖元代青花瓷碗的合同，双方约定甲应当在 9 月 15 日将青花瓷碗交给乙，乙在收到青花瓷碗一周内支付价款。后甲在 9 月 1 日便向乙明确表示自己将不会履行这个买卖合同。

默示预期违约，又叫默示毁约，是指当事人以自己的行为表明将不履行合同。债务人未明确表示其将不履行义务，只是从其履行的准备行为、现有经济能力、信用状况等，可预见到该当事人将不履行或不能履行，而且该预见存在确凿的证据。如合同要求当事人必须具备特定的资质，而履行期限到来之前，该当事人的资质被吊销。如甲、乙签订一个买卖元代青花瓷碗的合同，双方约定甲应当在9月15日将青花瓷碗交给乙，乙在收到青花瓷碗一周内支付价款。后甲在9月10日将该青花瓷碗卖给了丙，并将碗交给了丙。这属于甲以自己的行为表明将不会再履行其与乙之间的买卖合同。

当事人一方明确表示或者以自己的行为表明将不履行合同义务的，守约方可以在履行期限届满之前要求其承担违约责任。换言之，守约方可以直接解除合同，要求对方承担违约责任；也可以等待履行期限到来后要求对方继续履行合同或要求对方承担违约责任。

履行不能有哪些法律后果？

履行不能，是指债务人在客观上无法履行合同约定的债务。如甲、乙签订一个买卖元代青花瓷碗的合同，双方约定甲应当在9月15日将青花瓷碗交给乙，乙在收到青花瓷碗一周内支付价款。在9月1日时，青花瓷碗被来访的客人丙在观赏时不小心打碎，此时并非甲不愿履行合同债务，而是客观上无法履行。

如果债务人客观上无法履行合同债务且没有法定或约定的免责事由，那么债务人虽然可免除履行原债务，但应承担违约责任或损害赔偿责任；债权人也可以解除合同，并可请求支付违约金、适用定金罚则或赔偿损失。如在前例中，青花瓷碗被丙打碎，并不属于法定的免责事由（只有不可抗力是法定免责事由），故甲虽无须再交付青花瓷碗给乙（因为已经灭失，客观上无法交付，法律不可能强制当事人实施不可能完成的行为），但应当对乙承担违约责任。至于乙和丙之间是否存在侵权法律关系，乙能否向丙主张侵权损害赔偿责任，并非甲、乙之间的违约责任认定时所需要考虑的。

如果债务人客观上无法履行合同债务存在有法定或约定的免责事由，那么债务人不仅可以免除履行原债务，而且无须承担不履行买卖合同的违约责任，债权人也相应免除对待给付义务。此时债务人应当及时向债权人通报不能履行或需要迟延履行、部分履行的理由，并取得有关证明。若不及时通报，使债权人因此受到损害或扩大损害的，债务人仍应承担损害赔偿责任。如甲、乙签订一个买卖元代青花瓷碗的合同，双方约定甲应当在9月15日将青花瓷碗交给乙，乙在收到青花瓷碗一周内支付价款。在9月10日时，因突然发生地震，甲家房屋的屋梁断裂将青花瓷碗砸碎,导致标的物灭失,客观上无法交付,此时因发生不可抗力,属于法定免责事由,故乙无须向甲交付青花瓷碗,也无须向甲承担违约责任,当然,甲也无须向乙支付价款。

拒绝履行有哪些法律后果?

拒绝履行,是指债务人有履约能力而无正当理由拒绝履行债务的行为。既可以是明示拒绝履行,也可以是默示拒绝履行。这种情形下,债务人有履约的能力,也有履约的可能性,只是债务人主观上不愿意履行合同债务。如甲、乙签订房屋买卖合同,甲将其一套房屋卖给乙。在履行期限届至后,甲将房屋另行出卖给丙,并办理了过户登记。此为默示拒绝履行。

在债务人拒绝履行时,债权人可解除合同,请求支付违约金或赔偿损失,或债权人可诉请法院强制实际履行,并请求支付违约金或赔偿损失。如果有担保人为债务人提供担保的,债权人此时可请求保证人履行保证义务,在物的担保中,债权人可行使担保物权。

1. 强制实际履行

所谓强制实际履行,又叫继续履行,是指守约方要求法院或者仲裁机构强制违约方继续履行合同的违约责任形式。金钱债务只存在迟延履行,不存在履行不能,可以强制实际履行。非金钱债务,原则上可强制实际履行。但下列三种情况例外:(1)法律上或事实上不能履行;(2)债务标的不适于强制履行或履行费用过高;(3)债权人在合理期限内未要求履行。如买卖合同的标的物已经灭失,即属于事实上不能履行;如债务人负有的义务是劳务,即属于不得强制履行;如买卖合同标的物属于季节性商品,如果已经过了相应的季节,即属于在合理期限内未要求履行。

2. 支付违约金

当事人可以约定一方违约时应当根据违约情况向对方支付一定数额的违约金,也可以约定因违约产生的损失赔偿额的计算方法。赔偿性违约金是当事人双方预先估计的损害赔偿总额,约定的目的在于避免或减轻对损失数额的证明责任。

约定的违约金低于损失的,人民法院或仲裁机构可以根据当事人的请求予以增加;约定的违约金过分高于损失的,人民法院或仲裁机构可以根据当事人的请求予以适当减少。但当事人主张约定的违约金过低请求予以增加的,增加后的违约金数额以不超过实际损失额为限,且增加违约金以后,当事人又请求对方赔偿损失的,不予支持。

当事人主张约定的违约金过高请求予以适当减少的,人民法院应当以实际损失为基础,兼顾合同的履行情况、当事人的过错程度以及预期利益等综合因素,根据公平原则和诚实信用原则予以衡量。当事人约定的违约金超过造成损失的30%的(不包括本数),一般可以认定为"过分高于造成的损失"。

周伟网购了浩翔公司的茶叶,价值1万元,浩翔公司作出了"假一罚万"的承诺。后周伟对茶叶进行了司法鉴定,显示茶叶多项指标不合格。周伟遂起诉到法院,要求浩翔公司按照承诺赔偿100万元。浩翔公司提出减少违约金的请求。法院认为,违约金明显过高,结合茶叶属于食用农产品,不同于一般的日用品,参照《食品安全法》的规定,判令按照茶叶价款的10倍支付违约金。

3. 赔偿损失

所谓赔偿损失,又称违约损害赔偿,是指违约方以支付金钱的方式弥补受害方因违约行为所减少的财产或丧失的利益的责任承担形式。损害赔偿一般仅具有补偿性,不具有惩罚性。损失赔偿额应当相当于因违约所造成的损失,包括直接利益损失和合同履行后可以获得的利益。(1)直接利益损失,是指违约行为给守约方造成的实际损失。如标的物的灭失、履行准备所支出的费用、停工损失、为减少违约损失而支出的费用、守约方人身损害等,均为直接利益损失。(2)可得利益损失,是指合同全面适当履行后可以取得的财产利益。如标的物转售的利润、投入使用的利润等、违约方在合同成立时所能预见的守约方的合理损失等,均为可得利益损失。2016年6月8日,南山建筑公司将凡科房地产公司承诺抵顶给自己的十套房屋中的一套以300万元卖给了肖某,约定首付款150万元,余款通过银行分期付款方式支付,后肖某依约支付了首付款。2016年12月15日,凡科房地产公司在取得案涉房屋的预售许可证后,将案涉房屋出售给案外人徐某。2017年6月,肖某起诉南山建筑公司,要求赔偿房屋增值损失50万元(该房屋诉讼时市场价格350万元)。肖某主张的便是可得利益损失。

迟延履行有哪些法律后果？

迟延履行，是指合同当事人没有按照合同约定的时间履行合同义务。包括给付迟延和受领迟延。

给付迟延，又叫债务人迟延，是指债务人在履行期限届满时，能够履行而没有按期履行。若客观上没有履行能力，则为履行不能。对于定期债务，到期不履行债务即构成迟延；对于未定期债务，债务人在债权人指定的合理期限届满未履行债务，则构成迟延。债务人迟延给付时，债权人可要求法院强制其履行；非违约方有权请求违约方支付迟延履行违约金，若不足以弥补损失，还有权要求赔偿损失；当事人一方迟延履行主要债务，经催告后在合理期限内仍未履行的，另一方可以解除合同，主张违约责任；当事人一方迟延履行债务致使不能实现合同目的，另一方可以直接解除合同；当事人迟延履行后发生不可抗力的，不能免除责任。

受领迟延，又叫债权人迟延，是指债务人按照约定履行债务，债权人无正当理由拒绝受领的，债务人可以请求债权人赔偿增加的费用。债权人迟延受领时，因债权人迟延而导致履行不能的，除债务人有故意或重大过失外，债务人无须再履行；债务人可以将标的物进行提存，从而消灭自己的债务。所谓提存，是指债务人由于债权人的原因而无法向其交付债的标的物时，可将该标的物提交给提存机关保存，从而消灭债务的制度。法定提存机关是债务履行地的公证机关。

不适当履行有哪些法律后果？

不适当履行，是指债务人并未按照合同的约定全面、适当地进行履行。不适当履行和拒绝履行的区别在于，拒绝履行是债务人并未进行任何履行行为，而不适当履行是债务人进行了履行，但并不完全符合合同约定的各项要求。包括瑕疵给付和加害给付。

瑕疵给付，是指因履行有瑕疵，以致减少或丧失该履行本身的价值或效用。如交付有传染病的家畜，致使该家畜的价值减少。质量不符合约定的，应当按照当事人的约定承担违约责任。对违约责任没有约定或者约定不明确，依照相关补充性规定仍不能确定的，受损害方根据标的的性质以及损失的大小，可以合理选择要求对方承担修理、更换、重作、退货、减少价款或者报酬等违约责任。瑕疵能补正的，债权人有权拒绝受领，要求补正，并不负受领迟延的违约责任；瑕疵不能补正的，债权人得拒绝受领，解除合同，并主张全部不履行的违约责任。

加害给付，是指因履行有瑕疵，造成债权人履行利益以外的其他利益（固有利益）的损失。如交付有传染病之家畜，致使债权人的其他家畜感染死亡。无论是人身损害还是财产损害，无论是既得利益的损失或可得利益的损失，债务人均应赔偿。

违约责任有哪些免责事由？

违约责任免责事由，是指当事人对其违约行为免予承担违约责任的事由，即当事人虽然存在违约行为，但法律规定违约方在特定条件下可以不承担违约责任。包括法定免责事由和约定免责事由。法定免责事由，即不可抗力。约定免责事由，是指当事人约定的免责条款。

1. 不可抗力

不可抗力，是指不能预见、不能避免并不能克服的客观情况。主要情形包括：自然灾害，如地震、台风、洪水、海啸等；政府行为，如政府颁布禁运的法律、征收、征用等；社会异常现象，如罢工、骚乱、武装冲突等。

因不可抗力不能实现合同目的的，当事人可以解除合同。因不可抗力不能履行合同的，根据不可抗力的影响，部分或者全部免除责任，但法律另有规定的除外。当事人一方因不可抗力不能履行合同的，应当及时通知对方，以减轻可能给对方造成的损失，并应当在合理期限内提供证明。当事人迟延履行后发生不可抗力的，不能免除责任。

东莞大利皮革有限公司在东莞市常建物流园有限公司存放牛皮9000平方米。2017年8月23日因台风“天鸽”及风暴潮引起海水倒灌，造成6600平方米的牛皮遭海水浸泡，出现恶臭、发胀和霉烂现象。东莞大利皮革有限公司向法院提起诉讼，要求物流园对其货损进行赔偿。

原告主张，2017年8月20日至23日，广东省防汛防旱防风总指挥部、中央气象台、广东省市各级气象部门、东莞市政府等均就台风“天鸽”及风暴潮将于8月23日登陆广东省中东部沿海市县并造成重大气象灾害作出预警预报及灾害防御措施提醒。对于本次灾害对代管货物可能造成的严重不利影响，被告作为专业的仓储物流公司，应当合理预见，并及早采取足以避免本次货损发生的灾害防御措施，但被告未尽到保证其代管货物安全的义务，造成代管货物损毁、灭失，被告应对本次货损承担损害赔偿责任。

被告认为，被告已经积极采取了施救措施。2017年8月22日，被告于灾害发生前安排员工采取相应的防灾措施，工作内容包括：各仓库大门配备防汛沙袋；各仓库门窗进行加固；安排人员值班和巡视。灾害发生后，被告及时组织员工将仓储商品搬运至地势较高的区域，同时将灾情告知各货主，并通知尽快到现场对受海水浸泡的财产进行施救处理。本次灾害属于不可抗力范畴内。根据仓储合同约定，被告不需承担本次灾害造成的客户损失。

法院认为，争议焦点为：台风“天鸽”是否构成不可抗力，若构成不可抗力，被告应否承担赔偿责任，若不构成不可抗力，则原告主张的各项损失如何认定。

“不可抗力”是指不能预见、不能避免并不能克服的客观情况。通常依据现有技术水平和一般人的认知而不可能预知为不能预见。对于台风而言，根据现有技术手段，人类可能在一定程度上提前预知，但是无法准确、及时预见其发生的确切时间、地点、延续时间、影响范围等。预见的范围包括客观情况的发生和影响范围、影响程度，而本案中的损害结果正是由于未能准确预见的台风影响程度所导致的。虽然在台风“天鸽”发生前，气象部门对台风“天鸽”登陆时间和最大风力进行了预报，但从最终的灾情结果来看，上述预报对该次台风的破坏程度的判断均显著低于实际水平，对于风暴潮及天文潮的情况均未能预报，且作为货物损失最直接的原因——海水倒灌，并未在预报中有所体现。原告认为案涉地虎门曾历经“莲花”“妮妲”“海马”等多次风暴，被告应有充分的应对经验。但是，无论台风、地震、火灾还是战争，不可抗力造成的损害大部分都重复发生，若以此来认定不构成不可预见，则不可预见的条件就很难得到满足，不可抗力的制度价值即可能落空。本案中，台风“天鸽”的发生及其影响超出了被告从所有合理渠道获得信息后所能正常预见的范围，应视为不能预见。灾害发生时所有仓储物品均放置于11厘米以上垫板，且被告采取了各仓库大门配备防汛沙袋、各仓库门窗进行加固等措施，但即使采取上述措施，海水仍通过排水管道以及市内河渠等涌进仓库。可见,被告在自己的能力范围之内已经采取了合理的防护措施,而且该措施与被告获取的信息以及在该信息之上作出的灾情判断相一致。因此,法院认为本案台风“天鸽”引起的海水倒灌实属不能避免。面对台风“天鸽”的巨大破坏力,非人力可以抗拒,故台风“天鸽”引起的海水倒灌给原告的货物造成的损害实属不能克服。因此,台风“天鸽”给原告的仓储货物所造成的损失系被告不能预见、不能避免并不能克服的客观情况,构成不可抗力。灾害发生前被告已经采取了合理的防护措施,灾害发生后,被告又采取了适当措施防止损失扩大,并积极配合进行保险理赔。因此,原告虽有货损,但其请求被告赔偿损失于法无据。

并非所有的不可抗力事件的出现均能够具有免除合同当事人全部责任的效力。当不可抗力只影响到合同的部分履行或者履行的时间的,则当事人仅享有部分免责或者延缓履行的抗辩权利,当不可抗力事由消除后如果能够继续履行的,还将继续履行。此时,仅仅免除了义务人延缓履行的违约责任。

2. 免责条款

当事人在不违反法律和公共道德的情况下,可以在合同中事先约定免责条款,当发生免责条款约定的情形时,当事人无须承担违约责任。但下列免责条款无效:违反法律的强制性规定和公序良俗的;造成对方人身损害的;因故意或重大过失造成对方财产损失的;排斥合同一方应享有的权益或者减除自己法定义务的。

龙凤矿业公司与张秀清签订了《劳动合同书》及《交通承诺书》各一份。《交通承诺书》中约定:员工休息日往返的交通只能乘坐正规公交公司的交通车辆,若擅自变更交通工具,出现交通事故则责任自负。某日,张秀清在上班途中因交通事故身亡。张秀清家属向江西省人力资源和社会保障厅申请工伤认定,该厅作出属“工亡”认定决定。龙凤矿业公司不服,认为该约定属双方自愿行为,死者张秀清未按约定乘坐正规公交公司的交通车辆上班,违反了合同约定。遂向法院起诉,要求确认《交通承诺书》合法有效,从而免除对张秀清的赔偿责任。

法院认为,《民法典》规定,合同中的下列免责条款无效:造成对方人身损害的;因故意或者重大过失造成对方财产损失的。《工伤保险条例》规定,在上下班途中,受到非本人主要责任的交通事故或者城市轨道交通、客运轮渡、火车事故伤害的应认定为工伤。当事人双方签订关于“员工休息日往返的交通只能乘坐正规公交公司的交通车辆,若擅自变更交通工具,出现交通事故则责任自负”条款,虽为双方真实意思表示,但因其为免除造成对方人身损害的赔偿责任,应当认定无效。

宇柴物流公司就一台船用发动机向美雅保险公司投保运输险。宇柴公司员工高松于2016年1月13日11时50分发送给美雅保险公司的员工萨利的电子邮件中,高松告知萨利,本次货物与2015年9月25日美雅保险公司承保的货物为同样货物,该次即是以美元作为币种投保的,美雅保险公司并无异议,且免赔额为15000元,请求美雅保险公司对本次投保也给予相同条件。高松发送的该封邮件所附承保条件明确表示:不承保保险标的物的锈蚀、氧化、褪色、刮花、撞凹或掉屑变形。萨利于2016年1月14日17时24分发送邮件给宇柴物流公司职员,表明接受宇柴物流公司投保并将承保条件完整地发送给了宇柴物流公司,承保条件包括了锈蚀免责条款。宇柴物流公司并未对此提出异议,而是继续登录系统打印本案保险单。涉案保险单中,除外责任以加粗字体显示,包括不承保保险标的物的锈蚀、氧化、褪色、刮花、撞凹或掉屑变形;不承保陆上运输等。该运输中的船用发动机因雨水的侵入造成锈蚀,宇柴物流公司要求保险公司支付保险金,被保险公司以该保险事故属于美雅保险公司除外责任范围为由拒绝。宇柴物流公司起诉到法院,认为该免责条款无效,要求保险公司承担保险事故赔偿责任。

法院认为,高松发出该封邮件明确表示要求美雅保险公司给予2015年9月25日承保货物相同条件承保,并将锈蚀免责条款等此前美雅保险公司同意承保的条件附于邮件之后,表明宇柴物流公司主动愿意按照锈蚀免责的投保条件投保涉案发动机。涉案保险单就该免责条款以加粗字体予以提示,且锈蚀免责条款为宇柴物流公司在协商过程中愿意接受的投保条件,双方当事人也已就该条款达成合意,宇柴物流公司再主张美雅保险公司未尽到提示义务与事实不符,不予支持。故判决认定美雅保险公司无须对本案保险事故承担赔偿责任。

第七讲

借款合同:好借好还,再借不难

在校大学生小宇,一直想换一部新款某品牌手机。偶然的机会,小宇经人介绍认识专门从事小额贷款放贷业务的万某。随后,小宇与万某签订了借款金额为8000元的借贷合同,而万某在扣除合同保证金、服务费等费用后,实际贷给小宇4000元。到了还款时间后,小宇还了一期后就没有能力继续偿还了。这时,万某又告诉小宇,可以继续向他发放贷款用于偿还之前的借款,没有偿还能力的小宇接受了万某的意见,又与万某签订了一份金额为20000元的借款合同。签完后,万某备份了小宇的通讯录和通话记录。万某在扣除了5500元的保证金等费用之后,实际贷给小宇14500元。小宇还掉了第一次借款的本金和利息后,再也还不上剩余的高额利息和本金。看到小宇彻底无力还款,万某先是给小宇打电话进行催收,后指派手下的李某等人到小宇所在的学校进行催收,造成恶劣影响。再后来,李某等人又找到小宇的父母进行收账。小宇的父亲无奈之下,只能用远高于小宇借款的金额帮他还清贷款。一年后,万某等六人因"套路贷"行为涉嫌诈骗被刑事拘留,后被法院判处三年至五年不等的有期徒刑。那么,什么是民间借贷?什么是高利贷?什么是"套路贷"?民间借贷和集资诈骗、非法吸收公众存款之间又是什么关系呢?

什么叫民间借贷?

借款合同是转让货币所有权的合同,标的物是金钱。提供借款一方叫贷款人,受领货币一方叫借款人。借款合同既可以是有偿合同(如有息借款合同),也可以是无偿合同(如无息借款合同)。贷款人应当按照约定的日期、数额提供借款;贷款人不得预先将利息从本金中扣除,如果将利息预先在本金中扣除的,以实际借款数额作为借款本金。贷款人有权请求借款人按照约定的时间返还本金和利息,有权监督检查借款使用情况。借款人应当按照约定用途使用借款,按期归还借款本金和利息。借款人未按约定用途使用借款的,贷款人可以停止发放借款、提前收回借款或者解除合同。借款合同包括金融机构借贷和非金融机构借贷两类。

金融机构包括银行业金融机构和非银行金融机构。银行业金融机构主要包括商业银行、信用合作社等吸收公众存款的金融机构以及政策性银行。金融机构为一方当事人的贷款合同不属于民间借贷,即经金融监管部门批准设立的从事贷款业务的金融机构及其分支机构,因发放贷款等相关金融业务引发的纠纷,不适用民间借贷的规定。

非银行金融机构主要包括信托公司、财务公司、金融租赁公司、汽车金融公司、消费金融公司、货币经纪公司、保险公司、证券公司、基金公司,等等。非金融机构,主要是指自然人、法人和其他组织。其他组织主要包括企业法人分支机构、外国公司在中国设立的分公司、依法登记的非法人集体企业、合伙企业,以及个体工商户、个人独资企业、家庭农场等。小贷公司,是指虽经政府金融监管部门批准设立和监管,并持有金融贷款业务经营牌照,专门从事贷款发放,但尚不属于正规金融机构。其进行的借贷也属于民间借贷。

民间借贷是日常生活中人们所习惯使用的词语,实质上是非金融机构借贷,是指自然人、法人、其他组织之间及其相互之间进行资金融通的行为。使用“非金融机构借贷”一词,会容易被误认为仅指非金融的机构或组织,不包含自然人,故立法仍然使用了民间借贷这一称谓。

自然人之间的民间借贷合同什么时候成立?

自然人之间的借款合同为实践性合同,自贷款人提供借款时成立。换言之,当事人不仅需要对借款内容达成一致,还需要有借款的实际交付行为。在贷款人实际交付借款给借款人之前,贷款人可以改变主意。以现金支付的,自借款人收到借款时;以银行转账、网上电子汇款或者通过网络贷款平台等形式支付的,自资金到达借款人账户时;以票据交付的,自借款人依法取得票据权利时;出借人将特定资金账户支配权授权给借款人的,自借款人取得对该账户实际支配权时;出借人以与借款人约定的其他方式提供借款并实际履行完成时。

刘家旺系水产养殖专业户,为筹措鱼塘和鱼种改良资金,于2018年6月16日和周万福签订书面《借款合同》并约定:刘家旺向周万福借款50万元,年利息10万元,借期为1年。6月21日,周万福通过银行转账方式向刘家旺支付50万元,并于6月22日到达刘家旺的账户。由于合同双方当事人都是自然人,因此该借款合同属于民间借贷合同,在实际交付借款时成立。周万福的银行转账于6月22日到达刘家旺的账户,因此合同在这一天成立。

规范的借条、欠条、收据怎么写?

生活中,我们也经常会遇到需要给别人写一份借条,或者别人给我们写一份借条的情形,借条到底怎么写比较规范,包括哪些内容的借条法律风险比较小,很多人不太清晰,结果在需要依据借条主张权利的时候,往往会因借条的不规范而产生对自己不利的后果。

1. 借条

借条,是表明借贷债权债务关系的书面凭证,一般由借款人书写并签章,写明借款事由、借款金额、借款利息、偿还本息时间等内容。一般应当包括:借条字样、借款人身份、出借人(贷款人)身份、借款原因、借款金额、款项交付方式、利息率、还款时间、有无担保、借款人签字或盖章、借款时间。范例如下:

借　　条

张三(身份证号码:000000000000088888)因资金周转困难向李四(身份证号码:000000000000099999)借到人民币90000元整(人民币玖万元整),李四通过××银行转账将借款交给张三。利息率为每月×%。张三承诺2022年6月30日前一次性偿还本金和利息。如果不能按时归还,则应当按照每日万分之×支付逾期利息。

借款人:张三

连带担保人:王五

时间:2020年7月1日

对此,仍有几点需要作出解释,值得引起注意:

第一,借条一定要由借款人书写,而不是由贷款人书写,以防止借款人以贷款人擅自书写内容而拒绝承认借条的真实性和有效性。

第二,借条应当写清楚借款人和贷款人的准确的法定的全称(一定要附带标注借款人和贷款人的身份证号码或者法人的社会信用代码),可以避免不必要的确认借条当事人的过程。这是因为,有时候某些人的日常用名与其身份证上的名字是不同的,如果借款人是用化名或小名和你交往和书写借条的,那么,这里的签名就存在问题,需要进行烦琐的认定。最好能够复印借款人的身份证或社会信用证书,作为借条的附件,即使发生纠纷,债权人也有债务人足够的身份信息,写清楚借款的金额(包括大写和小写的完全一致的金额),写清楚借款的时间期限(包括借款的期限和借款的起止时间),写清楚偿还本金和利息的具体时间,写清楚借款的利息(包括明确的年利率或月利率,以及最终应支付的借款利息的总额)。

第三,款项的交付应当采用银行转账的方式,并在附注留言中标明该笔转账是出借给某某的借款。如果实在需要交付现金给借款人,一定要有两个以上的见证人在场见证,并最好通过摄像的方式记录全过程,以防止将来借款人狡辩,声称借条虽然写了,但贷款人最后没有交付款项给他。对于数额较大的民间借贷纠纷案件,如果当事人主张现金交付的,法院除了审查借条之外还需要进一步审查出借人的经济实力、当事人之间的交易习惯、借款金额大小以及当事人陈述的交付细节经过等因素,并运用逻辑推理、生活常识等对于当事人之间借款事实和借款数额予以确定。

第四,借条内容一定要用词准确,切勿使用模棱两可的语言,如"张三借李四两万元"这样的语言不具有方向性,无法准确判断是谁向谁借钱,应当使用"张三借给李四两万元"或"李四从张三处借到两万元"等语言。

第五,借款的原因,有人主张要写清楚,有人主张不要写,我们认为,可以写上借款原因,因为这是借款人书写的借款原因,目的是防范借款人用于犯罪行为,然后狡辩说贷款人明知自己是用于犯罪行为而仍然出借,进而有可能会否定借款合同的效力;或者在发生诉讼后借款人提出该笔借款系赌债等抗辩。

第六,借条一定要由借款人本人亲自签章,签名或盖章都可以,最保险的还应当要求借款人在名字处按手印。借款人的签名一定要在贷款人面前完成,贷款人要亲眼所见，以防止借款人利用他人之手来签署名字，不要接受已经书写好的借条或事后书写的借条，必须要求借款人当面书写。另外，在借条正文之后，可以加上“立此为据”作为收尾，防止他人在后面添加内容，也可以在借条正文和借款人签字之间，紧贴正文的一行标注“以下为空白”字样。

第七，如果借款合同有担保人担保，可以在借条正文中写明“由某某对该借款债权的本金和利息提供连带责任担保”，或者在借条正文后增加一行“连带责任人签名”，由保证人在连带责任人之后签名。最好还要同时写明担保期限。如果没有加上“连带”两个字，那么保证人承担的就是一般保证责任，也就是补充责任，而不是连带责任。

第八，借款债权的诉讼时效为 3 年，是从还款日开始计算的。如果借条中并未表明还款日，则从贷款人向借款人主张还款并指定的必要准备时间届满之日开始计算。如果贷款人没有在此 3 年期间内及时要求借款人偿还本息，则借款人就可以提出诉讼时效经过的抗辩，从而拒绝偿还本息。这点贷款人一定要注意，千万别“躺在权利上睡觉”。如果贷款人向借款人主张了权利，或者向法院提起了诉讼，那么诉讼时效就发生中断，然后再重新计算 3 年。但要证明贷款人向借款人主张了权利，在现实中比较困难，最好的方式就是向法院提起诉讼，这种方式是贷款人主张权利的最好的证明。

第九，若有需要，可对借款协议进行公证。借贷双方持个人身份证明、户籍证明、借款协议亲自到公证处提出申请。公证后，借款人到期不还款，公证处可根据出借人申请，出具公证债权文书，贷款人可以持公证债权文书向有管辖权的人民法院申请强制执行。

第十，借款人在还款时一定要贷款人出具收据，并注明是归还具体哪一笔款项。有人认为，借款人还款时索回借条或者当场销毁即可。这种认识是非常危险的，必须要贷款人出具收据，因为如果贷款人通过银行转账方式发放贷款，借款人以现金方式偿还本金和利息，仅仅销毁借条，借款人还款事实无法得到有效的证明。最好的方法是，还款时通过银行转账的方式完成，可以有银行转账凭证作为证据证明自己的还款事实，并且在附注留言中标明此为偿还哪一笔借款的本息等。

第十一，由于产生纠纷提起诉讼后，诉讼费、律师费等费用的承担可能会引起争议，因此，也可以将这部分费用的承担问题列明。如“诉讼费由败诉方承担,律师费、公告费、保函费、保全费等其他费用由败诉方承担”等。在纠纷管辖法院的问题上,贷款人为方便诉讼,也可以将管辖法院约定为贷款人户籍所在地或经常居住地有管辖权的法院。当然,现实生活中,借条一般都比较简短,这部分人们一般不会列入。

2. 欠条

欠条,是指个人或单位在欠款、欠物时出具给债权人的,用以证明其欠款事实,同时承诺欠条出具人到期还款的书面凭证。欠条是对以往双方经济往来的一种结算,表明自欠条形成之日起双方之间形成一种新的纯粹的债权债务关系。

欠条表明的内容可能并不仅仅因当事人间的借款而形成。

借条和欠条不同:首先,借条证明借款关系,欠条证明欠款关系,借款肯定是欠款,欠款不一定是借款。其次,借条因特定的借款事实而形成,欠条的形成原因很多。当事人之间基于买卖、承揽、股权转让等其他基础法律关系而形成的债权债务,经双方对账、清算后,亦可形成欠条,明确尚欠款项和归还期限等。最后,借条本身对当事人之间存在借款事实的证明力较强,而欠条持有人在诉讼时,必须证明欠条形成的事实。

欠条的内容一般包括:欠条字样、欠款人和债权人双方的身份、欠款的原因、欠款的具体金额、欠款的具体清偿时间、欠款人的签章、欠条书写的时间。范例如下:

欠　　条

张三(身份证号码:000000000000088888)因购买十吨无缝钢管欠李四(身份证号码:000000000000099999)人民币49000元整(人民币肆万玖仟元整)。张三承诺2022年9月30日前一次性结清货款。

欠款人:张三

时间:2022年3月1日

3. 收据

收据,是指个人或单位出具的证明收到特定财务或款项的书面凭证。收据仅能证明收到款项的客观事实,至于收款的原因,是收到他人借款还是收到他人还款,收据本身不一定能够体现。仅货币给付就有货款、还款、借款、捐款、赔偿款、代收款等不同原因。收据本身不能证明给付行为的法律性质。货款体现买卖关系,借款体现了借贷关系,还款体现了欠款关系,捐款体现了赠与关系,赔偿体现了侵权关系,等等。收据本身不能证明给付行为的法律后果。究竟是债的产生,还是债的消灭,需要结合其他证据才能发挥作用。如果是贷款人要求借款人书写的,应当让借款人出具借条,而非收据。如果是借款人还款的,应当要求贷款人出具收据,并写明收到的款项是归还哪一笔借款,是否包括了完整的本金和利息等。收据范例如下:

收据(收条)

本人李四(身份证号码:000000000000099999)今日收到张三(身份证号码:000000000000088888)购买十吨无缝钢管的货款人民币49000元整(人民币肆万玖仟元整)。

收款人:李四

时间:2021年7月1日

收据(收条)

本人李四(身份证号码:000000000000099999)今日收到张三(身份证号码:000000000000088888)偿还2020年7月1日的借款本息合计人民币118000元整(人民币拾壹万捌仟元整)。

收款人:李四

时间:2021年6月30日

原告仅依据借据、收据、欠条等债权凭证提起民间借贷诉讼,被告抗辩已经偿还借款,被告应当对其主张提供证据证明。被告提供相应证据证明其主张后,原告仍应就借贷关系的成立承担举证证明责任。

被告抗辩借贷行为尚未实际发生并能作出合理说明,人民法院应当结合借贷金额、款项交付、当事人的经济能力、当地或者当事人之间的交易方式、交易习惯、当事人财产变动情况以及证人证言等事实和因素,综合判断查证借贷事实是否发生。

原告以借据、收据、欠条等债权凭证为依据提起民间借贷诉讼,被告依据基础法律关系提出抗辩或者反诉,并提供证据证明债权纠纷非民间借贷行为引起的,人民法院应当依据查明的案件事实,按照基础法律关系审理。当事人通过调解、和解或者清算达成的债权债务协议,无须按照基础法律关系审理。

原告仅依据金融机构的转账凭证提起民间借贷诉讼,被告抗辩转账系偿还双方之前借款或其他债务，被告应当对其主张提供证据证明。被告提供相应证据证明其主张后，原告仍应就借贷关系的成立承担举证证明责任。

在确认借款人的还款责任时，必须以出借人实际向借款人交付了借款为事实依据，在没有证据证明借款已经实际交付的情况下，仅凭双方达成的借款合意的书面证据，不能认定双方之间的借款合同已经发生法律效力；对于出借人提供了借款人出具的收条等凭证证明已经实际交付借款的情况下，也要进一步综合全案情况作出判定。

民间借贷合同有哪些无效的情形？

套取金融机构信贷资金又高利转贷给借款人，且借款人事先知道或者应当知道的，该民间借贷合同应当认定为无效。首先，主体限于享有信贷配额和使用信贷资金的企业。信贷配额，是银行监管机构对银行在一定时间一定区域的银行信贷额度进行控制。信贷资金，是指信用贷款资金，是以借款人的信誉发放的贷款，借款人无须提供担保，以自己信用程度作为还款保证。其次，有信贷资金的转贷行为。再次，转贷的目的是牟利。最后，无论是偶然性的转贷行为，还是以转贷为业的经常性转贷行为，该借贷合同均无效。如果是自然人从银行贷款转贷牟利，一般还是认定为理财方式，属于生活目的，风险自担，不宜简单认定为扰乱金融秩序，损害社会公共利益而无效。

以向其他企业借贷或者向本单位职工集资取得的资金又转贷给借款人牟利，且借款人事先知道或者应当知道的，该民间借贷合同应当认定为无效。首先，如果企业以自有资金对外进行的偶发性和临时性贷款同时收取适当的资金占用费的，不宜认定无效。其次，转贷的来源是其他企业借款或本单位职工集资。若为向本单位以外的不特定自然人借贷向外转贷的，涉嫌非法吸收公众存款转贷牟利，涉嫌犯罪，借贷合同也应当无效。

出借人事先知道或者应当知道借款人借款用于违法犯罪活动仍然提供借款的，该民间借贷合同应当认定为无效。以合法形式掩盖非法目的，应当认定无效。如为犯罪活动准备资金、借款用作赌资、毒资、嫖资等。实际上是法律通过放大贷款人的风险，从而起到对违法和犯罪行为的抑制和避免。

违背社会公序良俗的，该民间借贷合同应当认定为无效。包括：危害家庭关系型，如约定断绝亲子关系；违反道德型，如以性行为为对价获得的借款；违反人格利益型，如过分限制人身自由；等等。

借贷行为涉嫌犯罪时民间借贷合同是否无效?

借款人或者出借人的借贷行为涉嫌犯罪，或者已经生效的判决认定构成犯罪，民间借贷合同并不当然无效。同理，民事借贷部分判定有效，并不影响刑事认定，而且是刑事认定借款人非法吸收公众存款事实的组成部分。不能只要看到借款人的借贷行为涉嫌犯罪，就认为民间借贷合同也随之无效。

若借款人构成诈骗罪、集资诈骗罪，借贷合同因欺诈而可撤销，撤销之前合同有效；若借款人构成非法吸收公众存款罪，则应按照法定有效要件来判断其效力。

杨某是梅特公司财务部经理，公司授权杨某以公司名义筹措研发资金，杨某以公司名义与贺某签订借贷合同，借款300万元。后杨某将获得的借款非法占为己有，被法院按照贪污罪判决。虽然杨某的贪污行为构成犯罪，但杨某以公司名义签订的借贷合同意思表示真实，无违反法律、行政法规强制性规定的内容，因此，梅特公司应当对外承担借贷合同的民事责任。

杨某是梅特公司财务部经理，以所在公司正在筹措研发资金，回报率非常可观为诱饵，和贺某签订借贷合同，借款300万元，并非法占为己有，后被法院按照合同诈骗罪判决。杨某通过捏造事实或隐瞒真相的手段骗取当事人的财物，签订合同仅仅是犯罪的一个手段，所签的合同属于“以合法形式掩盖非法目的”，应当认定为无效。

民事判决生效后，如果刑事部分尚未案发或处理，则实际上该部分并无执行障碍；一旦涉及刑事犯罪则其吸收存款部分会涉及赃款被追缴，在刑事案件终结后无法得到赔偿的部分可以依据生效的民事判决继续追缴。

担保人以借款人或者出借人的借贷行为涉嫌犯罪或者已经生效的判决认定构成犯罪为由，主张不承担民事责任的，人民法院应当依据民间借贷合同与担保合同的效力、当事人的过错程度，依法确定担保人的民事责任。换言之，担保人不能仅以借贷行为涉嫌犯罪为由要求免除担保责任，应当具体分析：

(1)借贷合同与担保合同均有效的，担保人应按照约定承担担保责任。

(2)主合同有效而担保合同不成立、无效、被撤销或者确定不发生效力,应当区分不同情况确定担保人应否以及如何承担赔偿责任:①债权人与担保人均有过错的,担保人承担的赔偿责任不应超过债务人不能清偿部分的1/2;②担保人有过错而债权人无过错的,担保人对债务人不能清偿的部分承担赔偿责任;③债权人有过错而担保人无过错的,担保人不承担赔偿责任。

(3)主合同无效而导致担保合同无效。担保人无过错的,担保人不承担赔偿责任;担保人有过错的,其承担的赔偿责任不应超过债务人不能清偿部分的1/3。

公贷私用和私贷公用怎么处理?

(1)公贷私用。有时候,企业法定代表人或负责人以企业名义与出借人签订民间借贷合同,但所借来的款项实际上是由企业法定代表人或负责人个人使用。在这种公贷私用的情况下,企业是否承担还款责任?我们认为,此种情况下,出借人、企业或者其股东能够证明所借款项由企业法定代表人或负责人个人使用,出借人请求将企业法定代表人或负责人列为共同被告或者第三人的,人民法院应予准许。

有时候,借款合同以公司的名义签订,但只有法定代表人签字,没有加盖公司印章,公司是否需要承担责任?我们认为,只要法定代表人以公司名义签字,可以认定为公司行为,因为公司印章基本上是法定代表人表达意思的一种方式,和法定代表人签字并无二致。另外,我国的法律规定的是签字或盖章,并非签字和盖章,因此两者具其一即可认为属于公司行为。

在公贷私用之情形,由于借贷合同是以企业的名义签订的,按合同相对性原理,仍然应列企业为当事人,但可以适用《公司法》法人人格否认的理论和规定,可以根据当事人的申请,将法定代表人追加为共同被告或第三人。

在公贷私用之情形,若出借人对此知道或应当知道甚至双方恶意串通,企业法定代表人是以职务行为达到个人目的,应由其本人承担民事责任,企业无须对该借款承担偿还本息的责任。因为《民法典》规定,双方恶意串通损害他人利益的合同是无效的。

(2)私贷公用。有时候,企业法定代表人或负责人以个人名义与出借人签订民间借贷合同，但所借款项用于企业生产经营。在这种私贷公用的情况下，企业是否承担还款责任？首先，以个人名义借款，企业同意还款的，为债的加入，应当允许。其次，所借款项用于企业的，法定代表人行为应认定为职务行为，但因系个人名义进行，依合同相对性，法定代表人仍为一方当事人，其对债权人的责任不能免除，应与企业负连带责任。因此，所借款项用于企业生产经营，出借人有权请求企业与个人共同承担责任。

合法的利息和利率应当怎么约定？

利率，又称利息率，是指一定时期内利息额与借贷资金额（本金）的比率，既是借款人需向其所借金钱所支付的代价，也是放款人延迟其消费，借给借款人所获得的回报。利率通常以一年期利息与本金的百分比计算。利率是计算利息的标准，本金乘以利率再乘以时间就是利息。

借贷双方没有约定利息，出借人主张支付借期内利息的，人民法院不予支持。

自然人之间借贷对利息约定不明，出借人主张支付利息的，人民法院不予支持。除自然人之间借贷的外，借贷双方对借贷利息约定不明，出借人主张利息的，人民法院应当结合民间借贷合同的内容，并根据当地或者当事人的交易方式、交易习惯、市场利率等因素确定利息。

随着我国金融利率市场化改革的推进，中国人民银行逐步放开了金融机构的利率决策权，已取消公布基准利率，并于2019年8月17日发布公告决定改革完善贷款市场报价利率（LPR）形成机制。原《关于审理民间借贷案件适用法律若干问题的规定》中24%的利率是按照当时基准利率6%左右的4倍计算而出，现基准利率不复存在，故有必要根据我国货币政策调控机制的改变对司法解释进行相应的修改。以中国人民银行授权全国银行间同业拆借中心每月20日发布的一年期贷款市场报价利率（LPR）的4倍为标准确定民间借贷利率的司法保护上限，取代原规定中“以24%和36%为基准的两线三区”的规定，大幅度降低民间借贷利率的司法保护上限，促进民间借贷利率逐步与我国经济社会发展的实际水平相适应。

借据、收据、欠条等债权凭证载明的借款金额，一般认定为本金。预先在本金中扣除利息的，人民法院应当将实际出借的金额认定为本金。

关于逾期利息问题。借款人逾期未清偿借款承担违约责任的方式包括返还借款本金、支付合同约定的借款期间的利息以及支付借款逾期部分的利息。

借贷双方对逾期利率有约定的，从其约定，但是以不超过合同成立时一年期贷款市场报价利率 4 倍为限。未约定逾期利率或者约定不明的，人民法院可以区分不同情况处理：(1)既未约定借期内利率，也未约定逾期利率，出借人主张借款人自逾期还款之日起承担逾期还款违约责任的，人民法院应予支持；(2)约定了借期内利率但是未约定逾期利率，出借人主张借款人自逾期还款之日起按照借期内利率支付资金占用期间利息的，人民法院应予支持。逾期还款利息计算的截止时间：应当由借款人承担直到全部清偿之日止。

关于复利问题。借贷双方对前期借款本息结算后将利息计入后期借款本金并重新出具债权凭证，如果前期利率没有超过合同成立时一年期贷款市场报价利率四倍，重新出具的债权凭证载明的金额可认定为后期借款本金。超过部分的利息，不应认定为后期借款本金。按前款计算，借款人在借款期间届满后应当支付的本息之和，超过最初借款本金与以最初借款本金为基数、以合同成立时一年期贷款市场报价利率四倍计算的整个借款期间的利息之和的，人民法院不予支持。

什么是高利贷和“套路贷”？

高利贷，目的是获得高额的利息，出借人是实实在在付出了本金，只是高利贷的利息远超过法律的规定，一旦借款人违约，放贷人员不可能通过司法手段来要回法律保护之外的利息，而极有可能暴力催收，当然暴力催收可能引发其他犯罪，出借也因此要承担法律风险，但不改变高利贷仍属于民事纠纷的性质。

刘某曾经是山东某地较有名气的小老板，家庭幸福美满。2012 年时，有人告诉他，本地有个石灰矿可以去承包，烧出的石灰会如数收购。刘某进行了估算，投资 200 万元左右，每年会有二三十万元利润。刘某觉得这个生意销售渠道不愁，利润又比较好，于是立即着手筹钱。他拿出家里所有的存款，还向银行贷款 80 万元，全部投进了石灰矿生意中。但是，由于烧制技术问题，烧出来的石灰达不到收购要求，石灰矿一直没产生过利润。第二年，银行借款到期，刘某开始筹钱还款。在通常贷款顺利的情况下,从还款到银行重新放款之间的时间并不长,他想到了去借高利贷。刘某认为,每个月 8% 的利息,等重新拿到贷款马上就把高利贷还上,也就一个多月时间,利息也还算能承受。谁知,银行收缩放贷,他新的贷款申请迟迟办不下来。刚开始,刘某每个月还能向亲戚朋友借款归还高利贷利息,但坚持几个月后再也借不到钱了,无奈之下只能变卖家产。

高利贷的雪球越滚越大,形成了无底洞。为了归还高利贷,刘某将已卖掉的房产做了假证,抵押给投资担保公司借钱,但即使是这样,他也无法还清所有欠款。刘某借的钱不到 200 万元,但在不到两年的时间里,光利息就还了 500 多万元。放高利贷的人开始上门逼债,刘某已经实在无处可借,只得在一个晚上带着子女从老家逃离。当时,刘某的大儿子和女儿都已有了对象,但为了逃债,只得狠心让他们分手。刘某的小儿子在一所大学读书,为了不让放高利贷的人找他麻烦,也只能忍痛让他辍学,跟着家人一起逃走。刘某的大儿子和女儿都是大学毕业,但为了不让人找到,也只能打短工。过了两年,女儿结婚生了小孩,还和女婿开了家烧烤店,刘某和妻子就躲在店里串烤肉串,生活才算稍微稳定一点。某日当地民警敲开他们租住房屋的门,确认他们身份后,告诉这对夫妻因涉嫌合同诈骗被山东警方网上追逃。

这个案子中,刘某所借高利贷的利息每个月为 8%,年利息率达到了 96%。而借贷双方约定的利率超过年利率 36%,超过部分的利息约定无效。借款人请求出借人返还已支付的超过年利率 36% 部分的利息的,人民法院应予支持。也就是说,按照最谨慎的判断标准,超过 36% 以上部分肯定是无效的,刘某无须对该部分进行偿还,甚至对超过 24% 以上的利息部分也可以拒绝支付。刘某没有正确认识高利贷的性质,以及自己的正当权益,最终导致家庭的苦难。[①]

"套路贷",实际上是以借贷为名进行诈骗,借贷是诈骗的手段。骗子用事先"洗白"的证据,然后通过法院把受害人的各种财产,合法地装进自己的腰包。"套路贷"和高利贷的根本区别在于,"套路贷"中借贷是诈骗的手段,贷款人也不会如实地提供借贷的款项给借款人,其根本目的在于骗取借款人的合法财产,实质是诈骗犯罪;而高利贷的目的是收取高额的利息,贷款人仍然会如实提

① 本案发生于《最高人民法院关于修改〈关于审理民间借贷案件适用法律若干问题的规定〉的决定》施行之前,故仍然是适用 24% 和 36% 的利率标准。

供款项给借款人,只是其利息的约定远远高于法律允许的最高限额,但其本身仍然属于民间借贷纠纷范畴。“套路贷”属于涉嫌犯罪的行为,这种借贷合同是无效的。

“套路贷”的基本“套路”如下:

首先,犯罪分子以借贷为名,和借款人签订借款合同以及房产抵押等担保合同,然后又以需要支付保证金、违约金等为由,再签一个合同,两个合同构成阴阳合同,或者叫黑白合同。犯罪分子往往会告诉借款人,这个虚假合同只是个形式,只要借款人不违约,按时还款,这个合同毫无用处。

其次,犯罪分子会通过银行转账给借款人,以制造“真实的银行流水”。这样就符合了民间借贷所要求的除了有民间借贷合同之外,还需要有款项的实际交付,两者结合才能证明两者之间存在真实的借贷关系。如果不从刑法的犯罪构成的角度去分析犯罪分子的行为,民间借贷关系简直是“铁证如山”。

再次,犯罪分子会取走“阴合同”所约定的保证金、担保金、管理费、征信费、档案费、律师费等名目的款项,这部分当然不会体现在银行流水中。这样犯罪分子就又将银行转账制造银行流水的钱捞回了自己的口袋,借款人实际上只能拿到一小部分的钱。比如借款合同总金额 100 万元,银行流水也是 100 万元,借款人实际拿到的可能只有 40 万元。

复次,犯罪分子会故意造成借款人违约。比如,在还款的那几天,犯罪分子无法联系上,然后犯罪分子冒出来指责借款人构成违约,应当支付巨额的违约金。又如,违约金要 60 万元,而借款人实际拿到的可能只有 40 万元。在借款人无力偿还的情况下,介绍其他假冒的“小额贷款公司”与借款人签订新的更高数额的“虚高借款合同”来进行“平账”,进一步垒高借款金额。

最后,受害人身上实在没有钱财可以压榨了,犯罪分子便开始强占借款人的房子、车子、商铺,甚至是矿产。如果有公证债权文书,犯罪分子便会直接申请强制执行;如果没有公证债权文书,犯罪分子便会向法院提起诉讼,通过手里掌握的充分的证据,获得胜诉的判决,然后通过法院来执行借款人的财产。

华武欣在杭州临安做服装生意。2017 年 8 月,华武欣因资金紧张急需周转资金,经人介绍,华武欣认识了一家“典当行”老板朱昭著。朱昭著了解到华武欣名下有多套房产后,当即答应可以提供借款服务。华武欣便向朱昭著借款 3 万元,约定保证金是本金的 20%,逾期每天违约金为 20%,加上 10 天利息 8000

元以及中介费、家访费等费用，一共借款金额为 5 万元，但借条上的金额为 8 万元。华武欣对此心生疑惑，但朱昭著说这是“行规”，如果 10 天内能还钱，只要还实际的借款数就行了。于是，华武欣签下了 8 万元的翻倍借款合同，实际到手 3 万元。到了 9 月，为了偿还之前的利息，华武欣又向朱昭著借款，借款合同按照“行规”写着金额 25 万元，可实际拿到手只有 12.5 万元。到了 10 月，华武欣已向朱昭著借款本金 25 万元，签下翻倍欠条 33 万元。此时，华武欣已无力偿还每期 2 万元的利息以及到期应还的本金。朱昭著拿着华武欣之前签下的所有翻倍借款合同，不断打电话、上门讨债、言语威胁等，逼迫其还钱。

无奈之下，华武欣听取了朱昭著的建议，向朱昭著的朋友吴法天借钱还债。2017 年 11 月至 2018 年 9 月，吴法天将之前的债务连本带息“打包”，并将华武欣的房子作抵押，与她签订了新的总额 112 万元的借款合同，借期 10 天，利息 10%。经过几次合同“打包”后，各项借款合同金额连本带息加上违约金已经达到惊人的 800 万元，利息 10%。这时，朱昭著继续为华武欣“出谋划策”，建议她变卖房屋、转卖安置房号用来还债，并积极帮她联系卖家。迫于压力，华武欣先后卖掉了一处房产和两个安置房号，共得款 300 余万元用于偿还部分欠款，但还有近 500 万元的欠款无法偿还。后华武欣报警后，才发现自己是陷入“套路贷”的圈套。

欠债时间长了可以不用还吗？

朴素的价值观告诉我们，欠债还钱，天经地义。但在民法中，民事权利的享有者要积极行使权利，否则经过法定期间后，权利有可能难以实现，这便是诉讼时效制度。诉讼时效，是指权利人不行使权利的法律事实经过一定期间后，产生权利消灭或权利效力减损的法律效果的法律制度。如无时效限制，权利人便有可能长期不行使权利，而时间越久远，义务人获取证据或者保存证据的难度就越大，义务人的防御负担就更大。另外，法律不保护“躺在权利上睡觉”的人，时效制度正是对权利人怠于行使权利的懈怠之罚，有利于督促权利人及时行使权利，加快经济流转。诉讼时效期间分为普通诉讼时效期间、最长诉讼时效期间和特别诉讼时效期间。

普通诉讼时效期间，是指一般情况下请求权普遍适用的诉讼时效期间。

《民法典》将我国普通诉讼时效期间规定为3年，自权利人知道或者应当知道权利受到损害以及义务人之日起计算。诉讼时效期间届满的，义务人可以提出不履行义务的抗辩。如张三被李四殴打，张三身体受到伤害，且知道为李四所为，则诉讼时效从李四实施殴打行为之日起开始计算。如果3年后，张三起诉李四，则李四可以向法院提出诉讼时效已经届满的抗辩，法院审查如果属实，则会判决张三败诉。诉讼时效期间届满后，义务人同意履行的，不得以诉讼时效期间届满为由抗辩；义务人已经自愿履行的，不得请求返还。前例中，如果3年后张三找李四索赔，李四进行了赔偿，事后不得以自己不知道诉讼时效已经届满为由要求张三返还。

最长诉讼时效期间是指不适用时效中止、中断规定的终结性诉讼时效期间。《民法典》规定的最长诉讼时效期间为20年，自权利受到损害之日起计算。理论上普通诉讼时效期间是可以无限长的，因为普通诉讼时效可以一直发生中断或中止，这与诉讼时效制度督促当事人行使权利的设立目的相悖，规定最长诉讼时效制度就起到限制普通诉讼时效期间的作用，这样普通诉讼时效只能在最长诉讼时效期间内发生中断或中止。另外，普通诉讼时效期间在权利人不知道或不应当知道权利受侵害或不知道义务人时不起算，而最长诉讼时效期间使诉讼时效期间仍然自权利受侵害之日开始计算，弥补了普通诉讼时效期间的起算点义务人的利益保障不周的弊端。如张三走夜路被他人殴打，张三身体受到伤害，但不知加害人是谁，则最长诉讼时效期间从张三身体受到伤害之日起开始计算。如果过了20年，即使张三查明当年是李四殴打自己，诉讼时效也已经届满。

特别诉讼时效期间是指民事特别法所规定的诉讼时效期间。如就海上货物运输向承运人要求赔偿的请求权，时效期间为1年，自承运人交付或者应当交付货物之日起计算；在时效期间内或者时效期间届满后，被认定为负有责任的人向第三人提起追偿请求的，时效期间为90日。国际货物买卖合同和技术进出口合同争议，时效期间为4年。人寿保险中被保险人或者受益人的保险金给付请求权，时效期间为5年，自知道或应当知道保险事故发生之日起计算。

第八讲

租房合同:保护自己,避免掉"坑"

当我们初来城市工作和生活,难免需要先租房立足;当我们决定创业之时,难免需要先租房办公。2016 年 8 月 6 日,张玉平与新世界房屋中介公司签订租赁合同,约定张玉平租赁中介公司所有的一套三室一厅房屋中的一间,租金标准为每月 1600 元,租期 1 年。合同签订当日,张玉平支付租金及押金后,入住该房屋。其后,中介公司又将房屋的其他房间打隔断后出租给多人。2017 年 3 月,政府相关部门在张玉平租住房屋所在的小区张贴告知书,对打隔断群租和出租厨房、卫生间、阳台、地下储藏室等违法出租房屋行为进行整顿治理,要求上述房屋的承租人尽快搬离。5 月 6 日,相关部门联合执法清理群租房,张玉平主动搬离了租赁房屋,此时距租赁期满还差 2 个月。张玉平要求中介公司退还已经支付的房屋租金及押金,中介公司拒绝,张玉平向法院提起诉讼,要求法院确认双方租赁合同无效,要求中介公司返还已经支付的房屋租金及押金。法院认为,双方签订的租赁合同系双方真实意思表示,内容不违反法律、行政法规的强制性规定,应为合法有效。但因中介公司在合同履行过程中将房屋群租,违反了房屋出租的相关管理规定,遭到了相关部门联合执法清退,导致张玉平无法继续居住,张玉平可以解除合同。由于张玉平于 2017 年 5 月 6 日搬离房屋,法院确认双方的合同于 2017 年 5 月 6 日解除,故判决中介公司返还已支付的剩余租金及押金。

口头约定的房屋租赁合同有效吗？

租赁合同，是出租人将租赁物交付承租人占有、使用、收益，承租人支付租金的合同。租赁期限为6个月以上的，应当采用书面形式，即通过订立书面的房屋租赁合同的形式来证明合同的存在。租赁期限为6个月以下的，为不要式合同，即当事人以口头或书面形式来订立合同均无不可。但是，如果租赁期限为6个月以上，而当事人没有采用书面形式订立租赁合同，无法确定租赁期限的，视为不定期租赁。因此，以口头形式订立的房屋租赁合同是有效的，只是在无法确定租赁期限时，租赁期限将变成不定期。

对于需要租房的人来说，最好采用书面形式订立租赁合同。一方面，书面形式的租赁合同可以将出租人所做的各种保证和承诺以文字形式固定下来，成为承租人将来主张权利的依据，以防止出租人将来不兑现当初的承诺，从而使承租人吃哑巴亏。另一方面，书面形式的租赁合同约定有租赁期限的，出租人不得无故提前解除合同，可以给承租人带来稳定的预期，无须频繁变动住所。

租赁合同最长能签多少年？

租赁期限不得超过20年。超过20年的，超过部分无效。租赁期间届满，当事人可以续订租赁合同，但是，约定的租赁期限自续订之日起不得超过20年。当事人在租赁合同中约定，租赁期限为20年，到期自动续期20年的，后面自动续期部分无效。

当事人对租赁合同的期限没有约定或约定不明，视为不定期租赁。租赁期限6个月以上，未采用书面形式，无法确定租赁期限的，视为不定期租赁。租赁期间届满，承租人继续使用租赁物，出租人没有提出异议的，原租赁合同继续有效，视为不定期租赁。在不定期租赁，当事人可以随时解除合同，但是应当在合理期限之前通知对方。

签订房屋租赁合同需要注意哪些事项？

首先，要确定和谁签订租赁合同。若出租人是房东，承租人应当检查房产证上的户名或查看购房合同，必要时可以将房产证复印件作为房屋租赁合同的附件。若出租人是二房东,承租人需要核验二房东的身份证,确认二房东的真实身份,以防上当受骗;承租人需要要求二房东出示其与房东的租赁合同,核对清楚房东和二房东的约定,是否有限制不允许转租,转租是否必须经过房东的同意或承诺;承租人需要核对清楚二房东和房东之间租赁合同的有效期限,如果他们的合同快到期了,然后跟你签订一个新的合同,收取超期的房租,可能会被骗;承租人需要二房东出示房子的房产证复印件,因为他和房东签合同时肯定会要求房东出示该证以核实身份。如果出租人是中介公司,则需要检查中介公司是否有房东的授权委托书原件,最好是经过公证的授权委托书原件。当然,更好的做法是和房东直接签订房屋租赁合同,中介公司作为第三方在合同中签字。如果出租人是租客,则需要房东同意转租的书面证明文件原件,这是因为承租人进行转租必须经过出租人同意,否则构成非法转租,出租人可以解除租赁合同。

其次,要确定所租赁的房屋属于合法建筑,不存在产权归属有争议的情况。出租人就未取得建设工程规划许可证或者未按照建设工程规划许可证的规定建设的房屋,与承租人订立的租赁合同无效。但在一审法庭辩论终结前取得建设工程规划许可证或者经主管部门批准建设的,合同有效。当然,当事人只是未依规定办理租赁合同登记备案手续的,不影响合同的效力。

出租人就未经批准或者未按照批准内容建设的临时建筑,与承租人订立的租赁合同无效。但在一审法庭辩论终结前经主管部门批准建设的,合同有效。租赁期限超过临时建筑的使用期限,超过部分无效。但在一审法庭辩论终结前经主管部门批准延长使用期限的,延长使用期限内的租赁期间有效。居民甲经主管部门批准修建了一排临时门面房,核准使用期限为 2 年,甲将其中一间租给乙开餐馆,租期 2 年。期满后未办理延长使用期限手续,甲又将该房出租给了丙,并签订了 1 年的租赁合同。此时,甲无权将该房屋继续出租,甲与丙签订的租赁合同无效。

租赁合同无效的,出租人可以请求无权占有人返还房屋,还可以请求参照合同约定的租金标准支付房屋占有使用费。

再次,要注意房屋物品的统计与相关费用的交割。承租人应当要求出租人将房内电器、大件物品清单作为附件或者作为合同中的条款列明,以防止未来产生纠纷。双方应当明确水费、电费、燃气费、电话费、光缆电视收视费、卫生费和物业管理费等由谁承担，并列明租住前的各项准确数字，以区分责任，签订合同前还应注意入住之前的水费、电费、燃气费以及物业管理费、电话费等是否结清。

最后，要注意双方当事人的具体权利和义务。承租人未按约定方法或根据租赁物的性质使用租赁物，致使租赁物受到损失的，或者承租人擅自变动房屋建筑主体和承重结构或者扩建房屋，在出租人要求的合理期限内仍不予恢复原状的，或者承租人未经出租人同意转租的，或者承租人无正当理由未支付或迟延支付租金的，经催告在合理期限内仍不支付的，出租人有权解除房屋租赁合同。

因不可归责于承租人的事由，致使租赁物部分或者全部毁损、灭失的，承租人可以要求减少租金或者不支付租金。租赁物危及承租人的安全或者健康的，即使承租人订立合同时明知该租赁物质量不合格的，或者“一房多租”时，不能取得租赁房屋的，或者因租赁房屋被司法机关或者行政机关依法查封，租赁房屋权属有争议，租赁房屋具有违反法律、行政法规关于房屋使用条件强制性规定情况，导致租赁房屋无法使用的，承租人有权解除房屋租赁合同。

租赁房屋内的物品坏了谁负责维修？

《民法典》规定，出租人应当履行租赁物的维修义务，但是当事人另有约定的除外。出租人未履行维修义务的，承租人可以自行维修，维修费用由出租人负担。因维修租赁物影响承租人使用的，应当相应减少租金或者延长租期。但是，因承租人的过错致使租赁物需要维修的，出租人不承担维修责任。如果屋内物品因正常使用而发生毁损，仍然应由出租人承担维修义务。

承租人对房屋进行了装饰装修怎么处理？

如果承租人经出租人同意而进行装修，而房屋租赁合同无效的，未形成附合的装饰装修物，出租人同意利用的，可折价归出租人所有；不同意利用的，可由承租人拆除。因拆除造成房屋毁损的，承租人应当恢复原状。所谓未形成附合，是指装饰装修物没有和房屋密切结合到不可分离或难以分离的程度。已形成附合的装饰装修物，出租人同意利用的，可折价归出租人所有；不同意利用的，由双方各自按照导致合同无效的过错分担现值损失。所谓形成附合，是指装饰装修物和房屋密切结合到不可分离或难以分离的程度。

如果承租人经出租人同意而进行装修，而租赁期间正常届满的，未形成附合的，可由承租人拆除，因拆除造成房屋毁损的，承租人应当恢复原状；形成附合的，承租人不得请求出租人补偿装饰装修费用。当事人另有约定的除外。

如果承租人经出租人同意而进行装修，而合同被当事人解除的，未形成附合的装饰装修物，可由承租人拆除。因拆除造成房屋毁损的，承租人应当恢复原状。但当事人另有约定的除外。已形成附合的装饰装修物的处理没有约定的：(1)因出租人违约导致合同解除，承租人请求出租人赔偿剩余租赁期内装饰装修残值损失的，应予支持。(2)因承租人违约导致合同解除，承租人请求出租人赔偿剩余租赁期内装饰装修残值损失的，不予支持。但出租人同意利用的，应在利用价值范围内予以适当补偿。(3)因双方违约导致合同解除，剩余租赁期内的装饰装修残值损失，由双方根据各自的过错承担相应的责任。(4)因不可归责于双方的事由导致合同解除的，剩余租赁期内的装饰装修残值损失，由双方按照公平原则分担。法律另有规定的，适用其规定。

如果承租人经出租人同意进行扩建，但双方对扩建费用没约定，办理合法建设手续的，扩建造价费用由出租人负担；未办理合法建设手续的，扩建造价费用由双方按照过错分担。

如果承租人未经出租人同意，对租赁物进行改善或者增设他物的，出租人可以要求承租人恢复原状或者赔偿损失。未经同意装饰装修或者扩建发生的费用，由承租人负担。出租人请求承租人恢复原状或者赔偿损失的，人民法院应予支持。

承租人在租赁期间内能不能将房屋转租？

《民法典》规定，承租人经出租人同意，可以将租赁物转租给第三人。这属于合法转租。转租后，承租人与出租人之间的租赁合同继续有效，第三人对租赁物造成损失的，承租人应当赔偿损失。在租赁期间因占有、使用租赁物获得的收益，归承租人所有，但当事人另有约定的除外。

承租人经出租人同意将租赁物转租给第三人的，转租期限不得超过承租人剩余租赁期限。转租期限超过承租人剩余租赁期限的,超过部分的约定对出租人不具有法律约束力,但是出租人与承租人另有约定的除外。

承租人拖欠租金的,次承租人(转租合同中的承租人)可以代承租人支付其欠付的租金和违约金,但是转租合同对出租人不具有法律约束力的除外。换言之,只有合法转租中的次承租人才有权利要求代承租人支付其欠付的租金,非法转租中的次承租人并无该权利。次承租人代为支付的租金和违约金,可以折抵次承租人应当向承租人支付的租金;超出其应付的租金数额的,可以向承租人追偿。

承租人未经出租人同意转租的,属于非法转租,出租人可以解除合同。合同被解除的,出租人可以基于返还原物请求权,请求次承租人向自己返还;合同未被解除的,出租人只能请求次承租人向承租人返还。出租人知道或者应当知道承租人转租,但在 6 个月内未提出异议,视为同意转租。因租赁合同产生的纠纷,可以通知次承租人作为第三人参加诉讼。

什么是买卖不破租赁和查封不破租赁?

在租赁合同有效期间内,房屋所有人将房屋卖给他人的,原房屋租赁合同继续有效,新的买受人概括承受原租赁合同,替代原房屋所有人成为租赁合同中的出租人。这是因为,在买受人购买房屋时,租赁合同就已经存在了,因此,买受人应当继续履行该房屋租赁合同。这被称为买卖不破租赁。

柯某将自己的房屋出租给郭力,双方签订了 3 年的租约。半年后,柯某在没有提前把房屋即将转让的事实告知郭力的情况下,将房产转售黄某。黄某不愿续租,要求郭力搬走,而郭力认为自己的租约没到期,不愿搬走。此案属于先出租后出卖,买受人应受原租赁合同的约束,不得随意解除租赁合同。

同样的道理,在租赁合同有效期间内,房屋所有人将房屋抵押给他人的,原房屋租赁合同继续有效。如果债务人到期不履行债务,债权人行使抵押权时,房屋将被拍卖、变卖或折价给买受人,此时,新的买受人同样概括承受原租赁合同,替代原房屋所有人成为租赁合同中的出租人。这被称为先租后押,抵押不破租赁。但是,如果抵押权设立在先,而租赁权设立在后,即房屋所有人先将房屋抵押给他人,后又将房屋出租给承租人,此时抵押权不受租赁权的制约,即租赁权无对抗效力,如果债务人到期不履行债务,债权人行使抵押权时,房屋将被拍卖、变卖或折价给买受人,此时,新的买受人无须受原租赁合同的约束,可以要求承租人搬离房屋。这是因为,在房屋已经抵押时,如果房屋所有人要将房屋出租,必须告知承租人房屋已经抵押的重要事实,由承租人考虑后决定是否仍然愿意承租该房屋,如果承租人仍然愿意承租,那么将来抵押权实现时造成承租人的损失,由承租人自己承担;如果抵押人未书面告知承租人该房屋已抵押的,抵押人对出租抵押物造成承租人的损失承担赔偿责任,如造成承租人另行寻找租赁房屋的费用和搬家的费用损失等。

甲以某商铺作抵押向乙银行借款,抵押权已登记,借款到期后甲未偿还。甲提前得知乙银行将起诉自己,在乙银行起诉前将该商铺出租给不知情的丙,预收了一年租金。半年后经乙银行请求,该商铺被法院委托拍卖,由丁竞买取得。此案中,该商铺先抵押给银行,再出租给丙,属于先抵押后租赁,租赁权不能对抗抵押权,因此,商铺被法院拍卖给丁后,丁取得所有权,并且不受租赁合同的约束,丁有权要求丙腾退商铺,丙无权要求继续租赁该商铺。另外,由于甲将商铺出租给不知情的丙时,并未如实告知足以影响丙作出决策的重要事实,因此,应对丙的损失承担赔偿责任。

同样的道理,在租赁合同有效期间内,房屋被人民法院查封的,将来人民法院对该房屋采取拍卖等执行措施的,新的所有权人仍然应当受租赁合同的约束,不得随意解除租赁合同。但是,如果是先被人民法院查封,后又进行出租的,租赁权没有对抗效力。

承租人的优先购买权和优先承租权如何行使?

《民法典》规定,出租人出卖租赁房屋的,应当在出卖前的合理期限内通知承租人,承租人享有以同等条件优先购买的权利。这被称为承租人的优先购买权。出租人与抵押权人协议折价、变卖租赁房屋偿还债务的,也应当在合理期限内通知承租人,承租人有权以同等条件优先购买房屋。出租人委托拍卖人拍卖租赁房屋,同样应当在拍卖5日前通知承租人,承租人可参加拍卖,从而行使优先购买权。我国立法之所以赋予承租人优先购买权,是因为承租人实际租住在房屋内,对房屋的占有和使用更为迫切,为满足承租人的实际居住需求,因此允许其行使优先购买权。

首先,出租人应当在合理期限内通知承租人出卖等信息。现行立法并未规定合理期限具体是指多长期限,我们认为,出租人向承租人发出的包含同等条件内容的通知中载明行使期间的,以该期间为准;通知中未载明行使期间,或者载明的期间短于通知送达之日起15日的,为15日;出租人未通知的,为其他按份共有人知道或者应当知道最终确定的同等条件之日起15日;出租人未通知,且无法确定其他按份共有人知道或者应当知道最终确定的同等条件的,为共有份额权属转移之日起6个月。

出租人出卖租赁房屋未在合理期限内通知承租人或者存在其他侵害承租人优先购买权情形,承租人请求出租人承担赔偿责任的,人民法院应予支持。承租人请求法院判令承租人直接以同等条件与出租人形成买卖合同关系的,人民法院应当支持。但是,承租人请求确认出租人与第三人签订的房屋买卖合同无效的,人民法院不予支持。

其次,承租人只有在同等条件下,才享有优先购买权。所谓同等条件,是指承租人愿意以与出租人和第三人签订的买卖合同相同的条件购买该房屋。同等条件,不仅是指房屋的价格,还包括价款的支付方式等其他条件。如果承租人提出了不同的条件,如要求价款分期支付,则承租人不享有优先购买权。

出租人委托拍卖人拍卖租赁房屋的,应当在拍卖5日前通知承租人。承租人未参加拍卖的,视为放弃优先购买权。拍卖过程中,有最高价时,优先购买权人可以表示以该最高价买受,如无更高应价,则拍归优先购买权人;如有更高应价,而优先购买权人不作表示的,则拍归该应价最高的竞买人。这被称为“跟价法”。

最后,法律规定在特定情形下,承租人不得主张优先购买权。包括:房屋共有人行使优先购买权的;出租人将房屋出卖给近亲属,包括配偶、父母、子女、兄弟姐妹、祖父母、外祖父母、孙子女、外孙子女的;出租人履行通知义务后,承租人在15日内未明确表示购买的;第三人善意购买租赁房屋并已经办理登记手续的。

甲将房屋租给乙,在租赁期内未通知乙就把房屋出卖并过户给不知情的丙。乙得知后劝丙退出该交易,丙拒绝。此时,丙已经因善意购买租赁房屋并已经办理登记手续而善意取得房屋的所有权,承租人乙不得主张优先购买权,但乙有权以优先购买权受到侵害而向甲主张损害赔偿责任。

《民法典》规定,租赁期限届满,承租人继续使用租赁物,出租人没有提出异议的,原租赁合同继续有效,但是租赁期限为不定期。租赁期限届满,房屋承租人享有以同等条件优先承租的权利。

物　权　编

第九讲

房子:一个不需要太大的地方

2015 年时,赵岩想买房子,首付只差 8 万元,好友刘鑫建议他找亲朋好友周转一下,凑够首付,可赵岩不想有太大的压力,想着再努力攒一年就够了。经过一年的努力奋斗,辛苦积蓄,发现首付还差 15 万元。好友叹了口气说:"你工作是挺忙的,可房价也没闲着!"买房是大多数人的一件人生大事,要想买得放心,住得舒心,需要注意的事项还真不少!

购买商品房的基本流程有哪些?

商品房买卖合同,是指房地产开发企业(以下统称为出卖人)将尚未建成或者已竣工的房屋向社会销售并转移房屋所有权于买受人,买受人支付价款的合同。这里的商品房买卖,并不包括购房者从其他房屋所有权人处购买房屋的情形。

购买商品房的基本流程如下:

(1)看房选房。在购买预售房时,需要注意核验销售方是否有五证。所谓五证,是指国有土地使用证、建设用地规划许可证、建设工程规划许可证、建设工程施工许可证、商品房预售许可证。

(2)签订认购书。订购书或者认购书在法律性质上属于预约合同,双方同样有义务信守,否则违约方要承担违约责任,如果当事人约定并交付有定金,则要适用定金罚则(如果使用的是订金,则不适用定金罚则)。认购书一般包括:认购物业;房价,包括户型、面积、单位价格(币种)、总价等;付款方式,包括一次付款、分期付款、按揭付款;认购条件,包括认购书应注意事项、定金、签订正式条约的时间、付款地点、账户、签约地点等。签订认购书并非购买商品房的必经步骤,当事人也可以直接签订商品房预售合同或商品房买卖合同。

商品房的认购、订购、预订等协议具备商品房买卖合同的主要内容,并且出卖人已经按照约定收受购房款的,该协议应当认定为商品房买卖合同。也就是说,认购书一般被作为预约合同对待,但是,如果认购书中的条款内容具体明确,包含了商品房买卖合同的主要内容,那么就应该将其作为正式的商品房买卖合同对待。

(3)签订商品房预售合同或商品房买卖合同。商品房预售应当符合下列条件:①已交付全部土地使用权出让金,取得土地使用权证书;②持有建设工程规划许可证和施工许可证;③按提供预售的商品房计算,投入开发建设的资金达到工程建设总投资的25%以上,并已经确定施工进度和竣工交付日期。

房地产开发企业进行商品房预售,预售款应当由购房人按照商品房买卖合同的约定直接存入预售款专用账户,房地产开发企业不得以其他形式收取预售款。购房人应当凭开户银行出具的预售款存款凭证,向房地产开发企业换取收款合法凭证。

商品房现售应当符合以下条件:①现售商品房的房地产开发企业应当具有企业法人营业执照和房地产开发企业资质证书;②取得土地使用权证书或者使用土地的批准文件;③持有建设工程规划许可证和施工许可证;④已通过竣工验收;⑤拆迁安置已经落实;⑥供水、供电、供热、燃气、通信等配套基础设施具备交付使用条件,其他配套基础设施和公共设施具备交付使用条件或者已确定施工进度和交付日期;⑦物业管理方案已经落实。

购房人购买商品房时,应当查看房地产开发企业提供的商品房预售许可证或者商品房现售备案回执,认真核对所购买商品房的栋号、楼层、名称等是否与许可证上注明的内容相符。商品房项目未经预售许可也未经现售备案的,不得进行销售,不得以认购、认筹、预订、排号、发放贵宾卡、订立投资协议、收取意向金或者诚意金等方式变相进行商品房销售。

商品房销售合同签订应当通过房管部门建立的商品房网上签约系统进行,并使用商品房认购书和商品房买卖合同的示范文本。房地产开发企业和购房人经协商一致，可以签订补充协议，对商品房认购书和商品房买卖合同示范文本的内容进行变更或者补充完善，但不得违反法律、法规的强制性规定。

(4)办理合同登记备案手续。双方应在预售合同或销售合同签订之日起30日内向项目所在地房地产交易登记机构办理登记备案手续。未经登记备案的合同尽管有效，但不得对抗第三人。当事人以商品房预售合同未按照法律、行政法规规定办理登记备案手续为由，请求确认合同无效的，不予支持。当事人约定以办理登记备案手续为商品房预售合同生效条件的，从其约定，但当事人一方已经履行主要义务，对方接受的除外。

(5)办理抵押登记。如果购房人须银行贷款，则在与银行签订房地产抵押贷款合同或者预购商品房贷款抵押合同之日起30日内持抵押合同、售房契约及相关文件到房地产所在地的不动产登记机关办理房地产抵押登记。

(6)验收交房。售房人在房屋符合约定的条件成就后，向购房人发出《入住通知书》或者《交付使用通知书》，由购房人进入现场实地验收，并签收交房单据，领取房屋钥匙。交付房屋并不导致房屋产权的转移。

购房者可以找相关的验房公司、监理公司的专业验房人员一起来验房，根据购房合同约定的标准对房屋工程质量及配套设施一一进行验收，并做好记录。开发商应主动向购房者出示建设工程质量检验合格单和新建商品房房地产权证。开发商应该提供《住宅质量保证书》和《住宅使用说明书》，《住宅质量保证书》是开发商对销售的商品住宅承担质量责任的法律文件，可以作为商品房预售、出售合同的补充约定，与合同具有同等效力。住宅保修期从开发商将竣工验收的住宅交付用户使用之日起计算，保修期限不应低于上述规定的期限，购房者可以与房地产开发企业协商延长保修期限。但是，国家对住宅工程质量保修期另有规定的，保修期限按照国家规定执行。

签署房屋交接书，应该先对房屋及其产权进行检验，认为符合合同约定条件的，应与开发商签订房屋交接书；对不符合合同约定的，应做好记录，要求开发商签字，不能签署房屋交接书，直至开发商的房屋完全符合交房标准。

(7)过户、办理产权证书。房屋交付之后的约定期限之内，售房人应协同购房人办理产权过户手续和房地产权属登记手续。不动产权证书颁发以后，全部手续结束。

契税税率为3%～5%。契税的具体适用税率，由省、自治区、直辖市人民政府在前款规定的税率幅度内提出，报同级人民代表大会常务委员会决定，并报全国人民代表大会常务委员会和国务院备案。省、自治区、直辖市可以依照前款规定的程序对不同主体、不同地区、不同类型的住房的权属转移确定差别税率。

购买新商品房应缴纳的税款包括契税和专项维修基金。购买新房的契税：90 平方米以下的，为购房总价的 1%，90～144 平方米的，为购房总价的 1.5%，144 平方米以上的，为购房总价的 3%。购买二套房的，为购房总价的 3%。维修基金为购房总价的 2%～3%。

契税的纳税义务发生时间，为纳税人签订土地、房屋权属转移合同的当日，或者纳税人取得其他具有土地、房屋权属转移合同性质凭证的当日。纳税人应当在依法办理土地、房屋权属登记手续前申报缴纳契税。纳税人办理纳税事宜后，税务机关应当开具契税完税凭证。纳税人办理土地、房屋权属登记，不动产登记机构应当查验契税完税、减免税凭证或者有关信息。未按照规定缴纳契税的，不动产登记机构不予办理土地、房屋权属登记。在依法办理土地、房屋权属登记前，权属转移合同、权属转移合同性质凭证不生效、无效、被撤销或者被解除的，纳税人可以向税务机关申请退还已缴纳的税款，税务机关应当依法办理。一般对期房而言，房屋竣工验收合格，交付使用，办理房产证的时候缴纳房屋契税，房屋交付后应尽快缴纳房屋契税，否则须缴滞纳金。

未取得商品房预售许可进行预售有什么法律后果？

商品房预售实行许可制度。房地产开发企业进行商品房预售，应当向房地产管理部门申请预售许可，取得商品房预售许可证。未取得商品房预售许可证的，不得进行商品房预售。房地产开发企业进行商品房预售，应当向承购人出示商品房预售许可证。售楼广告和说明书应当载明商品房预售许可证的批准文号。

未取得商品房预售许可证的，不得预售商品房。对消费者来说，如果购买不符合商品房预售条件的商品房，一旦发生纠纷，很难维护自身权益。不具备销售条件的商品房项目，可能有投资、计划、规划、施工等诸多问题尚未最终落实，各种开发手续可能尚未办结，致使建设和合法开盘日期都不能确定。未取得商品房预售许可证明的，无法通过房管部门建立的商品房网上签约系统签订购房合同，购房人对于所购商品房是否存在法律风险没办法判别，如房屋是否被法院查封、是否存在一房两卖、是否未经抵押权人同意等，一旦发生纠纷，购房者的权益难以受到保护。未取得预售许可的商品房，其购房资金没有按照法律规定纳入房管部门监管，一些房地产开发企业经营不善或者恶意欺诈，购房人可能面临定金甚至是购房款被侵吞的风险。

出卖人未取得商品房预售许可证明，与买受人订立的商品房预售合同，应当认定无效，但是在起诉前取得商品房预售许可证明的，可以认定有效。

商品房预售合同和商品房买卖合同之间是什么关系？

商品房预售，是指房地产开发企业将正在建设中的房屋预先出售给承购人，由承购人支付定金或房价款的行为。商品房买卖合同，是指出卖人转移在建或已建商品房所有权及相关权利予买受人，买受人支付价款的合同。它是商品房交易中最为重要的凭证，是确定开发商和消费者权利义务的依据。

商品房预售合同的标的物是还在建设中的房屋；商品房买卖合同的标的物既可能是已建好的房屋，也可能是尚未竣工的房屋，而且还包括建筑物和小区的公用设施、设备的所有权或使用权。两个都是当事人之间所签订的正式的合同，均具有法律约束力。

商品房的销售广告和宣传资料有没有法律效力？

商品房的销售广告和宣传资料为要约邀请，但是出卖人就商品房开发规划范围内的房屋及相关设施所作的说明和允诺具体确定，并对商品房买卖合同的订立以及房屋价格的确定有重大影响的，应当视为要约。该说明和允诺即使未载入商品房买卖合同，亦应当视为合同内容，当事人违反的，应当承担违约责任。

房地产开发企业、房地产经纪机构发布商品房销售广告，不得含有误导、欺骗公众和与商品房预售许可证核准事项、现售登记备案事项不一致的内容。未经预售许可也未经现售备案的，房地产广告不得含有商品房销售意思表示的内容；房地产广告含有商品房销售意思表示内容的，应当同时载明商品房预售许可证或者商品房现售备案回执的编号;委托房地产经纪机构进行商品房销售的,房地产广告应当载明受托房地产经纪机构的名称和资质备案编号。对房地产开发企业、房地产经纪机构发布的商品房销售广告和印发的宣传资料中所明示的事项,购房人有权要求在商品房买卖合同的补充协议中进行约定。

购房者付了定金之后不想买了怎么办?

出卖人通过认购、订购、预订等方式向买受人收受定金作为订立商品房买卖合同担保的,如果因当事人一方原因未能订立商品房买卖合同,应当按照法律关于定金的规定处理;因不可归责于当事人双方的事由,导致商品房买卖合同未能订立的,出卖人应当将定金返还买受人。

拆迁补偿安置房屋有什么特别的法律规定?

拆迁人与被拆迁人按照所有权调换形式订立拆迁补偿安置协议,明确约定拆迁人以位置、用途特定的房屋对被拆迁人予以补偿安置,如果拆迁人将该补偿安置房屋另行出卖给第三人,被拆迁人请求优先取得补偿安置房屋的,应予支持。

被拆迁人请求解除拆迁补偿安置协议的,被拆迁人可以要求出卖人返还已付购房款、赔偿损失,并可以请求出卖人承担不超过已付购房款 1 倍的赔偿责任。

交付在房屋买卖中有什么法律效力?

对房屋的转移占有,视为房屋的交付使用,但当事人另有约定的除外。交付房屋,并不会发生房屋所有权的移转,过户登记才是购房者取得房屋所有权的必要条件。

房屋毁损、灭失的风险,在交付使用前由出卖人承担,交付使用后由买受人承担;买受人接到出卖人的书面交房通知,无正当理由拒绝接收的,房屋毁损、灭失的风险自书面交房通知确定的交付使用之日起由买受人承担,但法律另有规定或者当事人另有约定的除外。

购房者在什么情况下能向出卖人主张惩罚性赔偿？

具有下列情形之一，导致商品房买卖合同目的不能实现的，无法取得房屋的买受人可以请求解除合同、返还已付购房款及利息、赔偿损失，并可以请求出卖人承担不超过已付购房款1倍的赔偿责任：(1)商品房买卖合同订立后，出卖人未告知买受人又将该房屋抵押给第三人；(2)商品房买卖合同订立后，出卖人又将该房屋出卖给第三人。

出卖人订立商品房买卖合同时，具有下列情形之一，导致合同无效或者被撤销、解除的，买受人可以请求返还已付购房款及利息、赔偿损失，并可以请求出卖人承担不超过已付购房款1倍的赔偿责任：(1)故意隐瞒没有取得商品房预售许可证明的事实或者提供虚假商品房预售许可证明；(2)故意隐瞒所售房屋已经抵押的事实；(3)故意隐瞒所售房屋已经出卖给第三人或者为拆迁补偿安置房屋的事实。

开发商擅自变更规划、设计怎么办？

房地产开发企业应当按照批准的规划、设计建设商品房。商品房销售后，房地产开发企业不得擅自变更规划、设计。经规划部门批准的规划变更、设计单位同意的设计变更导致商品房的结构型式、户型、空间尺寸、朝向变化，以及出现合同当事人约定的其他影响商品房质量或者使用功能情形的，房地产开发企业应当在变更确立之日起10日内，书面通知买受人。

买受人有权在通知到达之日起15日内作出是否退房的书面答复。买受人在通知到达之日起15日内未作书面答复的，视同接受规划、设计变更以及由此引起的房价款的变更。房地产开发企业未在规定时限内通知买受人的，买受人有权退房；买受人退房的，由房地产开发企业承担违约责任。

二手房交易需要缴纳哪些税费？

二手房交易税费，是指在二手房交易中，税务部门向买卖双方征收的各类税费。卖方应当承担的税种包括：印花税、增值税、城市建设维护税、教育费附加、地方教育附加、土地增值税、个人所得税。买方应当承担的税种包括：印花税、契税。

1. 印花税

印花税是对经济活动和经济交往中订立、领受具有法律效力的凭证的行为征收的一种税。由于该税种的完税标志是在应税凭证上粘贴印花,故而得名印花税。印花税针对经济合同、产权转移书据、营业账簿、权利、许可证照和经财政部确定征税的其他凭证收取。二手房交易所要缴纳的印花税包括产权转移书据印花税(交易印花税)和权证印花税。

产权转移书据,是指单位和个人产权的买卖、继承、赠与、交换、分割等所立的书据。产权转移书据的征税范围包括财产所有权和版权、商标专用权、专利权、专有技术使用权等转移书据,房产买卖转让实际上是一种财产所有权转让。税法规定,土地使用权出让合同、土地使用权转让合同、商品房销售合同按照产权转移书据征收印花税。因此,产权转移书据印花税针对所有的二手房交易征收,由买卖双方承担,税率为 0.05%。权证印花税,是指办理房地产权利证书的时候需要缴纳定额税费,每件 5 元,也就是人们常说的房产证印花税。

(1)纳税义务人。二手房买卖交易中的双方当事人,即出卖人和买受人都是纳税义务人。

(2)税收减免政策。从 2009 年起,对个人销售或购买住房暂免征收印花税。

如陆明轩购买了尹正的一套房子,总价为 200 万元,那么陆明轩和尹正需要分别缴纳印花税 1000 元(2000000 元 ×0.05% =1000 元)。但因税收减免政策而无须缴纳。

2. 契税

契税是指土地、房屋的权属发生转移时,承受的单位和个人就所订契约按产价的一定比例缴纳的一次性税收。所谓转移土地、房屋权属是指土地使用权出让,土地使用权转让包括出售、赠与、互换;房屋买卖、赠与、互换。土地使用权转让,不包括土地承包经营权和土地经营权的转移。以作价投资(入股)、偿还债务、划转、奖励等方式转移土地、房屋权属的,应当缴纳契税。

(1)纳税义务人。房屋购买人为契税的纳税义务人。

(2)免征或减征情形。有下列情形之一的,免征契税:国家机关、事业单位、社会团体、军事单位承受土地、房屋权属用于办公、教学、医疗、科研、军事设施;

非营利性的学校、医疗机构、社会福利机构承受土地、房屋权属用于办公、教学、医疗、科研、养老、救助;承受荒山、荒地、荒滩土地使用权用于农、林、牧、渔业生产;婚姻关系存续期间夫妻之间变更土地、房屋权属;法定继承人通过继承承受土地、房屋权属;依照法律规定应当予以免税的外国驻华使馆、领事馆和国际组织驻华代表机构承受土地、房屋权属。

省、自治区、直辖市可以决定对下列情形免征或者减征契税:因土地、房屋被县级以上人民政府征收、征用,重新承受土地、房屋权属;因不可抗力灭失住房,重新承受住房权属。

(3)契税税率。契税税率为3% ~5%。契税的具体适用税率,由省、自治区、直辖市人民政府在前款规定的税率幅度内提出,报同级人民代表大会常务委员会决定,并报全国人民代表大会常务委员会和国务院备案。省、自治区、直辖市可以依照前款规定的程序对不同主体、不同地区、不同类型的住房的权属转移确定差别税率。

(4)个人购房契税优惠政策。个人购买普通住房,且该住房为家庭唯一住房的,所购普通商品住宅户型面积在90平方米(含90平方米)以下的,契税按照1%执行;户型面积在90平方米到144平方米(含144平方米)的,税率减半征收,即实际税率为1.5%;所购住宅户型面积在144平方米以上的,契税税率按照3%征收;购买非普通住房、两套及以上住房,以及商业投资性房产(商铺、办公写字楼、商务公寓等),均按照3%的税率征税。

如陆明轩购买了尹正的一套120平方米的房子,总价为200万元,那么陆明轩需要缴纳契税3万元(200万元×1.5% =3万元)。

3.增值税

增值税是以商品(含应税劳务)在流转过程中产生的增值额作为计税依据而征收的一种流转税。增值税是我国第一大税种,也是国家财政收入的主要来源。

在“营改增”之前,住房交易属于营业税的征收范围,税目为“销售不动产”,税率为5%,纳税义务人为住房的出卖人。自2016年起,我国全面实行营业税改增值税(“营改增”)改革措施,个人出售住房的行为纳入增值税的征税范围。营业税已经彻底退出历史舞台。

(1)纳税义务人。在我国境内销售货物或者加工、修理修配劳务,销售服务、无形资产、不动产以及进口货物的单位和个人。在二手房交易中，纳税义务人为出卖人。

(2)税率。增值税税率为应纳税额的5%。二手房交易中是否征收增值税以及如何计算应纳税额，因普通住房和非普通住房而有所不同。如果以住宅小区建筑容积率为标准，则建筑容积率在1.0(含1.0)以上的属于普通住房；建筑容积率在1.0以下的属于非普通住房。所谓容积率，是指一定地块内，总建筑面积与建筑用地面积的比值。总建筑面积超过建筑用地面积，其建筑容积率即在1.0以上，属于普通住房。如总建筑面积为3万平方米，建筑用地面积为1.5万平方米，则容积率为2。如果以单套建筑面积为标准，则单套建筑面积在144平方米(含144平方米)以下的属于普通住房；单套建筑面积在144平方米以上的属于非普通住房。如果以实际成交价格为标准，则实际成交价低于同区域享受优惠政策住房平均交易价格1.2倍的属于普通住房；实际成交价高于同级别土地住房平均交易价格1.2倍的属于非普通住房。

①普通住房。房屋所有人持有普通住房不足2年进行出卖的，采取全额征收方式，即应纳税额＝合同金额÷(1＋5%)；房屋所有人持有普通住房2年以上(含2年)进行出卖的，免征增值税。

实践中多以出售人不动产权证上的取得日期为起点来计算持有年限。由于房屋买卖合同中所记载的交易金额为含税价(交易中心网签的价格为含税价)，而增值税计税依据为不含税价，因此，在计算增值税时，需要将合同记载的交易金额除以(1＋5%)计算出不含税价，作为应纳税额，然后以应纳税额(不含税价)乘以增值税率计算出增值税额。

如陆明轩购买了尹正的一套120平方米的房子，总价为200万元。尹正持有该房屋不足2年。该房屋为普通住房，合同金额为200万元，属于含税价，适用税率5%。因此应纳税额(不含税价)为190.48万元(200万元÷1.05)，增值税额为9.52万元(190.48万元×5%)。

②非普通住房。房屋所有人持有非普通住房不足2年进行出卖的，应纳税额等于合同金额÷(1＋5%)；房屋所有人持有非普通住房2年以上(含2年)进行出卖的，采取差额征收方式，即应纳税额＝(合同金额－购入金额)÷(1＋5%)。购入金额即购买住房价款，是指出售人上一次购买住房时购房发票上所记载的购房金额，该金额也为含税价。

如陆明轩购买了尹正的一套160平方米的房子，总价为300万元。尹正持有该房屋不足2年。该房屋为非普通住房，合同金额为300万元，属于含税价，适用税率5%，采用全额征税方式。因此应纳税额（不含税价）为285.71万元（300万元÷1.05），增值税额为14.29万元（285.71万元×5%）。

如陆明轩购买了尹正的一套160平方米的房子，总价为300万元。尹正持有该房屋2年以上。该房屋为非普通住房，合同金额为300万元，属于含税价，适用税率5%，采用差额征税方式。尹正几年前的购房发票所记载的购房金额为人民币190万元（含税价）。因此应纳税额（不含税价）为104.76万元[（300万元－190万元）÷1.05]，增值税额为5.24万元（104.76万元×5%）。

从以上几个例子可以看出：属于普通住房还是非普通住房，对增值税影响较大，价值越高，所缴纳的增值税也越多，体现出国家让富人多交税的立法指导思想；持有房屋的期限，对增值税影响较大，超过2年持有期限的，普通住房免征增值税，非普通住房按差额征税，体现出国家鼓励长期持有房产，抑制短期炒房行为的精神。

4. 城市建设维护税、教育费附加和地方教育附加

这三个税种属于与增值税相关的附加税种，均以增值税额作为计算依据。各地具体税率和优惠政策有所不同。如上海市政府自2019年1月1日至2021年12月31日，对本市增值税小规模纳税人减按50%征收资源税、城市建设维护税、房产税、城镇土地使用税、印花税（不含证券交易印花税）、耕地占用税和教育费附加、地方教育附加。

（1）城市建设维护税。城市建设维护税是以纳税人实际缴纳的增值税、消费税的税额为计税依据，依法计征的一种税。城市建设维护税税款专门用于城市的公用事业和公共设施的建设维护。纳税义务人为所有缴纳增值税的单位和个人。税率一般为增值税额的7%。

（2）教育费附加。教育费附加是由税务机关负责征收，同级教育部门统筹安排，同级财政部门监督管理，专门用于发展地方教育事业的预算外资金。纳税义务人为所有缴纳增值税的单位和个人。税率一般为增值税额的3%。

（3）地方教育附加。地方教育附加是指根据国家有关规定，为实施“科教兴省”战略，增加地方教育的资金投入，促进各省、自治区、直辖市教育事业发展，开征的一项地方政府性基金。该收入主要用于各地方的教育经费的投入补充。

纳税义务人为所有缴纳增值税的单位和个人。税率一般为增值税额的2%。

5. 土地增值税

土地增值税是对有偿转让国有土地使用权、地上的建筑物及其附着物而就其增值部分征收的一种税。

(1)纳税义务人。因土地增值税征收对象为土地增值部分,因此纳税人为卖方。

(2)税率。二手房土地增值税可以按照成交价的1%计算缴纳,或者减除法定扣除项目金额后,按四级超率累进税率征收。

(3)二手房土地增值税的优惠政策。①纳税人建造普通标准住宅出售,增值额未超过扣除金额20%,免予征收土地增值税。②个人因工作调动或改善居住条件而转让原自用住房,经向税务机关申报核准,凡居住满5年或5年以上的,免予征收土地增值税;居住满3年未满5年的,减半征收土地增值税;居住未满3年的,按规定计征土地增值税。③对个人拥有的普通住宅,在转让时免征土地增值税。④对个人之间互换居住住房的,经税务机关核准,可以免征土地增值税。⑤将房屋产权赠与直系亲属或承担直接赡养义务人的,免征土地增值税。据此,目前全国范围内个人住房买卖交易免征土地增值税。

6. 个人所得税

二手房交易中的个人所得税,是指税务部门向卖方征收的按照交易所产生的差价计算的税收。财产转让所得的个人所得税,以转让财产的收入额减除财产原值和合理费用后的余额,为应纳税所得额。税率为20%。

对于自用满5年且是家庭唯一住房的房屋买卖可免缴个人所得税。对纳税人未能提供完整、准确的有关凭证,不能正确计算应纳税额的,应采取核定征收,购房个人所得税税率暂定为计税价格的1%。转让家庭名下不满5年或满5年非唯一住宅的,按照“利润”×20%征收个人所得税。“利润”是指住宅核定价格减去住宅购入价及各项费用之后的纯利润。

如陆明轩购买了尹正的一套120平方米的房子,总价为200万元。如果这是尹正的自用满5年且唯一的房屋,则免征个人所得税。如果这是尹正非唯一的住房,且购房时总价款为160万元,并支出了其他各项费用10万元,则需要缴纳个人所得税6万元。计算公式为:(200万元-160万元-10万元)×20%=6万元。

登记在房屋买卖中有什么效力？

即使是普通的老百姓，也都知道买房要办过户登记，过户登记到底有什么效力？《民法典》第209条规定："不动产物权的设立、变更、转让和消灭，经依法登记，发生效力；未经登记，不发生效力，但是法律另有规定的除外。"房屋买卖属于不动产所有权的转让，按照法律的规定必须办理登记后，房屋的所有权才发生移转的效力，即买房人才能取得房屋的所有权。如果房屋的买卖双方当事人只是签订了房屋买卖合同，并未去办理所有权转移登记，即使将房屋买卖合同进行了备案，房屋所有权也不会发生变动。

另外，需要注意的是，房屋买卖合同双方当事人没有到登记机关办理所有权转移的登记，并不影响房屋买卖合同的效力。换言之，买卖合同的效力不受是否办理登记的影响，该有效就有效，该无效就无效，和是否办理登记没有关系。没有办理登记只是影响所有权的移转，影响买方能不能取得房屋所有权。既然合同是有效的，买方就可以根据有效的合同，要求出卖人按照合同约定，协助办理过户登记，从而使自己取得房屋所有权。

凡科房地产公司在取得某地块建设用地使用权后，准备开发"金域缇香"小区，因缺乏开发资金，于是将建设用地使用权抵押给建设银行，获得银行贷款2亿元。住宅开发过半，凡科房地产公司开始进行房屋预售，赵敏购买了小区一套房屋，并交付了房款。后因公司经营出现问题，无法偿还银行贷款本息，导致建设用地抵押权无法解除，凡科房地产公司无法办理不动产权证，也无法为赵敏办理过户登记。由于建设用地使用权和房产项目是否抵押不列入预售公示的范围，公众一般难以了解，对此风险无法预估。因此，购房者在签订购房合同前，应当注意通过售楼处以及国土、住建部门询问楼盘的建设用地使用权是否存在抵押等情况。没有办理过户登记，买房人并没有取得真正的所有权，即使买房人已经装修入住多年，也仍然处于没有房屋所有权的状态。

开发商"一房多卖"怎么办？

赵敏与凡科房地产公司签订了购买合同，双方约定：赵敏首付50%的购房款，余款2个月内付清，凡科房地产公司应当在余款付清之日起1个月内办理房屋过户登记手续，合同签订后赵敏及时交付了首付款。数日之后，曾洪也看中了这套房子，并且出价更高，凡科房地产公司也未告知该房已经卖给他人，和曾某签订房屋买卖合同，并很快为曾某办理了房屋过户登记。那么，这套房子到底归谁所有呢？

有时候，开发商和买房人订立合同之后，随着房价的上涨，开发商会在利益的驱使下，又将房子卖给其他买房者，签订第二份房屋买卖合同。甚至有的开发商会签订多份房屋买卖合同，成为“一房多卖”，被戏称为“一女多嫁”。如果开发商和后签订合同的购房者办理了过户登记，那么最早签订房屋买卖合同的买受人的利益便受到了侵害。

上例中，凡科房地产公司和两位买房者签订的房屋买卖合同均有效。根据《民法典》的规定，登记是不动产物权变动的生效要件，因此，凡科房地产公司为曾某办理了房屋过户登记，则曾某取得了房屋的所有权。赵敏只能根据房屋买卖合同来追究凡科房地产公司的违约责任，要求凡科房地产公司赔偿自己的损失，但并不能根据买卖合同取得房屋的所有权。

为了防止房屋出卖人这种违背诚实信用原则的行为，保护房屋买受人的合法权益，我国立法规定了预告登记制度，来防止这种不诚信的行为。《民法典》规定，当事人签订买卖房屋的协议或者签订其他不动产物权的协议，为保障将来实现物权，按照约定可以向登记机构申请预告登记。预告登记后，未经预告登记的权利人同意，处分该不动产的，不发生物权效力。预告登记后，债权消灭或者自能够进行不动产登记之日起 3 个月内未申请登记的，预告登记失效。

赵敏与凡科房地产公司签订了购买合同，双方约定：赵敏首付 50% 的购房款，余款 2 个月内付清，凡科房地产公司应当在余款付清之日起 1 个月内办理房屋过户登记手续，合同签订后赵敏及时交付了首付款。赵敏为了防止凡科房地产公司再将该房屋出卖给其他人，可以要求凡科房地产公司按照约定办理预告登记，将赵敏已经购买了该房屋的事实记载在不动产的登记机关的登记簿上，这样任何后来的买受人在查看登记簿的时候都可以知晓该房屋已经出卖给赵敏的事实，如果仍然进行购买的，若未经赵敏的同意，该买受人便不能取得该房屋的所有权，即使该买受人和登记机关的工作人员串通完成了登记，也不能取得房屋的所有权。这样就可以对最初的买受人赵敏起到很好的保护作用。

预告登记所登记的，并非不动产物权，而是旨在将来发生不动产物权变动的请求权，是为保全该项请求权而进行的登记。商品房等不动产预售，不动产买卖、抵押，以预购商品房设定抵押权等情形，均可预告登记。预告登记后，房屋买受人取得的房屋不能列入出卖人的破产财产。预告登记生效期间，未经预告登记的权利人书面同意，处分该不动产权利申请登记的，不动产登记机构应当不予办理。预告登记后，如果出卖人对不动产进行了处分，即便办理了登记手续，新的买受人也不能取得物权，预告登记权利人也有权要求更正登记。

预告登记后，债权消灭或自能够进行不动产登记之日起 3 个月内未申请登记的，预告登记失效。已完成不动产登记、债权消灭或权利人放弃预告登记的，当事人可申请注销预告登记。预告登记后，债权未消灭且自能够进行相应的不动产登记之日起 3 个月内，当事人申请不动产登记的，不动产登记机构应当按照预告登记事项办理相应的登记。

赵敏与凡科房地产公司签订了购买合同，双方约定：赵敏首付 50% 的购房款，余款 2 个月内付清，凡科房地产公司应当在余款付清之日起 1 个月内办理房屋过户登记手续，合同签订后赵敏及时交付了首付款。赵敏和凡科房地产公司按照约定办理了预告登记，1 个月后赵敏将余款付清，赵敏和凡科房地产公司可以向不动产登记机关申请正式的不动产登记，此时不动产登记机关应当按照预告登记的事项为当事人办理相应的正式的登记，赵敏也因该登记的完成而取得所购房屋的所有权。

什么是初始登记？

初始登记，也叫不动产首次登记，是指不动产权利第一次登记。未办理不动产首次登记的，不得办理不动产其他类型登记，但法律、行政法规另有规定的除外。因此，开发商首先要对所建造房屋进行不动产权利的第一次登记，然后才能在出卖房屋时为买房人办理转移登记，否则无法过户给买房人。

在房屋竣工以后 90 日内，由开发商向登记机关申报，经过房屋土地管理部门的审核，确认某一房地产的所有权、使用权的隶属关系和他项权利。通过确权，开发商取得“房屋所有权证”（大产权证）。初始登记只能由开发商来办。只有开发商进行了初始登记，取得了大产权证以后，购房者才能申请办理转移登记，领取个人“不动产权证”；没有初始登记，购房者无法办理个人的“不动产权证”。开发商不进行初始登记,应该承担违约责任。如果合同中没有约定违约金的数额,或者损失的数额不好估计,可以参照中国人民银行规定的金融机构计收逾期贷款利息的标准计算。

什么是变更登记?

变更登记,是指在登记事项发生变化时,为确保登记内容和权利实际状态一致而进行的登记。当事人在初始登记完成后,随着时间的经过,标的物所有权的客观情况会发生变化,此时就需要权利人及时地更新自己的权利状态,从而使登记机关的登记内容能够及时地反映标的物权利内容的最新情况,确保登记机关登记簿上信息的正确性。

需要进行变更登记的情形有:权利人的姓名、名称、身份证明类型或者身份证明号码发生变更;不动产的坐落、界址、用途、面积等状况变更的;不动产权利期限、来源等状况发生变化;同一权利人分割或合并不动产的;抵押担保范围、主债权数额、债务履行期限、抵押权顺位发生变化;最高额抵押担保的债权范围、最高债权额、债权确定期间等发生变化;地役权的利用目的、方法等发生变化;共有性质发生变更;等等。

赵敏与凡科房地产公司签订了购买合同,并完成了过户登记,赵敏也因此取得所购房屋的所有权。后赵敏在户籍部门将自己的名字改为赵敏佑,则其应当向登记机关申请变更登记,将登记机关登记簿中权利主体的名字变更为赵敏佑。

什么是转移登记?

转移登记,是指因不动产权利转移而申请的登记。房地产开发企业应当协助商品房买受人办理土地使用权变更和房屋所有权登记手续。换言之,购房者是通过与房地产开发企业共同办理不动产转移登记而取得房屋所有权的。

需要进行转移登记的情形有:买卖、互换、赠与不动产;以不动产作价出资(入股)的;法人或其他组织因合并、分立等致使不动产权利转移;不动产分割、合并导致权利转移;继承、受遗赠导致权利转移;共有人增加或减少以及共有不动产份额变化;因人民法院、仲裁委员会的生效法律文书导致不动产权利发生转移；因主债权转移引起不动产抵押权转移的；因需役地不动产权利转移引起地役权转移的；等等。

赵敏与凡科房地产公司签订了购买合同，并完成了过户登记，赵敏也因此取得所购房屋的所有权。后赵敏将房屋所有权的1/2赠与张无忌，双方签订了赠与合同，此时，双方还应当到登记机关办理房屋所有权的转移登记，将房屋的共有份额转移给张无忌。

什么是更正登记？

《民法典》规定，权利人、利害关系人认为不动产登记簿记载的事项错误的，可以申请更正登记。不动产登记簿记载的权利人书面同意更正或者有证据证明登记确有错误的，登记机构应当予以更正。简言之，更正登记是纠错程序，发生错误就应当予以更正。这和变更登记不同，变更登记不存在错误，当初登记机关进行登记时，是正确的，只是后来随着时间的推移，相关权利信息发生了改变，如原来房子有三间，后来发生地震毁掉一间，此时就应当进行变更登记，而不是更正登记。

如登记簿的记载与登记的原始文件不一致，或者与真实的物权状况不一致，如登记的面积、界址等发生错误等情形，权利人可以申请更正登记，登记机构应当按照正确的信息对登记的权利内容进行更正。

什么是异议登记？

有时候，权利人或利害关系人认为登记机关的不动产登记簿上记载的内容错误，应当予以更正，但更正登记需要不动产登记簿记载的权利人书面同意更正或者有证据证明登记确有错误的，登记机构才能予以更正。如果不动产登记簿记载的权利人不同意更正，而权利人或利害关系人手里的证据又不充足的，便无法申请办理更正登记。如果等到权利人或利害关系人收集了充分的证据再去申请办理更正登记，则不动产登记簿记载的权利人可能已经将登记在自己名下的房屋转卖给他人了，这时真正权利人的利益便会受到损害。因此，我国立法就设立了异议登记，为权利人或利害关系人提供了临时性的保护制度。

《民法典》规定，不动产登记簿记载的权利人不同意更正的，利害关系人可以申请异议登记。登记机构予以异议登记,申请人在异议登记之日起 15 日内不起诉的,异议登记失效。异议登记不当,造成权利人损害的,权利人可向申请人请求损害赔偿。

异议登记便成为对真正权利人(当然,并非每个异议登记中的异议人都是真正的权利人,既可能是无理取闹,也可能是自己误以为自己有真正的权利,但法律此时均提供异议登记)进行临时性保护的措施。在记载的权利人不同意更正的,真正权利人通过将其所提出的异议记入登记簿,使登记簿上所记载的权利失去正确性推定的效力,第三人也不得主张依照登记的公信力而受到保护,即防止第三人善意取得。换言之,异议登记后,再去购买该不动产的人,应该很清楚地认识到,该不动产上存在权利争议,如果还要购买就可能承担一定的风险,即如果将来证明登记簿上记载的权利人并非真正的权利人,则该买受人不能主张自己是善意第三人,也就不能因此而取得不动产的所有权。即登记簿上存在有效的异议登记、预告登记和查封登记的,应当认定不动产受让人知道转让人无处分权(警示功能),因此,发生阻碍善意取得之效力。

现行立法规定,异议登记期间,不动产登记簿上记载的权利人以及第三人因处分权利申请登记的,不动产登记机构应书面告知申请人该权利已经存在异议登记的有关事项。申请人申请继续办理的,应予以办理,但申请人应提供知悉异议登记存在并自担风险的书面承诺。换言之,异议登记后记载的权利人仍能处分,不能认为异议登记之后,登记簿记载的权利人不能再出卖该不动产,只是如果将来能够证明登记的确存在错误,则第三人不得主张善意取得。如果将来不能证明登记的确存在错误,则第三人仍然可以取得物权。

异议登记是给提出异议者提供的临时性保护,给异议者积极寻找、补充证据提供了一定的时间窗口,因此异议者应当积极采取行动去强化自己的证据,如提起诉讼或申请仲裁,进而确定自己的权利。因此,异议登记申请人应在异议登记之日起 15 日内,提交法院受理通知书、仲裁委员会受理通知书等提起诉讼、申请仲裁的材料,异议登记可持续到整个诉讼或仲裁期间。如果异议登记申请人逾期不提交提起诉讼、申请仲裁的材料的,说明异议者并未积极寻找、补强自己的证据,异议登记便失效,登记机关有权注销异议登记。因此,《民法典》规定,登记机构予以异议登记,申请人在异议登记之日起 15 日内不起诉的,异议登记失效。此外,申请人的起诉被法院驳回、申请人主动撤诉、法院判决申请人败诉,也足以说明异议人的证据无法通过诉讼或仲裁得到补强,都会导致异议登记失效。异议登记失效后,申请人就同一事项以同一理由再次申请异议登记的,登记机构不予受理。

如果申请人提起确认之诉,并取得胜诉的,即可拿到确认判决,从而可以作为证明自己是真正权利人的充分证据,可以以该裁判文书为证据请求登记机关办理更正登记,从而将不动产更正到自己的名下。

如果异议登记不当,造成权利人损害的,权利人可以向申请人请求损害赔偿。这是为了防止当事人随意进行异议登记,从而对登记簿记载的权利人造成损害的情形发生,因此由异议登记不当的人对权利人承担损害赔偿责任。值得注意的是,权利人是向异议登记申请人请求损害赔偿,并非向登记机关请求损害赔偿。

某房屋登记的所有人为赵四,刘能认为自己是共有人,于是向登记机构申请更正登记。赵四不同意,刘能又于 2018 年 3 月 15 日进行了异议登记。3 月 20 日,宋晓峰打算买赵四的房屋,但是到登记机构查询发现赵四的房屋存有异议登记,遂放弃购买。刘能申请异议登记后,发现自己的证据不足,遂对此事置之不理。本案中,由于刘能对此事置之不理,没有积极采取措施去寻找和补强自己的证据,因此异议登记经过 15 日后便失效。由于刘能进行异议登记,导致宋晓峰因此而放弃购买赵四的房屋,造成了赵四的损失,因此,赵四可以要求刘能对因异议登记不当而造成的损害进行赔偿。

什么是查封登记与轮候查封登记?

查封登记,是指人民法院可以持协助执行通知书等材料要求不动产登记机构办理查封登记。轮候查封登记,是指两个以上人民法院查封同一不动产的,不动产登记机构应当为先送达协助执行通知书的人民法院办理查封登记,对后送达协助执行通知书的人民法院办理轮候查封登记。

查封期间,人民法院解除查封的,不动产登记机构应当及时根据人民法院协助执行通知书注销查封登记。不动产查封期限届满,人民法院未续封的,查封登记失效。轮候查封、扣押、冻结自在先的查封、扣押、冻结解除时自动失效,故人民法院对已查封、扣押、冻结的全部财产进行处分后,该财产上的轮候查封自始未产生查封、扣押、冻结的效力。

2016年8月,长沙市雨花区人民法院因民间借贷查封了陈杰位于河畔春天小区的一套商品房。2017年6月,长沙市芙蓉区人民法院又将该房屋轮候查封。2018年9月,雨花区人民法院将上述商品房判决给债权人王世坚,王世坚持法院的《民事判决书》、《执行裁定书》和《协助执行通知书》到不动产登记机关申请转移登记。不动产登记机关在办理该项转移登记时产生分歧,有人认为应当先解除轮候查封再办理转移登记。

人民法院对已查封、扣押、冻结的财产进行拍卖、变更或抵债的,原查封、扣押、冻结的效力消灭,人民法院无须先行解除该财产上的查封、扣押、冻结,可直接进行处分,有关单位应当协助办理有关财产权证照转移手续。雨花区人民法院将该商品房判决给债权人王世坚时,在先的查封自动解除。又由于轮候查封、扣押、冻结自在先的查封、扣押、冻结解除时自动失效,因此,不动产登记机构无须先解除轮候查封,可以直接为王世坚办理转移登记。

不动产登记簿与不动产权属证书不一致怎么处理?

不动产权属证书记载的事项,应当与不动产登记簿一致;记载不一致的,除有证据证明不动产登记簿确有错误外,以不动产登记簿为准。

不动产登记簿,是指用于记载不动产现状以及与该不动产相关的权利关系的簿册。不动产登记簿实质上是国家建立的档案簿册,具有公开性。不动产登记簿由登记机构管理。

不动产权属证书,是指在不动产登记机构对不动产情况进行审查、登记后,颁发给不动产权利人用于证明其享有不动产权利的证书。不动产权属证书可以作为某人享有不动产物权的证据,当事人之间发生权属争议时,一般情形下可以依据不动产权属证书来解决纷争,确认权利。这是因为,一般情况下,不动产登记权属证书反映的权利状况与不动产登记簿记载的内容是一致的。但有时会出现不一致的情形,此时,除有证据证明不动产登记簿确有错误外,以不动产登记簿为准。

提供虚假材料骗取登记和登记错误怎么处理?

《民法典》规定,当事人提供虚假材料申请登记,造成他人损害的,应当承担赔偿责任。因登记错误，给他人造成损害的，登记机构应当承担赔偿责任；登记机构赔偿后，可以向造成登记错误的人追偿。

登记错误既可以是因登记机构工作人员故意、疏忽、过失造成，也可以是登记申请人提供虚假材料等欺骗登记机构造成，还可以是登记申请人和登记机构人员串通造成。真正权利人可以请求有关登记申请人和登记机构赔偿该损失，不能理解为权利人只能向登记机构主张赔偿损失。登记机构赔偿后，可以向造成登记错误的人追偿。

张广利在2016年购买了一米阳光房地产公司开发的位于滨江大道上的滨江西海岸小区12栋的房屋，该公司交房前提供了《新建商品房屋使用说明书》和《新建商品房质量保证书》，其中的建筑平面图、给排水管图、电气线路图均未将电梯前室纳入套内面积，但是被告在办理房产证时未尽到审慎职责，测算面积错误，将面积达8平方米的电梯前室消防通道纳入了套内面积，而这是不能独立使用、属于公用设施的共有部分。由于不动产登记机关将该8平方米的消防通道纳入了套内面积，一米阳光房地产公司多收了房款，张广利要求不动产登记机关承担损害赔偿责任，登记机关拒绝赔偿。张某起诉至法院。我国《消防法》规定，任何单位、个人不得损坏、挪用或者擅自拆除、停用消防设施、器材，不得埋压、圈占、遮挡消火栓或者占用防火间距，不得占用、堵塞、封闭疏散通道、安全出口、消防车通道。人员密集场所的门窗不得设置影响逃生和灭火救援的障碍物。因此，该电梯前室消防通道属于公用设施的共有部分，不属于套内面积，登记机关存在登记错误，应当承担赔偿责任。当然，登记机关承担赔偿责任后，可以向第三人进行追偿。

继承取得房屋所有权需要登记吗？

《民法典》规定，因继承取得物权的，自继承开始时发生效力。据此，在被继承人死亡时，继承人即取得了作为被继承人遗产的房屋的所有权，如果有多个继承人的，则多个继承人对作为被继承人的遗产的房屋构成共同共有。继承人取得房屋的所有权是不需要登记的，这是基于法律的规定而直接取得所有权的情形。

当然，由于依照继承等形式取得不动产物权的情形，未遵循物权公示原则，在未经登记之前即发生了物权变动,对交易安全和物权秩序带来隐患。于是立法进行了特殊规范与矫正。《民法典》规定,处分非基于法律行为而享有的不动产物权,依照法律规定需要办理登记的,未经登记,不发生物权效力。因此,继承而来的房屋虽然未经登记即可取得所有权,但如果要进行转让、抵押等导致物权变动的行为的,必须先进行登记,否则不发生物权变动的效力。当然,继承人继承房屋之后自己居住,或者对外出租的,由于这些行为不会导致房屋的所有权发生变动,因此,即使不进行登记,也是有效的。

房屋的质量有问题怎么办?

销售商品住宅时,房地产开发企业应当根据《商品住宅实行住宅质量保证书和住宅使用说明书制度的规定》(以下简称《规定》),向买受人提供《住宅质量保证书》《住宅使用说明书》。房地产开发企业销售商品房时设置样板房的,应当说明实际交付的商品房质量、设备及装修与样板房是否一致,未作说明的,实际交付的商品房应当与样板房一致。

房地产开发企业应当对所售商品房承担质量保修责任。当事人应当在合同中就保修范围、保修期限、保修责任等内容作出约定。保修期从交付之日起计算。商品住宅的保修期限不得低于建设工程承包单位向建设单位出具的质量保修书约定保修期的存续期;存续期少于《规定》中确定的最低保修期限的,保修期不得低于《规定》中确定的最低保修期限。非住宅商品房的保修期限不得低于建设工程承包单位向建设单位出具的质量保修书约定保修期的存续期。在保修期限内发生的属于保修范围的质量问题,房地产开发企业应当履行保修义务,并对造成的损失承担赔偿责任。因不可抗力或者使用不当造成的损坏,房地产开发企业不承担责任。

因房屋主体结构质量不合格不能交付使用,或者房屋交付使用后,房屋主体结构质量经核验确属不合格,买受人请求解除合同和赔偿损失的,应予支持。

因房屋质量问题严重影响正常居住使用,买受人请求解除合同和赔偿损失的,应予支持。交付使用的房屋存在质量问题,在保修期内,出卖人应当承担修复责任;出卖人拒绝修复或者在合理期限内拖延修复的,买受人可以自行或者委托他人修复。修复费用及修复期间造成的其他损失由出卖人承担。

交付的房屋面积不符合约定怎么办？

出卖人交付使用的房屋套内建筑面积或者建筑面积与商品房买卖合同约定面积不符，合同有约定的，按照约定处理；合同没有约定或者约定不明确的，按照以下原则处理：

面积误差比绝对值在3%以内（含3%），按照合同约定的价格据实结算，买受人请求解除合同的，不予支持；

面积误差比绝对值超出3%，买受人请求解除合同、返还已付购房款及利息的，应予支持。买受人同意继续履行合同，房屋实际面积大于合同约定面积的，面积误差比在3%以内（含3%）部分的房价款由买受人按照约定的价格补足，面积误差比超出3%部分的房价款由出卖人承担，所有权归买受人；房屋实际面积小于合同约定面积的，面积误差比在3%以内（含3%）部分的房价款及利息由出卖人返还买受人，面积误差比超过3%部分的房价款由出卖人双倍返还买受人。

开发商拖延不办理过户登记怎么办？

出卖人迟延交付房屋或者买受人迟延支付购房款，经催告后在3个月的合理期限内仍未履行，当事人一方请求解除合同的，应予支持，但当事人另有约定的除外。

法律没有规定或者当事人没有约定，经对方当事人催告后，解除权行使的合理期限为3个月。对方当事人没有催告的，解除权应当在解除权发生之日起一年内行使；逾期不行使的，解除权消灭。

由于出卖人的原因，买受人在下列期限届满未能取得房屋权属证书的，除当事人有特殊约定外，出卖人应当承担违约责任：（1）商品房买卖合同约定的办理房屋所有权登记的期限；（2）商品房买卖合同的标的物为尚未建成房屋的，自房屋交付使用之日起90日；（3）商品房买卖合同的标的物为已竣工房屋的，自合同订立之日起90日。合同没有约定违约金或者损失数额难以确定的，可以按照已付购房款总额，参照中国人民银行规定的金融机构计收逾期贷款利息的标准计算。

此外,商品房买卖合同约定或者《城市房地产开发经营管理条例》规定的办理房屋所有权登记的期限届满后超过 1 年,由于出卖人的原因,导致买受人无法办理房屋所有权登记,买受人请求解除合同和赔偿损失的,人民法院应予支持。

什么是商品房包销?

出卖人与包销人订立商品房包销合同,约定出卖人将其开发建设的房屋交由包销人以出卖人的名义销售的,包销期满未销售的房屋,由包销人按照合同约定的包销价格购买,但当事人另有约定的除外。

出卖人自行销售已经约定由包销人包销的房屋,包销人请求出卖人赔偿损失的,应予支持,但当事人另有约定的除外。换言之,开发商将房屋交由包销人包销的,开发商自己不得再私自销售房屋,否则构成对包销人的违约,应当承担违约损害赔偿责任。

对于买受人因商品房买卖合同与出卖人发生的纠纷,人民法院应当通知包销人参加诉讼;出卖人、包销人和买受人对各自的权利义务有明确约定的,按照约定的内容确定各方的诉讼地位。

什么是分期付款和商品房按揭?

1. 分期付款

"分期付款",系指买受人将应付总价款在一定期间内至少分三次向出卖人支付。商品房买卖中的分期付款,是指购房人将购房款在一定期限内至少分三次支付给房屋出卖人的买卖形式。在分期付款买卖模式中,一般并无银行等第三人参与进来,而是由买受人直接将所有款项交给出卖人。

《民法典》规定,分期付款的买受人未支付到期价款的数额达到全部价款的 1/5,经催告后在合理期限内仍未支付到期价款的,出卖人可以请求买受人支付全部价款或者解除合同。出卖人解除合同的,可以向买受人请求支付该标的物的使用费。

分期付款买卖合同约定出卖人在解除合同时可以扣留已受领价金,出卖人扣留的金额超过标的物使用费以及标的物受损赔偿额,买受人可以请求返还超过部分。当事人对标的物的使用费没有约定的,人民法院可以参照当地同类标的物的租金标准确定。

2. 商品房按揭

商品房按揭,是指购房人向银行贷款来支付房款,并就所购商品房为贷款设定担保的行为。按揭制度最早起源于英国。我国立法中并未使用“按揭”一词,一般采用抵押的说法,在房屋买卖中,相关立法采用“正在建造中的房屋抵押”“商品房担保贷款”等提法。在个别立法规定中使用了“个人住房按揭贷款”的表述。

在商品房按揭中,购房者与开发商签订商品房买卖合同,支付一定的首期购房款后,由购房者将商品房设定物的担保,向银行申请按揭贷款作为向开发商支付购房款余额;银行从购房者处收存商品房的权利证书和文本,并将贷款付给开发商;购房者违约不偿还贷款本息时,开发商向银行承担购房者还款付息的连带保证责任,或者回购用于担保的商品房并以回购款优先偿还银行贷款本息。

按揭与分期付款的区别在于,在按揭中,银行一次性向开发商支付购房借贷人所借贷的全部款项,然后由购房者按月向银行支付本息;而在分期付款中,购房人分期向开发商支付购房的款项。

商品房按揭的参与主体包括购房借贷人、开发商与银行。在开发商负责为购房借贷人办理完成房地产权证过户手续,为银行与购房借贷人办理完成正式的抵押登记,并将购房借贷人的房地产权证交银行收押之前,开发商需为购房借贷人向银行贷款提供阶段性担保,购房借贷人与银行之间,还不是真正意义上的抵押关系。但在银行正式取得抵押权之后,购房借贷人与银行之间的商品房按揭在本质上就成了抵押关系。

按揭的基本流程如下:(1)开发商选定银行,并与银行签订按揭贷款合作协议书,银行承诺在特定条件下向开发商的客户(购房借贷人)提供贷款,同时开发商在银行取得正式的抵押权之前向银行提供保证担保。(2)购房人与开发商签订商品房预售或销售合同,合同中约定采取向开发商选定的银行申请按揭贷款的方式付款,且购房人需向开发商支付购房首付款。(3)银行对购房合同、购房借贷人贷款资格及借贷人个人资信进行审查。(4)购房借贷人、开发商与银行签订按揭保证贷款合同。(5)银行占有和保管商品房预售或销售合同,并办理按揭备案。(6)银行一次性向开发商支付购房借贷人的贷款。(7)购房借贷人依约按月向银行支付贷款本息。(8)开发商负责将购房借贷人不动产权证交银行收押并办理正式的抵押登记。

商品房买卖合同约定,买受人以担保贷款方式付款,因当事人一方原因未能订立商品房担保贷款合同并导致商品房买卖合同不能继续履行的,对方当事人可以请求解除合同和赔偿损失。因不可归责于当事人双方的事由未能订立商品房担保贷款合同并导致商品房买卖合同不能继续履行的,当事人可以请求解除合同,出卖人应当将收受的购房款本金及其利息或者定金返还买受人。

因商品房买卖合同被确认无效或者被撤销、解除,致使商品房担保贷款合同的目的无法实现,当事人请求解除商品房担保贷款合同的,应予支持。

以担保贷款为付款方式的商品房买卖合同的当事人一方请求确认商品房买卖合同无效或者撤销、解除合同的,如果担保权人作为有独立请求权第三人提出诉讼请求,应当与商品房担保贷款合同纠纷合并审理;未提出诉讼请求的,仅处理商品房买卖合同纠纷。担保权人就商品房担保贷款合同纠纷另行起诉的,可以与商品房买卖合同纠纷合并审理。

商品房买卖合同被确认无效或者被撤销、解除后,商品房担保贷款合同也被解除的,出卖人应当将收受的购房贷款和购房款的本金及利息分别返还担保权人和买受人。

购房者不按时还款怎么办?

买受人未按照商品房担保贷款合同的约定偿还贷款,亦未与担保权人办理商品房抵押登记手续,担保权人起诉买受人,请求处分商品房买卖合同项下买受人合同权利的,应当通知出卖人参加诉讼;担保权人同时起诉出卖人时,如果出卖人为商品房担保贷款合同提供保证的,应当列为共同被告。

买受人未按照商品房担保贷款合同的约定偿还贷款,但是已经取得房屋权属证书并与担保权人办理了商品房抵押登记手续,抵押权人请求买受人偿还贷款或者就抵押的房屋优先受偿的,不应当追加出卖人为当事人,但出卖人提供保证的除外。

借名买房有什么样的法律效力？

2012年，某单位职工杨林平欲转让其位于本单位的经济适用房一套，郭彦君欲购买该套房子，因其户籍问题无法办理房屋产权登记，故郭彦君回去与其父母及弟弟郭彦甫共同商定使用其弟弟郭彦甫的名义购买。而后郭彦君以其弟弟郭彦甫的名义与林平签订了购房合同，并支付了全部购房款（其中郭彦君父亲借给其5000元），收费发票由林平转交给郭彦君。林平根据合同的约定为郭彦甫办理了房产登记手续，于2013年5月领取了房屋所有权证，该证书记载的房屋所有权人为郭彦甫，共有人为其妻子刘爱凤。在房产证登记手续办理完毕后，林平将房产证交付郭彦君收执。房屋交付后，一直由郭彦君实际居住。2018年，郭彦甫病逝后，其妻子刘爱凤则主张其对该房屋有所有权并拒绝将房屋产权过户给郭彦君，双方引发纠纷，林平与郭彦君的父亲愿意作证该房屋实际购买人为郭彦君。该房屋的所有权人如何认定？

本案即涉及借名买房的法律问题。借名买房，是指购房者基于规避法律规定或不愿显示自己名字等原因，借他人的名义购买房屋，而购房款则是由购房者自己支付的现象。

“借名”的原因多种多样，可能是为了规避法律规定或者政策规定，如根据规定没有购房资格的人借用有购房资格的人的名义进行购房；可能是为了贪图优惠，如没有公积金贷款资格的人借用有公积金购房资格的人的名义进行购房；还可能是为了转移财产、逃避债务，债务人为了隐匿财产，就将房屋登记在他人名下；等等。

借名买房存在极大的交易风险，尽可能不要用该种方式进行购房。不动产登记簿是房屋等不动产物权归属和内容的根据，当事人如要在诉讼中推翻不动产登记簿上的记载，证明标准极高。当事人不仅要证明存在合意借名买房的事实，而且要证明实际支付房款的事实，承担巨大的举证责任，稍有不慎即有可能败诉，导致房财两空。各地法院裁判观点并不统一，自由裁量的空间极大，而证据在此类案件中发挥关键性作用。

有的判决直接支持确认借名人的所有权。如在一起借名买房案件中，法院认为，为证明涉案房屋权属问题，实创公司提供了交纳首付款、房屋贷款、相关手续费的支票存根、发票、对账单等材料，且上述材料为原件，并盖有银行部门或其他收费部门的公章，原审法院基于上述证据的真实性、合法性、关联性予以确认正确。上述证据可以证明诉争房屋的首付款、房屋贷款及相关手续费均由实创公司支付，且房屋交付后，由实创公司使用、出租并交纳水电费、物业费。基于上述事实查明，原审法院认定诉争房屋的实际出资人为实创公司，证据充分，实创公司要求确认诉争房屋归其所有，于法有据。原判认定事实清楚，适用法律正确，应予维持。

有的判决不支持当事人的确认请求。如在一起借名买房案件中，法院认为，因张艳丽一方提供证据仅能证明其对房屋购买存在出资关系，不足以证明双方存在借名登记约定，故其请求确认诉争房屋为其所有，并要求孙海昌将诉争房屋转移登记至其名下的诉讼请求，依据不足，本院难以支持。对于其对购买诉争房屋的出资，其可另行主张权利。

有的判决承认当事人之间存在借名买房的事实，但不支持办理过户登记的请求。如在一起借名买房案件中，法院认为，根据查明的事实并结合相应证据，可以确定徐桂云与朱春婷之间存在借名买房的事实。徐桂云要求办理过户手续的诉讼请求，缺乏法律依据，因为基于限购政策，徐桂云无购房资格。徐桂云的再审理由不能成立。

就前述郭彦君、郭彦甫兄弟借名买房的案件而言，虽然争议房屋登记在郭彦甫、刘爱凤夫妻名下，但根据转让方林平的证言，房款实际上是郭彦君支付，且购房款的收据原件及房产证原件均在郭彦君手上，并证实该房屋一直由郭彦君居住至今。郭彦君的父亲也证实其借了 5000 元给郭彦君购买该房。上述证据足以证实该房子的实际购买人是郭彦君而非郭彦甫、刘爱凤夫妻。因此，该房产可以认定属于郭彦君所有。

卖了他人的房子会有什么法律后果？

不是自己的房子没权利卖，这在我们看来是天经地义的事情。一般地，登记在张三名下的房子，李四肯定没权利卖，这点毋庸置疑，否则，咱们可以把全中国所有的房子都给卖了，那岂不天下大乱！值得说明的是，这里所谓的“没权利卖”，是指我们不可能把没有登记在自己名下的房子过户给他人，他人也不可能实实在在地取得房子的所有权,并不是指我们不能签订一个出卖他人之物的买卖合同。因为我们知道,仅仅签订一个买卖合同,房子所有权是不会直接发生改变的,得办理过户登记,而正是由于房子并未登记在我们的名下,我们无法为买房的人办理登记,自然买房的人就不可能取得房子的所有权。对房子的所有权人来说,我们签订一个买卖所有权人的房子的合同,对权利人并不会产生任何实质性影响,因此,我国的法律并不否定单纯的买卖合同的效力,因为合同之产生债权,不会导致物权变动,是合同当事人之间的事情,不涉及第三人,法律也因此不作否定的评价。

问题是,如果登记在张三名下的房子,实际上应该是李四的,此时张三把房子卖给了王五,并为王五办理了过户登记,会有什么法律后果?王五能不能取得房屋的所有权?

朱九戒和高小美因离婚问题起诉到法院,法院判决离婚,并将登记在朱九戒名下的一处房屋判给了高小美。高小美忘了去办理过户登记,朱九戒便将房屋卖给了不知情的孙小行,并办理了过户登记。孙小行能不能取得房屋的所有权?这涉及民法中的一个重要的制度,即不动产善意取得。

善意取得又称即时取得,是指无处分权的占有人将不动产或者动产让与第三人时,善意受让人自取得动产的占有或不动产登记之时起,即取得该动产或不动产的所有权。善意取得制度不仅适用于动产,而且也适用于不动产。不动产的善意取得需要具备下列条件:

(1)不动产须存在登记簿登记的权利人和真正权利人不一致。如共有的不动产登记在一个或部分共有人名下;依据无效的买卖合同进行的登记;和登记机关工作人员窜通进行的登记;等等。前例中,高小美因法院生效的裁判文书而取得房屋的所有权,成为真正的权利人,房屋虽然仍然登记在朱九戒的名下,但朱九戒已经不是房屋的所有权人,因此,两者存在不一致。

(2)无权处分人与受让人之间的债权行为,即买卖合同、抵押合同等必须是有效的,才可能发生善意取得。如果该债权合同无效,则根本不可能发生善意取得的效果,而应当按照民法典另有规定的合同无效的法律后果处理,如返还财产、赔偿损失等。如果转让合同被认定无效或被撤销,受让人主张善意取得的,不予支持。如以禁止流通物为标的物订立的买卖合同无效,不发生善意取得。前例中,朱九戒将房屋卖给了不知情的孙小行,双方之间必然签订有房屋买卖合同,这个合同必须是有效的,孙小行才有可能构成善意取得,进而取得房屋的所有权。在这个案例中,并没有出现影响合同效力的情形,可以认定为合同有效。

(3)出卖人对不动产实施了无权处分行为。无权处分人与受让人之间仅仅签订了一个买卖合同,不能算是实施了无权处分行为。这是因为,单纯签订一个买卖合同并不会导致房屋所有权发生变动,因此不算对房屋进行了无权处分。但是,如果出卖人为买受人办理了过户登记,将不动产转移登记到买受人的名下,则属于无权处分,因为此时不动产登记的权利主体已经发生了变化。前例中,朱九戒为孙小行办理了过户登记,这就是无权处分行为,因为孙小行此时便成为房屋登记的权利主体。

(4)买受人在受让该不动产时是善意的。善意,是指受让人不知道或不应当知道处分人无处分权。一般是误信其为所有人或有处分权的人。所谓不知道,是指客观上受让人不知处分人无处分权。所谓不应当知道,是指受让人非因重大过失而不知。真实权利人主张受让人不构成善意的,应当承担举证证明责任。前例中,朱九戒将房屋卖给了不知情的孙小行,并为其办理过户登记。在此交易中,孙小行是不知情的,即不知道朱九戒对该房屋没有处分权,亦即不知朱九戒不是房屋的所有权人,由于房屋登记在朱九戒的名下,因此孙小行对该登记的内容构成合理的信赖,也就是我们说的善意。如果孙小行知道朱九戒因离婚诉讼,房子被判给了高小美,则其不属于善意,不应该受到法律的保护,不构成善意取得,不能取得房屋的所有权。

判断受让人善意的时间点为受让财产时(“受让人受让该不动产或者动产时”),即受让人必须在最后取得行为的那一刻是善意的。如果受让财产后,受让人知道了出卖人没有处分权的事实,并不影响受让人取得不动产的所有权。前例中,如果孙小行在办理过户登记后,过了一个月,得知了房屋原本是高小美的事实,这并不影响孙小行根据善意取得制度取得房屋的所有权。

(5)以合理价格受让。换言之,当事人交易的价格必须合理。由于善意取得制度是为了保护交易安全,让善意的人放心地进行市场交易,因此,该买卖必须具有合理的交易外观,而交易价格显然是一个重要因素,如果是无偿转让给他人,或者以明显不合理的低价转让给他人的,则因不具有合理的交易外观,法律当然也就没有保护的必要。所谓合理,是指根据市场价格判断,受让人所支付的价款与标的物的价值相当。前例中,如果房屋价值 100 万元,而朱九戒是以 60 万元的价格卖给孙小行的,那么即使孙小行是善意的,也不能取得房屋的所有权,因为交易价格不合理。合理价格的具体判断标准是什么,现行法律并未明确规定。一般认为,如果价格低于市场价格 30% ,可以认为属于不合理的低价。

(6)完成了法定的公示要求。转让的不动产或动产依照法律规定应当登记的已经登记,不需要登记的已经交付受让人。依照法律规定应当办理所有权变更登记的,如未经登记,即使受让人支付了全部对价,甚至取得标的物的占有,也不能取得标的物的所有权。前例中,房屋的物权变动法定公示要求是登记,而朱九戒为孙小行办理了过户登记,即属于完成了法定公示要求的情形。如果朱九戒没有为孙小行办理过户登记,即使孙小行是善意的,并且支付了合理的价款,也不能取得房屋的所有权。

买受人如果符合善意取得的规定,便可取得不动产的所有权,根据一物之上只能由一个所有权的基本规则,原所有权人的所有权也在此时消灭。那么,原所有权人的权利如何救济呢?《民法典》规定,受让人依据善意取得的规定取得不动产或者动产的所有权的,原所有权人有权向无处分权人请求损害赔偿。即法律对原权利人提供了债权上的救济,权利人可以要求让与人承担违约责任、侵权责任或返还不当得利。原权利人具体能主张哪种权利,要根据具体案件来进行判断。前例中,朱九戒无权处分了高小美的房屋,导致高小美的所有权消灭,高小美可以主张朱九戒构成侵权,要求朱九戒承担侵害所有权的损害赔偿责任。另外,朱九戒无权处分了高小美的房屋,卖给孙小行时收取了房屋的价款,构成不当得利,高小美也可以要求朱九戒返还因此取得的不当得利。当然,一般情形下,这两个请求权不能同时主张。

城市房屋被征收、拆迁了怎么办?

1. 征收的事由

《国有土地上房屋征收与补偿条例》(以下简称《征收与补偿条例》)规定,为了保障国家安全、促进国民经济和社会发展等公共利益的需要,有下列情形之一,确需征收房屋的,由市、县级人民政府作出房屋征收决定:

(1)国防和外交的需要;

(2)由政府组织实施的能源、交通、水利等基础设施建设的需要;

(3)由政府组织实施的科技、教育、文化、卫生、体育、环境和资源保护、防灾减灾、文物保护、社会福利、市政公用等公共事业的需要;

(4)由政府组织实施的保障性安居工程建设的需要;

(5)由政府依照城乡规划法有关规定组织实施的对危房集中、基础设施落后等地段进行旧城区改建的需要;

(6)法律、行政法规规定的其他公共利益的需要。

2. 征收的流程

(1)拟定与修改征收补偿方案。房屋征收部门拟定征收补偿方案,报市、县级人民政府。市、县级人民政府应当组织有关部门对征收补偿方案进行论证并予以公布,征求公众意见。征求意见期限不得少于30日。市、县级人民政府应当将征求意见情况和根据公众意见修改的情况及时公布。

(2)组织听证。因旧城区改建需要征收房屋,多数被征收人认为征收补偿方案不符合《征收与补偿条例》规定的,市、县级人民政府应当组织由被征收人和公众代表参加的听证会,并根据听证会情况修改方案。

(3)进行社会稳定风险评估。市、县级人民政府作出房屋征收决定前,应当按照有关规定进行社会稳定风险评估;房屋征收决定涉及被征收人数量较多的,应当经政府常务会议讨论决定。对于没有经过社会稳定风险评估或群众意见较大的项目,没有建设项目批准文件、建设用地规划许可证、国有土地使用权批准文件和拆迁计划,以及拆迁补偿资金、拆迁安置方案不落实的项目,一律不得发放房屋拆迁许可证。社会稳定风险评估报告一般应当从项目概况、合法性、合理性、风险性、安全性、可行性六个方面对拆迁过程中可能诱发的诸多社会风险作出评估,并提出相应的解决措施,为即将开始的拆迁工作做好充分的准备。

(4)征收补偿费用应当足额到位、专户存储、专款专用。作出房屋征收决定前,征收补偿费用应当足额到位、专户存储、专款专用。否则,不得作出房屋征收决定。

(5)作出房屋征收决定并公告。市、县级人民政府作出房屋征收决定后应当及时公告。公告应当载明征收补偿方案和行政复议、行政诉讼权利等事项。

市、县级人民政府及房屋征收部门应当做好房屋征收与补偿的宣传、解释工作。房屋被依法征收的,国有土地使用权同时收回。

(6)被征收人的权利救济。被征收人对市、县级人民政府作出的房屋征收决定不服的,既可以依法申请行政复议,也可以依法提起行政诉讼。行政复议的期限是60日,行政诉讼的期限是3个月。

行政机关作出具体行政行为时,未告知公民、法人或者其他组织诉权或者起诉期限的,起诉期限从公民、法人或者其他组织知道或者应当知道诉权或者起诉期限之日起计算,但从知道或者应当知道具体行政行为内容之日起最长不得超过2年。复议决定未告知公民、法人或者其他组织诉权或者法定起诉期限的,适用前款规定。

公民、法人或者其他组织不知道行政机关作出的具体行政行为内容的,其起诉期限从知道或者应当知道该具体行政行为内容之日起计算。对涉及不动产的具体行政行为从作出之日起超过20年、其他具体行政行为从作出之日起超过5年提起诉讼的,人民法院不予受理。

(7)房屋状况调查登记。房屋征收部门应当对房屋征收范围内房屋的权属、区位、用途、建筑面积等情况组织调查登记,被征收人应当予以配合。调查结果应当在房屋征收范围内向被征收人公布。房屋征收范围确定后,不得在房屋征收范围内实施新建、扩建、改建房屋和改变房屋用途等不当增加补偿费用的行为;违反规定实施的,不予补偿。

(8)暂停办理相关手续。房屋征收部门应当将前款所列事项书面通知有关部门暂停办理相关手续。暂停办理相关手续的书面通知应当载明暂停期限。暂停期限最长不得超过1年。

3. 补偿的内容

作出房屋征收决定的市、县级人民政府对被征收人给予的补偿包括:

(1)被征收房屋价值的补偿。对被征收房屋价值的补偿,不得低于房屋征收决定公告之日被征收房屋类似房地产的市场价格。被征收房屋的价值,由具有相应资质的房地产价格评估机构按照房屋征收评估办法评估确定。对评估确定的被征收房屋价值有异议的,可以向房地产价格评估机构申请复核评估。对复核结果有异议的,可以向房地产价格评估专家委员会申请鉴定。房屋征收评估办法由国务院住房城乡建设主管部门制定,制定过程中,应当向社会公开征求意见。房地产价格评估机构由被征收人协商选定；协商不成的，通过多数决定、随机选定等方式确定，具体办法由省、自治区、直辖市制定。

（2）因征收房屋造成的搬迁、临时安置的补偿。

（3）因征收房屋造成的停产停业损失的补偿。因拆迁非住宅房屋造成停产、停业的，拆迁人应当给予适当补偿。对因征收房屋造成停产停业损失的补偿，根据房屋被征收前的效益、停产停业期限等因素确定。

市、县级人民政府应当制定补助和奖励办法，对被征收人给予补助和奖励。

对于特殊家庭，如孤老、低保、重大疾病、伤残军人等，作为特殊照顾对象，一般根据不同困难程度，再另外补偿一定的货币。征收个人住宅，被征收人符合住房保障条件的，作出房屋征收决定的市、县级人民政府应当优先给予住房保障。这属于补助。

奖励不是补偿，是对配合拆迁人的奖赏。一般设置各个奖期，根据搬迁的早晚进行奖励。如第一期，在动迁开始 3 个月内签约搬迁的，每平方米奖励 200 元，每户速迁费 1 万元；第二期，在动迁开始 5 个月内签约搬迁的，每平方米奖励 150 元，每户速迁费 8000 元；等等。

4. 补偿的方式

被征收人既可以选择货币补偿，也可以选择房屋产权调换。被征收人选择房屋产权调换的，市、县级人民政府应当提供用于产权调换的房屋，并与被征收人计算、结清被征收房屋价值与用于产权调换房屋价值的差价。

因旧城区改建征收个人住宅，被征收人选择在改建地段进行房屋产权调换的，作出房屋征收决定的市、县级人民政府应当提供改建地段或者就近地段的房屋。

征收房屋造成搬迁的，房屋征收部门应当向被征收人支付搬迁费；选择房屋产权调换的，产权调换房屋交付前，房屋征收部门应当向被征收人支付临时安置费或者提供周转用房。

5. 补偿的程序

（1）对房屋进行认定。市、县级人民政府作出房屋征收决定前，应当组织有关部门依法对征收范围内未经登记的建筑进行调查、认定和处理。对认定为合法建筑和未超过批准期限的临时建筑的，应当给予补偿；对认定为违法建筑和超过批准期限的临时建筑的，不予补偿。

（2）签订补偿协议。房屋征收部门与被征收人依照《征收与补偿条例》的规定，就补偿方式、补偿金额和支付期限、用于产权调换房屋的地点和面积、搬迁费、临时安置费或者周转用房、停产停业损失、搬迁期限、过渡方式和过渡期限等事项，订立补偿协议。补偿协议订立后，一方当事人不履行补偿协议约定的义务的，另一方当事人可以依法提起诉讼。

（3）作出补偿决定。房屋征收部门与被征收人在征收补偿方案确定的签约期限内达不成补偿协议，或者被征收房屋所有权人不明确的，由房屋征收部门报请作出房屋征收决定的市、县级人民政府依照《征收与补偿条例》的规定，按照征收补偿方案作出补偿决定，并在房屋征收范围内予以公告。补偿决定应当公平，包括有关补偿协议的事项。被征收人对补偿决定不服的，可以依法申请行政复议，也可以依法提起行政诉讼。

（4）先补偿、后搬迁。作出房屋征收决定的市、县级人民政府对被征收人给予补偿后，被征收人应当在补偿协议约定或者补偿决定确定的搬迁期限内完成搬迁。任何单位和个人不得采取暴力、威胁或者违反规定中断供水、供热、供气、供电和道路通行等非法方式迫使被征收人搬迁。禁止建设单位参与搬迁活动。

（5）申请法院强制执行。被征收人在法定期限内不申请行政复议或者不提起行政诉讼，在补偿决定规定的期限内又不搬迁的，由作出房屋征收决定的市、县级人民政府依法申请人民法院强制执行。强制执行申请书应当附具补偿金额和专户存储账号、产权调换房屋和周转用房的地点和面积等材料。

第十讲

车子:一个移动的“家”

高向阳将自己的一辆小轿车卖给陆明轩,双方当日办理了过户登记,并约定一个月后交车。10 日后,高向阳将该车卖给了周世恒,并当场交车给周世恒,约定一个月后支付价款。那么,小轿车的所有权应该归谁?中华法传统文化认为,民无信则不立。古代罗马法谚也称“法律不保护恶意”。诚信是社会主义核心价值观之一,也是我们的为人处世之本。《民法典》充分继承了这一优秀的法文化传统,并加以弘扬,将诚信原则作为民法的基本原则,甚至有学者将其称为“帝王条款”。面对有些当事人的恶意、不诚信行为,民法应该怎么规定才能有效防范与应对呢?

买车必须登记吗?

刘家旺将自己的 HC 牌小轿车出卖给了陈达西,双方订立了买卖合同并办理了车辆过户登记手续,但双方约定 10 日后刘家旺再将 HC 牌小轿车交付陈达西。陈达西是否已经取得小轿车的所有权?

这涉及立法对特殊动产所有权变动的规定。所谓特殊动产,主要指船舶、航空器和机动车等。由于特殊动产也是动产,因此其物权变动首先需要遵循动产物权的变动规则。《民法典》规定,动产物权的设立和转让,自交付时发生效力,但是法律另有规定的除外。据此,机动车的所有权要想发生变动,也需要通过交付来完成。同时,由于特殊动产比较重要,为了加强管理,法律将登记制度引入其中。《民法典》规定,船舶、航空器和机动车等的物权的设立、变更、转让和消灭,未经登记,不得对抗善意第三人。据此,登记是特殊动产所有权的对抗要件,如果没有进行登记,那么该特殊动产的所有权不能对抗善意第三人。

上例中,刘家旺和陈达西签订了买卖合同,并为其办理了过户登记,但未完成交付,因此,陈达西并未取得小轿车的所有权。这是因为,只有交付才是所有权移转的必要条件,登记只是对抗要件,没有完成交付的情况下,即使办理了过户登记,买受人也不能取得所有权。当然,我们在买车的时候,除了交付,最好同时办理过户登记,这样我们取得的所有权才是具有较强效力的所有权,当然也更保险。

一车多卖怎么处理?

有时候,机动车的所有人会不诚信地和多个买受人都签订买卖合同,构成对机动车的多重买卖,如果多个买受人都要求出卖人履行交付机动车的合同义务,此时如何处理?

高向阳将自己的一辆小轿车卖给陆明轩,陆明轩当场付款,双方约定 1 个月后交车。10 日后,高向阳又将该车卖给了周世恒,并当场交车给周世恒,约定 1 个月后支付价款。本案中,首先遵循交付移转所有权的规则,由于高向阳将车卖给周世恒后,当场交车给周世恒,因此周世恒取得了车辆的所有权。此时,周世恒可以要求高向阳协助办理过户登记。陆明轩由于无法取得车辆的所有权,因此有权要求高向阳按照买卖合同承担违约责任。

高向阳将自己的一辆小轿车卖给陆明轩,陆明轩当场付款,双方约定 1 个月后交车。10 日后,高向阳又将该车卖给了周世恒,双方当天办理了过户登记,并约定 1 个月后支付价款、交车。本案中,两个买受人都没有完成交付,因此都没有取得车辆的所有权。但法院裁判必须在两个买受人之间作出决定,支持谁的交付机动车的请求。虽然完成了登记的买受人,因其同样未完成交付,也没有取得所有权,但其毕竟已经完成了登记,相对于其他买受人而言,其具有一定的优越地位,因此该买受人可以依照买卖合同之约定,要求出卖人履行交付标的物的义务。陆明轩由于无法取得车辆的所有权,因此有权要求高向阳按照买卖合同承担违约责任。

高向阳将自己的一辆小轿车卖给陆明轩，双方约定1个月后交车。10日后，高向阳又将该车卖给了周世恒，周世恒当场付款，双方约定1个月后交车。本案中，两个买受人都没有完成交付，也都没有完成登记，每个买受人都只是依据买卖合同对出卖人享有债权，而债权具有平等性，并不存在某一个买受人具有优越于其他买受人的情形。此时，有两种解决方案可供选择，一个是由出卖人决定交付哪一个买受人，从而完成所有权变动；另一个是由法律规定应当交付哪一个买受人。虽然民法强调意思自治，应该尊重当事人的意愿，但此时如果由出卖人决定，则可能导致某一个买受人与出卖人串通的情形。法律旨在导人向善，而非导人向恶。恶的制度使"好人变成坏人"，而好的制度使"坏人变成好人"，这才是"良法"。故此时应当由法律规定应当交付哪一个买受人更合理。我国的法律规定，均未受领交付，也未办理所有权转移登记手续，依法成立在先合同的买受人请求出卖人履行交付标的物和办理所有权转移登记手续等合同义务的，人民法院应予支持。

高向阳将自己的一辆小轿车卖给陆明轩，双方当日办理了过户登记，并约定1个月后交车。10日后，高向阳将该车卖给了周世恒，并当场交车给周世恒，约定1个月后支付价款。本案中，出卖人交付买受人之一，依"交付生效主义"，受领交付的买受人周世恒已经取得了标的物所有权。出卖人虽为陆明轩办理了过户登记，但陆明轩因未完成交付而未取得标的物所有权，故其登记属于"错误登记"。取得标的物所有权的周世恒当然有权要求登记机关进行"更正登记"，从而将标的物登记在自己的名下。

机动车需要买哪些保险？

1. 机动车交通事故责任强制保险

机动车交通事故责任强制保险（以下简称交强险），是指由保险公司对被保险机动车发生道路交通事故造成本车人员、被保险人以外的受害人的人身伤亡、财产损失，在责任限额内予以赔偿的强制性责任保险。保险人是第一者，被保险人或使用保险车辆的人是第二者，被保险人与保险人以外的其他人都是第三者。

交强险具有公益性。坚持"不盈利不亏损"原则。在费率测算时是不考虑保险公司的利润因素的。交强险必须与保险公司经营的其他业务分开管理,单独核算。

交强险具有强制性。在我国境内道路上行驶的机动车的所有人或者管理人,都应当投保交强险。投保人在投保时应当选择具备从事交强险业务资格的保险公司,被选择的保险公司不得拒绝或者拖延承保。

交强险实行无过错责任原则。无论被保险人在交通事故中是否负有责任,保险公司均在责任限额内予以赔偿。

交强险实行分项责任限额。交强险的责任限额,分为死亡伤残赔偿限额、医疗费用赔偿限额、财产损失赔偿限额以及被保险人在道路交通事故中无责任的赔偿限额。

机动车所有人、管理人未按照规定投保机动车交通事故责任强制保险的,由公安机关交通管理部门扣留机动车,通知机动车所有人、管理人依照规定投保,处依照规定投保最低责任限额应缴纳的保险费的 2 倍罚款。

上道路行驶的机动车未放置保险标志的,公安机关交通管理部门应当扣留机动车,通知当事人提供保险标志或者补办相应手续,可以处警告或者 20 元以上 200 元以下罚款。

机动车发生交通事故造成人身伤亡、财产损失的,由保险公司在机动车第三者责任强制保险责任限额范围内予以赔偿。

2. 商业第三者责任保险(商业三责险)

交强险与机动车第三者责任保险(以下简称三责险或商业三责险)在保险种类上属于同一个险种。交强险是法定强制性的,可叫作“强制三责险”;三责险是自愿购买的,故又称“商业三责险”。

商业三责险,是指在保险期间内,被保险人或其允许的合法驾驶人在使用保险车辆过程中发生意外事故,致使第三者遭受人身伤亡和财产的直接损毁,依法应由被保险人承担的赔偿责任,保险人对于超过交强险各分项赔偿限额以上的部分,按照本保险合同的规定负责赔偿。

三责险承保被保险人对车辆以外的受侵害人员和财产的赔偿责任,对车上人员和财产所承担的赔偿责任由车上责任保险来承担,因此,三责险又称“车下责任险”。第三者一定是车下人员,但车下人员并非都是第三者。被保险人及其家庭成员,被保险人允许的驾驶人及其家庭成员无论在车上还是车下都不属于第三者。上述情形外，车上人员下车后即变成第三者。

商业三责险实行过错责任原则，且仅指过失，即驾驶人有过失负有责任的，被保险人才能得到保险人的赔偿，如果驾驶人没有过失，则不构成保险意义上的第三者责任，保险人不予负责。故意责任因属于道德风险范畴，当然排除在保险责任之外；无过失责任是交强险承保范畴。

商业三责险是对第三者依法应承担的民事损害赔偿责任进行的保险。对无直接财产内容的人身权利的侵害所需承担的非财产民事责任，由被保险人自己负责；刑事责任不在承保范围之内。

损害赔偿责任具有不确定性且没有固定的价值依据，无法在保险单中确定其保险金额，只能约定保险人承担赔偿责任的最高限额，称为责任限额，以替代保险金额。我国三责险采用的是每次事故最高责任限额的方式，即只规定了每次事故和同一原因引起的一系列事故的责任限额，而不规定累计责任限额。

3. 机动车损失保险

机动车损失保险，是指以车辆为保险标的，当因发生保险责任范围内的自然灾害或者意外事故造成保险车辆本身损失时，保险人按照保险合同约定负责赔偿或支付保险金的一种保险。

保险期间内，被保险人或其允许的合法驾驶人在使用被保险机动车过程中，因下列原因造成被保险机动车的直接损失，保险人依照本保险合同的约定负责赔偿：碰撞、倾覆、坠落；火灾、爆炸；外界物体坠落、倒塌；雷击、暴风、暴雨、洪水、龙卷风、冰雹、台风、热带风暴；地陷、崖崩、滑坡、泥石流、雪崩、冰陷、暴雪、冰凌、沙尘暴；受到被保险机动车所载货物、车上人员意外撞击载运被保险机动车的渡船遭受自然灾害（只限于驾驶人随船的情形）。

保险金额按投保时被保险机动车的实际价值确定。投保时被保险机动车的实际价值由投保人与保险人根据投保时的新车购置价减去折旧金额后的价格协商确定或根据其他市场公允价值协商确定。

4. 机动车车上人员责任险

保险期间内，被保险人或其允许的合法驾驶人在使用被保险机动车过程中发生意外事故，致使车上人员遭受人身伤亡，依法应当对车上人员承担的损害赔偿责任，保险人依照本保险合同的约定负责赔偿。

保险人依据被保险机动车一方在事故中所负的事故责任比例，承担相应的赔偿责任。被保险人或被保险机动车一方根据有关法律法规规定选择自行协商或由公安机关交通管理部门处理事故未确定事故责任比例的,按照下列规定确定事故责任比例:被保险机动车一方负主要事故责任的,事故责任比例为70%;被保险机动车一方负同等事故责任的,事故责任比例为50%;被保险机动车一方负次要事故责任的,事故责任比例为30%。涉及司法或仲裁程序的,以法院或仲裁机构最终生效的法律文书为准。

驾驶人每次事故责任限额和乘客每次事故每人责任限额由投保人和保险人在投保时协商确定。投保乘客座位数按照被保险机动车的核定载客数(驾驶人座位除外)确定。

5. 机动车全车盗抢险

保险期间内,被保险机动车的下列损失和费用,保险人依照本保险合同的约定负责赔偿:被保险机动车被盗窃、抢劫、抢夺,经出险当地县级以上公安刑侦部门立案证明,满60日未查明下落的全车损失;被保险机动车全车被盗窃、抢劫、抢夺后,受到损坏或车上零部件、附属设备丢失需要修复的合理费用;被保险机动车在被抢劫、抢夺过程中,受到损坏需要修复的合理费用。

保险金额在投保时被保险机动车的实际价值内协商确定。投保时被保险机动车的实际价值由投保人与保险人根据投保时的新车购置价减去折旧金额后的价格协商确定或根据其他市场公允价值协商确定。

交通事故按照简易程序如何处理?

在道路上发生交通事故,未造成人身伤亡,当事人对事实及成因无争议的,可以即行撤离现场,恢复交通,自行协商处理损害赔偿事宜;不即行撤离现场的,应当迅速报告执勤的交通警察或者公安机关交通管理部门。

在道路上发生交通事故,仅造成轻微财产损失,并且基本事实清楚的,当事人应当先撤离现场再进行协商处理。

当事人对事实及成因有争议,不即行撤离现场;或者当事人自行撤离现场后,经协商未达成协议的;或者受伤人员认为自己伤情轻微,当事人对事实及成因没有争议,但对赔偿数额有争议的;以及当事人共同请求调解的,可由交通警察予以记录,由当事人签名,并根据当事人的行为对发生交通事故所起的作用以及过错的严重程度，确定当事人的责任，当场制作事故认定书。

如果出现了当事人提供不出交通事故证据，因现场变动导致证据灭失，交通警察无法查证交通事故事实；或者当事人对交通事故认定有异议，拒绝在事故认定书上签字，且不同意由交通警察调解或者调解生效后当事人不履行的，当事人可以向人民法院提起民事诉讼。

交通事故按照一般程序如何处理？

1. 受理

属于公安交通管理部门自己管辖的，即应立案开展调查；不属自己管辖的，应告知报案人并主动与有管辖权的交通管理部门联系，必须采取紧急措施的，应先采取紧急措施，再移交有管辖权的交通管理部门；发生死亡 3 人以上或重大影响的交通事故，应立即向上级公安机关交通管理部门和当地人民政府报告；涉及营运车辆的，应同时通告当地人民政府有关行政管理部门。

2. 调查

对治安性质的交通事故，不适用《刑事诉讼法》，由公安交通管理部门进行调查；对刑事性质的交通事故，适用《刑事诉讼法》，可对案件实施侦查。调查包括现场勘查、讯问当事人、询问证明人、收集物证、对痕迹和物证进行技术鉴定等。

3. 检验与鉴定

在勘查现场之日起 5 日内指派或委托专业技术人员、具备资格的鉴定机构进行检验和鉴定。检验和鉴定应当在 20 日内完成，超过 20 日的，应当报经上一级公安机关交通管理部门批准，但最长不得超过 60 日。

交通管理部门应当在接到检验和鉴定结果后 2 日内将检验和鉴定结论复印件交当事人。当事人有异议的，可在接到检验和鉴定结论复印件 3 日内提出重新检验和鉴定的申请。经县级公安机关交通管理部门负责人批准后，应当另行指派或委托专业技术人员、有资格的鉴定机构进行重新检验和鉴定。申请重新检验、鉴定和评估，以一次为限。重新检验、鉴定和评估的时限与检验、鉴定和评估的时限相同。

4. 交通事故认定

在事实清楚、证据确定充分的基础上，对当事人应负的交通事故进行认定，对其应负的法律责任也作出认定。公安机关交通管理部门应当自勘查现场之日起10日内制作交通事故认定书；交通肇事逃逸的，在查获交通肇事逃逸人和车辆后10日内制作交通事故认定书；需要进行检验和鉴定的，应当在检验和鉴定或者重新检验和鉴定结果确定后5日内制作交通事故认定书。

5. 裁决处罚

对有交通肇事行为，尚不构成刑事犯罪的，对其交通肇事行为作出交通管理处罚裁决。

6. 损害赔偿调解

交通事故调解人员对当事人之间的事故损害经济赔偿进行调解。达成调解协议的，制作调解协议书；未达成协议的，交通管理部门应当制作调解终结书送交各方当事人，调解终结书应当载明未达成协议的原因。调解书生效后，赔偿义务人不履行的，当事人可以向人民法院提起民事诉讼。交通事故案件在交通管理部门的处理程序至此终结。

交通事故责任如何认定？

1. 责任认定主要依据

(1)负全部责任情形。

①完全是一方当事人的过错行为而导致的交通事故；

②当事人有逃逸行为，致使无法认定交通事故责任的；

③当事人有故意破坏、伪造现场、毁灭证据行为，致使无法认定交通事故责任的；

④当事人一方有条件报案而未报案或未及时报案，致使无法认定交通事故责任的。

(2)负主要责任与次要责任情形。

①双方当事人的违法行为共同造成交通事故的，违法行为在交通事故中作用大的一方负主要责任，另一方负次要责任；

②机动车与非机动车、行人发生交通事故，当事人双方均有条件报案而均

未报案,致使无法认定事故责任的,机动车一方负主要责任,非机动车、行人一方负次要责任;

③三方以上当事人的违法行为造成的交通事故,按各自违法行为在交通事故中的作用大小划分责任。

(3)负同等责任情形。

①当事人双方的违法行为在交通事故中的作用相当的,双方负同等责任;

②机动车之间发生交通事故,当事人双方均有条件报案而均未报案或未及时报案,致使无法认定事故责任的,双方应负同等责任。

(4)无责任的主要情形。

①交通事故是由一方当事人的违法行为导致的,另一方无责任;

②一方当事人故意造成交通事故,另一方无责任;

③非机动车或行人与静止机动车辆发生的事故,机动车一方无责任;

④双方均无导致交通事故的过错,属于交通意外事故的,双方均无责任。

2. 事故现场遭到破坏时的责任认定

(1)若一方当事人故意破坏,则其承担全部责任;

(2)因不小心或其他原因(如暴雨)受到破坏,举证责任一方举证;

(3)机动车之间,过错方承担责任;均有过错的,按过错大小比例;

(4)机动车与非机动车、行人之间,机动车一方承担责任,但有证据证明非机动车驾驶人、行人违反交通法律法规,机动车一方已采取必要处置措施的,减轻机动车一方的责任;

(5)非机动车驾驶人、行人故意造成的,机动车一方不承担责任。

3. 交通事故认定书

交通事故认定书,是公安机关交通管理部门以交通事故现场勘验、检查、调查情况和有关的检验、鉴定结论为依据,认定交通事故当事人责任的法律文书。认定书是处理交通事故的证据,也是当事人之间就民事损害赔偿问题向法院提交的重要证据。

交通事故认定书,原来叫作交通事故责任认定书,后取消了"责任"两个字。这是因为,事故认定中所指的责任与民事赔偿中应承担的责任以及刑事或者行政责任不是一个概念,为避免混淆而删除。同时也更加明确,认定书的性质为证据的一种。

这决定了认定书不具有行政可诉性,即当事人不认同交通事故认定书所认定内容的,不能以公安机关交通管理部门为被告提起行政诉讼。同时,这也决定了法院在诉讼中,对认定书应和其他证据一样进行审查,当有其他证据足以推翻该认定书时,法院无须经过重新认定即可不予采信,因此,认定书也不同于鉴定结论。

道路交通事故认定书应当载明以下内容:道路交通事故当事人、车辆、道路和交通环境等基本情况;道路交通事故发生经过;道路交通事故证据及事故形成原因的分析;当事人导致道路交通事故的过错及责任或者意外原因;作出道路交通事故认定的公安机关交通管理部门名称和日期。

交通事故认定书加盖公安机关交通管理部门事故处理专用章后分别送达当事人,并告知当事人申请公安机关交通管理部门调解的期限和直接向人民法院提起民事诉讼的权利。对无法查清当事人道路交通安全违法行为的,书面通知当事人向人民法院提起民事诉讼。

当事人对交通事故认定书中的事实认定及责任划分有异议,可以自道路交通事故认定书送达之日起 3 日内向上一级公安机关交通管理部门提出书面复核申请,或向人民法院起诉后提起异议。事故当事人在此阶段不能盲目等待,可以积极地采取一些措施,以更好地保护自己的权益,如:(1)事故当事人应尽量保护事故现场,机动车一方还应及时通知车辆承保单位。(2)在客观条件允许的情况下,尽可能地多收集证据材料。(3)在事故责任争议较大的事故中,应委托法律专业人员尽早介入,勘察事故现场,收集证据材料。(4)当事人对检验、鉴定结论有异议的,在公安机关交通管理部门送达之日起 3 日内申请重新检验、鉴定。(5)积极地与交警部门具体承办人员沟通,阐明事故事实及观点。(6)事故当事人之间要积极调解,对争议不大的可以协商解决。

机动车交通事故侵权责任怎么认定和承担?

《道路交通安全法》规定,机动车发生交通事故造成人身伤亡、财产损失的,由保险公司在三责险责任限额范围内予以赔偿;不足的部分,按照下列规定承担赔偿责任:(1)机动车之间发生交通事故的,由有过错的一方承担赔偿责任;双方都有过错的,按照各自过错的比例分担责任。(2)机动车与非机动车驾驶人、行人之间发生交通事故，非机动车驾驶人、行人没有过错的，由机动车一方承担赔偿责任；有证据证明非机动车驾驶人、行人有过错的，根据过错程度适当减轻机动车一方的赔偿责任；机动车一方没有过错的，承担不超过10%的赔偿责任。交通事故的损失是由非机动车驾驶人、行人故意碰撞机动车造成的，机动车一方不承担赔偿责任。

机动车发生交通事故造成损害，属于该机动车一方责任的，先由承保机动车强制保险的保险人在强制保险责任限额范围内予以赔偿；不足部分，由承保机动车商业保险的保险人按照保险合同的约定予以赔偿；仍然不足或者没有投保机动车商业保险的，由侵权人赔偿。

在一起机动车交通事故中，原告杜华的各项经济损失经认定合计为80.3万元。案件鉴定费用3000元。被告卢某在大洋保险公司投保商业三责险，最高保险金额30万元。法院认定原告杜华和被告卢某根据4∶6的比例承担侵权责任。

1. 交强险赔偿部分

交强险在全国范围内实行统一的责任限额。责任限额分为死亡伤残赔偿限额、医疗费用赔偿限额、财产损失赔偿限额以及被保险人在道路交通事故中无责任的赔偿限额。交强险实行分项责任限额，即对死亡伤残、医疗费用、财产损失等不同类型的赔付项目分别确定不同的责任限额，各种不同的费用支出在相应的责任限额内进行赔偿。

根据中国银保监会发布的《关于实施车险综合改革的指导意见》，交强险责任限额得到大幅的提升。机动车在交通事故中有责任的情况下，交强险总责任限额从过去的12.2万元提高到20万元，其中死亡伤残赔偿限额18万元、医疗费用赔偿限额1.8万元、财产损失赔偿限额0.2万元；机动车被保险人在道路交通事故中无责任的赔偿限额，分为死亡伤残赔偿限额1.8万元、医疗费用赔偿限额1800元、财产损失赔偿限额100元。

上例中，法院认定原告杜华和被告卢某根据4∶6的比例承担侵权责任，属于被告卢某有责的情况。按照死亡伤残赔偿限额18万元、医疗费用赔偿限额1.8万元、财产损失赔偿限额0.2万元的分项限额计算，交强险应当赔付的金额为20万元。

2. 商业三责险赔偿部分

在扣除交强险赔付金额20万元，扣除鉴定费3000元后，剩余损失部分60

万元。法院认定原告杜华和被告卢某根据4:6的比例承担侵权责任，因此被告应承担部分为36万元。由于被告卢某投保了商业三责险，最高责任限额为30万元，因此大洋保险公司应当赔付30万元。

3. 侵权人赔偿部分

(1)机动车与机动车之间发生交通事故——过错责任原则。

由有过错的一方承担赔偿责任；双方都有过错的，按照各自过错的比例分担责任。

上例中，被告应承担部分为36万元，扣除大洋保险公司应当赔付30万元后，不足部分的6万元由被告卢某自行承担。鉴定费中的1800元应由被告卢某承担。如果被告卢某投保的商业三责险的赔付最高限额为40万元，则大洋保险公司赔付36万元后，原告已经获得足额的赔偿，被告卢某无须自行承担赔偿责任。可见，商业三责险在我们日常生活中的重要性，由于交强险赔偿标准和赔偿限额都较低，因此，绝大多数车主在购买交强险后，还会再选择购买商业三责险作为补充。

(2)机动车与非机动车、行人之间发生交通事故——无过错责任原则。

①非机动车驾驶人、行人没有过错的，由机动车一方承担赔偿责任；

②非机动车驾驶人、行人有过错的，依过错程度适当减轻机动车一方赔偿责任；

③机动车一方没有过错的，承担不超过10%的赔偿责任；

④非机动车驾驶人、行人故意碰撞机动车造成损失的，机动车一方不承担责任。

遇到“碰瓷”的怎么办？

1. “碰瓷”的民法规制

“碰瓷”，最早是指清朝末年一些没落的“八旗子弟”抱着瓷器在街上，瞅准一辆马车故意撞上去，待瓷器落地摔碎要求车主赔偿的敲诈手段。后来，“碰瓷”这种敲诈手段不仅流传了下来，还衍生出各种花样。

陆尚开车去参加一个饭局，席间喝了点酒，准备找个代驾，服务员热心地告诉陆尚门口就有代驾，服务好，价格合理。陆尚在门口找了个代驾师傅，代驾师傅很热心，一路上不时地跟陆尚聊着天。等到快到陆尚住的小区，代驾师傅接了一个紧急电话，说突然有事，没法再开，让陆尚自己开回去，反正也没几步路了。陆尚觉得也就几分钟就到家了，于是准备自己开回去，刚上车准备开走时，被后面的车剐蹭了。剐蹭的车辆直接说陆尚酒驾，索要高额钱财，陆尚只好忍气吞声私了。而这实际上是一个"碰瓷"团伙精心策划的敲诈勒索事件。代驾人会和"碰瓷"人员开启实时位置共享，并将陆尚回家的路线和家的位置发给"碰瓷"人员，"碰瓷"的同伙早就计算好了合适的"碰瓷"地点。然后代驾人想尽办法让最后一段路由陆尚自己亲自开车回去，然后"碰瓷"人员伺机碰撞，进行敲诈勒索。在车上的时候，代驾人还会热心地聊天，询问陆尚喝了多少酒，在什么单位工作之类的，代驾人了解到陆尚不是酒驾而是醉驾，并且单位还不错的时候，后面就会敲诈勒索很多的金钱。

日常生活中所说的"碰瓷"，就是非机动车驾驶人、行人故意碰撞机动车造成损失，根据我国法律的规定，机动车一方不承担责任。遇到"碰瓷"，请勿私了，坚持报警。

甲欲自杀，遂到高速公路中央，乙在相当距离之外即发现，但并未采取必要制动或避让措施，致甲死亡。有人认为，这属于"碰瓷"，机动车一方不承担责任。我们认为，这种情形下，属于非机动车驾驶人、行人有过错的，依过错程度适当减轻机动车一方赔偿责任，并非机动车一方不承担责任。

2. "碰瓷"的刑法规制

近年来，"碰瓷"现象时有发生。行为人通过故意制造或者编造其被害假象，采取诈骗、敲诈勒索等方式非法索取财物的行为。实践中，一些不法分子有的通过"设局"制造或者捏造他人对其人身、财产造成损害来实施；有的通过自伤、造成同伙受伤或者利用自身原有损伤，诬告系被害人所致来实施；有的故意制造交通事故，利用被害人违反道路通行规定或者酒后驾驶、无证驾驶、机动车手续不全等违法违规行为，通过被害人害怕被查处的心理来实施；有的在"碰瓷"行为被识破后，直接对被害人实施抢劫、抢夺、故意伤害等违法犯罪活动；等等。此类违法犯罪行为性质恶劣，危害后果严重，败坏社会风气，且易滋生黑恶势力，人民群众反响强烈。为依法惩治"碰瓷"违法犯罪活动，保障人民群众合法权益，维护社会秩序，根据刑法、刑事诉讼法、治安管理处罚法等法律的规定，最高人民法院、最高人民检察院、公安部联合印发《关于依法办理"碰瓷"违法犯罪案件的指导意见》。

（1）实施“碰瓷”，虚构事实、隐瞒真相，骗取赔偿，符合刑法关于诈骗罪的规定的，以诈骗罪定罪处罚；骗取保险金，符合刑法关于保险诈骗罪的规定的，以保险诈骗罪定罪处罚。

实施“碰瓷”，捏造人身、财产权益受到侵害的事实，虚构民事纠纷，提起民事诉讼，符合虚假诉讼罪的构成要件的，以虚假诉讼罪定罪处罚；同时构成其他犯罪的，依照处罚较重的规定定罪从重处罚。

（2）实施“碰瓷”，具有下列行为之一，敲诈勒索他人财物，符合刑法关于敲诈勒索罪的规定的，以敲诈勒索罪定罪处罚：

①实施撕扯、推搡等轻微暴力或者围困、阻拦、跟踪、贴靠、滋扰、纠缠、哄闹、聚众造势、扣留财物等软暴力行为的；

②故意制造交通事故，进而利用被害人违反道路通行规定或者其他违法违规行为相要挟的；

③以揭露现场掌握的当事人隐私相要挟的；

④扬言对被害人及其近亲属人身、财产实施侵害的。

（3）实施“碰瓷”，当场使用暴力、胁迫或者其他方法，当场劫取他人财物，符合刑法关于抢劫罪的规定的，以抢劫罪定罪处罚。

（4）实施“碰瓷”，采取转移注意力、趁人不备等方式，窃取、夺取他人财物，符合刑法关于盗窃罪、抢夺罪的规定的，分别以盗窃罪、抢夺罪定罪处罚。

（5）实施“碰瓷”，故意造成他人财物毁坏，符合刑法关于故意毁坏财物罪的规定的，以故意毁坏财物罪定罪处罚。

（6）实施“碰瓷”，驾驶机动车对其他机动车进行追逐、冲撞、挤别、拦截或者突然加减速、急刹车等可能影响交通安全的行为，因而发生重大事故，致人重伤、死亡或者使公私财物遭受重大损失，符合刑法关于交通肇事罪的规定的，以交通肇事罪定罪处罚。

（7）为实施“碰瓷”而故意杀害、伤害他人或者过失致人重伤、死亡，符合刑法关于故意杀人罪、故意伤害罪、过失致人死亡罪、过失致人重伤罪的规定的，分别以故意杀人罪、故意伤害罪、过失致人死亡罪、过失致人重伤罪定罪处罚。

（8）实施“碰瓷”，为索取财物，采取非法拘禁等方法非法剥夺他人人身自由或者非法搜查他人身体，符合刑法关于非法拘禁罪、非法搜查罪的规定的，分别以非法拘禁罪、非法搜查罪定罪处罚。

(9)共同故意实施"碰瓷"犯罪，起主要作用的，应当认定为主犯，对其参与或者组织、指挥的全部犯罪承担刑事责任；起次要或者辅助作用的，应当认定为从犯，依法予以从轻、减轻处罚或者免除处罚。

三人以上为共同故意实施"碰瓷"犯罪而组成的较为固定的犯罪组织，应当认定为犯罪集团。对首要分子应当按照集团所犯全部罪行处罚。

符合黑恶势力认定标准的，应当按照黑社会性质组织、恶势力或者恶势力犯罪集团侦查、起诉、审判。

(10)对实施"碰瓷"，尚不构成犯罪，但构成违反治安管理行为的，依法给予治安管理处罚。

公安机关接到报案、控告、举报后应当立即赶到现场，及时制止违法犯罪，妥善保护案发现场，控制行为人。对于符合立案条件的及时开展立案侦查，全面收集证据，调取案发现场监控视频，收集在场证人证言，核查涉案人员、车辆信息等，并及时串并案进行侦查。人民检察院对于公安机关提请批准逮捕、移送审查起诉的"碰瓷"案件，符合逮捕、起诉条件的，应当依法尽快予以批捕、起诉。对于"碰瓷"案件，人民法院应当依法及时审判，构成犯罪的，严格依法追究犯罪分子刑事责任。公安机关、人民检察院要加强沟通协调，解决案件定性、管辖、证据标准等问题，确保案件顺利办理。对于疑难复杂案件，公安机关可以听取人民检察院意见。对于确需补充侦查的，人民检察院要制作明确、详细的补充侦查提纲，公安机关应当及时补充证据。人民法院要加强审判力量，严格依法公正审判。

2019 年 3 月 26 日 23 时许，麦某驾驶粤 H 车牌小车途经广东省肇庆市鼎湖区某处时，被林旺常骑自行车"碰瓷"。在送该男子去医院的路上，林旺常假装拨打报警电话并让麦某接听，电话中的人员冒充交警让麦某私了。后麦某同意私了并通过男子提供的微信二维码支付 13000 元到被告人张志军使用的微信账户。2019 年 3 月至 7 月，林旺常等人采用相同方式进行敲诈勒索达到 28 次，犯罪金额达到 25 万余元。

人民法院认为，被告人林旺常、张志军以非法占有为目的，伙同他人制造虚假交通事故敲诈勒索他人财物，数额巨大，其行为已构成敲诈勒索罪，依法应予惩处。遂认定被告人林旺常、张志军犯敲诈勒索罪，判处有期徒刑 3 年，并处罚金人民币 20000 元;随案移送的手机 2 部,予以没收,上缴国库;责令被告人林旺常、张志军于本案生效之日起 7 日内赔偿本案被害人经济损失。

找不到交通事故肇事车辆怎么办?

道路交通事故社会救助基金(以下简称救助基金),是指依法筹集用于垫付机动车道路交通事故中受害人人身伤亡的丧葬费用、部分或者全部抢救费用的社会专项基金。

有下列情形之一时,道路交通事故中受害人人身伤亡的丧葬费用、部分或者全部抢救费用,由救助基金先行垫付,救助基金管理机构有权向道路交通事故责任人追偿:(1)抢救费用超过交强险责任限额的;(2)肇事机动车未参加交强险的;(3)机动车肇事后逃逸的。

救助基金的来源包括:按照交强险的保险费的一定比例提取的资金;地方政府按照保险公司经营交强险缴纳营业税数额给予的财政补助;对未按照规定投保交强险的机动车的所有人、管理人的罚款;救助基金孳息;救助基金管理机构依法向机动车道路交通事故责任人追偿的资金;社会捐款;其他资金。

车子借给他人使用发生交通事故怎么办?

我们经常看到新闻报道,车主将车子借给他人使用,发生交通事故后,车主要承担责任。那么是不是只要将车子借给他人发生交通事故,车主就一定要承担责任?是不是真的像人们所说的那样,车子概不外借?

《民法典》规定,因租赁、借用等情形机动车所有人、管理人与使用人不是同一人时,发生交通事故造成损害,属于该机动车一方责任的,由机动车使用人承担赔偿责任;机动车所有人、管理人对损害的发生有过错的,承担相应的赔偿责任。据此,应当由机动车使用人承担赔偿责任,机动车所有人、管理人只有对损害的发生存在过错的,才承担相应的赔偿责任。值得注意的是,即使机动车所有人、管理人有过错,也不是承担所有的责任,而是承担相应的赔偿责任,即承担和他的过错大小或原因力大小相对应的责任。

机动车所有人或者管理人有下列情形之一的,人民法院应当认定其对损害的发生有过错:(1)知道或者应当知道机动车存在缺陷,且该缺陷是交通事故发生原因之一的;(2)知道或者应当知道驾驶人无驾驶资格或者未取得相应驾驶资格的;(3)知道或者应当知道驾驶人因饮酒、服用国家管制的精神药品或者麻醉药品,或者患有妨碍安全驾驶机动车的疾病等依法不能驾驶机动车的;(4)其他应当认定机动车所有人或者管理人有过错的。

王珂名下有一部轿车。某日,有人驾驶王珂的轿车驶上沈海高速公路,由厦门往泉州方向行驶。途中,这部轿车撞上了老吴驾驶的轿车。事故发生后,肇事车的驾驶员下车查看现场后,随即上车驾车逃离现场。老吴支付了施救费和维修费共计6000多元。经交警认定,王珂的轿车的驾驶人负全部责任,老吴无责任。由于肇事司机逃逸,民警找到了肇事车的车主王珂。王珂说,这辆肇事车他早在半年前就因为欠款质押给朋友林某。事故发生后,王珂跟林某联系,但林某否认车辆在他那里,称肇事车又转借给别人开了。

由于找不到肇事司机,受害人老吴认为,车主应当承担责任,支付赔偿金。法院认为,车主王珂虽非肇事司机,但在事故发生后却陈述不清楚车辆在哪里,亦无法清楚陈述车辆占有使用人身份信息,致使无法明确该车辆的实际风险控制者,放任风险的产生,导致本案无法确定肇事车辆驾驶人身份,原告无法向实际侵权人维权,王珂的行为具有过错,应承担相应的赔偿责任。判决王珂承担50%的责任,即支付3900多元赔偿金给受害车主。

我们认为,法院的判决存在不合理的地方。肇事车辆驾驶人身份无法确定,不能证明车主对损害的发生存在过错。比如车辆被盗的情况下,车主同样无法确定车辆占有使用人的身份信息,同样不能证明车主因此对损害的发生存在过错。因此,在前述案件中,车主因不存在过错,不应承担责任。

转让机动车未办理登记发生交通事故如何承担责任?

当事人之间已经以买卖或者其他方式转让并交付机动车但是未办理登记,发生交通事故造成损害,属于该机动车一方责任的,由受让人承担赔偿责任。机动车被多次转让但未办理转移登记的,当事人可请求最后一次转让并交付的受让人承担赔偿责任。

转让拼装或报废机动车发生交通事故如何承担责任?

拼装车,是指使用报废汽车发动机、方向机、变速器、前后桥、车架以及其他零配件组装的机动车。拼装车除了一般意义上的拼装汽车外,还包括拼装摩托车和拼装农用运输车。

报废车,是指达到国家报废标准,或者虽未达到国家报废标准,但发动机或者底盘严重损害,经检验不符合国家机动车运行安全技术或者国家机动车污染物排放标准的机动车。我国立法严禁拼装或报废机动车上路行驶,如果转让拼装或报废机动车发生交通事故时,立法对责任主体应当作出更为严格的规定。

《民法典》规定,以买卖或者其他方式转让拼装或者已经达到报废标准的机动车,发生交通事故造成损害的,由转让人和受让人承担连带责任。如果拼装或报废机动车发生多次转让的,受害人可以请求所有的转让人和受让人承担连带责任。这种连带责任属于无过错责任,且无免责事由,立法宗旨就是严厉打击拼装或报废机动车上路行驶。

在无故不参加年检情形,转让人应举证证明该未年检的机动车在转让时不存在不符合国家机动车安全技术标准的情形,否则就应与受让人一起承担连带责任。因排污未达标而报废的机动车,由于道路交通事故的发生与该类机动车报废的原因没有关联,故转让人即便明知该车为报废车仍将机动车转让给他人,也不存在过错。因此,不能要求转让人和受让人一起承担连带责任。没有取得环保标志的机动车发生交通事故,转让人不需要根据本条承担赔偿责任,除非有证据证明该车已达到报废标准。对为提高机动车舒适性、美观性而对机动车所作的改动,如不违反国家机动车运行安全技术条件,一般不会降低机动车行驶中的安全性,该改装车就不属于《民法典》所指依法禁止行驶的机动车范畴。如果未投保交强险的机动车发生事故,不能仅以该机动车未投保交强险属于禁止上路机动车为由,判令转让人与受让人承担连带责任。

2008 年,刘海波购买了一辆"解放牌"中型自卸货车,从事运输业务。2015 年,刘海波将该车的发动机和牌照拆卸,拼装在其另一辆同型号车上,并将牌照挂在组装车上,但拼装车没有车轮、变速箱等部件。后刘海波将该拼装车卖给了周某,周某另外购买了变速箱、车轮等部件到一家修理厂将车进一步拼装。2016 年 6 月,周某驾驶拼装车与骑摩托车的王某相撞,造成王某死亡,后经交警部门进行认定,事故由周某承担主要责任,王某承担次要责任。周某因犯交通肇事罪,被人民法院判处刑罚。

因赔偿问题协商不成,王某的妻子向法院提起民事诉讼,要求刘海波和周某承担连带赔偿责任。刘海波辩称其不是卖车，卖的是废铁，其已经告知周某车不能开，周某承诺车出事了由他自己负责。

人民法院审理后认为，以买卖等方式转让拼装或者已达到报废标准的机动车，发生交通事故造成损害的，由转让人和受让人承担连带责任。刘海波转让拼装车，且将其管理使用的牌照一并转让，发生交通事故致人死亡，应当与交通事故肇事者承担连带责任。其辩称周某承诺发生交通事故自行负责，因违反法律规定，应属无效。低价转让拼装车辆，受让人购买后发生事故致人死亡，死者近亲属诉至法院要求赔偿。法院判决被告刘海波、周某连带赔偿原告经济损失50余万元。

机动车驾驶人发生交通事故后逃逸怎么办？

机动车驾驶人发生交通事故后逃逸，该机动车参加强制保险的，由保险人在机动车强制保险责任限额范围内予以赔偿；机动车不明、该机动车未参加强制保险或者抢救费用超过机动车强制保险责任限额，需要支付被侵权人人身伤亡的抢救、丧葬等费用的，由救助基金垫付。救助基金垫付后，其管理机构有权向交通事故责任人追偿。

车子被盗发生交通事故，车主需要承担责任吗？

盗窃、抢劫或者抢夺的机动车发生交通事故造成损害的，由盗窃人、抢劫人或者抢夺人承担赔偿责任。保险公司在交强险责任限额范围内垫付抢救费用的，有权向交通事故责任人追偿。

有下列情形之一的，保险公司在交强险责任限额范围内垫付抢救费用，并有权向致害人追偿：(1)驾驶人未取得驾驶资格或者醉酒的；(2)被保险机动车被盗抢期间肇事的；(3)被保险人故意制造道路交通事故的。造成的财产损失，保险公司不承担赔偿责任。

吕某发现自己的车辆被盗后立马向公安机关报了案，公安机关已经立案侦查，尚未破案。报案后的第二日下午，盗贼驾驶吕某的车辆超速行驶将行人丁某撞伤，盗贼遂弃车逃逸。交警作出交通事故责任认定，此次事故由车辆驾驶人负全责。后丁某家人在车管所查询到涉案车辆的所有人是吕某，于是起诉要求吕某承担一切损失。

本案中，机动车被盗窃、抢劫或者抢夺后，机动车所有人丧失了对机动车的运行支配力，而这种运行支配力的丧失是盗窃者的违法行为造成的，所有人对此并不知悉。即使机动车所有人未尽到妥善保管的注意义务，或对被盗或被抢有过错的，如车主忘记锁门等情形，由于过错和发生交通事故没有直接因果关系，也不应承担责任。因此，盗窃、抢劫或者抢夺的机动车发生交通事故造成损害的，由盗窃人、抢劫人或者抢夺人承担赔偿责任。

无偿搭乘他人的顺风车发生交通事故怎么办？

王女士搭乘高中同学刘先生的轿车前往外地，不料在高速公路上发生车祸，导致王女士下半身瘫痪。交通事故认定书认为，刘先生负担此起事故的全部责任，王女士不负事故责任。王女士为此向法院提起民事诉讼，向刘先生及其所在单位和车主单位索赔 240 万元。在这种好意同乘发生交通事故的情况下，侵权责任如何承担？

《民法典》规定，非营运机动车发生交通事故造成无偿搭乘人损害，属于该机动车一方责任的，应当减轻其赔偿责任，但是机动车使用人有故意或者重大过失的除外。因此，虽然刘先生应当承担侵权损害赔偿责任，但法院应当减少其赔偿金额。

第十一讲

小区那点事:业主与物业的“爱恨情仇”

马冬梅是久乐大厦 A 栋 8 楼的住宅业主,购买了小区地下停车位,停车时被要求每月缴纳 200 元管理费。马冬梅认为,地下停车位是自己买的,不应该再交管理费。马冬梅准备在自家窗外安装一个晾衣架时,物业公司以管理规约不允许安装户外晾衣架为由加以阻止。马冬梅想利用家中两间空置的卧室开设一间推拿馆,住在 28 楼的刘旭表示反对。物业公司向马冬梅收取物业管理费时,遭到拒绝。马冬梅认为,她之前两年都在国外,上个月才搬来这里的,没有享受到物业服务,所以不应该缴纳这两年期间的物业费,并且认为物业服务态度不热情,清洁不干净,所以自己有权拒绝缴纳物业管理费。这些问题,都还要从《民法典》规定的建筑物区分所有权法律制度说起。

什么是建筑物区分所有权?

现代社会,随着城市化率的提高,城市人口密度的增加,人地紧张关系的加剧,为满足人们的居住需求,现代建筑不得不向高空发展,从而形成多人共同居住在同一栋建筑物内的现实状况,为了将权利人对建筑物的权利进行清晰界定,建筑物区分所有权便产生了。

建筑物区分所有权,又叫业主的建筑物区分所有权,是指由专有部分所有权(专有权)、共有部分所有权(共有权)和因共同关系所派生的成员权(共同管理权)相结合而形成的一种不动产所有权。《民法典》规定,业主对建筑物内的住宅、经营性用房等专有部分享有所有权,对专有部分以外的共有部分享有共有和共同管理的权利。

并非所有住在小区内的人都是业主,只有建筑物区分所有权的主体才是业主。业主包括两类人:一是依法取得专有部分所有权的人,可以是基于房屋买卖合同、赠与合同等办理过户登记后取得所有权的人,也可以是基于法院生效裁判文书、继承等法律事实而取得所有权的人,但不包括承租人、管理人、借用人等。二是基于与建设单位之间的商品房买卖行为,已经合法占有建筑物专有部分,但尚未依法办理所有权登记的人。这主要是针对有些住宅小区的购房者在入住后一段时间内因开发商的原因而没有办理过户登记的情况而作的规定。这里的合法占有一般以交付房屋钥匙为准,不考虑是否实际入住。

1. 专有权

专有权,又称“专有所有权”,是指区分所有人对专属于自己的、在构造和使用上具有独立性的建筑物部分(专有部分)所享有的所有权。

专有权的客体称为专有部分,是指具有构造和使用上的独立性的建筑物部分。

建筑区划内符合下列条件的房屋,以及车位、摊位等特定空间,应当认定为专有部分:具有构造上的独立性,能够明确区分;具有利用上的独立性,可以排他使用;能够登记成为特定业主所有权的客体。规划上专属于特定房屋,且建设单位销售时已经根据规划列入该特定房屋买卖合同中的露台等,应当认定为专有部分的组成部分。

专有权与一般意义的所有权并无本质区别,权利人可以在法律范围内行使完全的占有、使用、收益和处分权,并排除他人的干涉。业主转让专有权时,其他业主无优先购买权。

《民法典》规定,业主对其建筑物专有部分享有占有、使用、收益和处分的权利。业主行使权利不得危及建筑物的安全,不得损害其他业主的合法权益。业主对建设单位、物业服务企业或者其他管理人以及其他业主侵害自己合法权益的行为,有权请求其承担民事责任。

专有权人行使专有权时,不得危及建筑物的安全,不得损害其他业主的合法权益。如业主装修时不得拆除建筑物内部梁柱、楼板、墙壁的承重部分;业主不得将易燃物、爆炸物、放射物等危险物品或者超出建筑物楼板承受指标的重物搬入建筑物内而危及建筑物安全。

某小区业主苏某在装修时,向物业管理处多次提出更改顶层复式房室内的一根大梁,原因是按常规该根梁应为正梁,但搞成了反梁,既占用室内空间又影响美观。并声称已经找了一位高级建筑师朋友计算出了有关参数、设计出了改梁图纸。管理处根据《装修管理规定》进行解释、说服,加以回绝。然而,苏某态度十分固执,坚决要求更改,最后表示,无论管理处是否同意,自己都要改。根据我国立法规定,变动建筑主体或者承重结构的,需提交原设计单位或者具有相应资质等级的设计单位提出的设计方案。可见,业主变更大梁的决定权不在业主,也不在物业服务企业,而在具有相应资质等级的设计单位。如果申请变更成功,业主变更装修是符合法规规定的;如果申请变更不成功,管理处就可以据此阻止业主进行变更装修。

2. 共有权

《民法典》规定,业主对建筑物专有部分以外的共有部分,享有权利,承担义务;不得以放弃权利不履行义务。业主转让建筑物内的住宅、经营性用房,其对共有部分享有的共有和共同管理的权利一并转让。共有部分主要包括以下内容:

(1)建筑区划内的土地。建筑区划内的土地,依法由业主共同享有建设用地使用权,但属于业主专有的整栋建筑物的规划占地或者城镇公共道路、绿地占地除外。

(2)建筑区划内的道路、绿地、共同场所等。《民法典》规定,建筑区划内的道路,属于业主共有,但是属于城镇公共道路的除外。建筑区划内的绿地,属于业主共有,但是属于城镇公共绿地或者明示属于个人的除外。建筑区划内的其他公共场所、公用设施和物业服务用房,属于业主共有。

建筑区划内的绿地,属于业主共有,但是属于城镇公共绿地或者明示属于个人的除外。如果特定范围的绿地被纳入特定业主所购买的房屋建筑面积之内,并经过登记,则该特定范围的绿地属于该业主的专有部分。

另外,在建筑区划内的绿地上,也可以设立约定的专用权。如开发商通过对全体购房人明确表示“购买底层的业主可以获得预期房屋相连的特定范围绿地的专用权”,或者其他楼层的业主在购房合同中明确约定放弃特定范围的绿地使用权。

有人认为小区内的会所是业主共有的。我们认为这种认识不正确。会所，是指建筑区划内主要向业主提供餐饮、储蓄、邮政、医疗等商业性服务的房屋。其所有权由特定业主所有，不属于建筑物的共有部分。

（3）占用业主共有的道路或其他场所的停车位。由于这类停车位是占用业主共有的道路或其他场所而设置的，因此属于业主共有。属于共有部分的停车位，可以根据管理规约或业主大会的决议，由特定业主享有专用权。

（4）其他应当认定为共有部分的情形。建筑物的基础、承重结构、外墙、屋顶等基本结构部分，通道、楼梯、大堂等公共通行部分，消防、公共照明等附属设施、设备，避难层、设备层或者设备间等结构部分；其他不属于业主专有部分，也不属于市政公用部分或者其他权利人所有的场所及设施等。

外墙是建筑物的基本构成部分，不具有独立性，不能成为单独所有权的客体。为有利于外墙的整体利用和管理，以及全体业主享有平等的收益权利，应当将外墙认定为共有部分。业主基于对住宅、经营性用房等专有部分特定使用功能的合理需要，无偿利用屋顶以及与其专有部分相对应的外墙面等共有部分的，不应认定为侵权。但违反法律、法规、管理规约，损害他人合法权益的除外。

孟某系北京市海淀区某小区 2 号楼 2 单元 402 室的业主，购买商品房后欲在自家卧室对应的外墙上安装空调外机。隔壁 401 业主老王认为 2 号楼外墙属于全楼业主共有，如孟某安装空调外机应获得全楼业主 2/3 以上同意并支付相应的使用费。我们认为，孟某有权对与其专有部分相对应的外墙面等共有部分，进行合理使用，安装空调即属于合理使用的情形。并且合理使用是无偿利用，无须缴纳费用。

3. 共同管理权

共同管理权，是指业主参与对共有部分及相关事务的管理的权利。业主通过业主大会和业主委员会对共有部分及其相关事务进行管理。共同管理权不同于物业管理。物业管理，是指业主通过选聘物业服务企业，由业主和物业服务企业按照物业服务合同约定，对房屋及配套的设施设备和相关场地进行维修、养护、管理，维护相关区域内的环境卫生和秩序的活动。

业主有没有权利自我决定“住改商”?

“住改商”,是指业主将住宅改为经营性用房。《民法典》规定,业主不得违反法律、法规以及管理规约,将住宅改变为经营性用房。业主将住宅改变为经营性用房的,除遵守法律、法规以及管理规约外,应当经有利害关系的业主一致同意。同意应以明示的方式作出。若管理规约禁止改变住宅性质,则应当遵守。

本栋建筑物内的其他业主,应认定为“有利害关系业主”;本栋建筑物之外的业主,主张与自己有利害关系的,应证明其房屋价值、生活质量受到或可能受到不利影响。

业主将住宅改变为经营性用房,未按照《民法典》的规定经有利害关系的业主同意,有利害关系的业主请求排除妨害、消除危险、恢复原状或者赔偿损失的,人民法院应予支持。

将住宅改变为经营性用房的业主以多数有利害关系的业主同意其行为进行抗辩的,人民法院不予支持。

长沙市开福区某小区的一栋楼内,有 13 家业主、租户将住宅改作商用,经营着健身房、商贸公司、口腔门诊、茶馆、棋牌室等。2017 年 10 月,小区物业公司对其发出告知书,要求各家恢复住宅住房功能,各家未予理睬。2019 年 5 月,一栋楼内两位业主委托律师事务所致函这 13 家“住改商”的业主,要求其整改,各家仍未予理睬。2019 年 7 月,这两位业主将该 13 家“住改商”的业主起诉至开福区人民法院,要求各被告停止商业经营活动,恢复房屋的住宅性质。其中两位业主与原告达成协议,在约定期限内恢复房屋住宅性质,不再从事商业经营活动;另有两家公司搬离。法院对其中 9 位被告作出一审判决,判令各被告在判决生效之日起 30 日内停止在长沙市开福区某小区 1 栋的商业经营活动,恢复其住宅性质。

现实中,小区业主遇到“住改商”的,可以向小区物业进行投诉,由物业出面制止,并及时向有关行政管理部门报告。有关行政管理部门在接到物业服务企业的报告后,应当依法对违法行为予以制止或者依法处理。若依然无法解决,有利害关系的业主可以收集相关证据材料,向人民法院提起诉讼。

小区车库、停车位到底归谁？

有的停车位计入小区公摊，有的停车位未计入公摊；有的停车位计入容积率，有的停车位未计入容积率；有的停车位占用的是业主共有的部分，有的停车位未占用业主共有的部分；有的停车位占用的是地下人防工程；有的停车位占用的是建筑首层架空层。这些原因导致停车位的归属经常存在较大争议。加上现有立法的规定较为模糊，人民法院在具体案件中裁判标准也不统一，停车位问题在现实生活中变得更加复杂。我们仅就常见的几种停车位情形作一简单介绍。

《民法典》规定，建筑区划内，规划用于停放汽车的车位、车库的归属，由当事人通过出售、附赠或者出租等方式约定。占用业主共有的道路或者其他场地用于停放汽车的车位，属于业主共有。

1. 能独立登记的车位

开发商建设的车位、车库，且能够完成独立登记，取得不动产权证的，被称为产权车位。这种车位可以进行买卖，产权的期限与商品房一样，都是 70 年。

2. 计入公摊面积的车位

公摊又称公摊面积，是分摊的共有建筑面积的简称，是指由整栋楼的业主共同分摊所有的整栋楼公用部分的建筑面积。公摊面积与套内建筑面积之和构成了一套商品房的建筑面积。公摊面积包括：电梯井、管道井、楼梯间、垃圾道、变电室、设备间、公共门厅、过道、地下室、值班警卫室等，以及为整栋楼服务的公共用房和管理用房的建筑面积，还包括套与公共建筑之间的分隔墙，以及外墙（包括山墙）以水平投影面积一半的建筑面积。独立使用的地下室、车棚、车库、为多栋楼服务的警卫室、管理用房、作为人防工程的地下室不计入公摊面积。

公摊制度源于我国香港特别行政区。最初，香港地产商为了快速销售所建造的房屋，便将一层楼拆分成数个小公寓进行出售，公寓总价便极速缩小，购房门槛便大幅降低，销售顺畅。但问题也随之产生，由于每层楼拆分成多个小公寓时，每个公寓的户型、面积可能都不相同，公用面积无法进行简单的平均分担。地产商便按照“公共契约”的模式，把整栋大楼的公用部分按照约定的比例进行分摊。公摊制度由此而来,其实质就是共同摊派。

公摊制度让购房者“很受伤”。首先,哪些属于公摊面积,内容并不清晰,开发商便趁机钻空子,几乎每个小区的所有房子的公摊面积加起来,一定会超过这个小区的实际公摊面积,等于是开发商在卖“空气”。曾有极端的案例中,公摊面积达到52%的比例。其次,物业管理费按照商品房的建筑面积来进行计价,建筑面积越大,物业管理费越高,物业公司从中亦可受益。最后,有些小区的消防应急场所等区域已经被算作公摊,却又被划成车位再次出售,形成“重复公摊”,明显不合理。如今我国香港特别行政区已经在民意压力之下取消了这个制度,我国其他地区还在继续使用这一房产制度。

业主在支付房屋总价款时,实际上已经将公摊面积计算在内,因此,计入公摊面积的车位,应当属于业主共有。这种车位无法取得产权证,开发商不得出售。业主大会可以委托物业公司收取土地使用费,该使用费在扣除必要费用支出后,归全体业主所有。

占用业主共有道路或其他场地停放车辆的车位,属业主共有。由于地面车位是直接在地面上划出界线设置,即直接设置在房屋单元所有人共同拥有使用权的土地表面上,地面停车位的产权实际上就是土地使用权。通常来讲,开发商将住宅小区的房屋售出并办理转移登记之后,建筑物区分所有权人即按份共同拥有了该小区的全部土地使用权。此时,住宅小区地面车位就随土地使用权一并转移给了小区的全体业主。

现实中,部分省市不办理地上车位产权登记造成的建筑规划内无法取得独立产权证书的地上车位,应先审查其占用土地的性质,如属于占用公共绿地或公共场所建设的,则其归全体业主共有。不能证明是占用公共绿地或公共场所建设的,则需依据规划、合同等综合认定。

3. 未计入公摊面积的车位

楼房首层架空层位于建筑物的底部,是建筑物不可分割的一部分。但是其权利归属应分情况讨论。根据国家质量技术监督局《房屋测量规范》的规定,层高2.2米以下的房屋和地下室不计入建筑面积。所以,如果楼房首层架空停车位层高较矮,低于2.2米,不单独计算建筑面积,也不参与计算建筑容积率,此时,首层架空车库是房屋建筑的从物,是共有部分,应由设置架空层的该幢建筑全体业主共有;当层高在2.2米以上时,因其可以计入建筑面积、参与计算建筑容积率、分摊土地使用权,而成为区分所有权的专有部分。

一般而言,地下工程面积不计入建筑用地容积率。在这种情况下,地下工程面积就不分摊土地使用权的份额,这种地下车位的归属就存在很大的争议。但现实中,我国各个部门在处理这一问题时口径并不一致,有的房产管理部门在核定建筑面积时,对层高大于 2.2 米的地下室和半地下室计算全部建筑面积,可以单独取得所有权。

实际上,我国容积率忽视地下建筑的做法与城市建设的实际也是相分离的。地下与地上的建筑并没有实质性的差别,不应区别对待。因此,对于层高小于 2.2 米的,应当认定其权属依附于地上建筑物,由小区业主共有;而层高大于 2.2 米的地下车库,其与地上建筑物虽可能在载体上有连接,但在功能上已完全脱离,可以独立经营、获取效益。因此,这部分地下车位应当成为专有权的客体。

一般地,独立使用的地下室、半地下室,地下室或半地下室中独立的车位、车库(包含自行车库)、杂物间等的建筑面积不纳入公用建筑面积分摊范围。因此,由开发商投资建造,建造成本也未摊入住宅及车库的成本中,而且地下车位的面积未计入公摊面积也不属于人防工程的,即使没有产权证,开发商也有权处分。换言之,开发商作为开发建设单位,不因尚未进行登记就丧失车位的专有权,此时开发商有权处分。

我国现行立法明确要求开发商按照一定的标准配置建设停车位,这些车位是建筑物的配套设备设施,其不能单独转让,也不能单独办理产权,由全体业主共有共用,如果达到一户一个车位的话,经过业主大会决定,业主可以免费使用,对于车位紧张的小区,也可以用交纳租金的方式有偿使用这部分共有车位,有偿使用的收入归全体业主共有。开发商只能对这部分之外的,没有计入公摊面积的车位享有处分权。

4. 利用地下人防工程改造的车位

人民防空工程,简称人防工程,是指为保障战时人员与物资掩蔽、人民防空指挥、医疗救护而单独修建的地下防护建筑,以及结合地面建筑修建的战时可用于防空的地下室。分为单建和结建两种。城市新建民用建筑,应当按照国家有关规定,结合修建战时可以用于防空的地下室,这种防空地下室简称“结建民防工程”。

绝大多数现代高层建筑物的地下空间（如地下车库、用作仓库和商场等的地下室）均属于建设单位被依法强制修建的人防工程。人防工程具有国防目的，有“公共物”的属性。人防工程的使用、管理必须受到公法及公权力的限制，任何损害人防工程的行为，均属不法，并可能承担公法上的责任。同时，人防工程同时也具有一般财产的属性。以地下车库或地下仓库、商场为存在形式的人防工程，又与一般财产无任何区别。

《人民防空法》规定，人民防空工程平时由投资者使用管理，收益归投资者所有。谁与规划、人防工程管理部门签订人防工程使用合同或取得人防工程使用证，谁就是人防工程管理部门批准的管理人的收益人。实践中，在开发商经过有关部门审核同意后，就可以将这种人防工程改建为地下停车位使用，此即为利用人防工程改造的地下车位。

人防车位产权归国家拥有，在不妨碍防空功能和业主车位需求情况下，开发商只拥有车位的使用权，不可出售，如果是出租，则租赁期限不得超过 20 年，到期后可继续租赁，开发商可约定收取一定的租金，战时需要则由国家无条件征用。

业主大会、业主委员会和居民委员会有什么不同？

《民法典》规定，业主可以设立业主大会，选举业主委员会。业主大会、业主委员会成立的具体条件和程序，依照法律、法规的规定。

1. 业主大会

地方人民政府有关部门、居民委员会应当对设立业主大会和选举业主委员会给予指导和协助。物业管理区域内全体业主组成业主大会。业主大会应当代表和维护物业管理区域内全体业主在物业管理活动中的合法权益。一个物业管理区域成立一个业主大会。物业管理区域的划分应当考虑物业的共用设施设备、建筑物规模、社区建设等因素。具体办法由省、自治区、直辖市制定。同一个物业管理区域内的业主，应当在物业所在地的区、县人民政府房地产行政主管部门或者街道办事处、乡镇人民政府的指导下成立业主大会，并选举产生业主委员会。

2. 业主委员会

业主委员会是业主大会的执行机构，履行下列职责：（1）召集业主大会会议,报告物业管理的实施情况;(2)代表业主与业主大会选聘的物业服务企业签订物业服务合同;(3)及时了解业主、物业使用人的意见和建议,监督和协助物业服务企业履行物业服务合同;(4)监督管理规约的实施;(5)业主大会赋予的其他职责。

业主大会或者业主委员会的决定,对业主具有法律约束力。业主大会或者业主委员会作出的决定侵害业主合法权益的,受侵害的业主可以请求人民法院予以撤销。

3. 居民委员会

居民委员会,又叫社区居委会或社区居民委员会,简称“居委会”,是我国城市街道、行政建制镇的分区即“社区”的居民组织,属于城镇居民的自治组织。

居民委员会是下级政府部门(街道)下辖的最低一级管理机构,可协助人民政府或者它的派出机关做好与居民利益有关的公共卫生、计划生育、优抚救济、青少年教育等项工作。而业主大会和业主委员会是由建筑物区分所有权人组成的,为了更好地实现其建筑物区分所有权的共同管理权能而成立的组织。

《城市居民委员会组织法》(2018 修正)规定,居民委员会是居民自我管理、自我教育、自我服务的基层群众性自治组织。不设区的市、市辖区的人民政府或者它的派出机关对居民委员会的工作给予指导、支持和帮助。居民委员会协助不设区的市、市辖区的人民政府或者它的派出机关开展工作。

居民委员会的任务:(1)宣传宪法、法律、法规和国家的政策,维护居民的合法权益,教育居民履行依法应尽的义务,爱护公共财产,开展多种形式的社会主义精神文明建设活动;(2)办理本居住地区居民的公共事务和公益事业;(3)调解民间纠纷;(4)协助维护社会治安;(5)协助人民政府或者它的派出机关做好与居民利益有关的公共卫生、计划生育、优抚救济、青少年教育等项工作;(6)向人民政府或者它的派出机关反映居民的意见、要求和提出建议。

居民委员会决定问题,采取少数服从多数的原则。居民委员会进行工作,应当采取民主的方法,不得强迫命令。

居民委员会根据需要设人民调解、治安保卫、公共卫生等委员会。居民委员会成员可以兼任下属的委员会的成员。居民较少的居民委员会可以不设下属的委员会,由居民委员会的成员分工负责有关工作。居民委员会可以分设若干居民小组,小组长由居民小组推选。

居民公约由居民会议讨论制定，报不设区的市、市辖区的人民政府或者它的派出机关备案，由居民委员会监督执行。居民应当遵守居民会议的决议和居民公约。居民公约的内容不得与宪法、法律、法规和国家的政策相抵触。

小区的哪些事项必须由业主共同决定？

《民法典》规定，下列事项由业主共同决定：(1)制定和修改业主大会议事规则；(2)制定和修改管理规约；(3)选举业主委员会或者更换业主委员会成员；(4)选聘和解聘物业服务企业或者其他管理人；(5)使用建筑物及其附属设施的维修资金；(6)筹集建筑物及其附属设施的维修资金；(7)改建、重建建筑物及其附属设施；(8)改变共有部分的用途或者利用共有部分从事经营活动；(9)有关共有和共同管理权利的其他重大事项。

首先，参与表决人数的要求。业主共同决定事项，应当由专有部分面积占比2/3以上的业主且人数占比2/3以上的业主参与表决。换言之，必须满足此处的"双三分之二"的要求，才能对相关事项进行表决，否则表决本身无效。"襄水河畔"小区业主共有480户，在对小区相关事项进行决定时，有350户业主参与表决，且该350户业主的专有部分面积占比超过了2/3，那么这些业主可以对相关事项进行表决。如果只有300户业主参与表决，则由于人数占比没有达到2/3以上，故这些业主不得对相关事项进行表决，否则该表决也没有任何意义。

其次，决定重大事项的表决要求。决定"筹集建筑物及其附属设施的维修资金；改建、重建建筑物及其附属设施；改变共有部分的用途或者利用共有部分从事经营活动"的事项，应当经参与表决专有部分面积3/4以上的业主且参与表决人数3/4以上的业主同意。换言之，必须满足此处的"双四分之三"的要求，对这些重大事项作出的决定才有效力。"襄水河畔"小区业主共有480户，在决定"筹集建筑物及其附属设施的维修资金"的事项时，有350户业主参与表决，且该350户业主的专有部分面积占比超过了2/3，那么这些业主可以对该重大事项进行表决。如果该决定想要得到通过并产生法律效力，则需要350户业主中专有部分面积3/4以上的业主，且350户业主中3/4以上的业主同意。

最后，决定普通事项的表决要求。决定其他事项，应当经参与表决专有部分面积过半数的业主且参与表决人数过半数的业主同意。换言之，必须满足此处的“双过半数”的要求，对这些普通事项作出的决定才有效力。“襄水河畔”小区业主共有 480 户，在决定“使用建筑物及其附属设施的维修资金”的事项时，有 350 户业主参与表决，且该 350 户业主的专有部分面积占比超过了 2/3，那么这些业主可以对该重大事项进行表决。如果该决定想要得到通过并产生法律效力，则需要 350 户业主中专有部分面积过半数以上的业主，且 350 户业主中过半数的业主同意。

小区房屋外墙漏水由谁负责维修？

小区房屋外墙属于业主建筑物区分所有权的共有部分，作为公共区域的外墙漏水应根据发生漏水的时间来确定负责维修的主体，具体而言：

如果该公共区域还在保修期内，则应当由开发商负责维修，物业服务企业可以帮助业主与开发商进行协调。根据《建设工程质量管理条例》规定，屋面防水工程、有防水要求的卫生间、房间和外墙面的防渗漏，较低保修期为 5 年。所以，现实中很多新楼盘交付时提供给业主的住宅质量保证书上约定的小区外墙保修期一般也是 5 年。

如果该公共区域已经过了保修期，但属于《物业服务合同》规定的由物业服务公司承担维修义务的情形的，由物业服务企业负责维修。此时须以《物业服务合同》有约定为前提，否则物业服务企业不承担此维修义务。

如果该公共区域已经过了保修期，且不属于物业服务公司承担维修义务的情形的，则需要使用建筑物维修资金，由物业服务公司具体负责维修工作。

小区的管理规约有什么法律效力？

管理规约，是指开发建设单位或者业主共同制定的规范区分所有建筑物或者建筑区划内业主权利、义务、责任的文件。广义管理规约包括临时管理规约和管理规约。通常将开发建设单位制定的管理规约称为临时管理规约。业主大会制定的业主规约称为管理规约，即狭义的管理规约。

管理规约属于业主的自治规则，类似社团的章程等文件，为业主管理团体的最高自治规范。业主共同制定和修改管理规约。管理规约应当对有关物业的使用、维护、管理，业主的共同利益，业主应当履行的义务，违反规约应当承担的责任等事项依法作出约定。管理规约对全体业主具有约束力。

业主应当遵守法律、法规以及管理规约。业主大会或者业主委员会,对任意弃置垃圾、排放污染物或者噪声、违反规定饲养动物、违章搭建、侵占通道、拒付物业费等损害他人合法权益的行为,有权依照法律、法规以及管理规约,请求行为人停止侵害、排除妨碍、消除危险、恢复原状、赔偿损失。行为人拒不履行相关义务的,有关当事人可以向有关行政主管部门投诉,有关行政主管部门应当依法处理。

马冬梅准备在自家窗外安装一个晾衣架时,物业公司以管理规约不允许安装户外晾衣架为由加以阻止。如果管理规约对此设有专门的规定和要求,则作为业主的马冬梅应当遵守。

小区公共区域的广告收入归谁?

《民法典》规定,建设单位、物业服务企业或者其他管理人等利用业主的共有部分产生的收入,在扣除合理成本之后,属于业主共有。

沈某是"云鹤晴天"小区的业主,从 2012 年入住以来,小区的电梯中全是各种广告,如装修的、卖房的、卖车的、美容的、卖酒的、卖家具的、卖保健品的,甚至还有不孕不育的。沈某认为物业管理公司将电梯内壁出租给他人设置广告收取了费用,这些广告收入应该属于业主,于是要求物业公司公开小区公共区域广告费的收支情况,物业公司予以拒绝。沈某于是起诉到九华区法院,要求物业公司公布小区自 2012 年以来公共区域广告收益以及使用情况。法院开庭时,物业管理公司经合法传唤,无正当理由拒不到庭。法院认为,物业管理公司的拒不到庭的行为,可以认定为其放弃抗辩和质证的权利。法院经审理后认为,业主作为建筑物区分所有权人,有权查阅或要求物业公司公布小区共有部分的收益和使用情况,于是作出缺席判决,令物业管理公司于判决生效之日起 20 日内,向原告沈某公布自 2012 年至今小区共有部分的使用和收益的情况。物业管理公司不服一审判决,向市中级人民法院提起上诉,二审法院判决驳回上诉,维持原判。

《民法典》对此也作出了明确的规定,即物业服务人应当定期将服务的事项、负责人员、质量要求、收费项目、收费标准、履行情况,以及维修资金使用情况、业主共有部分的经营与收益情况等以合理方式向业主公开并向业主大会、业主委员会报告。

沈阳市一小区业主委员会起诉物业公司称,物业公司在未经业主同意的情况下,擅自将广告费私自使用。请求判令物业公司退还全部业主的广告费。物业公司辩称,公共区域广告费已用来补充业主物业费收入严重不足的部分,体现了取之于民、用之于民的原则。

法院经审理查明,物业公司共收到小区公共区域广告费266100元。法院最终判决认为,楼道、电梯内属业主的共有部分,在其内设立广告所得收益依法属于全体业主,物业公司在无全体业主授权的情况下私自与广告公司签订合同并收取收益的行为,不应当得到法律的支持。

住宅建设用地使用权期满自动免费续期吗?

《民法典》第359条规定:“住宅建设用地使用权期限届满的,自动续期。续期费用的缴纳或者减免,依照法律、行政法规的规定办理。”

《城镇国有土地使用权出让和转让暂行条例》规定,土地使用权出让最高年限按下列用途确定:居住用地70年;工业用地50年;教育、科技、文化、卫生、体育用地50年;商业、旅游、娱乐用地40年;综合或者其他用地50年。因此,建设用地使用权续期的问题,确实和老百姓的利益息息相关,应当保障业主安居乐业,使有恒产者有恒心。

在住宅建设用地使用权期限届满时,如果要求业主必须申请续期,要求千万住户办理续期手续,不仅难以操作,加重了老百姓的负担,也增加了行政机关的管理成本,更不利于社会的稳定。因此,《民法典》规定了住宅建设用地使用权的自动续期制度。

至于在自动续期后,建设用地使用权人是否应当支付土地使用费,《民法典》并未直接规定。《中共中央 国务院关于完善产权保护制度依法保护产权的意见》指出,研究住宅建设用地等土地使用权到期后续期的法律安排,推动形成全社会对公民财产长久受保护的良好和稳定预期。据此,该项工作由国务院有关部门研究,提出方案,国务院提出法律修改议案,修改城市房地产管理法或其他相关法律。因此,《民法典》只是模糊地规定,续期费用的缴纳或者减免,依照法律、行政法规的规定办理。

物业服务合同:业主与物业的"爱恨情仇"

《民法典》规定,业主可以自行管理建筑物及其附属设施,也可以委托物业服务企业或者其他管理人管理。物业服务企业或者其他管理人根据业主的委托,依照《民法典》有关物业服务合同的规定管理建筑区划内的建筑物及其附属设施,并接受业主的监督。物业服务企业或者其他管理人应当及时答复业主对物业服务情况提出的询问。

物业服务合同是物业服务人在物业服务区域内,为业主提供建筑物及其附属设施的维修养护、环境卫生和相关秩序的管理维护等物业服务,业主支付物业费的合同。物业服务人包括物业服务企业和其他管理人。物业服务合同应当采用书面形式。物业服务合同的内容一般包括服务事项、服务质量、服务费用的标准和收取办法、维修资金的使用、服务用房的管理和使用、服务期限、服务交接等条款。物业服务人公开作出的有利于业主的服务承诺,为物业服务合同的组成部分。

1. 前期物业服务合同有什么效力?

建设单位应当在销售物业之前,制定临时管理规约,对有关物业的使用、维护、管理,业主的共同利益,业主应当履行的义务,违反临时管理规约应当承担的责任等事项依法作出约定。建设单位制定的临时管理规约,不得侵害物业买受人的合法权益。建设单位应当在物业销售前将临时管理规约向物业买受人明示,并予以说明。物业买受人在与建设单位签订物业买卖合同时,应当对遵守临时管理规约予以书面承诺。

建设单位依法与物业服务人订立的前期物业服务合同,以及业主委员会与业主大会依法选聘的物业服务人订立的物业服务合同,对业主具有法律约束力。建设单位依法与物业服务人订立的前期物业服务合同约定的服务期限届满前,业主委员会或者业主与新物业服务人订立的物业服务合同生效的,前期物业服务合同终止。

2. 物业公司应当尽到哪些义务?

(1)物业验收义务。物业服务企业承接物业时,应当与业主委员会办理物业验收手续。业主委员会应当向物业服务企业移交下列资料:竣工总平面图,单体建筑、结构、设备竣工图,配套设施、地下管网工程竣工图等竣工验收资料;设施设备的安装、使用和维护保养等技术资料;物业质量保修文件和物业使用说明文件;物业管理所必需的其他资料。

(2)妥善服务义务。物业服务人应当按照约定和物业的使用性质,妥善维修、养护、清洁、绿化和经营管理物业服务区域内的业主共有部分,维护物业服务区域内的基本秩序,采取合理措施保护业主的人身、财产安全。物业服务企业未能履行物业服务合同的约定,导致业主人身、财产安全受到损害的,应当依法承担相应的法律责任。

物业服务企业可以将物业管理区域内的专项服务业务委托给专业性服务企业,但不得将该区域内的全部物业管理一并委托给他人。物业服务企业将一个物业管理区域内的全部物业管理一并委托给他人的,由县级以上地方人民政府房地产行政主管部门责令限期改正,处委托合同价款30%以上50%以下的罚款。委托所得收益,用于物业管理区域内物业共用部位、共用设施设备的维修、养护,剩余部分按照业主大会的决定使用;给业主造成损失的,依法承担赔偿责任。

(3)秩序维护义务。对物业管理区域内违反有关治安、环保、物业装饰装修和使用等方面法律、法规规定的行为,物业服务企业应当制止,并及时向有关行政管理部门报告。有关行政管理部门在接到物业服务企业的报告后,应当依法对违法行为予以制止或者依法处理。

物业服务企业应当协助做好物业管理区域内的安全防范工作。发生安全事故时,物业服务企业在采取应急措施的同时,应当及时向有关行政管理部门报告,协助做好救助工作。物业服务企业雇请保安人员的,应当遵守国家有关规定。保安人员在维护物业管理区域内的公共秩序时,应当履行职责,不得侵害公民的合法权益。

(4)报告义务。物业服务人应当定期将服务的事项、负责人员、质量要求、收费项目、收费标准、履行情况,以及维修资金使用情况、业主共有部分的经营与收益情况等以合理方式向业主公开并向业主大会、业主委员会报告。

(5)保持物业管理用房用途义务。物业管理用房的所有权依法属于业主。未经业主大会同意,物业服务企业不得改变物业管理用房的用途。未经业主大会同意,物业服务企业擅自改变物业管理用房的用途的,由县级以上地方人民政府房地产行政主管部门责令限期改正,给予警告,并处 1 万元以上 10 万元以下的罚款;有收益的,所得收益用于物业管理区域内物业共用部位、共用设施设备的维修、养护,剩余部分按照业主大会的决定使用。

(6)交接义务。物业服务合同终止时,物业服务企业应当将物业管理用房物业管理所必须资料交还给业主委员会。物业服务合同终止时,业主大会选聘了新的物业服务企业的,物业服务企业之间应当做好交接工作。

3. 业主装修房屋是否需要经过物业公司的同意?

业主装饰装修房屋的,应当事先告知物业服务人,遵守物业服务人提示的合理注意事项,并配合其进行必要的现场检查。业主转让、出租物业专有部分,设立居住权或者依法改变共有部分用途的,应当及时将相关情况告知物业服务人。

据此,业主装修房屋,不需要经过物业公司同意。因此,现实中有些小区的物业公司要求业主装修房屋必须经其同意,显然不符合法律规定。

4. 物业费的金额由谁来决定?

物业费是物业产权人、使用人委托物业管理单位对居住小区内的房屋公共建筑及其设备、公用设施、绿化、卫生、交通、治安和环境等项目进行日常维护、修缮、整治及提供其他与居民生活相关的服务所收取的费用。

物业公司无权随意调整物业费,必须由业主决定。物业服务收费应当遵循合理、公开以及费用与服务水平相适应的原则,区别不同物业的性质和特点,由业主和物业服务企业按照国务院价格主管部门会同国务院建设行政主管部门制定的物业服务收费办法,在物业服务合同中约定。在物业管理服务中,业主大会或者业主委员会的决定,对业主具有约束力。业主所在小区业主委员会与物业公司签订的合同对该小区全体业主均具有约束力。在合同履行期间,物业公司按约履行管理和服务义务,业主理应按合同约定支付物业费,而其以自己未与物业公司签订合同为由拒交物业费的,法院不予支持。

5. 业主应当从什么时候开始缴纳物业费?

业主应当根据物业服务合同的约定缴纳物业服务费用。业主与物业使用人约定由物业使用人缴纳物业服务费用的,从其约定,业主负连带缴纳责任。物业在未实际交付给买受人占有之前的物业服务费应由房产开发商缴纳,实际交付后应由业主买受人缴纳。据此，物业费的收取应该按照业主收到交房通知书之日算起，而不应该从购房合同写明的交房日期开始算起。如果到交房日期后，开发商没有书面通知业主收楼，业主因此延迟收楼的，不必缴纳物业费。就算是销售人员口头通知业主收楼，也不能算作是开发商已经通知业主收楼。

6. 业主在哪些情况下可以拒缴物业费？

业主应当按照约定向物业服务人支付物业费。物业服务人已经按照约定和有关规定提供服务的，业主不得以未接受或者无须接受相关物业服务为由拒绝支付物业费。业主违反约定逾期不支付物业费的，物业服务人可以催告其在合理期限内支付；合理期限届满仍不支付的，物业服务人可以提起诉讼或者申请仲裁。当然，物业服务人不得采取停止供电、供水、供热、供燃气等方式催交物业费。

业主如果有正当理由的，可以拒缴物业费。一般认为，下列情形下，业主可以拒缴物业费：

（1）业主还没有收房。物业费是从购房者正式收房时开始计算和收取的，如果购房者还没有收房，而物业公司却要收费物业费的，业主可以拒缴。

购房者不得以自己收房后没有实际入住为由而拒缴物业费。这是因为，物业费收取主要包括公共区域的清扫保洁及清运，绿化养护，秩序维护，公共照明、通风、供电、给排水、电梯等共用设施设备运行、养护等费用。只要购房者与开发商办理了交房手续、拿到钥匙，就要开始缴物业费。

（2）物业公司违规收取物业费。物业公司应当按照事先确定的收费标准收取物业费，如果物业公司违规收取物业费，业主可以拒缴。如有的小区物业公司超标收取物业费的，业主完全可以拒缴超标的物业费。

（3）业主有证据证明物业服务太差。一般而言，业主不能因对物业公司服务不满意而拒缴物业费。但如果业主确有证据证明物业服务太差，则物业公司属于不履行自己依据物业服务合同而产生的义务，构成严重违约，业主可以据此拒缴物业费。

业主不能因房屋质量不合格或暖气、燃气等问题而拒缴物业费。这是因为，建设工程实行质量保修制度。房屋工程质量保修是指房屋建筑工程竣工验收后保修期限内出现的质量缺陷，予以修复。房屋建筑工程在保修范围和保修期限内出现的质量缺陷，施工单位应当履行保修义务，并对造成的损失承担赔偿责任。建设单位和施工单位应当在保修书中约定保修范围、保修期限和保修责任。双方约定保修范围、保修期限必须符合国家有关规定。商品房主体工程及配套设施的质量问题，不属物业管理服务约定范畴。物业管理区域内供水、供电、供气、供热、通信、有线电视等单位，应当依法承担相关管线和设施设备维修养护的责任。因此，业主不能因此而拒缴物业费。

孙祥是洋河花园小区的业主，他认为物业公司没有提供应有的服务，电梯故障频发且无法得到及时维护，消防通道严重堵塞多次向物业反映无人理睬，小区的卫生脏乱差，小区设施毁坏无人维修等，因此拒缴物业费。物业公司将孙祥起诉至人民法院。人民法院认为，物业公司为孙祥居住小区提供了物业服务，孙祥享受了物业公司提供的服务，应履行缴纳相应费用的义务。孙祥所提供的证据，不足以构成对物业费拒缴的依据。故判决孙祥补缴物业费。

7. 业主能否因车辆被盗而要求物业公司承担赔偿责任？

依据《物业管理条例》及物业服务合同等的规定，物业公司负有保障业主及使用人的人身财产安全，维护小区秩序，提供安全管理服务的义务。物业公司应当按照合同约定提供相应的服务。未能履行合同约定，导致业主人身、财产安全受到损害的，应当承担相应的法律责任。

代女士购买了一辆奥迪汽车，向物业管理处缴纳了一年的车辆管理费，每天下班都将车辆停在小区停车场里。某日，代女士准备上班时发现车辆不翼而飞，她立即报了警。后经警方调查发现，失窃当天凌晨，当时小区车辆唯一进出大门处的栏杆完全敞开，保安人员在值班时间内一直在睡觉。代女士认为自己缴纳了车辆管理费，管理处有义务看管好业主登记的车辆，对自己车辆的失窃，管理处应该承担法律责任。因与物业公司协商未果，代女士向法院提起了诉讼。

法院经审理认为，物业公司有义务依照法律规定及物业合同约定做好小区的安全防范工作。事发当时，小区车辆唯一进出大门处的栏杆完全敞开，车辆进出没有任何盘问、查验。物业公司未尽到一般的注意义务，基本的安全防范措施都未采取，属于安全防范缺失，应当对因其过错导致代女士财产损害承担相应的赔偿责任。最终判决物业公司按车辆评估价值21.2万元赔偿给代女士。

8. 业主有没有权利更换物业服务企业？

对建设单位聘请的物业服务企业或者其他管理人，业主有权依法更换。业主共同决定事项,应当由专有部分面积占比 2/3 以上的业主且人数占比 2/3 以上的业主参与表决。决定选聘和解聘物业服务企业或者其他管理人,应当经参与表决专有部分面积过半数的业主且参与表决人数过半数的业主同意。

业主依照法定程序共同决定解聘物业服务人的,可以解除物业服务合同。决定解聘的,应当提前 60 日书面通知物业服务人,但是合同对通知期限另有约定的除外。依据前款规定解除合同造成物业服务人损失的,除不可归责于业主的事由外,业主应当赔偿损失。

物业服务期限届满前,业主依法共同决定续聘的,应当与原物业服务人在合同期限届满前续订物业服务合同。物业服务期限届满前,物业服务人不同意续聘的,应当在合同期限届满前 90 日书面通知业主或者业主委员会,但是合同对通知期限另有约定的除外。

物业服务期限届满后,业主没有依法作出续聘或者另聘物业服务人的决定,物业服务人继续提供物业服务的,原物业服务合同继续有效,但是服务期限为不定期。当事人可以随时解除不定期物业服务合同,但是应当提前 60 日书面通知对方。

物业服务合同终止的,原物业服务人应当在约定期限或者合理期限内退出物业服务区域,将物业服务用房、相关设施、物业服务所必需的相关资料等交还给业主委员会、决定自行管理的业主或者其指定的人,配合新物业服务人做好交接工作,并如实告知物业的使用和管理状况。原物业服务人违反前款规定的,不得请求业主支付物业服务合同终止后的物业费;造成业主损失的,应当赔偿损失。

物业服务合同终止后,在业主或者业主大会选聘的新物业服务人或者决定自行管理的业主接管之前,原物业服务人应当继续处理物业服务事项,并可以请求业主支付该期间的物业费。

第十二讲

农村土地法律制度：记住乡愁

我国实行土地的社会主义公有制，按照土地所有制性质划分，土地分为国有土地和农民集体所有的土地。任何单位和个人不得侵占、买卖或者以其他形式非法转让土地，即土地所有权不得非法转让。土地使用权可以依法转让。国家为了公共利益的需要，可以依法对土地实行征收或者征用并给予补偿。

国家实行土地用途管制制度。按照土地用途划分，土地分为农用地、建设用地、未利用地三大类。农用地是指直接用于农业生产的土地，包括耕地、林地、草地、农田水利用地、养殖水面等；建设用地是指建造建筑物、构筑物的土地，包括城乡住宅和公共设施用地、工矿用地、交通水利设施用地、旅游用地、军事设施用地等；未利用地是指农用地和建设用地以外的土地。严格限制农用地转为建设用地，控制建设用地总量，对耕地实行特殊保护。使用土地的单位和个人必须严格按照土地利用总体规划确定的用途使用土地。我们所说的"农村土地"，是指农民集体所有的土地，包括农民集体所有的农用地（以下简称农地）和农民集体所有的建设用地。

农地权利制度改革的内容有哪些？

早在1990年，邓小平同志就指出："中国社会主义农业的改革和发展，从长远的观点看，要有两个飞跃。第一个飞跃，是废除人民公社，实行家庭联产承包为主的责任制。这是一个很大的前进，要长期坚持不变。第二个飞跃，是适应科学种田和生产社会化的需要，发展适度规模经营，发展集体经济。这是又一个很大的前进，当然这是很长的过程。”

在家庭承包经营这种生产资料无止境地分散的情况下，大量富余劳动力被束缚在仅有的那点土地之上，人力就会发生巨大的浪费，农户仅靠种那仅有的一点土地远远无法满足家庭实际生活需要。改变农业生产中劳动力高投入与低产出及低效率状况，转移农村富余劳动力，改变城乡人口结构，为我国工业现代化和城镇化发展提供劳动力支持。随着大量劳动力离开农村，农民出现了分化，农民流转土地经营权的意愿也更加强烈，为顺应农民保留土地承包权、流转土地经营权的意愿，中央提出把农民土地承包经营权分为承包权和经营权，实现承包权和经营权分置并行。[①]

中央提出的“三权分置”改革，主张将土地承包经营权拆分土地承包权和土地经营权，让农民保留承包权，而流转经营权。按照政策制定者的解释，承包权只有集体成员才有，承包权一定要稳定，“只有稳定土地承包关系，农民的土地承包经营权得到充分保障，他们才能放心长期流转土地，流入方才能获得稳定的经营预期”。[②] 在这个基础上，放活农村土地的经营权。现在讲农村土地流转，流转的是农村土地的经营权，是在坚持农村土地集体所有的前提下，实现土地所有权、承包权、经营权分置。

承包方承包土地后，享有土地承包经营权，可以自己经营，也可以保留土地承包权，流转其承包地的土地经营权，由他人经营。国家保护承包方依法、自愿、有偿流转土地经营权，保护土地经营权人的合法权益，任何组织和个人不得侵犯。

土地承包经营权人对其承包之农地，可以自己经营，也可以通过与他人签订合同，将土地经营权流转给他人，由他人经营。

土地经营权是从土地承包经营权中派生出来的新的权利。土地承包经营权人流转土地经营权之后，其所享有的土地承包经营权并未发生改变，正如在集体土地所有权之上设定土地承包经营权之后，集体土地所有权性质并未发生

---

① 参见当时《关于引导农村土地经营权有序流转发展农业适度规模经营的意见》中相关政策的解读，载《人民日报》2014 年 12 月 22 日，第 2 版。

② 参见当时农业部部长韩长赋对《关于引导农村土地经营权有序流转发展农业适度规模经营的意见》中相关政策的解读，载《人民日报》2014 年 12 月 22 日，第 2 版。

改变一样，只是承包方行使土地承包经营权的方式发生了变化，从直接行使转变为间接行使。除了在本集体经济组织成员之间可以进行土地承包经营权的互换、转让之外，其他的流转形式，如转包、出租、入股等，均是流转土地经营权，而不是流转土地承包经营权。土地经营权人有权在合同约定的期限内占有农村土地，自主开展农业生产经营并取得收益。

谁是农地所有权人？

有人认为农民是农地所有权人，有人认为集体是农地所有权人。根据《民法典》的规定，农民集体所有的不动产和动产，属于本集体成员集体所有。据此，我们认为，农地所有权归农民集体。

集体所有的不动产和动产包括：(1)法律规定属于集体所有的土地和森林、山岭、草原、荒地、滩涂；(2)集体所有的建筑物、生产设施、农田水利设施；(3)集体所有的教育、科学、文化、卫生、体育等设施；(4)集体所有的其他不动产和动产。

农民集体所有的不动产和动产，属于本集体成员集体所有。下列事项应当依照法定程序经本集体成员决定：(1)土地承包方案以及将土地发包给本集体以外的组织或者个人承包；(2)个别土地承包经营权人之间承包地的调整；(3)土地补偿费等费用的使用、分配办法；(4)集体出资的企业的所有权变动等事项；(5)法律规定的其他事项。

对于集体所有的土地和森林、山岭、草原、荒地、滩涂等，依照下列规定行使所有权：(1)属于村农民集体所有的，由村集体经济组织或者村民委员会依法代表集体行使所有权；(2)分别属于村内两个以上农民集体所有的，由村内各该集体经济组织或者村民小组依法代表集体行使所有权；(3)属于乡镇农民集体所有的，由乡镇集体经济组织代表集体行使所有权。

据此，依法由农村集体经济组织代表集体行使农村集体资产所有权，未成立集体经济组织的，分别由村民委员会、村民小组代表集体行使所有权。没有乡(镇)农民集体经济组织的，乡(镇)集体土地所有权由乡(镇)政府代管。在办理土地确权登记手续时，由农民集体所有权主体代表申请办理。集体经济组织的具体要求和形式，可以由各省(自治区、直辖市)根据本地有关规定和实际情况依法确定。

刘庄位于新乡县七里营镇,曾是个“方圆十里乡,最穷数刘庄”的地方。后来在坚持党的领导、坚持社会主义道路、坚持发展集体经济的思想指导下,实现了农村工业化,农业现代化,经济市场化,农民知识化,生活城市化。刘庄的党委组织为党委会,村民自治组织为村民委员会,集体经济组织为农工商总公司。在有集体经济组织的情况下,农地所有权由集体经济组织行使,改变了过去由村支部和村委会代为管理的现象,消除了难以适应市场经济条件下发展集体经济需要的弊端,更有利于集体经济的发展壮大。

综上可知,可代表集体行使宅基地所有权的主体包括四类,即集体经济组织(乡镇、村、村内)、村民委员会、村民小组、乡(镇)政府(代管)。

什么是坚持保护耕地和国家粮食安全?

中央多次在一号文件提出,深入实施藏粮于地、藏粮于技战略,严守耕地红线,确保国家粮食安全,把中国人的饭碗牢牢端在自己手中。全面落实永久基本农田特殊保护制度,加快划定和建设粮食生产功能区、重要农产品生产保护区,完善支持政策。

稳定完善扶持粮食生产政策举措,挖掘品种、技术、减灾等稳产增产潜力,保障农民种粮基本收益。发挥粮食主产区优势,完善粮食主产区利益补偿机制,健全产粮大县奖补政策。压实主销区和产销平衡区稳定粮食生产责任。严守 18 亿亩耕地红线,全面落实永久基本农田特殊保护制度。建设现代气象为农服务体系。强化粮食安全省长责任制考核。

十分珍惜、合理利用土地和切实保护耕地是我国的基本国策。各级人民政府应当采取措施,全面规划,严格管理,保护、开发土地资源,制止非法占用土地的行为。

随着经济的加速增长和城市化的推进,非农用地规模在原有基础上不断扩大,农业用地受到侵蚀已为必然。土地“农转非”的过程中巨大的利润空间致使土地承包经营权的流转容易成为一些人攫取非正常利益的渠道和接口。实践中,逐利心理驱使下的很多行为已对土地资源构成了极大的破坏。有的集体经济组织借土地承包经营权流转之名,违法收回农民的土地出租,从事非农开发;

有些单位或个人获得土地承包经营权后，违法改变土地用途，在土地上进行非农生产；有些村民将土地承包经营权视为所有权，随意占用承包地，将部分耕地变为宅基地。然而，农地资源不同于其他经济资源，是农业生产过程中最基本的、不可再生资源。农地资源具有替代性弱与不可恢复性，一经变更为非农业使用，则难以再恢复农用。[①] 人为改变农地用途将造成生态平衡失调，水土流失加剧，进而威胁整体农业的可持续发展和人民的生存基础。

为了维护社会公共利益，实现国家社会经济各方面的可持续发展，无论土地承包经营权流转如何放开，都必须保证土地承包经营权流转与保持农地用途相统一，禁止改变土地用途。所谓改变农地用途，不仅指农用地向建设用地转变，而且包括农业产业内部的转变，如由林业用途转为种植业用途、由种植业用途转为畜牧业用途。农用地向建设用地转化对农地资源的毁灭影响自不赘言，“任何土地流转的改革，都应当建立在农用土地未经批准不得成为建设用地的原则上，违反了这一原则，什么样的土地流转改革理由都不能成立了”。[②]

《土地管理法》第 32 条规定，省、自治区、直辖市人民政府应当严格执行土地利用总体规划和土地利用年度计划，采取措施，确保本行政区域内耕地总量不减少、质量不降低。耕地总量减少的，由国务院责令在规定期限内组织开垦与所减少耕地的数量与质量相当的耕地；耕地质量降低的，由国务院责令在规定期限内组织整治。新开垦和整治的耕地由国务院自然资源主管部门会同农业农村主管部门验收。个别省、直辖市确因土地后备资源匮乏，新增建设用地后，新开垦耕地的数量不足以补偿所占用耕地的数量的，必须报经国务院批准减免本行政区域内开垦耕地的数量，易地开垦数量和质量相当的耕地。

第 33 条规定，国家实行永久基本农田保护制度。下列耕地应当根据土地利用总体规划划为永久基本农田，实行严格保护：（1）经国务院农业农村主管部门或者县级以上地方人民政府批准确定的粮、棉、油、糖等重要农产品生产基地内的耕地；（2）有良好的水利与水土保持设施的耕地，正在实施改造计划以及可以改造的中、低产田和已建成的高标准农田；（3）蔬菜生产基地；（4）农业科研、教学试验田；（5）国务院规定应当划为永久基本农田的其他耕地。各省、自治

① 吴玉琴：《农地可持续利用的能值方法探讨》，载《科技进步与对策》2009 年第 8 期。

② 孟勤国等：《中国农村土地流转问题研究》，法律出版社 2009 年版，第 56 页。

区、直辖市划定的永久基本农田一般应当占本行政区域内耕地的80%以上,具体比例由国务院根据各省、自治区、直辖市耕地实际情况规定。

第38条规定,禁止任何单位和个人闲置、荒芜耕地。已经办理审批手续的非农业建设占用耕地,1年内不用而又可以耕种并收获的,应当由原耕种该幅耕地的集体或者个人恢复耕种,也可以由用地单位组织耕种;1年以上未动工建设的,应当按照省、自治区、直辖市的规定缴纳闲置费;连续两年未使用的,经原批准机关批准,由县级以上人民政府无偿收回用地单位的土地使用权;该幅土地原为农民集体所有的,应当交由原农村集体经济组织恢复耕种。

《土地管理法》还规定,征收永久基本农田,或者征收永久基本农田以外的耕地超过35公顷的,由国务院批准。这是对耕地保护的最严格的规定。

违法占用耕地建窑、建坟或者擅自在耕地上建房、挖砂、采石、采矿、取土等,破坏种植条件的,或者因开发土地造成土地荒漠化、盐渍化的,由县级以上人民政府自然资源主管部门、农业农村主管部门等按照职责责令限期改正或者治理,可以并处罚款;构成犯罪的,依法追究刑事责任。

2017年9月,魏某华等人为取得南昌市高新区航空城飞机跑道工程素土的供应资格,挂靠其他单位,与施工方签订了工程材料(素土)采购合同。后5名被告人为获取土方牟利,选择在靠近航空城飞机跑道工程现场东面近百米处麻丘镇鲁溪村的农田取土,该片农田当时由鲁溪村村委会租给他人耕种,农田里尚有即将成熟收割的稻苗。魏某华等人不顾被害人的反对,采取语言威胁等方式,强迫被害人樊永红、樊友庆接受每亩300元的低价收购补偿,并指挥挖掘机在稻田里碾压稻苗、强行取土。经鉴定,扣除已得到的补偿款外,被害人的经济损失共计4.8万余元。经南昌市自然资源局组织专家评定,破坏地块共计99.8655亩,破坏程度为重度破坏。法院审理认为,魏某华等五人以威胁手段强买他人即将成熟的稻苗,情节特别严重,其行为均已构成强迫交易罪;此外,魏某华等人违反土地管理法规,非法占用耕地改作他用,数量较大,造成耕地大量毁坏,其行为又均已构成非法占用农用地罪,应与另外构成的寻衅滋事等罪名数罪并罚,并依法承担破坏耕地的民事侵权赔偿责任。[①]

① 万建华、郑国:《破坏耕地约百亩　5名被告人均获刑》,载中国法院网2020年8月28日,https://www.chinacourt.org/article/detail/2020/08/id/5391927.shtml。

2013 年 5 月 31 日 13 时 17 分许，位于林甸县花园镇境内的中储粮黑龙江林甸直属库发生火灾。此次火灾事故共有 78 个储粮囤表面过火，储量 4.7 万吨。经当地消防部门初步认定，火灾造成粮食损失价值约 284 万元，储粮资材损失 23.9 万元，火灾直接损失共约 307.9 万元。黑龙江省公安消防总队 6 月 3 日称，火灾系由于穿过金属配电箱的导线与配电箱箱体摩擦，致使导线绝缘皮破损，短路打火，引燃配电箱附近可燃的苇席和麻袋所导致。6 月 3 日，黑龙江省林甸县公安局证实，中储粮黑龙江林甸直属库主任郜彦平等 9 人因涉嫌重大责任事故罪被移送当地公安机关。其中，郜彦平与直属库副主任罗洪权被取保候审，直属库副主任于国春、直属库综合科科长陈岩及 5 名工人被刑事拘留。6 月 4 日，最高人民检察院对中储粮黑龙江林甸粮库大火事故挂牌督办，要求黑龙江省检察机关严查事故背后可能存在的失职渎职犯罪。

如何取得土地承包经营权？

农民集体所有和国家所有依法由农民集体使用的耕地、林地、草地，以及其他依法用于农业的土地，采取农村集体经济组织内部的家庭承包方式承包，不宜采取家庭承包方式的荒山、荒沟、荒丘、荒滩等，可以采取招标、拍卖、公开协商等方式承包，从事种植业、林业、畜牧业、渔业生产。家庭承包的耕地的承包期为 30 年，草地的承包期为 30 年至 50 年，林地的承包期为 30 年至 70 年；耕地承包期届满后再延长 30 年，草地、林地承包期届满后依法相应延长。根据上述规定，土地承包方式可以分为两种，一种为家庭承包方式，另一种为招标、拍卖、公开协商等方式。这里主要介绍家庭承包方式取得土地承包经营权的相关制度。

发包方和承包方应当依法订立承包合同，约定双方的权利和义务。承包经营土地的单位和个人，有保护和按照承包合同约定的用途合理利用土地的义务。

《民法典》第 333 条规定："土地承包经营权自土地承包经营权合同生效时设立。登记机构应当向土地承包经营权人发放土地承包经营权证、林权证等证书，并登记造册，确认土地承包经营权。"据此，登记只是对已经设立的土地承包经营权的确认，换言之，即使未进行登记，承包人也已经享有土地承包经营权。

村民邵某一家四口在第二轮承包中，与村集体经济组织签订土地承包经营权合同，承包村南黄河滩地农地 8 亩，双方虽然没有办理登记，邵某也已经在土地承包经营权合同生效时取得了土地承包经营权。

长期以来，不少地方的承包地存在地块面积不清、四至不清、空间位置不明、登记簿不健全等问题，导致农民土地权益依法保障程度低。为把农户承包地搞准、搞清、搞实，党的十八大之后，中央对确权登记颁证工作做出了一系列决策部署。习近平总书记也指出，建立土地承包经营权登记制度，是实现土地承包关系稳定的保证，要把这项工作抓紧抓实，真正让农民吃上“定心丸”。[①] 国家对耕地、林地和草地等实行统一登记，登记机构应当向承包方颁发土地承包经营权证或者林权证等证书，并登记造册，确认土地承包经营权。

为保障农村妇女的土地承包权益，农业农村部曾明确提出，在土地承包经营权确权登记簿和权证上写上妇女名字，实现农村妇女“证上有名，名下有权”。《农村土地承包法》第 24 条第 2 款规定，土地承包经营权证或者林权证等证书应当将具有土地承包经营权的全部家庭成员列入。据此，登记机关应当将农户内具有土地承包经营权的全部家庭成员查清并列入，对农户内每位家庭成员的土地承包经营权予以确认。

村民邵某一家四口在第二轮承包中，与村集体经济组织签订土地承包经营权合同，取得了土地承包经营权。登记机关在确权登记和办理土地承包经营权证时，应当将邵某一家四口的名字全部列入证书中，不能只列户主的名字。

不动产登记费按件收取，不得按照不动产的面积、体积或者价款的比例收取。登记机构除按规定收取证书工本费外，不得收取其他费用。这样的规定，有利于防止登记机关借登记名义乱收费，减轻农民负担，维护农民合法权益。

发包人能不能在承包期内收回或调整承包地？

《民法典》第 337 条规定：“承包期内发包人不得收回承包地。法律另有规定的，依照其规定。”国家保护进城农户的土地承包经营权。不得以退出土地承包经营权作为农户进城落户的条件。承包期内，承包农户进城落户的，引导支持其按照自愿有偿原则依法在本集体经济组织内转让土地承包经营权或者将

---

① 参见黄薇主编：《中华人民共和国民法典物权编释义》，法律出版社 2020 年版，第 331 页。

承包地交回发包方,也可以鼓励其流转土地经营权。承包期内,承包方交回承包地或者发包方依法收回承包地时,承包方对其在承包地上投入而提高土地生产能力的,有权获得相应的补偿。

《民法典》第336条规定:"承包期内发包人不得调整承包地。因自然灾害严重毁损承包地等特殊情形,需要适当调整承包的耕地和草地的,应当依照农村土地承包的法律规定办理。"承包期内,因自然灾害严重毁损承包地等特殊情形对个别农户之间承包的耕地和草地需要适当调整的,必须经本集体经济组织成员的村民会议2/3以上成员或者2/3以上村民代表的同意,并报乡(镇)人民政府和县级人民政府农业农村、林业和草原等主管部门批准。承包合同中约定不得调整的,按照其约定。

农村集体经济组织、村民委员会或者其负责人作出的决定侵害集体成员合法权益的,受侵害的集体成员可以请求人民法院予以撤销。

田某在第二轮土地承包时,与村委会签订了土地承包合同,承包期限30年。2013年该村召开集体经济组织成员的村民会议,决定对承包进行调整,将田某承包的土地交由李某承包经营,田某认为该决定侵害了其土地承包经营权,起诉至法院要求撤销该决定。一审法院认为承包方案经村民讨论决定,具有法律效力,判决驳回田某的诉讼请求。田某不服法院一审判决,提起上诉。二审法院认为,承包期内发包方不得调整土地,仅在自然灾害严重毁损承包地等特殊情况下,可以经本集体经济组织成员民主程序予以调整,本案不存在调整理由,判决撤销一审判决,支持田某的诉讼请求。本案中,集体经济组织通过召开村民会议等方式,对土地承包方案进行调整的决定,违反农村土地承包法对承包权保护等法律规定,侵害承包人权益,承包人有权依据《民法典》的规定,向人民法院起诉请求撤销该决定,人民法院应当予以支持。

土地承包经营权能不能进行互换、转让?

土地承包经营权人依照法律规定,有权将土地承包经营权互换、转让。未经依法批准,不得将承包地用于非农建设。土地承包经营权互换、转让的,当事人可以向登记机构申请登记;未经登记,不得对抗善意第三人。

土地承包经营权互换,是指土地承包经营权人将自己的土地承包经营权交给他人行使,自己行使从他人之处换来的土地承包经营权。《农村土地承包法》第33条规定:“承包方之间为方便耕种或者各自需要,可以对属于同一集体经济组织的土地的土地承包经营权进行互换,并向发包方备案。”表面上是土地的交换,实质是权利的交换。现行立法允许农民在自愿原则下通过互换并地方式解决承包地细碎化的问题。由于这种交换改变了原有权利的分配,还涉及义务的履行问题,故应当向发包方备案。在互换问题上,只要不违反法律或侵害他人的合法权益,发包方一般不应干涉。值得说明的是,土地承包经营权互换之后,不得改变土地的用途。如原来确定的用途是种植粮食作物的,不能用于开挖鱼塘。另外,承包方只能与属于同一集体经济组织的农户互换土地承包经营权,不能与其他集体经济组织的农户互换土地承包经营权。

土地承包经营权转让,是指土地承包经营权人将其享有的土地承包经营权移转给他人,从而由他人取得土地承包经营权的行为。《农村土地承包法》第34条规定:“经发包方同意,承包方可以将全部或者部分的土地承包经营权转让给本集体经济组织的其他农户,由该农户同发包方确立新的承包关系,原承包方与发包方在该土地上的承包关系即行终止。”转让不同于互换的地方在于,转让方不再享有土地承包经营权。转让的具体条件为:首先,转让土地承包经营权必须征得发包方同意。转让土地承包经营权意味着承包合同的权利义务一并转移给他人,按照合同法的一般原理,应当经过合同对方当事人同意。其次,受让方必须是本集体经济组织的其他农户。转让方不得将土地承包经营权转让给本集体经济组织以外的人。最后,受让方与发包方成立新的承包关系,转让方与发包方的原承包关系终止。如果转让方是部分转让土地承包经营权,对转出部分,发包方与受让方确立新的承包关系;对于未转让部分,原承包人与发包方应重新确立承包关系,变更原来的承包合同。

土地承包经营权互换、转让的,当事人可以向登记机构申请登记。未经登记,不得对抗善意第三人。与《民法典》规定相同,这里的登记仅具有对抗效力,即当事人未进行登记的,不影响互换、转让的效力,只是不能对抗善意第三人。

陈俊生将其取得的土地承包经营权转让给同村的田武臣,并未进行变更登记。后陈俊生又将土地承包经营权转让给了吕慧,同时办理了变更登记。如果田武臣和吕慧就该地的土地承包经营权发生纠纷,吕慧的土地承包经营权应当受到法律保护,田武臣将不能取得土地承包经营权。因此,受让方为了保护自己的利益,应当尽量办理变更登记。

土地承包经营权能不能抵押?

家庭承包方式取得的土地承包经营权不得抵押。《农村土地承包法》第47条规定:"承包方可以用承包地的土地经营权向金融机构融资担保,并向发包方备案。"据此,承包方如果要为融资贷款提供担保,只能将承包地的土地经营权抵押给金融机构,而土地承包经营权则不得抵押给金融机构。

土地承包经营权能不能继承?

《农村土地承包法》第32条规定:"承包人应得的承包收益,依照继承法的规定继承。林地承包的承包人死亡,其继承人可以在承包期内继续承包。"据此,土地承包经营权原则上不能继承,承包人应得的承包收益,如农地上未收割的庄稼,可以由继承人按照继承法的规定进行继承。林地的继承人可以在承包期内继续承包,因此,我们一般认为,林地的土地承包经营权允许继承。

如何取得土地经营权?

《民法典》第339条规定:"土地承包经营权人可以自主决定依法采取出租、入股或者其他方式向他人流转土地经营权。承包方向他人流转土地经营权的,应向发包方备案。"

首先,土地经营权设立中,出让方是土地承包经营权人,即农村承包经营户,并非承包农户的个别家庭成员。受让方既可以是本集体经济组织成员,也可以是非本集体经济组织成员,既可以是个人,也可以是合作社、公司等社会组织。

其次,土地经营权流转应当遵循以下原则:(1)依法、自愿、有偿,任何组织和个人不得强迫或者阻碍土地经营权流转;(2)不得改变土地所有权的性质和土地的农业用途,不得破坏农业综合生产能力和农业生态环境;(3)流转期限不得超过承包期的剩余期限;(4)受让方须有农业经营能力或者资质;(5)在同等条件下,本集体经济组织成员享有优先权。

再次,土地经营权流转,当事人双方应当签订书面流转合同。土地经营权流转合同一般包括以下条款:(1)双方当事人的姓名、住所;(2)流转土地的名称、坐落、面积、质量等级;(3)流转期限和起止日期;(4)流转土地的用途;(5)双方当事人的权利和义务;(6)流转价款及支付方式;(7)土地被依法征收、征用、占用时有关补偿费的归属;(8)违约责任。承包方将土地交由他人代耕不超过一年的,可以不签订书面合同。土地经营权流转的价款,应当由当事人双方协商确定。流转的收益归承包方所有,任何组织和个人不得擅自截留、扣缴。

承包方不得单方解除土地经营权流转合同,但受让方有下列情形之一的除外:(1)擅自改变土地的农业用途;(2)弃耕抛荒连续2年以上;(3)给土地造成严重损害或者严重破坏土地生态环境;(4)其他严重违约行为。

复次,土地经营权流转期限为5年以上的,当事人可以向登记机构申请土地经营权登记。未经登记,不得对抗善意第三人。

最后,承包方向他人流转土地经营权,应当向发包方备案。承包方流转土地经营权的,其与发包方的承包关系不变。这是因为,承包方只是将土地经营权流转出去,其承包人的身份并未发生变化。

农村建设用地的权利有哪些?

建设用地指"建造建筑物、构筑物的土地",包括"商业、工矿、仓储、公用设施、公共建筑、住宅、交通、水利设施、特殊用地等"。集体所有的土地用于建设目的的,根据具体用途可以进一步分类,包括集体非经营性建设用地使用权、集体经营性建设用地使用权和宅基地使用权。

集体建设用地的使用者应当严格按照土地利用总体规划、城乡规划确定的用途使用土地。乡镇企业、乡(镇)村公共设施、公益事业、农村村民住宅等乡(镇)村建设,应当按照村庄和集镇规划,合理布局,综合开发,配套建设;建设用地,应当符合乡(镇)土地利用总体规划和土地利用年度计划,并依照相关规定办理审批手续。

建设占用土地,涉及农用地转为建设用地的,应当办理农用地转用审批手续。

有下列情形之一的,农村集体经济组织报经原批准用地的人民政府批准,可以收回土地使用权:(1)为乡(镇)村公共设施和公益事业建设,需要使用土地的;(2)不按照批准的用途使用土地的;(3)因撤销、迁移等原因而停止使用土地的。为乡(镇)村公共设施和公益事业建设,收回农民集体所有的土地的,对土地使用权人应当给予适当补偿。收回集体经营性建设用地使用权,依照双方签订的书面合同办理,法律、行政法规另有规定的除外。

什么是集体非经营性建设用地使用权?

《土地管理法》第 61 条规定:“乡(镇)村公共设施、公益事业建设,需要使用土地的,经乡(镇)人民政府审核,向县级以上地方人民政府自然资源主管部门提出申请,按照省、自治区、直辖市规定的批准权限,由县级以上地方人民政府批准;其中,涉及占用农用地的,依照本法第四十四条的规定办理审批手续。”

什么是集体经营性建设用地使用权?

长期以来存在的城乡二元结构,导致土地利用存在国有土地和集体所有土地的差别对待问题比较突出。改革开放之后,我国形成了城市国有土地有偿使用的制度。1988 年的宪法修正案提出了“土地的使用权可以依照法律的规定转让”,且该规定并没有限制土地来源的类型,但原《土地管理法》却规定,农民集体所有的土地的使用权不得出让、转让或者出租用于非农业建设。这就在事实上造成了只有国有土地可以出让给他人设定建设用地使用权的结果,从而国家垄断了土地的一级市场,即如果要通过出让取得建设用地使用权进行商品房或工商业开发利用,则只有国有土地才能进行;如果是集体所有的土地,则必须先通过征收为国家所有,然后再进行出让。这令集体所有的土地无法进入土地的一级市场,且地方政府在征收集体所有土地的过程中存在诸多不规范的行为,使集体的利益受到不利的影响。

党的十八届三中全会通过的《中共中央关于全面深化改革若干重大问题的决定》明确规定,建设城乡一体的建设用地市场,在符合规划和用途管制的前提下,允许集体经营性建设用地入市,允许农村集体经营性建设用地与国有土地同等入市,同权同价。2014 年 12 月 2 日,中央全面深化改革领导小组第七次会议审议通过的《关于农村土地征收、集体经营性建设用地入市、宅基地制度改革试点工作的意见》明确指出,针对农村集体经营性建设用地权能不完整,不能同等入市、同权同价和交易规则亟待健全等问题，要完善农村集体经营性建设用地产权制度，赋予农村集体经营性建设用地出让、租赁、入股权能；明确农村集体经营性建设用地入市范围和途径；建立健全市场交易规则和服务监管制度。建立兼顾国家、集体、个人的土地增值收益分配机制，合理提高个人收益。针对土地增值收益分配机制不健全，兼顾国家、集体、个人之间利益不够等问题，要建立健全土地增值收益在国家与集体之间、集体经济组织内部的分配办法和相关制度。这为集体经营性建设用地使用权进入土地一级市场提供了政策支持，中央也明确提出要建立同权同价、流转顺畅、收益共享的农村集体经营性建设用地入市制度。

2015 年 2 月 27 日，国家在 33 个地区开展集体经营性建设用地入市试点，标志着集体经营性建设用地入市正式启动并进入实质性推进阶段。

对地方政府而言，集体经营性建设用地入市后，政府可直接参与分配流转中产生的收益，或者通过税收分享收益成果。在试点地区中，政府按照入市或再转让农村集体经营性建设用地土地增值收益的 20% ~50% 征收调节金，在契税暂无法覆盖农村集体经营性建设用地入市环节的过渡时期，政府还会再按成交价款的 3% ~5% 征收与契税相当的调节金。

对集体经济组织而言，农村集体经济组织是农村集体土地所有权的行使主体，可享有占有、使用、收益和处分土地所带来的收益，集体土地入市后产生的收益可用于农村基础设施和公用事业的建设、集体经济组织范围内成员的社会保障等用途。

对农民而言，集体经营性建设用地入市产生的收益无论是采用明确的比例分配给农民，还是由集体经济组织利用该收益提供农村公共服务，农民都是集体经营性建设用地流转收益的最终受益者。

2019 年修正的《土地管理法》对中央提出的集体经营性建设用地使用权改革政策作出了回应，也确认了集体经营性建设用地入市交易的这一试点成果，集体经营性建设用地土地所有权人可以通过出让、出租等方式交由单位或者个人使用，打破了政府对土地的垄断供应。

2020 年 3 月 30 日，《中共中央　国务院关于构建更加完善的要素市场化配置体制机制的意见》提出，建立健全城乡统一的建设用地市场。加快修改完善土地管理法实施条例，完善相关配套制度，制定出台农村集体经营性建设用地入市指导意见。

建立健全城乡统一的建设用地市场,意味着建立两种所有制土地权利平等的制度。赋予集体所有土地与国有土地同等的占有、使用、收益和处分权,对两种所有制土地所享有的权利予以平等保护。以用途管制为唯一的准入制度。在此条件下,农民集体土地依法享有平等进入非农使用的权利和平等分享土地非农增值收益的权利。农民集体所有土地在符合用途管制前提下,也可不改变所有制性质进行非农建设。

住房和城乡建设部于2014年7月11日发布的《村庄规划用地分类指南》规定,村庄各类集体建设用地,包括村民住宅用地、村庄公共服务用地、村庄产业用地、村庄基础设施用地及村庄其他建设用地等。

其中与集体经营性建设用地最为接近的应是"村庄产业用地",具体是指"用于生产经营的各类集体建设用地,包括村庄商业服务业设施用地、村庄生产仓储用地"。其中村庄商业服务业设施用地"包括小超市、小卖部、小饭馆等配套商业、集贸市场以及村集体用于旅游接待的设施用地等";村庄生产仓储用地是指"用于工业生产、物资中转、专业收购和存储的各类集体建设用地,包括手工业、食品加工、仓库、堆场等用地"。因此,所谓"集体经营性建设用地"应主要指隶属于集体的"商业、工矿、仓储用地"。

《土地管理法》第23条规定:"各级人民政府应当加强土地利用计划管理,实行建设用地总量控制。土地利用年度计划,根据国民经济和社会发展计划、国家产业政策、土地利用总体规划以及建设用地和土地利用的实际状况编制。土地利用年度计划应当对本法第六十三条规定的集体经营性建设用地作出合理安排。土地利用年度计划的编制审批程序与土地利用总体规划的编制审批程序相同,一经审批下达,必须严格执行。"

据此,集体土地要想入市交易,必须符合下列条件:首先,必须存在相应的土地利用规划,没有规划的土地不能入市交易;其次,必须是规划为工业、商业等经营性用途的集体经营性建设用地才能入市交易,集体公益性建设用地和宅基地则不能进行交易;最后,必须是经依法登记、权属关系清晰的集体土地。

"小产权房"何去何从?

在过去较长时间内,国家垄断土地一级市场,集体所有的土地不得直接进行出让,为他人设立建设用地使用权。因此,“小产权房”是在农村集体土地上建设的房屋,未办理相关证件,未缴纳土地出让金等费用,其产权证不是由国家房管部门颁发,而是由乡(镇)政府或村政府颁发,亦称“乡产权房”,其实质是无产权房。“小产权房”的购房合同在国土房管局不会给予备案。不得确权发证,不受法律保护。

田某与赵某签订房屋买卖协议,约定将田某名下的“小产权房”卖给赵某,价款为18万元,赵某在协议签订之日起3日内付清房款,同时田某交房给赵某。协议签订后,田某与赵某如约履行了协议,但因买卖的房屋所占用的土地属于集体土地,房屋一直未能办理过户手续。5年后,该房屋因征地被划入拆迁范围,该房屋拆迁款预计超过百万元,田某诉至法院要求确认与赵某签订的房屋买卖协议无效,同时要求赵某退还房屋。

面对土地征收带来巨大的拆迁利益,部分农村居民将农村的“小产权房”出售后,违背诚信和罔顾道德,以诉讼方式追讨“小产权房”。按现行的法律规定,法院一般会确认这类房屋买卖合同无效,买卖双方各自返还房屋和房款。但这一行为显然有失诚信和违背传统的道德。因此,法院在审理此类案件时,通常应公平合理地进行处理,即使房屋买卖协议被确认无效后,可得利益不应由一方独享,而应考虑各种因素在买卖双方之间进行公平合理的分配。

当然,随着集体经营性建设用地可以同等入市,“小产权房”出现的情况会越来越少。《关于农村集体土地确权登记发证的若干意见》发布后,自然资源部曾明确表示,力争在3年时间内基本完成全国农村集体土地的确权登记发证工作。目前,农村集体土地的确权登记已完成70%～80%。并明确制定出“小产权房”最新政策,“小产权房”不得登记发证。

自然资源部官网上曾提出过“小产权房”的处理思路,即“先清理后治理”。针对已经存在的存量“小产权房”,按不同情况补缴不等的土地出让金,以解决小产权历史遗留问题。至于存量的“小产权房”最后如何解决其合法化问题,仍有待观察。

七彩星城位于南京市雨花台区,是南京市规模最大的“小产权房”小区之一。2007年1月20日,雨花台区集体土地性质楼盘七彩星城首度开盘,开发商明确告知购房者,该项目为“小产权房”。开发商在购房合同上,明确承诺将负责房产的“转正”,即在2009年12月31日之前,能够领取房产证和土地证。但是，到了2009年年底，开发商承诺的“小产权房转正”并没有实现，为此业主和开发商之间多番交涉。2012年初，七彩星城在补缴了土地出让金之后，成功领取了项目的国有土地证。2012年2月，有七彩星城业主收到短信息通知称，可以拿土地证了，随后就传出了七彩星城即将“转正”的消息。

南京市国土局表示，七彩星城项目补办土地出让手续，是市政府对本市历史遗留的集体土地房地产进行处置的延续，不可解读为“小产权房转正”。七彩星城项目单位于2007年8月办理了土地征用手续，2010年11月申请办理土地出让手续，目前市政府已经批准，按规定补缴了7000余万元土地出让金，取得了“宁雨国用2012第00347号”国有土地使用证。所以，这并不能理解成南京“小产权房”可以“转正”。

什么是宅基地使用权？

农村宅基地，是指农村村民用于建造住宅及其附属设施的集体建设用地，包括住房、附属用房和庭院等用地，不包括与宅基地相连的农业生产性用地、农户超出宅基地范围占用的空闲地等土地。宅基地使用权，是指以建造自己的住宅及其附属设施为目的，对集体所有的土地进行占有和使用的权利。农民集体拥有宅基地所有权，农村集体经济组织成员拥有宅基地使用权，符合条件的农户具有分配宅基地的资格。宅基地使用权属于民法中的用益物权。

宅基地制度是中国特色土地制度的重要组成部分，其核心是维护农村土地集体所有和保障农民基本居住权利。新中国成立以来，历经演变，我国农村宅基地制度框架已基本形成，其基本特征是：集体所有、成员使用，一户一宅、限定面积，无偿取得、长期占有，规划管控、内部流转。这一制度安排在保障农村“户有所居、民不失所”等方面发挥了极为重要的作用，促进了农村经济发展和社会稳定。

宅基地是农村村民的基本居住保障用地。《中央农村工作领导小组办公室农业农村部关于进一步加强农村宅基地管理的通知》（中农发〔2019〕11号）要求，要充分保障宅基地农户资格权和农民房屋财产权。不得以各种名义违背农民意愿强制流转宅基地和强迫农民“上楼”，不得违法收回农户合法取得的宅基地，不得以退出宅基地作为农民进城落户的条件。严格控制整村撤并，规范实施程序,加强监督管理。严禁借流转之名违法违规圈占、买卖宅基地。

《中央农村工作领导小组办公室农业农村部关于进一步加强农村宅基地管理的通知》(中农发〔2019〕11号)进一步要求,合理安排宅基地用地,严格控制新增宅基地占用农用地,不得占用永久基本农田;涉及占用农用地的,应当依法先行办理农用地转用手续。城镇建设用地规模范围外的村庄,要通过优先安排新增建设用地计划指标、村庄整治、废旧宅基地腾退等多种方式,增加宅基地空间,满足符合宅基地分配条件农户的建房需求。城镇建设用地规模范围内,可以通过建设农民公寓、农民住宅小区等方式,满足农民居住需要。

2013年11月,党的十八届三中全会通过《中共中央关于全面深化改革若干重大问题的决定》,明确了农村宅基地制度改革的目标任务,主要内容是:保障农户宅基地用益物权,改革完善农村宅基地制度,选择若干试点,慎重稳妥推进农民住房财产权抵押、担保、转让,探索农民增加财产性收入渠道;建立农村产权流转交易市场,推动农村产权流转交易公开、公正、规范运行。

根据中共中央办公厅、国务院办公厅《关于农村土地征收、集体经营性建设用地入市、宅基地制度改革试点工作的意见》,改革完善农村宅基地制度的主要内容是"两探索、两完善",完善宅基地权益保障和取得方式,探索宅基地有偿使用制度,探索宅基地自愿有偿退出机制,完善宅基地管理制度。

2018年中央1号文件《中共中央　国务院关于实施乡村振兴战略的意见》在"深化农村土地制度改革"中提出,探索宅基地所有权、资格权、使用权"三权分置",落实宅基地集体所有权,保障宅基地农户资格权和农民房屋财产权,适度放活宅基地和农民房屋使用权。

2019年中央1号文件要求"稳慎推进农村宅基地制度改革,拓展改革试点,丰富试点内容,完善制度设计"。

2020年中央1号文件要求"以探索宅基地所有权、资格权、使用权'三权分置'为重点,进一步深化农村宅基地制度改革试点"。按照中央要求,农业农村部将牵头组织试点,拓展试点范围,丰富试点内容,完善制度设计,围绕宅基地所有权、资格权、使用权"三权分置",探索完善宅基地分配、流转、抵押、退出、使用、收益、审批、监管等制度的方法路径,总结一批可复制、能推广、惠民生、利修法的制度创新成果。构建依法公平取得、节约集约使用、自愿有偿退出的农村宅基地制度。

什么是“一户一宅”制度？

农村村民一户只能拥有一处宅基地，其宅基地的面积不得超过省、自治区、直辖市规定的标准。人均土地少、不能保障一户拥有一处宅基地的地区，县级人民政府在充分尊重农村村民意愿的基础上，可以采取措施，按照省、自治区、直辖市规定的标准保障农村村民实现户有所居。

宅基地的面积标准（湖南）：农村居民建住宅每户用地面积（包括住房、杂屋、厕所、畜舍和庭院晒坪），山地、丘陵不超过230平方米，湖区、平原不超过200平方米，城市和县城近郊不超过160平方米。在不超过上述限额的前提下，具体标准由县、市人民政府规定。

谁来审核批准农村宅基地？

农村村民住宅用地，由乡（镇）人民政府审核批准；其中，涉及占用农用地的，依照相关规定办理审批手续。农村宅基地审批监管“三到场”是指宅基地申请审查到场、开工前丈量批放到场和建成后核查验收到场。

宅基地申请审查到场：收到宅基地和建房（规划许可）申请后，乡（镇）政府要及时组织农业农村、自然资源部门实地审查申请人是否符合条件、拟用地是否符合规划和地类等。

开工前丈量批放到场：经批准用地建房的农户，应当在开工前向乡（镇）政府或授权的牵头部门申请划定宅基地用地范围，乡（镇）政府及时组织农业农村、自然资源等部门到现场进行开工查验，实地丈量批放宅基地，确定建房位置。

建成后核查验收到场：农户建房完工后，乡（镇）政府组织相关部门进行验收，实地检查农户是否按照批准面积、四至等要求使用宅基地，是否按照批准面积和规划要求建设住房，并出具《农村宅基地和建房（规划许可）验收意见表》。

为完善农村宅基地审核批准机制，《农业农村部自然资源部关于规范农村宅基地审批管理的通知》明确规定，乡（镇）政府要探索建立一个窗口对外受理、多部门内部联动运行的农村宅基地用地建房联审联办制度，方便农民群众办事。根据农业农村、自然资源等部门联审结果，由乡（镇）政府对农民宅基地申请进行审批,出具《农村宅基地批准书》,鼓励地方将乡村建设规划许可证由乡(镇)一并发放,并以适当方式公开。

如何取得宅基地使用权?

农村村民建住宅,应当符合乡(镇)土地利用总体规划、村庄规划,不得占用永久基本农田,并尽量使用原有的宅基地和村内空闲地。编制乡(镇)土地利用总体规划、村庄规划应当统筹并合理安排宅基地用地,改善农村村民居住环境和条件。农村村民住宅用地,由乡(镇)人民政府审核批准;其中,涉及占用农用地的,依照有关规定办理审批手续。

(1)申请宅基地的条件。依据土地管理法,结合各省(自治区、直辖市)宅基地管理的有关规定,农村村民有下列情况之一的,可以以户为单位申请宅基地:①无宅基地的;②因子女结婚等原因确需分户而现有的宅基地低于分户标准的;③现住房影响乡(镇)村建设规划,需要搬迁重建的;④符合政策规定迁入村集体组织落户为正式成员且在原籍没有宅基地的;⑤因自然灾害损毁或避让地质灾害搬迁的。各省(自治区、直辖市)对农户申请宅基地条件有其他规定的,应同时满足其他条件要求。

村民申请建房,有下列情形之一的,不予批准:①不是本集体经济组织成员的;②不符合村庄规划的;③不符合一户一宅规定的;④原有住房出卖、出租、赠与他人或者改作生产经营用途的;⑤所申请的宅基地存在权属争议的;⑥法律、法规、规章规定的其他不予批准的情形。

(2)向村民委员会提出申请。村民申请建房,应当持下列材料向村民委员会提出申请:①建房申请书;②建房审批表;③申请人身份证和户口簿;④住宅建设工程设计方案或者政府免费提供的设计图。

拆旧异地新建房屋的,需提供原宅基地使用权证明和同意自愿退出原宅基地、按规定复垦并交由集体经济组织调剂处理的承诺书。允许进城落户的村民依法自愿有偿退出宅基地,鼓励农村集体经济组织及其成员盘活利用闲置宅基地和闲置住宅。

(3)村民委员会讨论通过。村民委员会收到村民书面申请建房材料,应当及时召开村民会议或者村民代表会议进行讨论。通过后,出具书面意见报乡

(镇)人民政府审核。

(4)乡(镇)人民政府审批。乡(镇)人民政府应当自收到村民申请建房相关材料之日起5个工作日内,组织有关单位和人员进行现场核查。经核查符合批准条件的,由乡(镇)人民政府依法办理规划许可、用地审批手续。涉及农用地转用或者占用林地的,依法办理审批手续。村民应当按照审批要求建房。未经批准,不得建房。

(5)定位放线和开工建设。乡(镇)人民政府应当在建房申请人办理完毕建设规划和用地审批手续后5个工作日内,会同村民委员会到现场进行免费定位放线。定位放线后,村民住房建设方可开工。

(6)竣工验收和办理不动产登记。竣工验收合格的,建房村民应当将建房资料在15日内报村民委员会,由村民委员会统一报乡(镇)人民政府存档,并按照规定申请办理不动产登记。

农民建房能否使用农用地?

农民建房在符合规划的条件下可以使用农用地,但要依法先行办理农用地转用手续。农用地转为建设用地的,按照土地管理法的规定,在土地利用总体规划确定的城市和村庄、集镇建设用地规模范围内,为实施规划将永久基本农田以外的农用地转为建设用地的,按土地利用年度计划分批次分别由原批准土地利用总体规划的机关或者其授权的机关批准;在已批准的农用地转用范围内,具体可以由市、县人民政府批准。在土地利用总体规划确定的城市和村庄、集镇建设用地规模范围外,将永久基本农田以外的农用地转为建设用地的,由国务院或者国务院授权的省、自治区、直辖市人民政府批准。永久基本农田转为建设用地的,由国务院批准。

农房与商品房的区别是什么?

农房是农村中供村民居住的房屋,与商品房的区别主要有:

(1)土地性质不同。农房建设占用集体所有土地中的宅基地,商品房建设则是占用国有建设用地,或者集体经营性建设用地。

(2)取得方式不同。农房只允许符合条件的农村集体经济组织成员申请取得宅基地进行建设，商品房是由具有房地产开发资质的企业取得国有建设用地或者集体经营性建设用地进行开发建设。

(3) 土地使用年限不同。现行法律和政策没有具体规定农村宅基地使用权期限；商品房用地的建设用地使用权期限一般是 70 年，期间届满的，自动续期。

(4) 交易条件不同。农房只能在本村集体经济组织内部经批准后交易给符合宅基地分配资格的成员，不得抵押；商品房可以在市场上出售、租赁和抵押，交易自由。

宅基地使用权能不能转让？

宅基地使用权转让须在征得宅基地所有权人同意的前提下，在村集体经济组织内部进行，且受让人须为符合宅基地申请条件的农村村民。各省（自治区、直辖市）对宅基地转让作出其他条件要求的，须同时满足规定要求。

宅基地上的住宅能不能转让？

由于宅基地使用权只能在村集体经济组织内部进行转让，因此，宅基地上的住宅也只能在村集体经济组织内部成员之间进行转让。《土地管理法》第 62 条第 5 款规定："农村村民出卖、出租、赠与住宅后，再申请宅基地的，不予批准。"

四川省高级人民法院在"何权与曹洪建房屋买卖合同纠纷申请再审民事裁定书"中明确指出，农村集体土地上的房屋只能在本农村集体经济组织内部进行转让，被申请人不属集体经济组织成员，故双方通过房屋转让将与房屋不可分离的宅基地使用权一并转让，与法律规定相悖，其双方签订的房屋买卖合同无效。

北京市高级人民法院在"王海民房屋买卖合同纠纷申诉、申请民事裁定书"中也同样认为，宅基地使用权是集体经济组织成员享有的权利，与特定的身份相联系，不允许转让。本案中，房屋买卖直接影响到宅基地的处分，损害了集体经济组织的利益，故二审法院认定该房屋买卖协议无效，符合法律规定，处理并无不当。

农村宅基地和住宅能不能继承?

我国过去的立法是,农村宅基地不能继承,农村宅基地上合法建造的房屋可以依法继承。农村宅基地所有权、宅基地使用权和房屋所有权相分离,宅基地所有权属于农民集体,宅基地使用权和房屋所有权属于农户。宅基地使用权人以户为单位,依法享有占有和使用宅基地的权利。在户内有成员死亡而农户存续的情况下,不发生宅基地继承问题。农户消亡时,权利主体不再存在,宅基地使用权灭失。此时,根据《民法典》的有关规定,被继承人的房屋作为其遗产由继承人继承。因房地无法分离,继承人继承房屋取得房屋所有权后,可以依法使用宅基地,但并不能取得用益物权性质的宅基地使用权。

现行立法对过去的做法进行了调整。自然资源部经商住房城乡建设部、民政部、国家保密局、最高人民法院、农业农村部、国家税务总局,对“十三届全国人大三次会议第3226号建议”中提到的“关于农村宅基地使用权登记问题”作出明确答复:农民的宅基地使用权可以依法由城镇户籍的子女继承并办理不动产登记。根据《民法典》规定,被继承人的房屋作为其遗产由继承人继承,按照房地一体原则,继承人继承取得房屋所有权和宅基地使用权,农村宅基地不能被单独继承。《不动产登记操作规范(试行)》明确规定,非本农村集体经济组织成员(含城镇居民),因继承房屋占用宅基地的,可按相关规定办理确权登记,在不动产登记簿及证书附记栏注记“该权利人为本农民集体经济组织原成员住宅的合法继承人”。

(1)城镇户籍子女可继承宅基地使用权不等于可继承宅基地。我国土地权利分为土地所有权、土地使用权和土地他项权利三种类型。宅基地属于农民集体所有,任何其他单位或个人不得享有宅基地所有权,因此,宅基地不存在继承问题。老百姓口中的继承宅基地,实际上是指继承宅基地使用权。

(2)城镇户籍子女可继承宅基地使用权,但农村宅基地不能被单独继承。被继承人的房屋作为其遗产由城镇户籍子女继承。因房地无法分离,城镇户籍子女因继承农村房屋而取得宅基地使用权。如果是空宅基地,则城镇户籍子女不得继承。

(3)城镇户籍子女可继承农村房屋,但继承的农村房屋不能翻建。城镇户籍子女继承的农村房屋不能翻建,只能使用到房屋倒塌为止。虽然城镇户籍子女继承的农村房屋不能翻建,但子女可选择在父母生前帮父母翻建房屋。

(4)城镇户籍子女继承的农村房屋如果要出售,只能在房屋所在集体经济组织内部进行。城镇户籍子女继承的农村房屋可以自用,也可以出租或买卖,但仅限于出卖给房屋所在的集体经济组织成员。

村民王浩和妻子柳敏在依法申请的宅基地上建有房屋一套,夫妻两人育有一子王伟,王伟读大学时将户口迁出,大学毕业后在城市工作落户,娶妻生子。2013 年王浩因病去世,此时因农户内仍有成员存在,即妻子柳敏仍然在世,因此不发生宅基地使用权继承问题,只要“户”还在,就由该“户”继续享有宅基地使用权。2018 年柳敏也去世,其子王伟虽已经取得城镇户籍,不属于户内成员,但是,该宅基地上的房屋属于柳敏的合法遗产,应当由其继承人继承,故王伟可以继承这套房屋,取得房屋的所有权,进而取得宅基地使用权。当然,在王伟进行不动产登记时,登记簿及证书附记栏注记“该权利人为本农民集体经济组织原成员住宅的合法继承人”。

农村土地纠纷如何解决?

1. 土地所有权和使用权权属争议

《土地管理法》第 14 条规定:“土地所有权和使用权争议,由当事人协商解决;协商不成的,由人民政府处理。单位之间的争议,由县级以上人民政府处理;个人之间、个人与单位之间的争议,由乡级人民政府或者县级以上人民政府处理。当事人对有关人民政府的处理决定不服的,可以自接到处理决定通知之日起三十日内,向人民法院起诉。在土地所有权和使用权争议解决前,任何一方不得改变土地利用现状。”

这里所说的土地所有权和使用权争议,主要是指土地所有权和使用权权属争议,此类争议应当先由人民政府处理,只有对有关人民政府的处理决定不服的,才可以自接到处理决定通知之日起 30 日内,向人民法院提起民事诉讼。发生土地所有权和使用权纠纷后,当事人直接向人民法院提起诉讼的,人民法院应当裁定不予受理;人民法院受理后发现不应当受理的,裁定驳回起诉。如果是土地所有权和使用权权属明确的前提下,发生的侵犯土地所有权和使用权的争议，当事人可以直接向人民法院提起民事诉讼。

作为村农民集体成员的个别村民认为村农民集体享有的土地所有权受到行政行为侵害，需要对有关行政机关主张权利的，应通过法定的途径和形式，将个别村民的意愿转化为村农民集体的意愿，以村农民集体的名义主张权利，作为村农民集体成员的个别村民未经授权原则上不能代表村农民集体提起行政诉讼。个别村民对相关行政行为不服且村集体经济组织或者村民委员会又不主动提起诉讼的，则该个别村民可以采取以下三种救济方式：其一，依照《村民委员会组织法》规定的程序，通过村民会议和村民代表会议形成集体决定，并由村民委员会执行；其二，根据《最高人民法院关于审理涉及农村集体土地行政案件若干问题的规定》第3条第1、2款“村民委员会或者农村集体经济组织对涉及农村集体土地的行政行为不起诉的，过半数的村民可以以集体经济组织名义提起诉讼”“农村集体经济组织成员全部转为城镇居民后，对涉及农村集体土地的行政行为不服的，过半数的原集体经济组织成员可以提起诉讼”之规定提起行政诉讼，以确保起诉代表整体村民的集体意志；其三，根据《最高人民法院关于审理涉及农村集体土地行政案件若干问题的规定》第4条“土地使用权人或者实际使用人对行政机关作出涉及其使用或实际使用的集体土地的行政行为不服的，可以以自己的名义提起诉讼”的规定提起行政诉讼。

2. 土地所有权和使用权纠纷解决途径

《民法典》第233条规定：“物权受到侵害的，权利人可以通过和解、调解、仲裁、诉讼等途径解决。”和解，是指无第三方介入时，争议双方自愿达成和解协议而解决民事纠纷的行为。当合同纠纷发生时，双方当事人可以直接沟通、协商从而达成和解协议，进而解决纠纷。诉讼外调解，是在第三方的主持下，争议双方进行协商，达成协议以解决民事纠纷的行为。仲裁，是指仲裁机构根据当事人的仲裁协议对民事财产纠纷进行审理并作出裁决的纠纷解决方式。民事诉讼，是指法院基于当事人的请求，运用国家审判权强行解决民事纠纷的机制。民事诉讼在审判阶段要依靠审判权确定民事权利义务关系，在执行阶段则要依靠执行权实现生效法律文书的内容。法院作出的发生法律效力的判决书、裁定书、调解书、决定书、支付令等若具有执行内容，而义务人拒不履行，法院可以依申请或依职权强制执行。

3. 土地所有权和使用权的具体保护方法

(1)物权确认请求权。因物权的归属、内容发生争议的,利害关系人可以请求确认权利。所谓确认之诉,是指原告请求法院确认其与被告之间是否存在某种民事法律关系。土地所有权或使用权争议的当事人可以提起诉讼,要求法院确认其为土地所有权人或土地使用权人。

(2)返还原物请求权。无权占有不动产或者动产的,权利人可以请求返还原物。土地所有权人或土地使用权人认为他人非法占有土地而侵害其权利的,可以要求侵害人将土地交还给权利人。

1982 年第一轮土地承包时文山县开化镇高末村将集体位于沙场的土地作为"饲料地"分给包括王某在内的部分村民栽种,但并未作为承包地发包。第二轮土地延包时也未将该部分"饲料地"发包到户。2002 年高末村为了发展村里的公益事业,决定将该部分"饲料地"收归集体统一管理,王某以该"饲料地"已栽种多年,形成事实上的承包关系而拒绝交回,村委会将王某诉至法院。

法院认为,农民集体所有的土地依法属于村农民集体所有,集体有权对属于集体所有的土地进行管理使用和处分。农民作为土地承包经营户依法对承包土地享有承包经营权。王某虽在"饲料地"栽种多年,但高末村并未将该地发包给王某栽种管理,因此,该地不属于承包土地,王某对争议地不享有土地承包经营权。该争议地仍属于集体所有。村集体将分给农户栽种的"饲料地"收归集体,是村集体行使自治权对集体所有的土地实行集体经营、管理的行为,符合法律规定。故判决村民王某返还属于高末村的土地。

北京市顺义区某村的村民苏某在建新房时违法侵占了村集体土地,村委会在与该村民多次交涉无果后,将该村民起诉至顺义区人民法院,要求苏某拆除超占范围内的建筑。村委会起诉称,2011 年 6 月 15 日,苏某在新建房屋时,拆除了村委会建在其宅基地使用范围外东侧,南北公共走道西侧的部分花墙,并且在村集体土地上新建厢房两间。村委会发现后当场予以了制止,但苏某不但不听劝阻而且执意将房建成。为维护村委会的合法权益,请求人民法院要求苏某立即拆去其超占集体土地而建成的新房,并将其拆除的花墙予以修复。苏某则认为,他是在祖传的宅院内建新房,并没有侵占村集体的土地。

法院经审理后认为,经法院现场按照苏某的集体土地建设用地使用证测量,苏某侵占集体土地建房的事实是存在的。苏某侵占村集体土地建房的行为,严重侵犯了村委会对村集体土地的使用权和管理权,并且影响了村民的日常通行。最后法院判令苏某在判决生效后10日内将其在集体土地上所建的两间新房拆除,并将其所拆除村委会的花墙予以修复。

(3)排除妨害或消除危险请求权。妨害物权或者可能妨害物权的,权利人可以请求排除妨害或者消除危险。

(4)损害赔偿请求权。侵害物权,造成权利人损害的,权利人可以依法请求损害赔偿,也可以依法请求承担其他民事责任。

高向阳霸占了陆明轩承包的农地,并在农地上堆放垃圾废物,致土地污染,陆明轩除了可以主张原物返还请求权外,还可以主张侵权损害赔偿请求权。

农村土地征收的事由有哪些?

《宪法》规定,国家为了公共利益的需要,可以依照法律规定对土地实行征收或者征用并给予补偿。

《民法典》规定,为了公共利益的需要,依照法律规定的权限和程序可以征收集体所有的土地和组织、个人的房屋以及其他不动产。征收集体所有的土地,应当依法及时足额支付土地补偿费、安置补助费以及农村村民住宅、其他地上附着物和青苗等的补偿费用,并安排被征地农民的社会保障费用,保障被征地农民的生活,维护被征地农民的合法权益。征收组织、个人的房屋以及其他不动产,应当依法给予征收补偿,维护被征收人的合法权益;征收个人住宅的,还应当保障被征收人的居住条件。任何组织或者个人不得贪污、挪用、私分、截留、拖欠征收补偿费等费用。

《土地管理法》规定,为了公共利益的需要,有下列情形之一,确需征收农民集体所有的土地的,可以依法实施征收:(1)军事和外交需要用地的;(2)由政府组织实施的能源、交通、水利、通信、邮政等基础设施建设需要用地的;(3)由政府组织实施的科技、教育、文化、卫生、体育、生态环境和资源保护、防灾减灾、文物保护、社区综合服务、社会福利、市政公用、优抚安置、英烈保护等公共事业需要用地的;(4)由政府组织实施的扶贫搬迁、保障性安居工程建设需要用地的;(5)在土地利用总体规划确定的城镇建设用地范围内,经省级以上人民政府批准由县级以上地方人民政府组织实施的成片开发建设需要用地的;(6)法律规定为公共利益需要可以征收农民集体所有的土地的其他情形。无论是《宪法》《民法典》还是《土地管理法》,都将征收的事由严格限制为"公共利益"目的。

农村土地征收的主体是谁?

征收的主体,是指享有发动征收的行政权力的主体,即有权力征收的主体。《土地管理法》第 47 条规定:"国家征收土地的,依照法定程序批准后,由县级以上地方人民政府予以公告并组织实施。"

首先,有权组织实施征收的主体是县级以上人民政府,因此,乡(镇)人民政府是无权实施征收的。其次,具体实施征收的是县级以上的自然资源主管部门,因此,开发区管理委员会是无权单独实施征收的。最后,这里的县级以上的人民政府是组织实施征收的主体,在实施征收中,还需要法定程序审批,审批主体不是县级人民政府。

农村土地征收应当遵守什么程序?

1. 土地征收启动公告、现状调查和社会稳定风险评估

需要征收土地,县(市)人民政府认为符合《土地管理法》规定的,应当发布土地征收启动公告,并开展土地现状调查和社会稳定风险评估。征收土地启动公告应当在拟征收土地所在的乡(镇)和村、村民小组范围内发布,公告时间不少于 5 个工作日。

土地征收启动公告内容包括征收范围、征收目的、开展土地现状调查的安排等。土地征收启动公告自发布之日起,任何单位和个人不得在拟征地范围内抢栽抢建;违反规定抢栽抢建的,不予补偿。

土地现状调查的内容包括土地的权属、地类、面积,以及农村村民住宅、其他地上附着物和青苗等的权属、种类、数量等信息。

社会稳定风险评估应当对征收土地的社会稳定风险状况进行综合研判,确定风险点,提出风险防范措施和处置预案。社会稳定风险评估结果是申请土地征收的重要依据。

2. 编制和公告征地补偿安置方案

县(市)人民政府应当依据社会稳定风险评估结果,结合土地现状调查情况,组织自然资源、财政、农业农村、人力资源和社会保障等有关部门编制征地补偿安置方案。征地补偿安置方案包括征收范围、土地现状、征收目的、补偿标准、安置方式和社会保障等内容。

征地补偿安置方案拟定后,县(市)人民政府应当在拟征收土地所在的乡(镇)和村、村民小组范围内发布征地补偿安置公告,公告时间不少于30日。征地补偿安置公告应当同时载明办理补偿登记期限、异议反馈渠道等内容。

多数被征地的农村集体经济组织成员认为补偿安置方案不符合法律、法规规定的,县(市)人民政府应当组织听证,并根据法律、法规的规定和听证会情况修改方案。

3. 补偿登记、征地补偿安置协议和决定

拟征收土地的所有权人、使用权人应当在公告规定期限内,持不动产权属证明材料办理补偿登记。据此,被征收人如果对补偿标准等相关事项均无异议,应当在上述事项公示期内到指定地点进行补偿登记,并与征收单位签订补偿协议。在协议签订后,应当依法交出土地。

被征收人如果同意政府进行征收,但对于自家的补偿标准或是自家的补偿内容存在异议,此时被征收人还是可以进行补偿登记的,但在补偿登记时应当注意,如果登记簿上记载的信息与被征收人的实际情况不一致,应当要求在登记簿上进行备注,如果相关单位不予备注的,切不可在登记簿上签字。如果被征收人还有一些事项没有与政府达成一致,切不可随意在补偿协议上签字,补偿协议应当等到与政府协商一致且无误后方可签字。

县级以上地方人民政府应当组织有关部门测算并落实有关费用,保证足额到位,与拟征收土地的所有权人、使用权人就补偿、安置等签订协议;个别确实难以达成协议的,应当在申请征收土地时如实说明。

县(市)人民政府根据法律、法规的规定和听证情况确定征地补偿安置方案后,组织有关部门与拟征收土地的所有权人、使用权人签订征地补偿安置协议。对个别未签订征地补偿安置协议的,县(市)人民政府应当依据征地补偿安置方案和补偿登记结果作出征地补偿安置决定。

最高人民法院在2019年4月作出的(2016)最高法行申2199号行政裁

定书中也认为,市、县人民政府在征地前先与被征收人签订土地补偿安置协议,落实补偿安置资金,充分体现了被征收人的知情权、参与权、监督权,是土地征收民主协商机制的重要体现。与被征地的村集体经济组织(或村民小组)中绝大多数成员就补偿标准等内容达成书面协议,征地补偿安置资金和社会保障费用落实后再启动土地征收程序,更能实现公共利益与被征收人合法权益的平衡保护。最高人民法院的上述裁判理由与新修订的《土地管理法》都要求"先签补偿协议,后下征收决定",即在征地依法报批前就要与拟征收土地的所有权人、使用权人就补偿、安置等签订协议,个别确实难以达成协议的,应当在申请征收土地时如实说明。当征地依法获省政府或者国务院批准后,所签协议自动生效并转化为正式的补偿协议;若征地未获批,则协议不发生法律效力。

4. 征地补偿费用

省、自治区、直辖市制定公布征收农用地的区片综合地价,确定土地补偿费、安置补助费的标准。地上附着物和青苗等补偿费用,归其所有权人所有。社会保障费用主要用于符合条件的被征地农民的养老保险等社会保险缴费补贴,依据省、自治区、直辖市规定的标准单独列支。申请土地征收的地方人民政府应当将土地补偿费、安置补助费、农村村民住宅、其他地上附着物和青苗等的补偿费用以及社会保障费用等足额预存,未足额预存的,不得申请土地征收。

5. 征收申请审批

县(市)人民政府完成征地前期工作(完成签订补偿安置协议和足额预存征地补偿费用)后,方可提出土地征收申请,按照《土地管理法》的规定将汇总的征地材料(主要包括农用地转用方案和土地征收申请)报有批准权的人民政府批准。有批准权的人民政府对征地是否符合《土地管理法》规定的公共利益进行审查,符合条件的,应当在国务院规定的时限内批准。

征收下列土地的,由国务院批准:(1)永久基本农田;(2)永久基本农田以外的耕地超过35公顷的;(3)其他土地超过70公顷的。征收前述规定以外的土地的,由省、自治区、直辖市人民政府批准。

征收农用地的，应当依照规定先行办理农用地转用审批。[①] 其中，经国务院批准农用地转用的，同时办理征地审批手续，不再另行办理征地审批；经省、自治区、直辖市人民政府在征地批准权限内批准农用地转用的，同时办理征地审批手续，不再另行办理征地审批，超过征地批准权限的，应当依照规定另行办理征地审批。

根据上述立法的规定，有权批准征收的行政机关有两级，即国务院和省级人民政府。审批权限的划分是按照土地用途来界定的。如果涉及基本农田，那无论多少面积都应当由国务院批准；如果是耕地超过了 35 公顷或者任意土地超过了 70 公顷，也均应当由国务院批准。[②] 对于其他土地征收项目，则可以由省级人民政府批准。

有批准权的政府批准征地后，会作出一份征地批准文件，也称为征地批复。如果是省级政府作出的征地批复，被征收人在知晓后可以申请行政复议，对复议结果不服的，还可以根据情况需要申请国务院裁决；如果是国务院作出的，则为终局决定。

《民法典》第 229 条规定："因人民法院、仲裁机构的法律文书或者人民政府的征收决定等，导致物权设立、变更、转让或者消灭的，自法律文书或者征收决定等生效时发生效力。"据此，征地批复作出后，即说明该地块由集体土地变成了国有土地，国家取得土地所有权。被征收人享有的土地所有权灭失，并产生获得征地补偿的权利。

6. 土地征收公告并组织实施

土地征收申请经依法批准后，拟实施征地的县（市）人民政府应当在被征收地块发布土地征收公告，并组织实施。

---

① 《土地管理法》第 44 条规定："建设占用土地，涉及农用地转为建设用地的，应当办理农用地转用审批手续。永久基本农田转为建设用地的，由国务院批准。在土地利用总体规划确定的城市和村庄、集镇建设用地规模范围内，为实施该规划而将永久基本农田以外的农用地转为建设用地的，按土地利用年度计划分批次按照国务院规定由原批准土地利用总体规划的机关或者其授权的机关批准。在已批准的农用地转用范围内，具体建设项目用地可以由市、县人民政府批准。在土地利用总体规划确定的城市和村庄、集镇建设用地规模范围外，将永久基本农田以外的农用地转为建设用地的，由国务院或者国务院授权的省、自治区、直辖市人民政府批准。"

② 为应对新冠肺炎疫情的影响，根据国务院《关于授权和委托用地审批权的决定》，相当一部分农用地转用审批、土地征收审批权限被授权、委托给省级政府行使。因此，2020 年大多数征地批准文件将由省政府作出。该授权期限为 1 年。

7. 强制执行

在征地批复公告后,标志着征收进入实施阶段。对于这个阶段还没有签订协议的被征收人,实施征收的人民政府将与其进一步协商,如果协商不成,政府将对个别被征收人作出责令交地的决定,并按照原定的补偿方案对其补偿。

被征收土地的所有权人、使用权人对土地征收不服的,可以依法申请行政复议或者提起行政诉讼。被征收土地所有权人、使用权人在规定的期限内不申请行政复议或者不提起行政诉讼,在规定的期限内又不腾退的,由县(市)人民政府依法申请人民法院强制执行。

人民法院强制执行完毕后,征收基本完成。实施征收的人民政府应当对被征收地块进行清理,整理出净地后,再通过划拨或是出让的方式将该地块交给新的开发单位,以建设新的项目。

农村土地征收拆迁补偿有哪些?

《土地管理法》第 48 条规定:"征收土地应当给予公平、合理的补偿,保障被征地农民原有生活水平不降低、长远生计有保障。征收土地应当依法及时足额支付土地补偿费、安置补助费以及农村村民住宅、其他地上附着物和青苗等的补偿费用,并安排被征地农民的社会保障费用。"以上各项费用的综合,称为征地补偿费。

征地补偿安置费用没有足额到位的,被征地农村集体经济组织及其成员有权拒绝交地;征地补偿安置费用足额到位的,被征地农村集体经济组织及其成员不得拖延交地。

1. 土地补偿费

(1)什么是土地补偿费?

土地补偿费是因国家征收土地对土地所有者在土地上的投入和收益造成损失的补偿。

(2)土地补偿费归谁?

土地补偿费补偿的对象是土地所有权人。农民集体享有集体土地所有权,因此,在农民集体失去其所有的土地时,拥有该土地征收后的所有征地补偿费。由于现实中,集体所有权是由农村集体经济组织或村民委员会代为行使,故土地补偿费也应由农村集体经济组织或村民委员会负责管理和组织分配。

土地补偿费等费用的使用、分配办法，应当依照法定程序经本集体成员决定。换言之，村集体有权以村民会议或村民代表会议的形式，决定征地补偿费的分配和使用，村集体可以将该集体收入用于开办集体企业，发展公益事业，可以分配到各户，可以分配给被征收承包经营土地的村民。实践中，农村集体经济组织收到土地补偿费却不分配，导致成员与集体经济组织之间发生纠纷，由此产生涉诉信访案件。

由于土地补偿费是对集体土地所有权丧失的补偿，其受益主体应当是集体经济组织内部的所有成员。集体经济组织成员取得土地补偿费是基于其集体成员身份而来的，与集体经济组织成员的个人劳动和贡献无关，因此，不存在所谓收益分配中的贡献大小和分配多少问题。因此，每一个集体经济组织成员，均有权要求平等分配该补偿费。现实生活中存在的基于性别歧视等原因进行差别待遇的做法，违反了集体经济组织成员身份的平等原则，属于对集体经济组织成员合法权益的侵害。

(3)土地补偿费的标准如何确定？

征收农用地的土地补偿费、安置补助费标准由省、自治区、直辖市通过制定公布区片综合地价确定。制定区片综合地价应当综合考虑土地原用途、土地资源条件、土地产值、土地区位、土地供求关系、人口以及经济社会发展水平等因素，并至少每三年调整或者重新公布一次。

(4)什么是征地区片综合地价？

征地区片综合地价是指在城镇行政区土地利用总体规划确定的建设用地范围内，依据地类、产值、土地区位、农用地等级、人均耕地数量、土地供求关系、当地经济发展水平和城镇居民最低生活保障水平等因素，划分区片并测算的征地综合补偿标准，原则上不含地上附着物和青苗的补偿费。

征地区片综合地价制定的基本原则：①维护被征地农民合法权益原则。征地区片价要确保被征地农民原有生活水平不因征地而降低，并体现长远生计和未来发展的需要。②同地同价原则。在同一区片内，不同宗地的征地补偿标准相同，且不因征地目的及土地用途不同而有差异。③协调平衡原则。征地区片价不得低于当地原征地补偿标准，省级行政区域内各市县的征地区片价应相互衔接。④公开听证原则。根据《国土资源听证规定》，征地区片价要依法组织听证,广泛听取有关部门、农村集体经济组织、农民及社会各方面的意见和建议。

区片的划定:①已经根据《农用地定级规程》完成农用地定级工作的市(县),在农用地级别的基础上,考虑人均耕地数量、土地区位、土地供求关系、当地经济发展水平和城镇居民最低生活保障水平等因素,对农用地级别进行修正和调整,划分区片。②没有开展农用地定级工作的市(县),可以行政村为基本单元,根据地类、人均耕地数量、土地区位等因素对基本单元进行综合评价和调整,划定区片。

根据《国土资源听证规定》,征地区片价必须依法组织听证,并根据听证情况进行修改,报省级国土资源部门综合平衡,评审验收。

如江苏省政府于2020年5月19日下发《关于公布江苏省征地区片综合地价最低标准的通知》。江苏省征收农民集体农用地的区片综合地价由土地补偿费和安置补助费组成,不包括法律规定用于社会保险缴费补贴的被征地农民社会保障费用、地上附着物和青苗等的补偿费用。全省征收农民集体所有农用地区片综合地价最低标准:一类地区6.4万元/亩,二类地区5.5万元/亩,三类地区4.7万元/亩,四类地区4万元/亩。各地制定的征地区片综合地价执行标准不得低于省人民政府规定的征地区片综合地价最低标准。

征收集体建设用地参照所在区片征收集体农用地区片综合地价标准执行。征收集体未利用地参照所在区片征收集体农用地区片综合地价标准的0.7倍执行。涉及征收依法取得的集体经营性建设用地采用宗地地价评估的方式确定。

根据全省经济发展状况,调整土地补偿费和安置补助费最低标准。土地补偿费最低标准:一类地区3.2万元/亩,二类地区2.75万元/亩,三类地区2.35万元/亩,四类地区2万元/亩;安置补助费最低标准:一类地区3.2万元/亩,二类地区2.75万元/亩,三类地区2.35万元/亩,四类地区2万元/亩。

浙江省政府于2020年4月24日发布《关于调整全省征地区片综合地价最低保护标准的通知》,规定征收农民集体所有农用地区片综合地价最低保护标准:征收农用地(不含林地),一类地区不低于6.2万元/亩,二类地区不低于5.6万元/亩,三类地区不低于4.8万元/亩。集体所有建设用地按征收农用地标准执行;林地和农民集体所有未利用地按不低于农用地标准的60%执行。同时,浙江省政府强调,应合理确定土地补偿费和安置补助费比例,其中土地补偿费不得高于征地区片综合地价的40%。

(5)土地补偿费怎么分配?

农民集体的土地被征用,在集体土地所有权消灭时,该土地上的土地承包经营权也随之消灭。虽然该土地承包经营权人可以按照法律规定取得地上附着物和青苗补助费,但这些都是属于承包人的实际损失所理应获得的补偿。土地承包经营权的灭失直接影响承包人今后的生活保障和经济收入,因此,土地补偿费在分配上应主要用于被征地承包户的补偿。按照土地补偿费主要用于被征地农户的原则,土地补偿费应在农村集体经济组织内部合理分配。具体分配办法由省级人民政府制定。土地被全部征收,同时农村集体经济组织撤销建制的,土地补偿费应全部用于被征地农民生产生活安置。

《湖南省人民政府办公厅关于加强农村集体经济组织征地补偿费分配使用监督管理的通知》规定,土地补偿费和安置补助费在该农村集体经济组织范围内统一分配。农村集体经济组织不能调整承包地给被征地农民,也没有对被征地农民进行安置的,必须将不少于75%的土地补偿费支付给被征地农民。被征地农民如不需要统一安置,安置补助费全部发放给被征地农民。征地补偿费分配使用预算方案要经过农村集体经济组织成员大会或成员代表会议批准,事后要将征地补偿费的实际收支、管理情况向农村集体经济组织成员大会或成员代表会议报告。

2.安置补助费

(1)什么是安置补助费?

安置补助费,俗称"劳力安置",是指国家建设征用农民集体土地后,为了解决以土地为主要生产资料并取得生活来源的农业人口因失去土地所给予的补助费用,依法以安置补助费的形式对永久失去家庭土地承包经营权的农户给予安置。

(2)安置补助费归谁?

需要安置的人员由农村集体经济组织安置的,安置补助费支付给农村集体经济组织,由农村集体经济组织管理和使用;由其他单位安置的,安置补助费支付给安置单位;不需要统一安置的,安置补助费发放给被安置人员个人或者征得被安置人员同意后用于支付被安置人员的保险费用。据此,安置补助费发放给谁主要在于由谁负责被征地单位群众的生活、生产安置,但安置补助费最终应完全用于需要被安置的人员个人。

(3)安置补助费的标准如何确定?

征收农用地的土地补偿费、安置补助费标准由省、自治区、直辖市通过制定公布区片综合地价确定。制定区片综合地价应当综合考虑土地原用途、土地资源条件、土地产值、土地区位、土地供求关系、人口以及经济社会发展水平等因素,并至少每三年调整或者重新公布一次。

如江苏省根据全省经济发展状况,调整安置补助费最低标准:一类地区 3.2 万元/亩,二类地区 2.75 万元/亩,三类地区 2.35 万元/亩,四类地区 2 万元/亩。

(4)其他承包方式下取得土地经营权的人能否主张安置补助费?

最高人民法院在(2019)最高法行申 14362 号行政裁定书中认为,根据已查明的事实,陈守成与杨士乡水利站签订的承包协议不属于《农村土地承包法》所规定的家庭土地承包,陈守成不属于需安置人员的范围,其要求政府给付安置补偿费的主张没有事实及法律依据。因此,其他承包方式下取得土地经营权的人不能主张安置补助费。

(5)户口迁出后能否主张安置补助费?

最高人民法院在(2019)最高法行申 8313 号行政裁定书中认为,林国成户的户口迁出后,承包地已被集体收回,该户已不是该集体经济组织成员。林国成户在其原宅基地的基础上重建有房屋。征收时,林国成户与开福区征拆所签订房屋拆迁补偿协议,款项均已领取完毕。林昔珍等三人主张其为竹隐社区集体经济组织成员,应享受其成员安置标准,明显没有事实根据和法律依据。因此,户口迁出后,当事人不能主张安置补助费。

3. 青苗补偿费

青苗补偿费是指征用土地时,对被征用土地上生长的农作物,如水稻、小麦、玉米、土豆、蔬菜等造成损失所给予的一次性经济补偿费用。

青苗补偿费归青苗的所有者所有。承包方已将土地承包经营权以转包、出租等方式流转给第三人的,除当事人另有约定外,青苗补偿费归实际投入人所有,地上附着物补偿费归附着物所有人所有。实际中,用地者在预算出其三大补偿费金额后,将地上附着物、青苗补偿费连同其他费用一并支付予村集体,由村集体再行处理。村集体作为享有青苗补偿费的村民的债务人,必须将该费用返还村民,村民亦可向村集体行使给付请求权。

对刚刚播种的农作物，按季产值的1/3补偿工本费。对于成长期的农作物，最高按一季度产值补偿。对于粮食、油料和蔬菜青苗，能得到收获的，不予补偿。对于多年生的经济林木，要尽量移植，由用地单位付给移植费；如不能移植必须砍伐的，由用地单位按实际价值补偿。对于成材树木，由树木所有者自行砍伐，不予补偿。

4. 其他地上附着物补偿费

地上附着物补偿费是对被征用土地上的各种地上建筑物、构筑物，如房屋、水井、道路、管线、水渠等的拆迁和恢复费以及被征用土地上林木的补偿或者砍伐费等。

其他补偿费是指除土地补偿费、地上附着物补偿费、青苗补偿费、安置补助费以外的其他补偿费用，即因征用土地给被征用土地单位和农民造成的其他方面损失而支付的费用，如水利设施恢复费、误工费、搬迁费、基础设施恢复费等。征收土地需要迁移铁路、公路、高压电线、通信线、广播线等，要根据具体情况和有关部门进行协商，编制投资概算，列入初步设计概算报批。拆迁农田水利设施及其他配套建筑物、水井、人工鱼塘、养殖场、坟墓、厕所、猪圈等的补偿，参照有关标准，付给迁移费或补偿费。

用地单位占用耕地建房或者从事其他非农业建设时，应当按照《中华人民共和国耕地占用税暂行条例》的规定，缴纳耕地占用税。

5. 农村村民住宅补偿费

(1)什么是农村村民住宅补偿费？

对征收中的农村村民住宅，应当按照先补偿后搬迁、居住条件有改善的原则，尊重农村村民意愿，采取重新安排宅基地建房、提供安置房或者货币补偿等方式给予公平、合理的补偿，并对因征收造成的搬迁、临时安置等费用予以补偿，保障农村村民居住的权利和合法的住房财产权益。首先，先补偿后搬迁，这让被拆迁人掌握了更多的主动权。其次，居住条件要有改善，这也是实质性保障被拆迁人利益。这些原则性的规定，都将会促进各地制定更为公平合理的补偿标准，促进各地在实施拆迁时有法律可以依据，避免违法乱象的产生。

张君宝是宝鸡市渭滨区某村村民，在村内拥有合法宅基地，并建有住房。2013年当地进行城中村改造，张君宝的房屋位于改造范围内。2015年9月，张君宝与村城改办签订《拆迁过渡协议》，在协议中确定了补偿数额，并明确了搬迁时间。后张君宝按期将房屋腾空并交付钥匙。一年后,在未对张君宝进行实际补偿的情况下,当地村委会强拆了张君宝的房屋。张君宝不服,将区政府起诉到法院,要求确认区政府强拆行为违法。

首先,《土地管理法》第48条规定,对农村村民住宅,应当先补偿后搬迁,保障农村村民居住的权利和合法的住房财产权益。本案中,拆迁方并未对被拆迁人张君宝进行实际补偿,就让张君宝搬迁,违背了先补偿后搬迁原则。其次,无论是村委会,还是区政府,都是无权强制拆除房屋的,县(市)人民政府应当依法申请人民法院强制执行。本案中,村委会并未向法院申请强制拆除房屋,就自行拆除了张君宝的房屋,强拆行为违法。最后,村委会并无拆迁的权力,村委会所组织实施的强制拆除张君宝房屋的行为,是代渭滨区政府实施的受委托行为,相应的法律后果应当由渭滨区政府承担。

一审判决驳回张君宝的诉讼请求。张君宝对此不服,提起上诉。二审法院撤销一审判决,确认渭滨区政府拆除张君宝房屋的行为违法。在房屋拆迁中,拆迁方应按照“先补偿,后搬迁”原则开展拆迁工作。作为被拆迁人,在拿到合理补偿之前,可以拒绝搬迁。

(2)农村村民住宅补偿的方式有哪些?

可以进行货币补偿,也可以进行房屋安置,有条件的地区也可以另行审批宅基地;货币补偿的,不再进行房屋安置或者另行审批宅基地。在采取何种方式进行补偿时,要尊重农村村民意愿。在过去的征收、拆迁实践中,有不少村民希望重新安排宅基地建房,却面临毫无选择的境地。按照现行立法规定,村民无论是想重新建房,还是希望提供安置房,还是获得货币补偿,都可以按照自己的意愿进行选择。

被征地的村或者村民小组建制撤销的,以及建制虽然不撤销,但不具备易地建房条件的,被拆迁人可以选择货币补偿,也可以选择与货币补偿金额同等价值的产权房屋调换。被征地的村或者村民小组建制不撤销的,具备易地建房条件的,被拆迁人可以在乡(镇)土地利用总体规划确定的中心村或居民点范围内申请宅基地新建住房,并获得相应的货币补偿。

(3)村民住宅补偿费用的标准是什么?

村民住宅拆迁补偿费用 = 宅基地区位补偿价 × 宅基地面积 + 被拆迁房屋重置成新价。

宅基地区位补偿价，是指被拆迁范围内房屋每平方米平均土地使用权价值。因此，不同地区补偿标准并不相同。由拆迁人委托有资质的评估机构在区县人民政府公布的幅度内，根据被拆迁房屋宅基地的实际情况确定。宅基地区位补偿价参照当地普通住宅指导价，由区县人民政府参照一定时间、一定区域内普通商品房住宅均价、城市规划等综合确定。户均安置面积，由区县政府根据当地农村经济水平、农民居住情况确定。计算公式为：宅基地区位补偿价 =（当地普通住宅指导价 − 被拆迁房屋重置成新均价）× 户均安置面积 ÷ 户均宅基地面积。如北京市丰台区卢沟桥乡宅基地区位补偿价幅度范围为：一类地区 9700 ~ 13500 元/平方米，二类地区 8600 ~ 11200 元/平方米，三类地区 6000 ~ 9900 元/平方米，四类地区 3700 ~ 7100 元/平方米。

拆迁中认定的宅基地面积应经合法批准、不得超控制标准。

被拆迁房屋重置成新价，是指一定时间、一定区域内的被拆迁宅基地房屋重置成新平均价，具体标准由区县政府按照区域内农村房屋建设情况在一定幅度内确定。房屋成新是指被拆迁房屋拆迁时几成新，也就是房屋折旧率；房屋重置成新价是房屋重置价格乘以折旧率。计算公式为：房屋重置成新价格 = 房屋重置价格 ×（1 − 已使用年数 ÷ 耐用年限）。

周军为沟赵村村民，1999 年申请获批 200 平方米的宅基地使用权。周军在打好地基后，并未建造房屋。邻村的刘帆找到周军，想用该宅基地建造房屋，周军同意，后刘帆出资建造了房屋，并一直实际居住。

2015 年，该住宅遇动迁，周军作为该房屋的宅基地使用权登记人，与拆迁人签订了《使用集体所有土地房屋拆迁补偿安置协议》，获得各类补偿安置款如下：土地使用权基价、价格补贴总价 28.6 万元，房屋重置单价结合成新的评估总价为 19.4 万元，二次装潢补偿款的价格为 16.5 万元，附属物补偿款 8.6 万元，安置补偿费 0.8 万元，搬家补助费 0.6 万元，奖励费 1 万元。总计金额为 75.5 万元。刘帆得知后，与拆迁人进行交涉，交涉无果，诉至法院，要求法院确认所有拆迁补偿款归刘帆所有。

法院经审理查明，该村民住宅由刘帆所建，并一直居住使用。被拆迁房屋所利用的宅基地使用权一直登记在周军名下。法院认为，该房屋因拆迁获得的征收补偿款，应在两人之间进行合理分配，即就宅基地使用权部分的补偿款应由周军取得，就房屋部分的补偿款应由刘帆取得。故法院判决，对拆迁补偿款，由周军享有其中的30.4万元,由刘帆享有其中的45.1万元,案件受理费80元,减半收取,由双方各承担一半。刘帆对一审判决不服,提起上诉。二审法院判决,驳回上诉,维持原判。

6. 社会保障费用

县级以上地方人民政府应当将被征地农民纳入相应的养老等社会保障体系。被征地农民的社会保障费用主要用于符合条件的被征地农民的养老保险等社会保险缴费补贴,依据省、自治区、直辖市规定的标准单独列支。被征地农民社会保障费用的筹集、管理和使用办法,由省、自治区、直辖市制定。

在社会保障方面,给就业困难的被征地农民享受城镇就业困难人员在就业指导、技能培训和就业介绍等方面的优惠政策;在补偿资金中增加社保补贴资金,记入被征地农民养老保险个人账户,使他们享受更高水平的养老保障。

2016年11月8日,湖南省人民政府办公厅发布《关于切实做好被征地农民社会保障工作的通知》(湘政办发〔2016〕80号)要求,用地单位欠缴的被征地农民社会保障费在2017年12月底前全部清缴到位。今后,各地严禁以任何理由减免、缓缴被征地农民社会保障费。

各市州、县市区人民政府要严格落实被征地农民社会保障工作的主体责任,实行政府"一把手"负责制,实行被征地农民社会保障"先保后征""谁用地,谁负责"。

各市州、县市区人民政府要组织相关部门督促用地单位按规定缴纳欠缴的被征地农民社会保障费,并在2017年12月底前全部清缴到位。对政府从土地出让收入中按一定比例提取被征地农民社会保障费和划拨资金不到位的,各市州、县市区人民政府要统筹安排,制定分期分批划拨到位的计划。对集体补助落实不到位的,要在组织发动被征地农民参加养老保险时,督促集体组织及时上缴。今后,各地严禁以任何理由减免、缓缴被征地农民社会保障费。

全省被征地农民养老保险政策继续执行省人民政府办公厅湘政办发〔2014〕31号文件制度框架,坚持"先保后征""应保尽保"的原则,实行"六统一、六自主"的要求,即全省统一参保缴费基数和方式、统一参保缴费补贴资金来源渠道、统一被征地农民保障对象身份、统一参保缴费补贴资金审查办法、统一政策实施时间节点、统一城市规划区内外参保政策,各市州和县市区参保缴费补贴档次和年限以及比例自主、用地单位缴纳被征地农民社会保障费标准和政府划拨比例自主、被征地农民保障对象认定标准自主、被征地农民选择参保类型自主、政策实施时间节点以前的问题解决办法自主、已享受城镇职工基本养老保险养老金的缴费补贴发放标准自主,进一步完善相关政策。

省人民政府建立征地补偿标准与被征地农民社会保障费标准的动态调整机制,按照国家规定,结合我省实际及时调整征地补偿标准。各地应根据征地补偿标准和当地在岗职工平均工资标准调整情况,及时调整用地单位缴纳的被征地农民社会保障费标准。建立被征地农民社会保障资金的政府划拨机制,市州、县市区人民政府结合实际情况,明确提取一定比例的土地出让收入用于被征地农民的社会保障,按年度划拨同级财政社保基金财政专户,实行分账核算、规范使用。建立集体补助的提取机制,在新征地时应当提前提取10%的征地补偿费用于集体补助并划拨到位。探索建立被征地农民个人缴费帮扶机制,对被征地农民参加城镇职工基本养老保险个人缴费困难的,鼓励有条件的集体经济组织为个人提供缴费补助。

按照促进充分就业与保障基本生活并重的原则,积极对符合条件的被征地农民按规定落实各项就业创业扶持政策,进一步加大职业培训力度,优化公共就业服务,努力帮扶被征地农民就业创业。符合参保条件的被征地农民参加城乡居民基本医疗保险或城镇职工基本医疗保险,具体参保办法由各市州、县市区人民政府确定。鼓励商业保险公司根据被征地农民的需求,开发与基本医疗保险政策衔接的补充医疗保险产品。强化基本医疗保险、大病保险、医疗救助、疾病应急救助、商业健康保险及慈善救助等制度间的互补联动,做好政策衔接。

人 格 权 编

第十三讲

人格权:人身自由与人格尊严

人格权,是指民事主体依法固有的,为维护自身人格独立、人身自由和人格尊严所必备的、以人格利益为客体的权利。《民法典》规定,人格权是民事主体享有的生命权、身体权、健康权、姓名权、名称权、肖像权、名誉权、荣誉权、隐私权等权利。除上述人格权外,自然人享有基于人身自由、人格尊严产生的其他人格权益。前者所列举的诸项权利为具体人格权,后者所规定的人身自由、人格尊严等人格利益为一般人格权。

首先,人格权为民事主体依法所固有的基本权利,不得放弃、转让、继承。民事主体可以许可他人使用姓名、名称、肖像等,但是依照法律规定或者根据其性质不得许可的除外。此处仅为人格要素的许可使用,并非转让。其次,人格权以人格利益为客体。人格利益体,是指民事主体行为与精神活动的自由和完整的利益。最后,人格权旨在维护民事主体的人格独立、人身自由和人格尊严。即通过保护人格权以维持民事主体作为人的存在。

有时候,行为人正在实施或者即将实施侵害他人人格权的违法行为,法律有必要提前介入进行防范和调整,因此,《民法典》规定,民事主体有证据证明行为人正在实施或者即将实施侵害其人格权的违法行为,不及时制止将使其合法权益受到难以弥补的损害的,有权依法向人民法院申请采取责令行为人停止有关行为的措施。

侵害生命权应当承担哪些责任?

"生命诚可贵,爱情价更高;若为自由故,两者皆可抛!"这是人们耳熟能详的匈牙利爱国主义战士和诗人裴多菲的著名诗句,但很少有人注意到该诗还有下文,即"抛后方知晓,如若没生命,爱情哪里找?"虽然人们会去讴歌爱情和自由的伟大价值,但毫无疑问,生命权才是自然人真正的最后的和最高的人格权。没有生命,一切皆无意义。

我国台湾地区的王泽鉴教授认为,生命系最贵重的人格法益,为其他人格法益的前提。人在出生之前为胎儿,死亡之后则成为尸体。生命权即是对该人格法益予以保护的权利。《民法典》规定,自然人享有生命权。自然人的生命安全和生命尊严受法律保护。任何组织或者个人不得侵害他人的生命权。自然人的生命权、身体权、健康权受到侵害或者处于其他危难情形的,负有法定救助义务的组织或者个人应当及时施救。

不法侵害他人致人死亡的,即构成对受害人生命权的侵害,应当承担侵权责任。值得说明的是,被侵权人死亡后,权利能力消灭,其本身已经无法作为请求权主体,其近亲属也不是以死者的名义主张加害人承担侵权责任,而是近亲属以自己的名义主张财产上的补偿和精神上的抚慰。因此,《民法典》规定,被侵权人死亡的,其近亲属有权请求侵权人承担侵权责任。被侵权人为组织,该组织分立、合并的,承继权利的组织有权请求侵权人承担侵权责任。被侵权人死亡的,支付被侵权人医疗费、丧葬费等合理费用的人有权请求侵权人赔偿费用,但是侵权人已经支付该费用的除外。

《民法典》规定,侵害他人造成人身损害的,应当赔偿医疗费、护理费、交通费、营养费、住院伙食补助费等为治疗和康复支出的合理费用,以及因误工减少的收入。造成残疾的,还应当赔偿辅助器具费和残疾赔偿金;造成死亡的,还应当赔偿丧葬费和死亡赔偿金。据此,如果受害人在死亡前存在医疗费、护理费等费用支出的,其近亲属可以主张加害人赔偿该费用,还可以主张丧葬费和死亡赔偿金;如果受害人死亡前不存在医疗费、护理费等费用支出的,则其近亲属可以主张丧葬费和死亡赔偿金。

1. 医疗费

医疗费是指患者因发生医疗事故造成人身损害后,接受医学上的检查、治疗与康复所必须支出的费用,使受害人恢复到损害未曾发生的状态。医疗费不仅包括过去的医疗费用,如治疗费、医药费,还包括将来的医疗费用,如康复费、整容费以及其他后续治疗的费用。医疗费在具体项目上,包括挂号费、药品及医疗用品费、治疗费、检查费、住院费以及其他医疗费用。

2. 误工费

误工费,是指受害人因发生医疗损害后,从遭受伤害到恢复治愈或者定残这一期间内,因无法从事正常的工作或者劳动而失去或减少的工作、劳动收入等预期利益的损失。误工费是针对受害人本人误工损失的赔偿,不包括其他家属等的误工赔偿。

误工时间应根据受害人接受治疗到康复所需的时间确定,即误工期既包括受害人住院接受治疗的时间,也包括受害人出院后休养至康复的时间。受害人难以康复需要评定残疾的,误工期应当计算至定残日的前一天。误工期不明确的,可以通过鉴定予以确定。

(1)受害人有固定收入的,误工费按照实际减少的收入计算。此为差额赔偿。误工损失存在的举证责任在患方。如果受害人主张其有固定收入,应提供与劳动单位签订的劳动合同、工资条、误工证明等。若其为通过银行发放工资,可以提供银行流水,通过现金发放工资的可以提供工资领取记录等,达到纳税标准的应提供完税凭证进行佐证。

(2)受害人无固定收入的,按照其最近三年的平均收入计算。如果受害人主张其无固定收入,应通过最近三年的工资发放银行流水或者完税凭证等证明其误工费标准。

(3)受害人不能举证证明其最近三年的平均收入状况的,可以参照受诉法院所在地相同或者相近行业上一年度职工的平均工资计算。

3. 护理费

护理费,是指受害人因发生医疗损害缺乏生活自理能力而确需他人护理所支出的费用。护理人员原则上为一人,但医疗机构或者鉴定机构有明确意见的,可以参照确定护理人员人数。护理期限应计算至受害人恢复生活自理能力时止。受害人因致残需要永久护理的,可以进行一次性给付或分期给付。

如果护理人员为雇用护工的,则依据护理费的实际支出进行赔偿,应有相关发票予以证明。如果护理人员为非雇用护工且无收入者,可以参照当地护工从事同等级别护理的劳务报酬标准计算。如果护理人员为非雇用护工且有收入者,护理费可以参照误工费的规定计算。

4. 营养费

营养费,是指受害人在遭受人身损害后,为辅助治疗或使身体尽快康复而购买日常饮食以外的营养品所支出的费用。营养费根据受害人伤残情况参照医疗机构的意见确定。受害人是否需要营养的认定,该问题一般应由医生进行判断,如医嘱中有"加强营养"的记录。该证据的举证责任在患方,由受害人提供相关病历资料进行证明。受害人需要营养的期限的认定,一般由鉴定机构根据标准出具鉴定意见明确营养期。

营养费金额的计算:首先,要判断受害人是因自身因素本身即需要营养,还是因受到损害后需要补充营养。其次,营养费赔偿的具体标准应当考虑当地物价和消费水平。

5. 住院伙食补助费

住院伙食补助费,是指因发生医疗事故遭受损害后,因受害人在医院治疗期间支出的伙食费超过平时在家的伙食费用,而由加害人就其合理的超出部分予以赔偿的费用。住院伙食补助费可以参照当地国家机关一般工作人员的出差伙食补助标准予以确定。

6. 交通费

交通费,是指受害人及其必要的陪护人员因就医或者转院治疗所实际发生的用于乘坐一般交通工具所支出的费用。常见的交通费用有就医诊疗、转院诊疗、二期治疗、聘请专家诊治等所支出的交通费用。交通费发生的主体是受害人本人和必要的陪护人员。交通费发生原因是就医或转院。交通费限于乘坐一般交通工具。受害人自行提高出行标准而发生的高额费用,超出部分一般不予赔偿。受害人需要提供相应票据原件予以证明。

7. 住宿费

住宿费,是指受害人及其亲属在诊疗和解决损害赔偿纠纷的过程中需要住宿所支付的费用。住宿费一般包括到外地就医时等待检查、转院候床、专家会诊、配制残疾辅助器具、解决损害赔偿纠纷或参加诉讼等情况下所支付的住宿费用。受害人确有必要到外地治疗,因客观原因不能住院,受害人本人及其陪护人员实际发生的住宿费,其合理部分应予赔偿。

8. 丧葬费

丧葬费是指受害人因侵权行为死亡的,死者近亲属对其进行安葬所支出的各种费用。现行立法采用固定计算标准,丧葬费按照受诉法院所在地上一年度职工月平均工资标准,以6个月总额计算。如果受害人家属以实际发生的费用主张赔偿的,需要由受害人家属提供丧葬费相关票据,法院在确定相关证据效力后合理部分予以支持,超出合理范围的过高部分不予支持。

9. 死亡赔偿金

死亡赔偿金,是因发生医疗事故致人死亡,对死亡受害人的近亲属给予赔偿的特有的财产损害赔偿项目。死亡赔偿金的性质是对受害死者近亲属给予的赔偿,并非对死者的财产损失的赔偿;属于物质性赔偿,而非精神损害抚慰金。

现行立法对死亡赔偿金的赔偿标准和赔偿年限采取了定型化赔偿模式,按照受诉法院所在地上一年度城镇居民人均可支配收入或者农村居民人均纯收入标准,按20年计算;60周岁以上的,年龄每增加1岁减少1年;75周岁以上的,按5年计算。

《民法典》规定,因同一侵权行为造成多人死亡的,可以以相同数额确定死亡赔偿金。《关于建立健全城乡融合发展体制机制和政策体系的意见》(2019年4月15日)提出,要改革人身损害赔偿制度,统一城乡居民赔偿标准。

10. 被扶养人生活费

被扶养人生活费,是指受害人死亡之前或者伤残丧失劳动能力前实际扶养的,且没有其他生活来源的人的生活费用。

受害人在受到侵害之前,对未成年子女或者没有经济来源的配偶及依靠其扶养的近亲属提供必要的生活费,由于受害人死亡或者伤残而丧失劳动能力,就需要对依靠其扶养的被扶养人进行赔偿。这里的“扶养”应作广义的理解,包括夫妻之间的相互扶养、父母对子女的抚养和子女对父母的赡养。

(1)被扶养人的认定。被扶养人是指受害人依法应当承担扶养义务的未成年人或者丧失劳动能力又无其他生活来源的成年近亲属。据此,无论受害人在遭受损害之前是否实际履行了扶养义务,都不影响那些依法享有被扶养权利的人获得被扶养人生活费。

（2）被扶养人生活费的计算。被扶养人生活费根据扶养人丧失劳动能力程度，按照受诉法院所在地上一年度城镇居民人均消费性支出和农村居民人均年生活消费支出标准计算。被扶养人为未成年人的，计算至18周岁；被扶养人无劳动能力又无其他生活来源的，计算20年。但60周岁以上的，年龄每增加1岁减少1年；75周岁以上的按5年计算。无劳动能力且无生活来源的人，在认定时须根据受害人或其近亲属提供的证据和被扶养人的年龄、工作、精神健康状况等进行确定。

被扶养人还有其他扶养人的，赔偿义务人只赔偿受害人依法应当负担的部分。如受害人有一子为被扶养人，其妻为完全民事行为能力人且有生活来源，则受害人和其妻子对其子的扶养负有共同义务，加害人仅对其子所需扶养费的1/2进行赔偿。被扶养人有数人的，年赔偿总额累计不超过上一年度城镇居民人均消费性支出额或者农村居民人均年生活消费支出额。

11. 精神损害赔偿

《民法典》规定，侵害自然人人身权益造成严重精神损害的，被侵权人有权请求精神损害赔偿。据此，受害人或者死者近亲属遭受精神损害，赔偿权利人可以向人民法院请求赔偿精神损害抚慰金。精神损害抚慰金的请求权，不得让与或者继承。但赔偿义务人已经以书面方式承诺给予金钱赔偿，或者赔偿权利人已经向人民法院起诉的除外。

（1）精神损害赔偿请求权主体。自然人因侵权行为致死，或者自然人死亡后其人格利益或者遗体遭受侵害，死者的配偶、父母和子女向人民法院起诉请求赔偿精神损害的，列其配偶、父母和子女为原告；没有配偶、父母和子女的，可以由其他近亲属提起诉讼，列其他近亲属为原告。

（2）精神损害赔偿的条件与计算标准。受害人死亡或者死亡后其人格利益或者遗体遭受侵害的情形，其近亲属因此而遭受精神痛苦的，可以请求精神损害赔偿。此为死者近亲属自己遭受精神痛苦而主张的精神损害赔偿。

（3）精神损害赔偿数额的参考因素，包括侵权人的过错程度，法律另有规定的除外；侵害的手段、场合、行为方式等具体情节；侵权行为所造成的后果；侵权人的获利情况；侵权人承担责任的经济能力；受诉法院所在地平均生活水平。

如何保护自己的健康权？

健康是指自然人的生理功能正常运行、器官功能正常发挥。《民法典》规定，自然人享有健康权。自然人的身心健康受法律保护。任何组织或者个人不得侵害他人的健康权。

《民法典》规定，侵害他人造成人身损害的，应当赔偿医疗费、护理费、交通费、营养费、住院伙食补助费等为治疗和康复支出的合理费用，以及因误工减少的收入。造成残疾的，还应当赔偿辅助器具费和残疾赔偿金。造成严重精神损害的，被侵权人可请求精神损害赔偿。

1. 残疾赔偿金

残疾赔偿金，是指受害人因发生医疗损害致残而丧失、减少其劳动能力或者因此增加了生活上的需要而应支付给受害人的财产赔偿。一般认为，残疾赔偿金是因受害人的身体或健康遭受侵害以至于完全或部分丧失劳动能力而造成的损失。

（1）确定患者的残疾等级以确定赔偿系数。赔偿系数一般需要专业的鉴定机构按照统一标准对患者进行查体，辅以客观检查进行评定。

2016 年 4 月 18 日，最高人民法院、最高人民检察院、公安部、国家安全部和司法部联合发布《人体损伤致残程度分级》，并自 2017 年 1 月 1 日起施行。《人体损伤致残程度分级》规定，本标准将人体损伤致残程度划分为 10 个等级，从一级（人体致残率 100%）到十级（人体致残率 10%），每级致残率相差 10%。

（2）确定赔偿标准。残疾赔偿金根据受害人丧失劳动能力程度或者伤残等级，按照受诉法院所在地上一年度城镇居民人均可支配收入或者农村居民人均纯收入标准，自定残之日起按 20 年计算。但 60 周岁以上的，年龄每增加 1 岁减少 1 年；75 周岁以上的，按 5 年计算。

2. 残疾辅助器具费

残疾辅助器具费，是指因发生医疗事故致残的受害人为补偿其遭受创伤的肢体器官功能，辅助其实现生活自理或者从事生产劳动而购买、配置的生活自助器具。残疾辅助器具，包括假肢、义眼、义齿、轮椅、拐杖、助听器、盲人阅读器、导盲镜、腰托、假发以及残疾者生活能力训练用品等。

残疾辅助器具费按照普通使用器具的合理费用标准计算。伤情有特殊需要的,可以参照辅助器具配置机构的意见确定相应的合理费用标准。辅助器具的更换周期和赔偿期限参照配置机构的意见确定。

3. 后续治疗费

后续治疗费,包括器官功能恢复训练所必要的康复费、适当的整容费以及其他后续治疗费,赔偿权利人可以待实际发生后另行起诉。但根据医疗证明或者鉴定结论确定必然发生的费用,可以与已经发生的医疗费一并予以赔偿。对这部分费用的赔偿,既可以大致测算若干年后需要支出的数额,通过协商给予一次性赔偿,也可以协商在每次实际治疗发生的费用给予赔偿。

遭遇家庭暴力怎么办?

家庭暴力,是指家庭成员之间以殴打、捆绑、残害、限制人身自由以及经常性谩骂、恐吓等方式实施的身体、精神等侵害行为。反家庭暴力是国家、社会和每个家庭的共同责任。

家庭暴力受害人及其法定代理人、近亲属可以向加害人或者受害人所在单位、居民委员会、村民委员会、妇女联合会等单位投诉、反映或者求助。有关单位接到家庭暴力投诉、反映或者求助后,应当给予帮助、处理。家庭暴力受害人及其法定代理人、近亲属也可以向公安机关报案或者依法向人民法院起诉。有关单位及其工作人员在工作中发现无民事行为能力人、限制民事行为能力人遭受或者疑似遭受家庭暴力的,应当及时向公安机关报案。

公安机关接到家庭暴力报案后应当及时出警,制止家庭暴力,按照有关规定调查取证,协助受害人就医、鉴定伤情。无民事行为能力人、限制民事行为能力人因家庭暴力身体受到严重伤害、面临人身安全威胁或者处于无人照料等危险状态的,公安机关应当通知并协助民政部门将其安置到临时庇护场所、救助管理机构或者福利机构。

家庭暴力情节较轻,依法不给予治安管理处罚的,由公安机关对加害人给予批评教育或者出具告诫书。告诫书应当包括加害人的身份信息、家庭暴力的事实陈述、禁止加害人实施家庭暴力等内容。公安机关应当将告诫书送交加害人、受害人,并通知居民委员会、村民委员会。居民委员会、村民委员会、公安派出所应当对收到告诫书的加害人、受害人进行查访,监督加害人不再实施家庭暴力。

县级或者设区的市级人民政府可以单独或者依托救助管理机构设立临时庇护场所,为家庭暴力受害人提供临时生活帮助。法律援助机构应当依法为家庭暴力受害人提供法律援助。人民法院应当依法对家庭暴力受害人缓收、减收或者免收诉讼费用。人民法院审理涉及家庭暴力的案件,可以根据公安机关出警记录、告诫书、伤情鉴定意见等证据,认定家庭暴力事实。

监护人实施家庭暴力严重侵害被监护人合法权益的,人民法院可以根据被监护人的近亲属、居民委员会、村民委员会、县级人民政府民政部门等有关人员或者单位的申请,依法撤销其监护人资格,另行指定监护人。被撤销监护人资格的加害人,应当继续负担相应的赡养、扶养、抚养费用。

《民法典》规定,民事主体有证据证明行为人正在实施或者即将实施侵害其人格权的违法行为,不及时制止将使其合法权益受到难以弥补的损害的,有权依法向人民法院申请采取责令行为人停止有关行为的措施。《反家庭暴力法》规定,当事人因遭受家庭暴力或者面临家庭暴力的现实危险,向人民法院申请人身安全保护令的,人民法院应当受理。当事人是无民事行为能力人、限制民事行为能力人,或者因受到强制、威吓等原因无法申请人身安全保护令的,其近亲属、公安机关、妇女联合会、居民委员会、村民委员会、救助管理机构可以代为申请。人民法院受理申请后,应当在 72 小时内作出人身安全保护令或者驳回申请;情况紧急的,应当在 24 小时内作出。

人身安全保护令可以包括下列措施:(1)禁止被申请人实施家庭暴力;(2)禁止被申请人骚扰、跟踪、接触申请人及其相关近亲属;(3)责令被申请人迁出申请人住所;(4)保护申请人人身安全的其他措施。人民法院作出人身安全保护令后,应当送达申请人、被申请人、公安机关以及居民委员会、村民委员会等有关组织。人身安全保护令由人民法院执行,公安机关以及居民委员会、村民委员会等应当协助执行。

加害人实施家庭暴力,构成违反治安管理行为的,依法给予治安管理处罚;构成犯罪的,依法追究刑事责任。被申请人违反人身安全保护令,构成犯罪的,依法追究刑事责任;尚不构成犯罪的,人民法院应当给予训诫,可以根据情节轻重处以 1000 元以下罚款、15 日以下拘留。

超市保安随意搜身合法吗?

身体权为自然人维护身体完整和行动自由的权利。自然人的假肢、假牙、义眼等如果已经构成不能自由拆卸的身体的一部分,则构成身体权客体。《民法典》规定,自然人享有身体权。自然人的身体完整和行动自由受法律保护。任何组织或者个人不得侵害他人的身体权。

身体权的内容包括:维护身体组织完整;维护行动自由;对自己身体组成部分的肢体、器官等的支配权。

身体权与生命权、健康权不同。生命权以保护自然人生命的延续为内容之一,健康权以保护自然人生理功能正常运行和器官功能正常发挥为内容之一,而身体权以保护自然人身体组织的完整为内容之一。当他人侵害自然人的身体已经达到使自然人的组织和功能不正常时,侵害的是自然人的健康权,非身体权。如砍掉他人手指、致人患病或精神紊乱。即使有同时侵害健康权和身体权的情形,一般也只认定侵犯健康权。当他人侵害自然人的身体,但未侵害自然人的组织和功能正常时,侵害的是自然人的身体权。如非法剪人毛发、指甲,强吻他人,强行抽取他人适量的血液。

侵害身体权的行为包括:(1)非法拘禁、搜查身体;(2)对身体组织不疼痛的破坏;(3)不破坏身体组织的殴打;(4)不损坏身体生理机能的不当外科手术;(5)违背他人意愿,以言语、行动或者利用职权、从属关系等对他人实施性骚扰的。对此,《民法典》规定,以非法拘禁等方式剥夺、限制他人的行动自由,或者非法搜查他人身体的,受害人有权依法请求行为人承担民事责任。

侵害身体权,造成财产损失的应当赔偿。造成严重精神损害的,可以请求精神损害赔偿。未造成伤害的,受害人可要求行为人赔礼道歉。

2018 年 4 月 17 日 10 时许,景某在绥棱县北斗星百家汇超市溜达时,被该超市保安贾中华拦截,保安怀疑景某偷拿橘子,并对景某进行了搜身,搜身后没有发现景某偷拿东西,景某即离开。除搜身过程外超市员工再没有与景某有其他身体接触和骂人行为。2018 年 4 月 17 日 16 时 35 分景某到派出所报案,举报超市保安贾中华对其搜身行为,贾中华对其行为认可,绥棱县公安局下达行政处罚决定书,对贾中华行政拘留 10 日并处罚款 500 元。景某于 2018 年 4 月

17 日 18 时,因胸闷心悸等症状进入绥棱县人民医院住院治疗,于 2018 年 4 月 18 日 14 时 59 分出院。花费住院治疗费用 1133. 77 元,救护车车费 120 元,急诊诊查费 46 元。2018 年 4 月 18 日 18 时 41 分,景某以冠状动脉粥样硬化心脏病、陈旧性心肌梗死、急性心功能不全、心功能Ⅳ级、2 型糖尿病等症在哈尔滨医科大学附属第二医院入院治疗,于 2018 年 4 月 28 日出院。花费救护车费用 1850 元,医疗费用 8501. 51 元。由于超市在与景某协商赔偿事宜上未能达成一致,景某诉请法院依法判令超市向其赔礼道歉并赔偿经济损失。一审法院判决驳回景某的诉讼请求。景某不服,向绥化市中级人民法院上诉。

二审法院对一审查明的事实予以确认,认为北斗星百家汇超市的保安不具有执法权,无权搜查他人身体,其对景某非法搜身行为,侵犯了景某的人格尊严权。景某于当天 18 时,因胸闷心悸等症状被救护车送往绥棱县人民医院住院治疗,后转院到哈尔滨医科大学附属第二医院入院治疗,花费救护车费用 1850 元,医疗费用 8501. 51 元,合计 10351. 51 元。依据《最高人民法院关于确定民事侵权精神损害赔偿责任若干问题的解释》第 10 条规定:精神损害的赔偿数额根据以下因素确定:(1)侵权人的过错程度,法律另有规定的除外;(2)侵害的手段、场合、行为方式等具体情节;(3)侵权行为所造成的后果;(4)侵权人的获利情况;(5)侵权人承担责任的经济能力;(6)受诉法院所在地平均生活水平。最终,法院依据以上六项因素,酌定北斗星百家汇超市赔偿景某精神损害抚慰金 10000 元。

如何进行器官捐献?

《民法典》规定,完全民事行为能力人有权依法自主决定无偿捐献其人体细胞、人体组织、人体器官、遗体。任何组织或者个人不得强迫、欺骗、利诱其捐献。完全民事行为能力人依据前款规定同意捐献的,应当采用书面形式,也可以订立遗嘱。自然人生前未表示不同意捐献的,该自然人死亡后,其配偶、成年子女、父母可以共同决定捐献,决定捐献应当采用书面形式。

首先,自然人享有捐献或不捐献其人体细胞、人体组织、人体器官、遗体的自主决定权。《人体器官移植条例》规定,人体器官捐献应当遵循自愿、无偿的原则。公民享有捐献或者不捐献其人体器官的权利;任何组织或者个人不得强迫、欺骗或者利诱他人捐献人体器官。捐赠者有权在人体器官移植前拒绝捐赠器官,即捐赠人有反悔的权利。

其次,只有完全民事行为能力人才有权依法自主决定。《人体器官移植条例》规定,捐献人体器官的公民应当具有完全民事行为能力。任何组织或者个人不得摘取未满18周岁公民的活体器官用于移植。据此,这里的完全民事行为能力人,不包括年满16周岁,不满18周岁,以自己的劳动收入作为主要生活来源的完全民事行为能力人。

最后,自然人应当通过书面形式或订立遗嘱的形式进行捐献。公民捐献其人体器官应当有书面形式的捐献意愿,对已经表示捐献其人体器官的意愿,有权予以撤销。公民生前表示不同意捐献其人体器官的,任何组织或者个人不得捐献、摘取该公民的人体器官;公民生前未表示不同意捐献其人体器官的,该公民死亡后,其配偶、成年子女、父母可以以书面形式共同表示同意捐献该公民人体器官的意愿。

人体、器官可以买卖吗?

《民法典》规定,禁止以任何形式买卖人体细胞、人体组织、人体器官、遗体。违反前款规定的买卖行为无效。据此,人体捐赠只能是无偿的,只要构成实质上的买卖,都应当被禁止。如有些地方有买卖死者遗体以配"阴婚"的陋俗,该买卖死者遗体的合同就是无效合同。

但是,应当将人体买卖和依据法律对捐赠人或者其近亲属的补偿或者救助、各种成本的补偿区分开来。《世界卫生组织人体细胞、组织和器官移植指导原则》规定,细胞、组织和器官应仅可自由捐献,不得伴有任何金钱支付或其他货币价值的报酬。购买或提出购买供移植的细胞、组织或器官,或者由活人或死者近亲出售,都应予以禁止。禁止出售或购买细胞、组织和器官不排除补偿捐献人产生的合理和可证实的费用,包括收入损失,或支付获取、处理、保存和提供用于移植的人体细胞、组织或器官的费用。

如何合法地进行人体临床试验和医学科研活动?

《民法典》规定,为研制新药、医疗器械或者发展新的预防和治疗方法,需要进行临床试验的，应当依法经相关主管部门批准并经伦理委员会审查同意，向受试者或者受试者的监护人告知试验目的、用途和可能产生的风险等详细情况，并经其书面同意。进行临床试验的，不得向受试者收取试验费用。

《民法典》规定，从事与人体基因、人体胚胎等有关的医学和科研活动，应当遵守法律、行政法规和国家有关规定，不得危害人体健康，不得违背伦理道德，不得损害公共利益。

发生性骚扰怎么办？

《民法典》规定，违背他人意愿，以言语、文字、图像、肢体行为等方式对他人实施性骚扰的，受害人有权依法请求行为人承担民事责任。

由于性骚扰行为多发生于工作场所、上下级同事之间，因此《民法典》规定，机关、企业、学校等单位应当采取合理的预防、受理投诉、调查处置等措施，防止和制止利用职权、从属关系等实施性骚扰。

性骚扰行为可能表现为触碰受害人身体私密部位的方式，涉及受害人身体权的保护；也可能表现为言语、文字、图像等方式，影响受害人心理健康，甚至身体健康，涉及受害人健康权的保护；还可能表现为侵害受害人隐私权或名誉权的形式。但是，不同行为的共同点均属于侵害了他人的人格尊严，构成了人格权的侵害行为。

程某在某物业公司担任保安工作，2018 年 10 月 25 日公司收到女职工章某的反映，称其在上夜班时遭到程某的骚扰。该公司经调查核实相关情况，发现其还存在多次类似情况，且拒绝承认错误。章某向法院提起诉讼，要求程某承担侵权责任。公司提交了事发后与程某的谈话录音，录音中程某认可对章某存在搂抱行为，程某对此的解释为不慎；公司人事主管与其他女员工的情况说明，证实在其劝说程某对章某道歉时断然拒绝，同事证明此前程某还对其他女员工存在言语和行为的挑逗导致女员工不敢上夜班；报警笔录中程某认可因为开玩笑还曾对其他四位女同事有抱、摸、拍的行为，其本人认为只是玩笑、嬉闹。本案中，男女同事之间的交往应当遵循公序良俗，程某的做法已经超出了男女正常交往的尺度，构成对章某性骚扰，应当承担侵权责任。

自然人的名字可以随便取吗？

姓名权是公民依法享有的决定、使用、变更或者许可他人使用自己的姓名的权利。《民法典》规定，自然人享有姓名权，有权依法决定、使用、变更或者许可他人使用自己的姓名，但是不得违背公序良俗。不得基于某种不正当目的而取与他人相同的姓名，尊重社会公德和社会公共利益。如陆明轩与庄婉婷夫妇商议决定给刚出生的女儿起名为陆C。陆明轩前往边洲派出所为女儿申请办理户口登记，被民警告知姓名应当使用中文汉字，否则不符合办理出生登记条件。但陆明轩坚持自己的想法，边洲派出所当日作出拒绝办理户口登记的决定。本案中，行使姓名权要求不违反法律和公序良俗，而"C"并非中文汉字，不符合姓名权的行使要求。

《民法典》规定，自然人应当随父姓或者母姓，但是有下列情形之一的，可以在父姓和母姓之外选取姓氏：(1)选取其他直系长辈血亲的姓氏；(2)因由法定扶养人以外的人扶养而选取扶养人姓氏；(3)有不违背公序良俗的其他正当理由。少数民族自然人的姓氏可以遵从本民族的文化传统和风俗习惯。

2009年1月25日，吕某的妻子张某在医院产下一女，夫妻两人为女儿取名"北雁云依"，并办理了出生证明和计划生育服务手册新生儿落户备查登记。2009年2月，吕某到燕山派出所为女儿办理户口登记，派出所请示区公安分局及济南市公安局户籍科后，不予办理户籍登记。理由是孩子姓氏必须随父姓或母姓，即姓"吕"或姓"张"，否则不能办理户籍登记。后吕某反映到济南市公安局户籍科，户籍科又请示省公安厅有关部门，答复仍不能按此姓名上户口。吕某认为，根据姓名权的规定，他们夫妻为女儿取的名字符合法律规定，因此以其女儿"北雁云依"为原告，以自己为原告的法定代理人，提起行政诉讼，请求确认派出所拒绝以"北雁云依"为姓名办理户口登记的行为违法。

吕某认为，《民法典》规定"子女可以随父姓，可以随母姓"，是对男女平等的表达，而不是必须随父姓或母姓。凡是法律不禁止的都是允许的，所以公民既可以随父姓，也可以随母姓，还可选用其他姓氏。姓氏只是各民族的传统，是否让子女随父母姓是个人问题。我国的姓氏是不断增加的，而不是固定的、规范的，谁也没有规定哪个字不能用作姓氏，法律未规定公民不能改变姓氏，姓名只要不存在有损国家尊严、违反民族道德等情况,皆可自由选取。其为女儿选取的“北雁云依”之名,“北雁”是姓,“云依”是名,取自四首著名的中国古典诗词,寓意父母对女儿的美好祝愿。

被告燕山派出所辩称,原告的父亲叫吕某,母亲叫张某,“北雁云依”既不随父姓也不随母姓,不符合《民法典》第 1015 条,以及山东省公安厅鲁公通(2006)302 号《关于规范常住户口管理若干问题的意见(试行)》中新生婴儿申报出生登记姓氏应当随父姓或母姓的户口登记的规定。我所遂当日口头告知吕某,新生婴儿申报出生登记其姓氏应当随父姓或母姓,吕某为原告申报的登记姓名不符合规定,不能登记。我所依据法律和上级文件的规定不按“北雁云依”进行户口登记的行为是正确的。法律确认姓名权是为了使公民能以文字符号即姓名明确区别于他人,实现自己的人格和权利。《户口登记条例》第 1 条明确规定了,制定条例是为了维持社会秩序,保护公民的权利和利益,服务于社会主义建设。如果公民滥用姓名权,会模糊他人和自己的区别,损害他人和社会的利益,妨碍社会的管理秩序。《户口登记条例》第 22 条还明确规定户口簿、册、表格由公安部统一制定式样,而户口册中常住人口登记卡第一项就是姓名,既包含姓也包含名。因此,姓名权和其他权利一样,受到法律的限制而不可滥用。派出所拒绝原告法定代理人以“北雁云依”的名字为原告申报户口登记的行为正确,恳请人民法院依法驳回原告的诉讼请求。

人民法院审理后认为,原告“北雁云依”的法定代理人吕某对被告燕山派出所拒绝办理户口登记所认定的事实和遵循的程序均无异议,双方当事人主要对《民法典》第 1015 条的适用问题存有分歧。

对这项法律适用问题,2014 年 11 月 1 日,第十二届全国人民代表大会常务委员会第十一次会议通过的立法解释规定:“公民依法享有姓名权。公民行使姓名权,还应当尊重社会公德,不得损害社会公共利益。公民原则上应当随父姓或者母姓。有下列情形之一的,可以在父姓和母姓之外选取姓氏:(一)选取其他直系长辈血亲的姓氏;(二)因由法定扶养人以外的人扶养而选取扶养人姓氏;(三)有不违反公序良俗的其他正当理由。少数民族公民的姓氏可以从本民族的文化传统和风俗习惯。”该立法解释第 1 款重申了公民依法享有姓名权,同时指出,公民行使姓名权作为一项民事活动,应尊重社会公德,不得损害社会公共利益。第 2 款采用了“列举 + 一般条款”的形式,规定了可以在父姓和母姓之外选取姓氏的三种情形。第 3 款则针对少数民族公民,规定其姓氏可以遵从本民族传统和习惯。

本案的关键问题在于,原告法定代理人吕某提出的理由是否符合该立法解释第 2 款第 3 项规定的"有不违反公序良俗的其他正当理由",同时符合尊重社会公德、不得损害社会公共利益的前提。应认为,该项规定设定了在父母姓氏之外选取其他姓氏的两个必备要件:一是不违反公序良俗;二是存在其他正当理由。其中,不违反公序良俗是选取其他姓氏时应当满足的最低规范要求和道德义务,存在其他正当理由要求在符合上述条件的基础上,还应当具有合目的性。

关于"公序良俗"对姓名的规制问题。首先,从社会管理和发展的角度,子女承袭父母姓氏有利于提高社会管理效率,便于管理机关和其他社会成员对姓氏使用人的主要社会关系进行初步判断。倘若允许随意选取姓氏甚至恣意创造姓氏,则会增加社会管理成本,无利于社会和他人,而且极易使社会管理出现混乱,增加社会管理的风险性和不确定性。其次,姓氏主要来源于客观上的承袭,系先祖所传,名字则源于主观创造,为父母所授。在我国,姓氏承载了对血缘的传承、对先祖的敬重、对家庭的热爱等,而名字则承载了个人喜好、人格特征、长辈愿望等。中国人民对姓氏传承的重视和尊崇,不仅仅体现了血缘关系、亲属关系,更承载着丰富的文化传统、伦理观念、人文情怀,符合主流价值观念,是中华民族向心力、凝聚力的载体和镜像。反之,如果任由公民仅凭个人意愿喜好,随意选取姓氏甚至自创姓氏,则会造成对文化传统和伦理观念的冲击,既违背社会善良风俗和一般道德要求,也不利于维护社会秩序和实现社会的良性管控。故本案中"北雁云依"的父母自创姓氏的做法,不符合公序良俗对姓名的规制要求。

关于"存在其他正当理由",要求选取父母姓氏之外其他姓氏的行为,不仅不应违背社会公德、不损害社会公共利益,还应当具有合目的性。这种行为通常情况下主要存在于实际抚养关系发生变动、有利于未成年人身心健康、维护个人人格尊严等情形。本案中,原告"北雁云依"的父母自创"北雁"为姓氏、选取"北雁云依"为姓名给女儿办理户口登记的理由是"我女儿姓名'北雁云依'四字,取自四首著名的中国古典诗词,寓意父母对女儿的美好祝愿"。此理由仅凭个人喜好愿望并创设姓氏,具有明显的随意性,不符合立法解释第 2 款第 3

项所规定的正当理由,不应给予支持。人民法院判决驳回原告“北雁云依”要求确认被告燕山派出所拒绝以“北雁云依”为姓名办理户口登记行为违法的诉讼请求。

自然人可以改名字吗?

《民法典》规定,自然人决定、变更姓名,或者法人、非法人组织决定、变更、转让名称的,应当依法向有关机关办理登记手续,但是法律另有规定的除外。民事主体变更姓名、名称的,变更前实施的民事法律行为对其具有法律约束力。

父母离婚的,与未成年人共同生活的一方是否可以将该未成年人的姓氏变更为自己的姓氏?现行立法并未规定,我们认为,首先,由父母协商决定;其次,有合理理由的,与未成年人共同生活的一方可以变更,对方有正当理由反对的除外;最后,在决定变更时应当尊重未成年人的真实意愿。

如何保护自己的姓名权?

侵害姓名权主要表现为干涉、盗用、假冒他人姓名。如某科教中心影视部散发某电视剧赞助广告征集书,其中注明该电视剧由知名导演杨某执导等内容,而实际上杨某并未同意执导该剧;故意以他人之名称呼其宠物。

构成侵害姓名权的,加害人应当承担停止侵害、消除影响、赔礼道歉、赔偿损失等侵权责任。造成严重精神损害的,可以请求精神损害赔偿。

被他人冒名顶替上大学怎么办?

高考作为我国规模最大、参加人数最多的选拔性统一考试,是我国实现教育公平的重要工具。无数的高三学子刻苦努力、奋勇拼搏,为的就是通过高考改变自己的命运,为自己创造更多的人生选择。任何在高考中徇私舞弊的做法,都是对教育公平的侮辱与挑衅。“冒名顶替上大学”的行为改变了被顶替者的人生轨迹,侵害了被顶替者的民事权益,更是撼动着教育公平这块维系社会稳定的重要基石。我们在为被顶替的当事人鸣不平的同时,也在为教育公平受到的冲击深感忧心。

早在2009年,教育部高校学生司就曾发出《关于核实普通高等学校重名重身份证号在校生学籍的通知》，要求严格复核同姓名同身份证号在校生学籍。据媒体报道，河南一所高校被清退的假学生就达300多人，云南省2009年普通高校学历电子注册遗留数据中，有1547名学生“查无录取信息”。

2020年6月，山东冠县的陈某英在学信网上查询学籍信息时，意外地发现自己已于2004年9月1日进入山东某理工大学国际经济与贸易专业（专科）就读。当年，她因迟迟没有等到录取通知书而不得不离乡打工。其后，经山东省纪委监委等有关单位调查核实，陈某朋、章某等人通过冒领录取通知书、伪造档案、户籍造假等手段使陈甲英顶替了陈某英，进入山东某理工大学学习。

《民法典》规定，任何组织或者个人不得以干涉、盗用、假冒等方式侵害他人的姓名权或者名称权。“冒名顶替上大学”的行为显然侵害了他人的姓名权。2009年，同样被冒名顶替的罗某以侵犯姓名权、受教育权为由，将王贾军等8人诉至人民法院，人民法院受理了姓名权侵权诉讼。

但是，仅仅通过姓名权来保护当事人此种重大权益显然力度不够，也不利于对此种违法行为进行坚决打击。于是，不少人呼吁通过刑法对该违法行为进行打击，严厉惩处冒名顶替者，给意图冒名顶替之人以威慑，进而维护教育公平和社会公平。

《刑法修正案（十一）》回应了社会关切，将“冒名顶替上大学”行为纳入刑法规制范围，在刑法第280条之一后增加1条，作为第280条之二：“盗用、冒用他人身份，顶替他人取得的高等学历教育入学资格、公务员录用资格、就业安置待遇的，处三年以下有期徒刑、拘役或者管制，并处罚金。组织、指使他人实施前款行为的，依照前款的规定从重处罚。国家工作人员有前两款行为，又构成其他犯罪的，依照数罪并罚的规定处罚。”

笔名、艺名受法律保护吗？

广义上的姓名除了包括正式姓名外，还包括笔名、艺名、网名、译名、字号等。不少文学家、艺术家经常使用笔名、艺名代替本名，如因演唱《2002年的第一场雪》而被人熟知的歌手刀郎，正式姓名为罗林，“刀郎”为其艺名；因大批经典武侠小说为人熟知的作家金庸，正式姓名为查良镛，“金庸”为其笔名；等等。这些人的笔名、艺名比其正式姓名更广为人知。后来又出现了“西北刀郎”“西部刀郎”“全庸”“金墉”等姓名,让人傻傻分不清楚。

实际上,笔名、艺名、网名、译名、字号等虽没有经过法定机关登记,不属于正式的姓名,但在许多情况下,这些笔名、艺名、网名、译名、字号等同样能够起到确定和代表某个自然人的作用,能够体现自然人的人格特征,若被人滥用或混淆,也会有损自然人的人格尊严,会对该自然人造成损害,因此同样存在保护价值。但是,笔名、艺名、网名、译名、字号等毕竟不是登记的正式姓名,因此,只有满足一定条件的笔名、艺名、网名、译名、字号等才能得到保护。《民法典》规定,具有一定社会知名度,被他人使用足以造成公众混淆的笔名、艺名、网名、译名、字号、姓名和名称的简称等,参照适用姓名权和名称权保护的有关规定。据此,其一,该笔名、艺名、网名、译名、字号等需要具有一定的知名度或者被相关社会公众所熟悉;其二,该笔名、艺名、网名、译名、字号等若被他人使用足以造成公众混淆。

与之相关的一个问题是,明星的艺名归谁?是归属于艺人,还是归属于艺人所在的公司?对此,人们存在不同的看法,《民法典》对此并未作出明确的规定。我们认为,由于艺名是针对特定自然人的,是将特定自然人与他人相区别的人格符号,其他民事主体盗用、冒用该艺名直接损害的是特定自然人的利益,因此,艺名应当归属于使用该艺名的艺人。至于艺人所在的公司因包装、宣传该艺人和艺名所付出的代价,可以通过艺人与所在公司之间的合同解决。如果他人侵害艺人艺名的同时也侵害了公司权益的,艺人所在的公司可以通过《反不正当竞争法》等进行救济。

如何保护自己的肖像权?

《民法典》规定,自然人享有肖像权,有权依法制作、使用、公开或者许可他人使用自己的肖像。肖像是通过影像、雕塑、绘画等方式在一定载体上所反映的特定自然人可以被识别的外部形象。

民法中的肖像不限于自然人的面部形象,身体的整体或局部如果具有可识别性,同样属于肖像。另外,肖像是通过一定载体反映的自然人的外部形象,可以体现为图片、绘画、照片、影像、雕塑等形式。

肖像权的内容包括:(1)依法制作自己的肖像。肖像权人有权自己或许可他人通过造型艺术形式或其他形式再现自己的外部形象。(2)依法使用自己的肖像。肖像权人有权将自己的肖像用于合法的目的,如复制、展示或销售等。(3)依法公开自己的肖像。肖像权人有权对已经制作的自己的肖像予以公开或许可他人公开,如将自己拍摄的照片予以公开。(4)依法许可他人使用自己的肖像。肖像权人有权许可他人以营利目的或非营利目的使用自己的肖像。

《民法典》规定,任何组织或者个人不得以丑化、污损,或者利用信息技术手段伪造等方式侵害他人的肖像权。未经肖像权人同意,不得制作、使用、公开肖像权人的肖像,但是法律另有规定的除外。未经肖像权人同意,肖像作品权利人不得以发表、复制、发行、出租、展览等方式使用或者公开肖像权人的肖像。所谓丑化,是指通过艺术加工或改造,对他人肖像加以歪曲、诬蔑、贬低。如画上胡须或画叉。所谓污损,是指损坏或弄脏。如泼墨、焚烧、撕扯等。所谓利用信息技术手段伪造,是指利用信息技术手段编造或捏造他人肖像。如利用人工智能技术将他人肖像深度伪造到特定场景中或移花接木到其他人的身体上。值得说明的是,使用人是否以营利为目的,不影响侵权行为的构成。即使使用人未经许可以公益目的使用他人肖像,同样构成侵权。侵犯肖像权的,加害人应当停止侵害、消除影响、赔礼道歉、赔偿损失。

科特公司与众患文化传播有限公司签订《广告合同》,通过文化公司使用《BB 惊心》剧照、主演刘某某之剧照,作为科特公司在中国大陆的产品推广的平面广告使用,不得作为动漫制作使用或作为电视媒体图片播放,禁止通过互联网展示,不得写形象代言或形象大使等字样。刘某某发现科特公司在其网站部分产品展示中未经其同意,使用其肖像。并注明:著名影视明星刘某某,照片上叠加“刘某某”艺术体签名。刘某某以肖像权、姓名权、名誉权受侵害为由提起诉讼。法院认为,未经本人同意,不得以营利为目的使用公民的肖像。科特公司称从合法第三方获得使用许可,未能提交照片证明其所使用的照片为第三方许可使用之剧照。即使通过合同取得,也不应用于电视媒体或互联网媒体。刘某某具有一定社会知名度,肖像和签名具有商业化价值,科特公司应赔偿刘某某因此造成的财产损失。科特公司未贬低、丑化刘某某的名誉,未侵犯其名誉权。判决赔礼道歉,赔偿财产损失 3 万元、精神损害抚慰金 5 万元、维权成本 1200 元。

伊美美容门诊部管理的微信公众号发布了标题为《刘某某新剧未播先火,

还不是因为裸肌美出新高度！》《娱乐圈男神全被她们三人承包了……》等文章，文章中共使用刘某某照片 26 张，并注有"想不想拥有以上三位妹子的高颜值？霸占男神呢？那就来伊美医院整形吧，蜕变女神很简单哦！"等字样，文章还介绍有伊美美容门诊部的联系电话、地址、微信二维码等信息。刘某某以肖像权、名誉权受侵害提起诉讼。法院认为，未经刘某某同意，使用其照片并配文后进行商业宣传，侵犯刘某某肖像权。现有证据无法证明名誉贬损，未侵犯其名誉权。判决伊美美容门诊部删除文章及使用的照片，赔礼道歉，赔偿经济损失 4 万元、公证费 1350 元。

民事主体可以将自己的肖像许可他人使用。《民法典》规定，当事人对肖像许可使用合同中关于肖像使用条款的理解有争议的，应当作出有利于肖像权人的解释。当事人对肖像许可使用期限没有约定或者约定不明确的，任何一方当事人可以随时解除肖像许可使用合同，但是应当在合理期限之前通知对方。

当事人对肖像许可使用期限有明确约定，肖像权人有正当理由的，可以解除肖像许可使用合同，但是应当在合理期限之前通知对方。因解除合同造成对方损失的，除不可归责于肖像权人的事由外，应当赔偿损失。对姓名等的许可使用，参照适用肖像许可使用的有关规定。

新闻报道中可以使用他人肖像吗？

《民法典》规定，合理实施下列行为的，可以不经肖像权人同意：(1)为个人学习、艺术欣赏、课堂教学或者科学研究，在必要范围内使用肖像权人已经公开的肖像；(2)为实施新闻报道，不可避免地制作、使用、公开肖像权人的肖像；(3)为依法履行职责，国家机关在必要范围内制作、使用、公开肖像权人的肖像；(4)为展示特定公共环境，不可避免地制作、使用、公开肖像权人的肖像；(5)为维护公共利益或者肖像权人合法权益，制作、使用、公开肖像权人的肖像的其他行为。

维护公序良俗的行为，如新闻媒体对不文明行为的拍摄和公布、发布通缉逃犯的照片等；为维护自然人本人利益的使用，如发布寻人启事。如参加集合、行列、仪式等的人，其肖像权被湮没在其中，不得主张肖像权。

如何保护自己的名誉权?

名誉权,是指民事主体就自己获得的社会综合评价享有的保有和维护的权利。《民法典》规定,民事主体享有名誉权。任何组织或者个人不得以侮辱、诽谤等方式侵害他人的名誉权。名誉是对民事主体的品德、声望、才能、信用等的社会评价。

名誉是名誉权的客体,但名誉感并非名誉权保护对象。名誉感属于自尊心,是自然人的自我评价,不属于名誉权的客体。

侵害名誉权造成他人名誉贬损的行为:(1)侮辱、诽谤行为。(2)新闻报道失实。(3)文学作品使用素材不当。

侵害名誉权的,加害人应当停止侵害、消除影响、恢复名誉、赔礼道歉、赔偿损失。赔偿损失包括精神损害赔偿。行为人拒不承担消除影响、恢复名誉、赔礼道歉等民事责任的,人民法院可以采取在报刊、网络等媒体上发布公告或者公布生效裁判文书等方式执行,产生的费用由行为人负担。

信用评价是否受到法律保护?

信用是对民事主体经济能力的社会评价,名誉是对民事主体品德、才能以及其他素质的社会综合评价,其已包含了信用的内容,且毁损他人名誉与毁损他人信用的民事责任也相同,实践中也是借助名誉权来保护信用,故我国现行立法没有单独规定信用权。据此,我国现行立法虽然未将信用权作为一项单独的人格权加以规定,但对信用评价同样予以保护,只是将侵害信用评价的行为认定为侵害名誉权。

《民法典》规定,民事主体可以依法查询自己的信用评价;发现信用评价不当或者侵害自己合法权益的,有权提出异议并要求采取更正、删除等必要措施。信用评价人应及时核查,经核查属实的,应当及时采取必要措施。

值得说明的是,民事主体与依法可以收集或者存储其信用信息的征信机构等信用信息处理者之间的关系,适用个人信息的规定,不适用名誉权的规定,因其不涉及社会综合评价问题。

文学艺术作品是否可能侵犯他人名誉权？

行为人发表的文学、艺术作品以真人真事或者特定人为描述对象，含有侮辱、诽谤内容，侵害他人名誉权的，受害人有权依法请求该行为人承担民事责任。行为人发表的文学、艺术作品不以特定人为描述对象，仅其中的情节与该特定人的情况相似的，不承担民事责任。

以真人真事或者特定人为描述对象的作品，其描述对象是确定的个体，如果在作品的内容中包含侮辱、诽谤等内容，对被描述的对象名誉权有损害的，就构成侵害名誉权，受害人享有侵权请求权，可以请求作者承担侵害名誉权的民事责任。这类作品，要么直接指名道姓，要么虽然没有指名道姓，但作者的描述足以使人认定为某人。

不以特定人为描述对象的作品，其描述对象并非特定个体，仅是其中的情节与该特定人的情况相似的，不符合主要人格特征和主要生活工作经历的一致性原则，就不属于描述的是真人真事，不认为是对所谓受害人的名誉权侵害，不应当承担民事责任。

新闻报道和舆论监督在什么情形下侵害他人名誉权？

《民法典》规定，行为人为公共利益实施新闻报道、舆论监督等行为，影响他人名誉的，不承担民事责任，但是有下列情形之一的除外：(1)捏造、歪曲事实；(2)对他人提供的严重失实内容未尽到合理核实义务；(3)使用侮辱性言辞等贬损他人名誉。

认定行为人是否尽到合理核实义务，应当考虑下列因素：(1)内容来源的可信度；(2)对明显可能引发争议的内容是否进行了必要的调查；(3)内容的时限性；(4)内容与公序良俗的关联性；(5)受害人名誉受贬损的可能性；(6)核实能力和核实成本。

民事主体有证据证明报刊、网络等媒体报道的内容失实，侵害其名誉权的，有权请求该媒体及时采取更正或者删除等必要措施。

演员刘某某与吴某某于2017年结婚。后微博用户"寒流卷SBF"在博文中发布"卓某曝刘某某出轨被抓拍，已怀孕三个月，孩子不是吴某某的"等内容。

经微梦创科网络技术有限公司披露，被告周某某系上述微博账号的管理者和所有者，同时披露该博文被阅读7000余次。刘某某与吴某某共同委托律师诉至法院。法院判决周某某赔礼道歉、消除影响、恢复名誉，赔偿公证费1290元、精神损害赔偿金3万元、律师费1万元。

如何保护自己的荣誉权？

荣誉权，是指民事主体保持自己的荣誉称号及相关利益，并不受非法剥夺和其他形式侵害的权利。《民法典》规定，民事主体享有荣誉权。任何组织或者个人不得非法剥夺他人的荣誉称号，不得诋毁、贬损他人的荣誉。

荣誉，是指国家和社会对作出突出贡献或有突出表现的民事主体所给予的积极的正式评价。荣誉可以表现为物质奖励，如奖金、奖章；也可以表现为精神奖励，如光荣称号。授予荣誉的主体可以是政府，也可以是民事主体所在的单位，还可以是社会组织。

荣誉权与名誉权有所区别：(1)荣誉权仅为获得光荣称号或嘉奖的自然人享有，须依特定程序获得；名誉权则为所有人享有的，生而有之。(2)荣誉是对作出突出贡献的主体的褒奖，即仅部分特定主体享有荣誉权；名誉则是社会对每个主体的品德、才干、作风等各要素的综合评价，即任何主体都享有名誉权。(3)荣誉权得依一定程序而被剥夺；名誉权则无法被剥夺或限制。

侵犯荣誉权主要表现为非法剥夺他人荣誉称号，或者诋毁、贬损他人的荣誉。获得的荣誉称号应当记载而没有记载的，民事主体可以请求记载；获得的荣誉称号记载错误的，民事主体可以请求更正。

侵害荣誉权的，加害人应当停止侵害、恢复荣誉、消除影响、赔礼道歉。造成严重精神损害的，可以请求精神损害赔偿。

如何保护自己的隐私不被侵犯？

隐私是自然人的私人生活安宁和不愿为他人知晓的私密空间、私密活动、私密信息。《民法典》规定，自然人享有隐私权。任何组织或者个人不得以刺探、侵扰、泄露、公开等方式侵害他人的隐私权。隐私权的内容包括：隐私享有权、隐私维护权和隐私公开权。

个人隐私权也应当受到一定的限制。隐私权不属于姓名权、肖像权等标表型人格权,不允许进行商业利用。隐私权人也不得滥用隐私权。隐私权人在享有和行使隐私权时,不得违反法律的强制性规定,不得违背社会公序良俗,不得损害第三人的利益。基于公共利益需要,或者正当行使舆论监督权,或者个人合法目的的知情权,隐私权也应当受到一定的限制。另外,基于公众知情权,公众人物隐私权通常也会受到一定限制。

除法律另有规定或者权利人明确同意外,任何组织或者个人不得实施下列行为:(1)以电话、短信、即时通信工具、电子邮件、传单等方式侵扰他人的私人生活安宁;(2)进入、拍摄、窥视他人的住宅、宾馆房间等私密空间;(3)拍摄、窥视、窃听、公开他人的私密活动;(4)拍摄、窥视他人身体的私密部位;(5)处理他人的私密信息;(6)以其他方式侵害他人的隐私权。

侵犯隐私权的,加害人应当停止侵害、赔礼道歉、赔偿损失。赔偿损失包括精神损害赔偿。侵害隐私权的责任形式中一般不适用消除影响、恢复名誉等方式,因这两者一般是公开进行的,有可能进一步披露当事人的隐私,造成进一步的不利影响。

王某和黄某均为东方天景小区的居民,黄某为该小区新一届业主委员会候选人。2020 年 7 月 1 日,东方天景小区张贴公布了业委会候选人名单。此后,包括王某丈夫张某在内的部分业主向仙林街道物业科提交了一份落款时间为 2020 年 7 月 1 日的投诉信,投诉包括黄某在内的 5 位业委会候选人存在违法违规行为,其中注明黄某在业主共有区域堆放杂物并违规饲养 2 只宠物犬。2020 年 7 月 8 日,黄某在东方天景小区业主组成的"天景家园""建设美好东方天景"一群至四群等五个微信群(群成员总数 1000 余人)陆续发布了投诉信的照片、王某家门口及室外情况的照片、王某及其丈夫的视频。除此之外,黄某另发布了"跳跳糖—董某、天朝小霸王—张某乙、正义之师—张某、王某,18 - 1001 这一家子为了阻止小区成立业委会也是全家齐上阵,这是拿了多少钱这么做","18 - 1001 家自己把消火栓箱都挡住了,外面还悬空挂着空调外机,锈迹斑斑。这一家子啥情况,868 和他们有多少关系,这么拦着遮着"等微信文字消息。黄某发布上述信息后,引发了部分业主对王某及其家属的指责以及谩骂。2020 年 7 月 9 日,黄某又在上述微信群中发布了相关信息。王某向人民法院提起诉讼,认为黄某侵害了其隐私权和名誉权,要求其承担侵权责任。

经查,王某本人微信名为“橘子王”,王某儿媳微信名为“跳跳糖”、王某丈夫微信名为“正义之师”、王某儿子微信名为“天朝小霸王”。2020 年 6 月期间,王某及其家人因王某儿媳报名业委会事宜曾与黄某发生过争执,王某及其家属在微信群中亦对业委会筹备组的工作情况提出质疑并进行了指责,其中王某家属的部分言辞亦较为激烈。此后,包括黄某在内的部分业主向仙林街道对原告进行了投诉举报。

法院经审理认为,自然人享有隐私权,自然人的私人生活安宁和私人秘密信息依法受到保护,不被他人非法侵扰、知悉、收集、利用和公开。家庭住址信息属于自然人的隐私保护范畴。在本案中,被告黄某拍摄了原告王某家门口照片发布在了小区多个微信群内,同时指明了原告以及家庭成员的真实姓名,被告实施的公开原告家庭住址信息的行为侵犯了原告的隐私权。虽然原告丈夫的投诉信以及原告儿媳的报名表也注明了具体房号,但上述材料均系用于投诉或报名等特定用途,且原告本人并未公布上述信息,故黄某无权在微信群中公开发布包含原告具体家庭住址信息的照片。

微信群聊虽属于网络虚拟空间,但各方参与人仍应规范自身言行,不得实施侵害他人合法权益的行为。在本案中,黄某针对原告及其家属在小区多个微信群中发布了包含“拿了多少钱”“868 和他们有多少关系”等言论。因东方天景小区 8680000 元维修基金属于小区广大业主高度关注问题,黄某在并无切实证据的情况下,发布的上述言论影射原告及其家属可能存在经济问题,进而引发部分业主对原告及其家属的指责及谩骂,该行为损害了原告的声誉,构成对原告的名誉侵权,应当承担相应侵权责任。至于黄某提供的原告家属在微信群中发布的言论,并非本案原告发表,与本案无涉。

法院判决:被告黄某自本判决发生法律效力之日起 3 日内在“天景家园”“建设美好东方天景”一群至四群等五个微信群向原告王某发布道歉函(道歉内容需经法院审核,发布后不得撤回)。如被告黄某逾期不履行本项判决或因出现微信群解散、无法加入群聊等客观情况致无法发布道歉函的,应在《江苏法制报》上公布本判决的主要内容,登报费用由被告黄某承担;被告黄某自本判决发生法律效力之日起 3 日内赔偿原告王某精神损害抚慰金 1 元。案件受理费 400 元,减半收取 200 元(原告王某已预交),由被告黄某负担。

如何保护个人信息?

自然人的个人信息受法律保护。个人信息是以电子或者其他方式记录的能够单独或者与其他信息结合识别特定自然人的各种信息,包括自然人的姓名、出生日期、身份证件号码、生物识别信息、住址、电话号码、电子邮箱、健康信息、行踪信息等。

隐私与个人信息有所区别。隐私与个人信息的范围有交叉,重合部分可以成为隐私信息,即权利主体不愿为他人知晓的个人信息,如病史、犯罪记录等。但个人信息不仅包括不愿为外人知晓的隐私信息,还包括公开的非隐私信息,如姓名、性别等。一些侵犯个人信息的行为,未必构成侵犯隐私。如自然人的姓名信息,属于个人信息,但不属于隐私信息;肖像也属于个人信息,但不当利用构成对肖像权的侵犯,不构成侵害隐私权;不当删除、不完整记录或错误记录他人信息,或根据不实信息对他人信用作出错误评级等,都属于侵犯个人信息权利的行为,但一般不涉及侵犯隐私。故而立法将个人信息单独规定。个人信息中的私密信息,适用有关隐私权的规定。

1. 个人信息的收集使用

处理个人信息的,应当遵循合法、正当、必要原则,不得过度处理,并符合下列条件:(1)征得该自然人或者其监护人同意,但是法律、行政法规另有规定的除外;(2)公开处理信息的规则;(3)明示处理信息的目的、方式和范围;(4)不违反法律、行政法规的规定和双方的约定。个人信息的处理包括个人信息的收集、存储、使用、加工、传输、提供、公开等。

处理个人信息,有下列情形之一的,行为人不承担民事责任:(1)在该自然人或者其监护人同意的范围内合理实施的行为;(2)合理处理该自然人自行公开的或者其他已经合法公开的信息,但是该自然人明确拒绝或者处理该信息侵害其重大利益的除外;(3)为维护公共利益或者该自然人合法权益,合理实施的其他行为。

2. 个人信息的查阅、更正与删除

自然人可以依法向信息处理者查阅或者复制其个人信息;发现信息有错误的,有权提出异议并请求及时采取更正等必要措施。自然人发现信息处理者违反法律、行政法规的规定或者双方的约定处理其个人信息的，有权请求信息处理者及时删除。

有下列情形之一的，自然人可以请求信息持有人及时删除其个人信息：(1)非法收集、使用信息；(2)持有侵害自然人合法权益的信息；(3)持有的信息储存期限依法已经届满；(4)根据收集或者使用的特定目的，信息持有人持有信息已经没有必要。

3. 信息处理者的信息安全保护义务

信息处理者不得泄露或者篡改其收集、存储的个人信息；未经自然人同意，不得向他人非法提供其个人信息，但是经过加工无法识别特定个人且不能复原的除外。

信息处理者应当采取技术措施和其他必要措施，确保其收集、存储的个人信息安全，防止信息泄露、篡改、丢失；发生或者可能发生个人信息泄露、篡改、丢失的，应当及时采取补救措施，按照规定告知自然人并向有关主管部门报告。

4. 法定机构及其工作人员的保密义务

国家机关、承担行政职能的法定机构及其工作人员对于履行职责过程中知悉的自然人的隐私和个人信息，应当予以保密，不得泄露或者向他人非法提供。

侵犯个人信息是否可能构成犯罪？

针对侵犯公民个人信息罪，《刑法》规定，违反国家有关规定，向他人出售或者提供公民个人信息，情节严重的，处3年以下有期徒刑或者拘役，并处或者单处罚金；情节特别严重的，处3年以上7年以下有期徒刑，并处罚金。违反国家有关规定，将在履行职责或者提供服务过程中获得的公民个人信息，出售或者提供给他人的，依照前款的规定从重处罚。窃取或者以其他方法非法获取公民个人信息的，依照第一款的规定处罚。单位犯前三款罪的，对单位判处罚金，并对其直接负责的主管人员和其他直接责任人员，依照各该款的规定处罚。

具有下列情形之一的，属于“情节严重”：(1)出售或者提供行踪轨迹信息，被他人用于犯罪的；(2)知道或者应当知道他人利用公民个人信息实施犯罪，向其出售或者提供的；(3)非法获取、出售或者提供行踪轨迹信息、通信内容、征信信息、财产信息50条以上的；(4)非法获取、出售或者提供住宿信息、通信记录、健康生理信息、交易信息等其他可能影响人身、财产安全的公民个人信息500条以上的;(5)非法获取、出售或者提供第三项、第四项规定以外的公民个人信息5000条以上的;(6)数量未达到第三项至第五项规定标准,但是按相应比例合计达到有关数量标准的;(7)违法所得5000元以上的;(8)将在履行职责或者提供服务过程中获得的公民个人信息出售或者提供给他人,数量或者数额达到第三项至第七项规定标准一半以上的;(9)曾因侵犯公民个人信息受过刑事处罚或者2年内受过行政处罚,又非法获取、出售或者提供公民个人信息的;(10)其他情节严重的情形。

具有下列情形之一的,属于"情节特别严重":(1)造成被害人死亡、重伤、精神失常或者被绑架等严重后果的;(2)造成重大经济损失或者恶劣社会影响的;(3)数量或者数额达到前款第三项至第八项规定标准10倍以上的;(4)其他情节特别严重的情形。

2013年底,一家为全国4500多家酒店提供网络服务的公司因系统存在安全漏洞,致使全国高达2000万条宾馆住宿记录泄露。2015年初至2016年6月,被告人丁某通过在不法网站下载的方式,非法获取宾馆住宿记录等公民个人信息,并上传至自己开办的"嗅密码"网站。该网站除了能够查询住宿记录外,还提供用户QQ、部分论坛账号及密码找回功能。其中,住宿记录共有将近2000万条,用户经注册成为会员后,可以在网页"开房查询"栏目项下,以输入关键字姓名或身份证号的方式查询网站数据库中宾馆住宿记录(显示姓名、身份证号、手机号码、地址、住宿时间等信息)。丁某自2015年5月左右开始对该网站采取注册会员方式收取费用60元/人,到2016年1月上调到120元/人。2015年11月1日至2016年6月23日,"嗅密码"网站共有查询记录49698条,收取会员费191440.92元。

人民法院认为,被告人丁某非法获取住宿记录等公民个人信息后通过网站提供查询服务牟利,供查询的公民个人信息近2000万条,其行为已经构成侵犯公民个人信息罪,且属于"情节特别严重"。综合考虑退赃等情节,以侵犯公民个人信息罪判处被告人丁某有期徒刑3年,并处罚金人民币2万元。

什么是一般人格权?

一般人格权,是指除具体人格权外,自然人享有基于人身自由、人格尊严产生的其他人格权益。有时候，自然人的人身自由、人格尊严受到了侵害，但又不构成侵犯前面所列的各种具体的人格权，这时法律便无法提供具体明确的保护和救济，因此，立法创设了一般人格权对此加以保护。《民法典》规定，自然人享有基于人身自由、人格尊严产生的其他人格权益。据此，仅自然人享有一般人格权，法人和非法人组织不享有一般人格权。

甲、乙系同父异母兄弟，其父去世后，甲、乙共同将其父骨灰盒安放在火葬场的灵堂里。三年后某日，乙私自将其父骨灰盒从灵堂移走并藏匿，不让甲知道安放地点，甲无法对其父进行瞻仰、祭祀，经多次协商未果。甲的瞻仰、祭祀的利益显然受到了侵犯，但又不属于具体人格权受到侵犯，可理解为甲不能按照自己的意志和行为去达到寄托哀思的愿望和目的。

死者的人格利益是否还受到保护？

死者并无权利能力，不是民事主体，无人格权，但其人身遗存仍受法律保护。死者的姓名、肖像、名誉、荣誉、隐私、遗体等受到侵害的，其配偶、子女、父母有权依法请求行为人承担民事责任；死者没有配偶、子女并且父母已经死亡的，其他近亲属有权依法请求行为人承担民事责任。保护死者人格利益，实质上是保护死者近亲属的人格利益或社会公共利益。

《民法典》规定，死者的姓名、肖像、名誉、荣誉、隐私、遗体等受到侵害的，其配偶、子女、父母有权依法请求行为人承担民事责任；死者没有配偶、子女且父母已经死亡的，其他近亲属有权依法请求行为人承担民事责任。侵害英雄烈士等的姓名、肖像、名誉、荣誉，损害社会公共利益的，应当承担民事责任。

侵犯死者人格利益的行为：(1)以侮辱、诽谤、贬损、丑化或者违反公益、公德方式，侵害死者姓名、肖像、名誉、荣誉；(2)非法披露、利用死者隐私，或以违反公益、公德的方式侵害死者隐私；(3)非法利用、损害遗体、遗骨，或以违反公益、公德方式侵害遗体、遗骨。

2013年9月9日，时任某杂志社执行主编的洪某在财经网发表《小学课本〈狼牙山五壮士〉有多处不实》一文。文中写道：据《南方都市报》2013年8月31日报道，广州越秀警方于8月29日晚间将一位在新浪微博上“污蔑狼牙山五壮士”的网民抓获,以虚构信息、散布谣言为由予以行政拘留 7 日。[①] 据媒体报道,该网友实际上是传播了 2011 年 12 月 14 日百度贴吧里一篇名为《狼牙山五壮士真相原来是这样!》的帖子的内容,该帖子说五壮士“5 个人中有 3 个是当场被打死的,后来清理战场把尸体丢下悬崖。另两个当场被活捉,只是后来不知道什么原因又从日本人手上逃了出来”。2013 年第 11 期某杂志刊发洪某撰写的《“狼牙山五壮士”的细节分歧》一文,亦发表于某杂志网站。该文分为“在何处跳崖”“跳崖是怎么跳的”“敌我双方战斗伤亡”“‘五壮士’是否拔了群众的萝卜”等部分。文章通过援引不同来源、不同内容、不同时期的报刊资料等,对“狼牙山五壮士”事迹中的细节提出质疑。

葛某以严重侵犯父亲的名誉、荣誉起诉洪某,认为洪某发表的《小学课本〈狼牙山五壮士〉有多处不实》一文以及《“狼牙山五壮士”的细节分歧》一文,以历史细节考据、学术研究为幌子,以细节否定英雄,企图达到抹黑“狼牙山五壮士”英雄形象和名誉的目的,请求判令洪某停止侵权、公开道歉、消除影响。被告洪某辩称,案涉文章是学术文章,没有侮辱性的言辞,关于事实的表述有相应的根据,不是凭空捏造或者歪曲,不构成侮辱和诽谤,不构成名誉权的侵害,不同意对方的全部诉讼请求。

人民法院经审理查明,1941 年 9 月 25 日,在易县狼牙山发生的狼牙山战斗,是被大量事实证明的著名战斗。在这场战斗中,“狼牙山五壮士”英勇抗敌的基本事实和舍生取义的伟大精神,赢得了全国人民高度认同和广泛赞扬,是五壮士获得“狼牙山五壮士”崇高名誉和荣誉的基础。“狼牙山五壮士”这一称号在全军、全国人民中已经赢得了普遍的公众认同,既是国家及公众对他们作为中华民族的优秀儿女在反抗侵略、保家卫国中作出巨大牺牲的褒奖,也是他们应当获得的个人名誉和个人荣誉。“狼牙山五壮士”是中国共产党领导的八路军在抵抗日本帝国主义侵略伟大斗争中涌现出来的英雄群体,是中国共产党领导的全民抗战并取得最终胜利的重要事件载体。“狼牙山五壮士”的事迹经由广泛传播,已成为激励无数中华儿女反抗侵略、英勇抗敌的精神动力之一;成为人民军队誓死捍卫国家利益、保障国家安全的军魂来源之一。在和平年代,

---

① 广州一网民发微博污辱“狼牙山五壮士”,当地公安局根据群众举报依法查获造谣网民,并对其行政拘留 7 日,对方与执法部门打官司,以失败而告终。

"狼牙山五壮士"的精神,仍然是我国公众树立不畏艰辛、不怕困难、为国为民奋斗终身的精神指引。这些英雄烈士及其精神,已经获得全民族的广泛认同,是中华民族共同记忆的一部分,是中华民族精神的内核之一,也是社会主义核心价值观的重要内容。而民族的共同记忆、民族精神乃至社会主义核心价值观,无论是从我国的历史还是从现行法来说,都已经是社会公共利益的一部分。

人民法院认为,案涉文章对于"狼牙山五壮士"在战斗中所表现出的英勇抗敌的事迹和舍生取义的精神这一基本事实,自始至终未作出正面评价,而是以考证"在何处跳崖"、"跳崖是怎么跳的"、"敌我双方战斗伤亡"以及"'五壮士'是否拔了群众的萝卜"等细节为主要线索,通过援引不同时期的材料、相关当事者不同时期的言论,全然不考虑历史的变迁,各个材料所形成的时代背景以及各个材料的语境等因素。在无充分证据的情况下,案涉文章多处作出似是而非的推测、质疑乃至评价。因此,尽管案涉文章无明显侮辱性的语言,但通过强调与基本事实无关或者关联不大的细节,引导读者对"狼牙山五壮士"这一英雄烈士群体英勇抗敌事迹和舍生取义精神产生怀疑,从而否定基本事实的真实性,进而降低他们的英勇形象和精神价值。洪某的行为方式符合以贬损、丑化的方式损害他人名誉和荣誉权益的特征。

案涉文章通过刊物发行和网络传播,在全国范围内产生了较大影响,不仅损害了葛振林的个人名誉和荣誉,损害了葛某的个人感情,也在一定范围和程度上伤害了社会公众的民族和历史情感。在我国,由于"狼牙山五壮士"的精神价值已经内化为民族精神和社会公共利益的一部分,因此,也损害了社会公共利益。洪某作为具有一定研究能力和熟练使用互联网工具的人,应当认识到案涉文章的发表及其传播将会损害到"狼牙山五壮士"的名誉及荣誉,也会对其近亲属造成感情和精神上的伤害,更会损害到社会公共利益。在此情形下,洪某有能力控制文章所可能产生的损害后果而未控制,仍以既有的状态发表,在主观上显然具有过错。

人民法院判决:被告洪某立即停止侵害葛振林名誉、荣誉的行为;本判决生效后3日内,被告洪某公开发布赔礼道歉公告,向原告葛某赔礼道歉,消除影响。该公告须连续刊登5日,公告刊登媒体及内容需经本院审核,逾期不执行,本院将在相关媒体上刊登判决书的主要内容,所需费用由被告洪某承担。一审宣判后,洪某向上级人民法院提起上诉,二审法院作出终审判决:驳回上诉,维持原判。

婚姻家庭编

第十四讲

婚姻家庭:唯愿和谐美满

恩格斯在《家庭、私有制和国家的起源》中指出:“群婚制是与蒙昧时代相适应的。对偶婚是与野蛮时代相适应的,以通奸和卖淫为补充的一夫一妻是与文明时代相适应的。”

血缘群婚制是群婚制的低级阶段。在这种制度下,直系血亲之间的两性关系已被排除,婚姻集团由辈分相同的男女成员组成,一对配偶的子孙中每一代都互为兄弟姐妹,也互为夫妻。亚血缘群婚制(普那路亚婚制)是群婚制的高级阶段。在这种制度下,婚姻仍然是同行辈的男女成员的集团婚,但是,兄弟和姊妹之间的两性关系已被排除,开始实行族外婚。

在原始社会后期,随着生产力的发展和人们对自然规律认识的提高,婚姻禁例越来越多,越来越严格,群婚制终于被对偶婚制所代替。在对偶婚制下,一男一女的结合并不牢固,很容易为一方或双方所破坏。但是这种婚姻仍然以女子为中心,女子定居于本氏族,其夫则来自其他氏族。

一夫一妻制(也称个体婚制)是在原始社会崩溃过程中形成的,是私有制确立的必然结果。从母系氏族到父系氏族、两性社会地位的变化和男尊女卑制度的形成等,便是一夫一妻制婚姻出现的历史前奏。到奴隶制社会,由于私有制的产生,终于在法律上确立了一夫一妻制。

结婚需要具备哪些条件？

首先，现行立法仅允许男女异性双方当事人缔结有效的婚姻，并不承认同性婚姻。

孙某与其“男友”胡某认识一年多，相处融洽。两人在相恋一周年的纪念日，来到长沙市芙蓉区民政局，告诉工作人员他们要登记结婚。芙蓉区民政局工作人员在审查后，认为孙某、胡某均为男性，其结婚登记申请不符合《民法典》和《婚姻登记条例》关于结婚必须是男女双方的规定，决定对两人的结婚登记申请不予办理结婚登记，并当场告知两人不予办理结婚登记的理由和结果。孙某、胡某不服，诉至法院，请求判令芙蓉区民政局为其办理结婚登记。

一审法院认为，我国实行婚姻登记制度。芙蓉区民政局具有对辖区内居民结婚登记申请作出是否办理婚姻登记的法定职权。《民法典》第 1041 条、第 1049 条以及《婚姻登记条例》第 4 条、第 7 条规定，结婚必须是男女双方，要求结婚的男女双方必须亲自到婚姻登记机关进行结婚登记。本案中，孙某、胡某均为男性，其结婚登记申请不符合我国上述法律、行政法规的规定。芙蓉区民政局对孙某、胡某的结婚登记申请，不予办理结婚登记，并当场告知孙某、胡某结婚登记申请不符合我国上述法律、行政法规关于男女双方登记结婚的规定。芙蓉区民政局作出不予办理结婚登记行政行为符合法律、行政法规的规定，且行政程序合法。判决驳回孙某、胡某的诉讼请求。孙某、胡某对一审判决不服，提起上诉。

二审法院认为，根据《民法典》第 1041 条、第 1049 条等相关规定，办理结婚登记的必须是男女双方。二上诉人均为男性，明显不符合法律规定的办理结婚登记的条件，其要求判令被上诉人为其办理结婚登记，理由不成立。上诉人提出婚姻法中的“男女平等”应当解释为男女可以平等地和男方结婚，也可以平等地和女方结婚等，其理解明显超出婚姻法相关规定中“男女”的文义范围，属于曲解法律，不予采信。判决驳回上诉，维持原判。

有的国家已通过立法承认了同性婚。挪威、丹麦是目前世界上通过立法允许同性恋结婚的国家，但不能在教堂举行结婚仪式和收养子女，同性恋婚姻享有异性婚姻的所有法定权利。加拿大安大略省上诉法院于 2003 年 6 月裁定同性恋人有与异性恋人一样的结婚权利。

其次,我国立法贯彻婚姻自由原则,结婚必须男女双方完全自愿。

婚姻自由原则,是指自然人有权在法律规定的范围内,完全自愿、自主地决定本人的婚姻问题,不受任何人的强制或干涉。一方面,婚姻自由是我国宪法赋予公民的一项基本权利。另一方面,婚姻自由是相对的,而不是绝对的,必须以遵守法律、符合社会主义道德为条件。如不允许以婚姻自由原则为理由与多人结婚。

《民法典》规定,禁止包办、买卖婚姻和其他干涉婚姻自由的行为。禁止借婚姻索取财物。男女双方结婚必须完全自愿,出于自己真实的意思表示,不受双方财产多少、门第高低、身份地位等的限制,更不受任何人包括自己的父母、单位、领导等的强迫与干涉。

最后,男女双方必须亲自到婚姻登记机关办理结婚登记。

《婚姻登记条例》规定,内地居民办理婚姻登记的机关是县级人民政府民政部门或者乡(镇)人民政府,省、自治区、直辖市人民政府可以按照便民原则确定农村居民办理婚姻登记的具体机关。

《民法典》规定,要求结婚的男女双方应当亲自到婚姻登记机关申请结婚登记。符合本法规定的,予以登记,发给结婚证。完成结婚登记,即确立婚姻关系。未办理结婚登记的,应当补办登记。未到法定结婚年龄的公民以夫妻名义同居的,或者符合结婚条件的当事人未经结婚登记以夫妻名义同居的,其婚姻关系无效,不受法律保护。

订婚给的彩礼能不能再要回来?

订婚,又称定婚,是指男女双方订立婚约的行为。婚约,是指男女双方以结婚为目的而作的事先约定。婚约的当事人俗称未婚夫妻。

古代婚约,是婚姻行为本身不可缺少的组成部分。婚姻的成立,是合订婚与结婚为一体的。订婚是结婚的必经程序,是婚姻的成立要件,无婚约即无婚姻。我国古代也将订婚作为婚姻的成立要件。直至中华民国初年,北洋军阀政府的大理院仍然认为,订婚为成婚的前提,男女订婚,写立婚书,依礼聘娶,否则,虽已成婚,于法律上仍不生婚姻之效。到了近现代,随着人格的自觉,婚约的性质发生了变化,婚约并非婚姻行为本身的组成部分,订立婚约不再是结婚的必经程序,也不再是婚姻的成立要件。新中国成立后,相关法律均无关于婚约的规定。立法对婚约既不提倡,也不禁止;订婚不是结婚的必经程序,亦即并非婚姻的成立要件;婚约无人身约束力,不因婚约的订定而发生必然结婚的义务,法院不受理婚约履行之诉。

因此,婚约并非契约,而只是一种具有道德拘束力的协议,订立婚约的行为只是一种情谊行为,单纯的违反婚姻的行为,或者说解除婚约的行为,当然不会产生什么法律后果,更不可能发生侵权损害赔偿责任。

在现实生活中,婚约当事人常因订婚而给付他方一定的彩礼。婚前给付彩礼的现象在某些地区还相当盛行,而且随着经济的发展,彩礼的数额越来越大。"彩礼"是我国民间的一种习惯称呼,也称为聘礼、纳彩等。

"彩礼"与"婚约期间的赠与物"是有区别的,"彩礼"只是"婚约期间的赠与物"的主要形式,"婚约期间的赠与物"有的并非"彩礼",而是为了增加感情的一种纯粹的赠与。这种纯粹的赠与,适用《民法典》有关赠与合同的规定,无须亲属法对其加以调整。

给付彩礼的行为,属于附解除条件的赠与。当婚约解除时,婚姻已不可能缔结,解除条件成就,此种赠与行为丧失法律效力,给付人自可请求受领人返还。因此,有下列情形之一的,当事人有权请求返还按照习俗给付的彩礼:(1)双方未办理结婚登记手续的;(2)双方办理结婚登记手续但确未共同生活的;(3)婚前给付并导致给付人生活困难的。其中,适用(2)、(3)的情形的,应当以双方离婚为条件。

当"彩礼"是存在的实物,赠与人可基于物权之请求权请求受赠人返还实物;当实物已转让给他人且他人构成善意取得时,赠与人只能行使不当得利返还请求权或侵权损害赔偿请求权;当实物已毁损、灭失时,赠与人只能行使侵权损害赔偿请求权。当"彩礼"是金钱时,因金钱的交付导致了所有权的绝对移转,赠与人可行使不当得利返还请求权。赠与人可以要求受赠人返还的"彩礼",包括在订婚之前期待订婚所为的赠与,以及在订婚期间以结婚目的或其赠与物本身带有此目的的赠与(如祖传结婚戒指)。

对于借婚约之名而实行买卖婚姻所收取的财物,原则上应判令收归国库;对于以恋爱订婚之名,行诈骗钱财之实的,无论哪一方提出解约,原则上应将诈骗所得财物全部返还给受害人;对于借恋爱之名,以赠送财物手段玩弄女性的,其所交付对方的财物应按赠与物对待,不予退还;对于以结婚为目的的赠与,价值较高的应酌情返还;对于婚约期间的一般赠与物,受赠人无返还义务。

2014 年 10 月左右,于某和燕某通过婚恋网相识,燕某是国际航班的空姐,形象青春靓丽,于某认为燕某有空乘周游世界的经历、英语特别好,于某很快被吸引。双方快速确立恋爱关系。2015 年 4 月燕某说要辞职回国和于某结婚,但是她老家需要给彩礼,所以于某在 2015 年 5 月 14 日转给燕某 100 万元礼金,燕某又说有房子才有安全感,所以于某又借了一部分钱在香河孔雀城买了一套房产,登记在燕某名下。于某与燕某恋爱后,于某开始每月给燕某约 3 万元,之后燕某以不爱于某为由,经常提出分手。于某认为燕某既然收了 100 万元礼金,又收了于某给买的房产,虽然总是闹情绪,但是还会和他结婚,于是每月依然给燕某转 3 万元,以为燕某能回心转意。2016 年 2 月 15 日,于某在机场撞到燕某和一个男人很亲密,才知道原来燕某早已和其他男人同居。在燕某明确表示不会与于某结婚后,于某要求燕某返还房产和 100 万元礼金及其他每月给燕某的钱,在于某再三催促下,燕某将房产返还给了于某,并称之后有多余的存款再返还于某。2018 年初于某发现燕某已将其拉黑并已经与他人结婚。于某认为,于某给燕某的 100 万元及每月支付的约 3 万元,是以结婚为目的的给付,在燕某明确表示不再与于某结婚后,应当全部予以返还。于某向法院提起诉讼,请求判令燕某返还婚约财产 90 余万元。

燕某答辩称,于某共给了燕某 1484005 元,燕某返还了于某 575459 元,差额为 908546 元,燕某不同意于某的全部诉讼请求。于某以婚约财产纠纷为由向法院起诉无事实依据。双方只是恋爱关系,并不涉及婚约、彩礼的问题。涉案的 100 万元是于某送给燕某的生日礼物。2015 年 5 月 15 日是燕某的生日,当时燕某远在多伦多,近一个月之内无法回国。于某无法陪燕某一起过生日,为了表达自己的歉意及对燕某的祝福,于某于 2015 年 5 月 14 日给燕某转账 100 万元,称该 100 万元作为生日礼物送给燕某,目的在于感动、取悦燕某,以给其安全感。该行为应视为普通的赠与行为,赠与合法有效,没有法律规定的情形,不可撤销赠与。

一审法院认为,首先,所谓的婚约财产一般指的是彩礼,是依据当地习俗,一方及其家庭给付另一方及其家庭的与缔结婚姻密切相关的大额财物,通常情况下会在订婚仪式或类似仪式完成后给付，通常为一次性给付而非日常化的多次给付。本案中，双方在北京生活，于某系北京人，燕某系河北人，无论根据北京还是河北的习俗，彩礼通常为几万至几十万元之间，超过一百万元属于极为少见的情况。结合于某的给付时间、给付频率，双方自认的家庭情况，双方未举办任何仪式、双方父母未见面的实际情况，于某付给燕某的 1484005 元不属于彩礼。其次，于某给付燕某的款项无法显示出是以结婚为目的的给付，以结婚为目的的前提是双方处于恋爱关系且已经到了谈婚论嫁的地步，但从于某给付的时间上看，自双方相识至双方感情出现问题，甚至燕某结婚后，于某均有给付的行为，显然，即便仅从于某的角度上看，这些款项中部分款项的给付目的并非以结婚为目的而是以追求为目的。本案中，从双方认可的聊天内容可见，燕某在接受于某给付款项前，并未明确同意与于某结婚，更未认真深入地讨论过结婚事宜，因此，可以说明，燕某并未明确知晓或明确接受赠与的条件，即使燕某接受了于某赠与的财物，该赠与也只能视为普通的赠与行为。故于某未举出充分证据证明涉案的 1484005 元系婚约财产，对于于某请求判令燕某返还婚约财产 908546 元的诉讼请求，因证据不足，本院不予支持。于某不服一审法院的判决，提起上诉，请求撤销一审法院判决，依法改判燕某返还于某 908546 元。

二审法院经审理认为，关于 100 万元给付款的性质，应根据双方当事人当时的具体关系、该笔转账的具体情况以及习俗综合认定。第一，双方相识于婚恋网，说明双方均是想通过该婚恋网找到婚姻关系中的另一半，之后确立了恋爱关系，在恋爱期间双方谈到了领证、买房的事宜。该情况有燕某提交的聊天记录证明。在恋爱关系确立后双方的交往中，燕某并未向于某提出终止恋爱关系，也看不出燕某有终止与于某恋爱关系的意思表示。第二，从于某于 2015 年 5 月 14 日给付燕某 100 万元时的具体情况来说，于某于 2014 年 12 月共计给付燕某 3. 5 万元，2015 年 1 月给付 5000 元，2015 年 2 月给付 4 万元，2015 年 3 月给付 2 万元，2015 年 4 月给付 2. 1 万元，而 2015 年 5 月 14 日当天给付金额达到 100 万元，与前面几个月的给付金额相差巨大。在双方已经建立正常恋爱关系，燕某亦没有终止恋爱关系的意思表示的情况下，从常理讲，于某给付燕某 100 万元大额钱款时是考虑到燕某有可能成为其妻子的情况下作出的，是基于双方特殊的恋爱关系，故应视为以缔结婚姻关系为条件的赠与为宜，不应认定为普通赠与。本案中，双方在聊天中也有提及彩礼，说明二人早于给付 100 万元之前已有结婚的打算，2015 年 5 月 14 日进行了转款，故该笔款项的转款时间与上述买房、领证的对话相互印证，该笔 100 万元转款的性质应为以缔结婚姻关系为条件的赠与，属于彩礼即婚约财产的一种。一审法院认定属于普通赠与不当，本院予以纠正。于某给付燕某的 100 万元属于婚约财产，现双方终止恋爱关系并未结婚，结婚的目的未能实现，于某主张返还彩礼，符合法律规定，应予支持。判决撤销一审法院作出的民事判决，燕某于本判决生效之日起 30 日内返还于某婚约财产 908546 元。

燕某不服二审判决，提出再审申请。北京市高级人民法院经审查认为，根据查明的事实和在案证据，可以看出燕某与于某双方相识于婚恋网，说明双方均是想通过该婚恋网找到婚姻关系中的另一半，之后确立了恋爱关系，在恋爱期间双方谈到了领证、买房的事宜；在恋爱关系确立后双方的交往中，燕某并未向于某提出终止恋爱关系；从于某给付燕某金额情况看，于某之前给付燕某几千元、几万元数额不等，但谈及结婚、买房事宜时，于 2015 年 5 月 14 日当天于某给付金额达到 100 万元，与前面几个月的给付金额相差巨大。从上述事实看，在双方已经建立正常恋爱关系，燕某亦没有终止恋爱关系的意思表示的情况下，从常理讲，于某给付燕某 100 万元大额钱款时是考虑到燕某有可能成为其妻子的情况下作出的，是基于双方特殊的恋爱关系，故应视为以缔结婚姻关系为条件的赠与为宜，不应认定为普通赠与。本案中，双方在聊天中也有提及彩礼，说明二人早于给付 100 万元之前已有结婚的打算，2015 年 5 月 14 日进行了转款，故该笔款项的转款时间与上述买房、领证的对话相互印证，该笔 100 万元转款的性质应为以缔结婚姻关系为条件的赠与，属于彩礼即婚约财产的一种。据此，二审法院在具体分析本案的各种因素后作出了以上认定，对于某要求燕某返还 908546 元的请求予以支持，并无不当。燕某申请再审的理由缺乏事实和法律依据，其再审申请不符合《民事诉讼法》的规定，本院不予支持。裁定驳回燕某的再审申请。

男女双方未办理结婚登记能否建立婚姻关系？

现实中，有的男女双方并未到登记机关办理结婚登记，但已经以夫妻名义共同生活，对外也声称两人为夫妻，此时，两者是否存在婚姻关系？还有的农村青年男女，经过媒人介绍，父母同意，便办理了结婚宴席，并开始以夫妻的名义同居生活，甚至还育有子女，此时，两者是否存在婚姻关系？这都涉及我国法律对事实婚姻的规定问题。

事实婚姻，是指未履行法定形式但以夫妻名义同居生活而成立的婚姻。由于事实婚没有履行法定的结婚登记手续，人们无法从法定的公示方法上认定其是否构成婚姻。为了区别于通奸、姘居等行为，事实婚姻必须具有客观的、外在的、事实上的依据，即男女双方共同身份生活的事实。

首先，存在同居生活的事实，这是判断当事人是否有婚意的一个外在标准，否则不可能构成事实婚。男女双方即使举行了婚礼，置办了婚宴，如果并未同居的，亦不构成事实婚。而法律婚只要办理了结婚登记手续即成立，至于是否存在同居生活，在所不问。其次，这种同居生活的事实应该是公开的，而不是隐蔽的。最后，是以夫妻名义公开同居生活，即以夫妻相待，在大众面前以夫妻相称，而且群众因此亦认为他们是夫妻。所谓"群众认为他们是夫妻"，是指群众对他们以夫妻名义同居生活的认识。没有以夫妻名义同居过，即使群众认为他们是夫妻，也不能构成事实婚。

1994 年 2 月 1 日生效的《婚姻登记管理条例》规定，未到法定结婚年龄的公民以夫妻名义同居的，或者符合结婚条件的当事人未经结婚登记以夫妻名义同居的，其婚姻关系无效，不受法律保护。据此，现行立法仅承认 1994 年 2 月 1 日之前已经形成的事实婚姻，认定当事人之间形成夫妻关系，属于有效的婚姻。由于事实婚姻未办理结婚登记，因此若要离婚只能通过诉讼的方式完成，即经过法院审理后调解离婚或判决离婚，不能通过登记离婚的方式完成。而 1994 年 2 月 1 日之后，我国立法不再承认事实婚姻的效力，无论同居时间多久，无论是否生育有子女，均不构成有效婚姻，仍然应当按照无效婚姻来对待。

《民法典》规定，要求结婚的男女双方应当亲自到婚姻登记机关申请结婚登记。符合本法规定的，予以登记，发给结婚证。完成结婚登记，即确立婚姻关系。未办理结婚登记的，应当补办登记。据此，未办理结婚登记的，如果不补办登记，则不能确立婚姻关系。因此，《民法典》也不承认事实婚姻的效力。但是，男女双方按规定补办结婚登记的，婚姻关系的效力从双方均符合婚姻法所规定的结婚的实质要件时起算，并非从补办登记之日起算。

2013 年底，郑某、妥某经人介绍相识，相识一月后，双方按照东乡族民俗习惯,举行结婚仪式,但未办理结婚登记手续。2014 年 10 月 20 日,郑某生育一女,取名郑语菡。2014 年 8 月 28 日,甘肃省金塔县人民法院作出刑事判决书,判决妥某犯贩卖毒品罪,判处有期徒刑 8 年,并处罚金 10000 元。2019 年 3 月 1 日,郑某为给郑语菡申报户口,申请亲子鉴定。2019 年 3 月 7 日,甘肃科信司法医学鉴定所作出甘科信〔2019〕司鉴字第 3056 号鉴定意见书,经鉴定郑某是郑语菡的生物学母亲。

郑某以妥某多次吸毒、贩毒入狱,无法照顾郑语菡为由提起诉讼要求抚养郑语菡,由妥某自刑满释放后每月支付抚养费 1500 元直至孩子年满 18 周岁。郑某认为,其与妥某不属于事实婚姻,双方之间是同居关系,非婚生子女由郑某抚养更有利于其成长。

妥某认为,其与郑某通过自由恋爱,经双方家人同意,并依东乡族民族习俗由本民族阿訇主持结婚仪式举办了婚礼,已构成事实婚姻关系。双方共同组建了家庭,生育了郑语菡。婚前婚后夫妻关系融洽、恩爱。后来妥某因触犯刑法,被判刑罚,但双方仍保持着良好的沟通交流。女儿郑语菡现在快满 5 岁,其中 2014 年至 2018 年 10 月一直由妥某的父母和郑某共同抚养。故虽然妥某暂时无法尽到抚养义务,但妥某的父母完全可以代替妥某尽抚养义务,事实上也尽职尽责地抚养郑语菡。如果郑某单独抚养郑语菡,从她的经济状况和生活条件来讲均不利于郑语菡的健康成长。

法院认为,非婚生子女享有与婚生子女同等的权利,任何人不得加以危害和歧视。不直接抚养非婚生子女的生父或者生母,应当负担子女的生活费和教育费,直至子女能独立生活为止。本案中,根据子女利益最大化原则,非婚生子女郑语菡自出生时起就与郑某共同生活,郑某可以给其提供稳定的学习、生活、成长环境,而妥某因贩卖毒品现仍在监狱服刑,无法履行抚养义务,亦因其贩卖毒品的行为,不适宜抚养非婚生子女。故从有利于子女成长、学习等因素考虑,由郑某抚养孩子更为适宜,故对郑某要求抚养郑语菡的诉讼请求,予以支持。因妥某现仍在监狱服刑,无经济收入,无法履行支付抚养费的义务,郑某也要求妥某自刑满释放后开始支付子女抚养费,予以确认,故抚养费从妥某刑满释放后次月支付。考虑妥某并无固定收入,根据子女的实际需要、父母双方的负担能力和当地的实际生活水平等因素,抚养费确定为每月 800 元。法院判决:非婚生女郑语菡由郑某抚养,妥某自刑满释放次月起,每月支付非婚生女郑语菡抚养费800元,直至孩子年满18周岁。妥某不服,提起上诉。

二审法院认为,1994年2月1日民政部《婚姻登记管理条例》公布实施以前,男女双方符合结婚实质要件的,按事实婚姻处理。2013年底,妥某与郑某未到婚姻登记机关进行结婚登记即以夫妻名义共同生活,双方不符合上述法律规定的事实婚姻。妥某要求法院判决延续双方之间"事实婚姻"关系,并在刑期届满后与郑某共同生活、共同抚养子女的上诉理由缺乏法律依据,不应支持。妥某因触犯刑法被判处有期徒刑,目前仍在监狱服刑,不具备抚养子女的条件,本案中也没有充分的证据证明郑某存在不适宜抚养子女的法定情形,一审判决支持郑某主张的子女抚养权及抚养费适当。判决驳回上诉,维持原判。

哪些情形属于无效婚姻?

《民法典》规定,有下列情形之一的,婚姻无效:重婚;有禁止结婚的亲属关系;未到法定婚龄。

(1)重婚的婚姻属于无效婚姻。重婚,是指有配偶者再行结婚的行为。即当事人已经有了一个婚姻关系,又与他人缔结第二个婚姻关系。一种是法律上的重婚,即前一婚姻未解除,又与他人办理结婚登记手续而构成的重婚。只要双方办理结婚登记手续,不论双方同居与否,或是否举行婚礼,重婚即已形成。另一种是事实上的重婚,即前一婚姻未解除,又与他人以夫妻名义共同生活,虽未办理结婚登记手续,但事实上已构成重婚。

重婚是违反婚姻法一夫一妻制原则的违法犯罪行为,《民法典》保护一夫一妻制,禁止重婚。这里所说的重婚的婚姻无效,是指后婚(重婚的婚姻)无效,并非是指前婚也无效。民政部表示,"假结婚""骗婚""重婚"等情况一旦查实,将被列入失信黑名单。

对于重婚的,不仅要确认重婚者的第二个"婚姻"无效,解除其重婚关系,还应当追究重婚者的刑事责任。刑法规定有重婚罪,即有配偶而重婚的,或者明知他人有配偶而与之结婚的,处2年以下有期徒刑或者拘役。

(2)有禁止结婚的亲属关系的婚姻属于无效婚姻。《民法典》规定,直系血亲或者三代以内的旁系血亲禁止结婚。直系血亲包括父母子女间,祖父母、外祖父母与孙子女、外孙子女间。即父亲不能娶女儿为妻,母亲不能嫁儿子为夫,爷爷不能与孙女婚配,姥爷不能与外孙女婚配,奶奶不能与孙子结合,姥姥不能与外孙子结合。

三代以内旁系血亲包括:同源于父母的兄弟姊妹,包括同父异母、同母异父的兄弟姊妹,即同一父母的子女之间不能结婚;不同辈的叔、伯、姑、舅、姨与侄子、侄女、甥男、甥女,即叔叔、伯伯不能和兄弟的女儿结婚,姑姑不能和兄弟的儿子结婚,舅舅不能和姊妹的女儿结婚,姨妈不能和姊妹的儿子结婚。

拟制血亲是指本无该种血亲应具有的血缘关系,而由法律确认其与该种自然血亲具有同等权利义务的亲属。对于拟制血亲之间能否结婚,我国婚姻法没有明确规定,但因养父母与养子女、继父母与受其抚养教育的继子女之间的权利和义务,适用婚姻法对亲生父母子女关系的规定。因此,婚姻法对直系血亲缔结婚姻的限制,也应适用于养父母子女之间和有抚养关系的继父母子女之间,无论这种拟制直系血亲关系是否解除,从伦理要求和法律精神上看,都应属于禁止结婚的范围。至于拟制旁系血亲直接的结婚问题,只要没有三代以内的旁系自然血亲关系,即没有禁止其结婚的正当理由,自应解释为不在禁婚亲之列,可以结婚。

(3)未达到法定婚龄的婚姻属于无效婚姻。《民法典》规定,结婚年龄,男不得早于22周岁,女不得早于20周岁。如果男女双方结婚时未达到法律规定的结婚年龄要求,便属于无效婚姻。

我国古代实行早婚,法定婚龄很低。依唐开元令,“男十五,女十三以上,听婚嫁”。自宋而后,直至明、清,均以男16岁、女14岁为嫁娶之期。1931年的《中华苏维埃共和国婚姻条例》及1934年的《中华苏维埃共和国婚姻法》规定法定婚龄为男20岁、女18岁。中华人民共和国成立后,1950年的《婚姻法》规定法定婚龄为男20岁、女18岁。这是与新中国成立初期的实际情况相适应的,既有利于反对早婚,保护民族健康,又使广大人民群众能够接受,有利于贯彻执行。随着我国社会条件的变化,尤其是为了适应我国计划生育国策的贯彻执行,满足控制人口数量和提高人口质量的要求,1980年的《婚姻法》提高了法定婚龄,规定法定婚龄为男22周岁、女20周岁。《民法典》延续了1980年《婚姻法》的规定。值得说明的是,结婚时未达到法定婚龄的,但结婚后经过一段时间已达到法定婚龄的,婚姻不得再被宣告为无效,即婚姻得以有效下去。

我国立法曾规定,一方婚前患有医学上认为不应当结婚的疾病的,所缔结的婚姻为无效婚姻。由于因疾病而剥夺当事人结婚的权利不具有合理性，且何种疾病不应当结婚并无明确的认定，因此《民法典》删除了该种情形，即当事人缔结的婚姻不因此而无效。同时，《民法典》规定，一方患有重大疾病的，应当在结婚登记前如实告知另一方；不如实告知的，另一方可以向人民法院请求撤销婚姻。请求撤销婚姻的，应当自知道或者应当知道撤销事由之日起一年内提出。

无效婚姻并非当然无效，只有经过法定的宣告无效的程序，才能认定婚姻为无效，进而确定该婚姻自始不受法律保护。在法院宣告无效之前，即使婚姻存在无效的原因，其婚姻仍为有效。婚姻行为是公民私权领域的民事法律行为，况且婚姻无效的法定情形对社会公益的危害程度不同，为避免过多地干涉公民的私生活，显然并非任何人可以随意请求宣告他人的婚姻无效。

有权向人民法院就已办理结婚登记的婚姻申请宣告婚姻无效的主体，包括婚姻当事人及利害关系人。所谓"当事人"是指无效婚姻的当事人，即违反婚姻成立要件而结合的男女双方。在申请宣告婚姻无效的诉讼中，如果婚姻的一方当事人为原告，那么该婚姻的另一方当事人自然应为被告。所谓"利害关系人"是指因与违法婚姻的当事人存在一定人身关系而具有民事权利义务关系的人，如配偶、成年子女、父母、监护人等。以重婚为申请宣告婚姻无效的，为当事人的近亲属及基层组织；以未到法定婚龄为由申请宣告婚姻无效的，为未达法定婚龄者的近亲属；以有禁止结婚的亲属关系为由申请宣告婚姻无效的，为当事人的近亲属；以婚前患有医学上认为不应当结婚的疾病，婚后尚未治愈为由申请宣告婚姻无效的，为与患病者共同生活的亲近属。利害关系人依法申请宣告婚姻无效的，如果涉诉婚姻的双方当事人均未死亡的，婚姻关系当事人双方均为被告；如果涉诉婚姻夫妻一方死亡的，以生存配偶一方为被告；如果涉诉婚姻夫妻均已死亡的，因为已不存在受判决直接拘束的民事主体，故不列被告。

假冒他人名字办理结婚登记的婚姻是否有效？

杨某（曾用名杨祖千）与杨莎千系同胞姐妹关系，原告出生于 1980 年 9 月 10 日，妹妹杨莎千出生于 1985 年 10 月 1 日。2000 年 12 月 15 日，杨某与顾某在凯里市凯棠乡人民政府登记结婚。2003 年 6 月 25 日，杨某的妹妹杨莎千为了达到与被告吴某结婚的目的,就冒用杨某的第一代身份证(姓名杨祖千)与吴某登记结婚(当时杨莎千尚未达到法定婚龄),因凯里市民政局负责结婚审查登记的同志疏于审查,给被告吴某与杨莎千办理了结婚登记,这样就造成了原告与吴某登记结婚的假象。黔凯结字第100500093号结婚证登记的是原告杨祖千与吴某的婚姻,而实际上杨莎千与被告吴某才是实际中的夫妻关系。杨莎千冒用杨某的身份证与被告吴某登记结婚,其行为违反了婚姻法的规定,于是杨某起诉至人民法院,请求人民法院宣告原告杨某(杨祖千)与被告吴某的结婚证无效。

法院经审理认为,原告杨某与顾某已于2000年12月15日登记结婚,并生育有子女,属于合法的婚姻关系。杨莎千冒用原告杨某(杨祖千)的身份证与被告吴某登记结婚,造成了杨某与吴某系夫妻关系、法律上构成重婚的假象,杨莎千与吴某的行为违反了婚姻法的相关规定,属于无效婚姻关系。判决原告杨某(杨祖千)与被告吴某的婚姻关系无效。

因胁迫而缔结的婚姻效力如何?

《民法典》规定,因胁迫结婚的,受胁迫的一方可以向人民法院请求撤销婚姻。请求撤销婚姻的,应当自胁迫行为终止之日起1年内提出。被非法限制人身自由的当事人请求撤销婚姻的,应当自恢复人身自由之日起1年内提出。

可撤销婚姻,是指当事人因意思表示不真实而成立的婚姻,或者当事人成立的婚姻在结婚的要件上有欠缺,通过有撤销权的当事人行使撤销权,使已经发生法律效力的婚姻关系失去法律效力。在当事人行使撤销权之前,该婚姻有效,在当事人行使撤销权之后,该婚姻溯及自始无效。当事人放弃行使撤销权的,该婚姻确定有效下去。

可撤销婚姻,在当事人行使撤销权之前,尽管其欠缺法定的有效要件,仍然是有效的;在当事人行使撤销权之后,该婚姻溯及自始无效。同时,撤销权人享有的撤销权依法定原因消灭后,不得再主张撤销,该婚姻变成了确定有效的婚姻。

(1)可撤销的事由为胁迫。胁迫,是指婚姻关系中的一方当事人或者婚姻关系之外的第三人,对婚姻关系中的另一方当事人予以威胁或者强迫,使婚姻中的另一方当事人违背自己的意愿而缔结婚姻关系。

（2）有权主张撤销的是受胁迫方。在受胁迫结婚的情况下，被胁迫方和胁迫方结婚后，经过一段时间的生活，被胁迫方可能会改变自己的想法，特别是有了孩子的情况下，被胁迫方有可能会选择继续共同生活下去。因此，我国立法并未将胁迫而结婚的情况作为无效对待，而是由被胁迫方决定是否撤销。如果被胁迫方不想维持该婚姻，可以向人民法院申请撤销，法院经审查核实后，宣告该婚姻没有法律效力；如果被胁迫方愿意共同生活，可以放弃行使撤销权。

（3）受胁迫方应当在法律规定的时间内主张撤销。如果受胁迫方长期不行使这个权利，不主张撤销该婚姻，则会使该婚姻关系长期处于不稳定状态，也不利于保护另一方当事人的合法权益、子女的利益以及家庭的稳定。因此，请求撤销婚姻的，应当自胁迫行为终止之日起 1 年内提出。被非法限制人身自由的当事人请求撤销婚姻的，应当自恢复人身自由之日起 1 年内提出。

（4）有权撤销婚姻关系的机关为人民法院。过去的立法规定人民法院或婚姻登记机关均有权撤销婚姻关系。由于受胁迫方撤销婚姻关系在实际生活中特别复杂，对胁迫的认定、撤销婚姻后双方的财产归属和子女抚养问题都需要经过审理才能弄清楚和作出合理的裁判，因此，《民法典》仅规定人民法院有权撤销婚姻关系，即受胁迫方只能向人民法院申请撤销该婚姻。民政部在贯彻落实《民法典》中有关婚姻登记规定的通知中也明确规定，婚姻登记机关不再受理因胁迫结婚请求撤销业务。

因欺诈而缔结的婚姻效力如何？

一般地，因受欺诈而实施的民事法律行为属于可撤销法律行为，受欺诈方可以请求人民法院予以撤销，从而使该法律行为溯及自始无效。在结婚这种身份行为中，欺诈并非可撤销事由，即受欺诈方不能以此为由请求人民法院予以撤销。但是，《民法典》规定，一方患有重大疾病的，应当在结婚登记前如实告知另一方；不如实告知的，另一方可以向人民法院请求撤销婚姻。请求撤销婚姻的，应当自知道或者应当知道撤销事由之日起 1 年内提出。据此，仅在一方患有重大疾病未如实告知另一方的情形下，受欺诈方可以请求人民法院予以撤销，从而使该婚姻溯及自始无效。

胡某与黄某长期保持同性恋关系,后胡某迫于父母压力娶陈某为妻。婚后,陈某得知胡某在婚前和婚后一直与黄某保持同性恋关系。此时,陈某与胡某的婚姻有效,并不存在可撤销事由,胡某只能通过离婚解除该婚姻关系,而不能请求人民法院撤销该婚姻。

婚姻被宣告无效或被撤销后有什么法律后果?

《民法典》规定,无效的或者被撤销的婚姻自始没有法律约束力,当事人不具有夫妻的权利和义务。同居期间所得的财产,由当事人协议处理;协议不成的,由人民法院根据照顾无过错方的原则判决。对重婚导致的无效婚姻的财产处理,不得侵害合法婚姻当事人的财产权益。当事人所生的子女,适用本法关于父母子女的规定。婚姻无效或者被撤销的,无过错方有权请求损害赔偿。

(1)无效的或者被撤销的婚姻自始没有法律约束力。无论对无效婚姻还是可撤销婚姻,一旦被宣告无效或被撤销,均溯及自始归于无效。即无论结婚的事实是否发生,也无论结婚时间多久,也不论当事人是否已经办理结婚登记,从当事人结婚之时,婚姻就没有法律效力,并非从人民法院宣告之时婚姻才没有法律效力。婚姻被宣告无效或被撤销的,当事人之间不具有夫妻的权利和义务,如当事人之间没有相互扶养的义务,没有相互继承遗产的权利,以及其他合法有效婚姻所能产生的夫妻之间的权利义务。人民法院在依法宣告婚姻无效或撤销婚姻后,应当收缴双方的结婚证书,并将生效的判决书寄送当地婚姻登记管理机关。

(2)婚姻被宣告无效或被撤销的,当事人所生的子女的权利义务关系适用《民法典》关于父母子女间的权利义务规定。当事人与其所生的子女之间的权利义务关系,并不因当事人之间婚姻被确认无效或被撤销而受影响,有关子女归谁直接抚养、抚养费的负担、探望权等问题,应按离婚后子女抚养等的规定处理。

(3)同居期间所得的财产,由当事人协议处理;协议不成的,由人民法院根据照顾无过错方的原则判决。婚姻被宣告无效或被撤销后,当事人之间只是同居关系而不是配偶关系,故《民法典》有关夫妻财产制的规定不能适用。当事人在同居期间对财产的归属有约定的,要依据当事人的约定分割同居期间的财产;当事人对同居期间财产的归属没有约定的,由人民法院根据照顾无过错方的原则判决。但是,对重婚导致的无效婚姻的财产处理,不得侵害合法婚姻当事人的财产权益。如陆某有配偶又与乔某登记结婚,人民法院根据照顾无过错方的原则分割陆某和乔某在无效婚姻期间所得的财产时,不得将本应属于陆某第一个合法婚姻的夫妻共同财产分给乔某。

(4)婚姻无效或者被撤销的,无过错方有权请求损害赔偿。如果无效婚姻和可撤销婚姻会给无过错的当事人带来极大的伤害,仅仅按照照顾无过错方的原则分割同居期间的财产是远远不够的,因此,《民法典》允许无过错方请求有过错的当事人承担损害赔偿责任。

夫妻双方签订的“婚姻忠诚协议”是否有效?

上海一对离异男女再婚后,为了保证婚姻期间夫妻双方相互忠诚,两人自愿约定,夫妻一方如出现婚外性等不道德行为,将赔偿无过错方 30 万元违约金。婚后不久,丈夫与多名女子关系暧昧。妻子调查到丈夫婚外情确凿证据后,将丈夫不忠告上法院,由此引发了全国首例因违背“婚姻忠诚协议”而被要求支付高额违约金的诉讼。审理此案的上海市闵行区人民法院对该案作出一审判决,法院认定该夫妻间订立的“婚姻忠诚协议”合法有效,判决丈夫支付妻子 30 万元违约金。一审判决后,被告不服,向上海市第一中级人民法院提起上诉。2002 年 11 月,经上海市第一中级人民法院开庭审理,双方终于达成调解协议:男方向女方赔礼道歉,并赔偿人民币 25 万元。

张先生和李女士为了慎重起见,双方结婚时签订了一份“忠诚协议书”。协议约定:夫妻婚后应互敬互爱,对家庭、配偶、子女要有道德观和责任感,若一方在婚期内由于道德品质问题,出现背叛另一方的不道德行为,要赔偿对方名誉损失费和精神损失费 10 万元。李女士发现丈夫出轨后将丈夫告上法庭,要求解除婚姻关系,并按照二人之前签订的“忠诚协议书”条款,判令张先生支付违约金 10 万元。法院认为,本案中所签订的“夫妻忠诚协议”是双方真实意思的表示。协议的签订没有违背法律禁止性规定,也没有违背公序良俗。最终,法院准予二人离婚,并判决张先生支付“忠诚协议书”约定的 10 万元违约金。

夫妻间的忠实,主要指夫妻不为婚姻外的性交,在性生活上互守贞操,保持专一。从对夫妻单方面的要求守贞进化到夫妻互负守贞义务，是男女不平等迈向男女平等的一大进步。夫妻忠诚协议，是指夫妻二人在婚前或婚姻关系存续期间，在平等协商的基础上签订的承诺夫妻之间相互忠诚的协议。一般表现为婚姻关系中如果一方违背忠实义务，则引发一定的人身关系或财产关系的变动。有的还包括夫妻双方中有一方发生不忠行为则必须离婚，有不忠行为的一方将丧失子女探视权、监护权和放弃共同财产中的部分归对方或子女等第三人所有。

过去，各个法院对“婚姻忠诚协议”的性质和效力认识不同，从而导致实际判决存在差异，有的人民法院认可该协议的效力，认为该协议没有违反法律的禁止性规定，且是在双方没有受到任何胁迫的平等地位下自愿签订的，协议的内容未损害他人利益，因而当然有效，应受法律保护；有的人民法院不认可该协议的效力，认为其仅属于情谊行为，不具有法律约束力，法院无法通过强制力予以维护。

上海市高级人民法院曾经在2003年的一个民事法律适用问答中也认为，忠实义务，是一种道德义务，而不是法律义务，夫妻一方以此道德义务作为对价与另一方进行交换而订立的协议，不能理解为确定具体民事权利义务的协议，当事人仅以对方违反忠诚义务提起诉讼的，人民法院不予受理，已经受理的，裁定驳回起诉；对夫妻双方签有忠实协议，现一方仅以对方违反忠实协议为由，起诉要求对方履行协议或支付违约金及赔偿损失的，人民法院不予受理；除法定的离婚损害赔偿的情形外，夫妻一方在离婚案件中以对方违反忠实协议或违背忠实义务为由，要求对方支付违约金或损害赔偿的，审理该案的人民法院对此诉请不予处理。

最高人民法院对此问题的最新观点是：夫妻之间签订忠诚协议，应由当事人本着诚信原则自觉自愿履行，法律并不禁止夫妻之间签订此类协议，但也不赋予此类协议强制执行力，从整体社会效果考虑，法院对夫妻之间的忠诚协议纠纷以不受理为宜。这是因为：(1)如果法院受理此类忠诚协议纠纷，主张按忠诚协议赔偿的一方当事人，既要证明协议内容是真实的，没有欺诈、胁迫的情形，又要证明对方具有违反忠诚协议的行为，可能导致为了举证而去捉奸，为获取证据窃听电话、私拆信件，甚至对个人隐私权更为恶劣的侵犯情形都可能发生，夫妻之间的感情纠葛可能演变为刑事犯罪案件，其负面效应不可低估。

(2)赋予忠诚协议法律强制力的后果之一,就是鼓励当事人在婚前签订一个可以“拴住”对方的忠诚协议,这不仅会加大婚姻成本,而且也会使建立在双方情感和信任基础上的婚姻关系变质。(3)忠诚协议实质上属于情感、道德范畴,当事人自觉自愿履行当然极好,如违反忠诚协议一方心甘情愿净身出户或赔偿若干金钱,为自己的出轨行为付出经济上的代价。但是如果一方不愿履行,不应强迫其履行忠诚协议。

什么叫夫妻之间的日常家事代理权?

日常家事,又称日常家务,指夫妻双方及其共同的未成年子女日常共同生活必要的事项。日常家事的范围,通常包括必要日用品的购买、医疗医药服务、合理的保健与锻炼、文化消费与娱乐、子女教育、家庭用工的雇用等决定家庭共同生活必要的行为及其支付责任。当然,在特殊情况下,例如有紧急情形或一方远离家庭或为维持一家的生存的必要情形,得因而扩张。

日常家事代理权,是指夫妻对于日常家事互为代理人,一方得为另一方就日常家事对外为一定的民事活动。《民法典》规定,夫妻一方因家庭日常生活需要而实施的民事法律行为,对夫妻双方发生效力,但是夫妻一方与相对人另有约定的除外。夫妻之间对一方可以实施的民事法律行为范围的限制,不得对抗善意相对人。夫或妻在处理夫妻共同财产上的权利是平等的。因日常生活需要而处理夫妻共同财产的,任何一方均有权决定。如妻子在丈夫不在时,为日常家务的需要,租赁居室,进行必要的借款,因对此事项妻子享有对丈夫的日常家事代理权,因此该借款属于夫妻共同债务,应由夫妻双方共同偿还。

丈夫是否享有生育权?

公民的生育权是一项基本的人权,且双方都有生育权,但女方有决定是否生育的自由,不构成对男方生育权的侵犯。夫以妻擅自终止妊娠侵犯其生育权为由请求损害赔偿的,不予支持。夫妻双方因是否生育发生纠纷,致使感情确已破裂,一方请求离婚的,人民法院经调解无效,应判决离婚。

乙女与甲男婚后多年未生育,后甲男发现乙女因不愿生育曾数次擅自终止妊娠,为此甲男多次殴打乙女。乙女在被打住院后诉至法院要求离婚并请求损害赔偿,甲男以生育权被侵害为由提起反诉,请求乙女赔偿其精神损害。法院经调解无效,判决双方离婚,判决支持女方的请求,判决驳回男方的请求。

夫妻之间能不能自己约定财产的归属?

夫妻财产制,又称婚姻财产制,是指规范夫妻相互间财产关系的法律制度,即规范夫妻婚前财产和婚后所得财产的归属、管理、收益、使用和处分,婚姻的对外财产责任,以及婚姻终止时财产分割与清算等的法律制度。

从确立方式上,夫妻财产制可分为法定财产制与约定财产制。法定财产制,是指法律明文规定的夫妻财产制的形式。约定财产制,是指夫妻以合法约定的形式约定相互间的纯粹夫妻财产关系,从而排除法定财产制的适用。

从夫妻财产内容上,夫妻财产制可分为共同财产制与分别财产制。共同财产制,是指夫妻双方的全部财产或部分财产合并为共有财产,归夫妻双方共同所有,但特有财产除外。分别财产制,是指夫妻对于自己的财产不仅各自拥有所有权,而且亦有管理、收益、使用等权利,而不受对方的干涉与支配。

《民法典》规定,男女双方可以约定婚姻关系存续期间所得的财产以及婚前财产归各自所有、共同所有或者部分各自所有、部分共同所有。约定应当采用书面形式。没有约定或者约定不明确的,适用法定财产制的规定。夫妻对婚姻关系存续期间所得的财产以及婚前财产的约定,对双方具有法律约束力。

夫妻双方按照《民法典》的规定进行财产归属约定所订立的合同叫作夫妻财产制契约。夫妻财产制契约,是指夫妻或即将成为夫妻的人,就夫妻之间的财产关系采用何种夫妻财产制所订立的契约。夫妻财产制契约规定的是夫妻间的财产关系,因而其本质上属于财产契约。

首先,夫妻财产制契约应当采用书面形式,口头约定无效。为了防止婚姻当事人对口头约定的内容记忆不清,防止因时过境迁难以取证,有必要要求婚姻当事人采用书面形式对所选择的财产制加以约定。

其次,在对内效力上,夫妻对婚姻关系存续期间所得的财产以及婚前财产的约定,对夫妻双方具有法律约束力。双方按照约定享有财产所有权以及管理权等,并承担相应的义务。如果夫妻一方或双方要求变更或撤销原约定,必须经双方协商同意,并采用书面形式予以变更或撤销。如果夫妻对此协议的效力存在争议,可以向人民法院提起协议效力确认的诉讼。那么,夫妻财产制契约是否需要进行公证?我们认为,如果该财产制契约进行了公证,其真实性更为可靠,但公证只是具有证明的效力,并不是公证才生效,也不是公证了一定就有效。

最后,在对外效力上,夫妻对婚姻关系存续期间所得的财产约定归各自所有,夫或者妻一方对外所负的债务,相对人知道该约定的,以夫或者妻一方的个人财产清偿。

相对人与夫妻一方发生债权债务关系时,如果相对人知道其夫妻财产已经约定归各自所有的,就以其一方的财产清偿;如果相对人不知道该约定的,该约定对相对人不生效力,夫妻一方对相对人所负的债务,按照其他法律规定来认定该债务的性质,并决定是否应当由夫妻双方共同清偿。"相对人知道",既可以由夫妻一方或双方告知,也可以为相对人曾经是夫妻财产约定时的见证人或知情人。夫妻一方对"相对人知道"负有举证责任。

哪些财产属于夫妻共同财产?

婚后所得共同制,是指婚姻关系存续期间夫妻一方所得和双方共同所得的财产,均归夫妻双方共同共有,但特有财产除外。《民法典》规定,夫妻在婚姻关系存续期间所得的下列财产,为夫妻的共同财产,归夫妻共同所有:工资、奖金、劳务报酬;生产、经营、投资的收益;知识产权的收益;继承或者受赠的财产,但是遗嘱或者赠与合同中确定只归一方的财产除外;其他应当归夫妻共同所有的财产。夫妻对共同财产,有平等的处理权。

(1)工资、奖金、劳务报酬。工资是作为劳动报酬按期付给劳动者的货币或实物;奖金是作为奖励用的金钱。此外,津贴,在我国有时是作为工资的一部分,有时则作为奖金,因而津贴亦为夫妻共有财产;用工资、奖金添置的财产,只是转化了财产的外在形式,并没有改变财产的法律性质,因而其仍为夫妻共同财产。

夫妻以共同财产购买房屋,登记在一方名下的,该房屋应当认定为夫妻共同财产。夫妻一方以房屋权属证书记载的权利主体为其个人为由,主张该房屋为个人财产的,需要举证证明该房屋是其婚前个人财产,或者双方有明确约定属于其个人所有,否则,应认定为夫妻在婚姻关系存续期间取得的共同财产。

(2)生产、经营、投资的收益。生产、经营、投资的收益,是指夫妻在法律允许的范围内,从事生产、经营活动所取得的实物或金钱收入。如公司经营收益、农地或林地的产出等。一方以个人财产在婚后取得的收益,除孳息(天然孳息和法定孳息)和自然增值外,应认定为夫妻共同财产。例如,一方婚后用个人财产购买房屋,离婚时该房屋属于"个人财产的替代物",应认定为个人财产,其自然增值也属于个人财产;一方个人所有的房屋婚后用于出租,其租金收入为法定孳息,应认定为个人财产;若用房屋投资到公司中进行经营,获得股权分红,则该分红属于投资收益,应认定为夫妻共同财产。再如,一方以个人钱款炒股所获得的收益也属于夫妻共同财产。

(3)知识产权的收益。知识产权的收益是指婚姻关系存续期间,实际取得或者已经明确可以取得的财产性收益。主要是指作品在出版、上演、播映后而取得的报酬,或允许他人使用而获得的报酬;专利权人转让专利权或许可他人使用专利而获得的报酬;商标所有人转让商标权或许可他人使用其商标而获得的报酬。该项共同财产不应以该知识产权本身的取得时间为判断依据,而应以财产性收益所取得的时间来进行判断。一方虽在婚姻关系存续期间获得知识产权,但该知识产权的收益是在婚姻关系终止后取得的,此收益不应为夫妻共同财产。一方婚前取得的知识产权,但于婚后取得收益,该知识产权的收益应为夫妻共同财产。

(4)继承或者受赠的财产。但遗嘱或赠与合同确定只归其中一方所有者除外。

(5)男女双方实际取得或者应当取得的住房补贴、住房公积金、养老保险金、破产安置补偿费。

夫或妻对夫妻共同所有的财产,有平等的处理权:因日常生活需要而处理夫妻共同财产的,任何一方均有权决定(日常家事代理权);非因日常生活需要对夫妻共同财产作重要处理决定,夫妻双方应当平等协商,取得一致意见;他人有理由相信其为夫妻双方共同意思表示的,另一方不得以不同意或不知道为由对抗善意第三人。如该他人可主张表见代理或善意取得。

妻子能要回丈夫打赏给直播平台主播的钱吗?

何琼与彭国开系夫妻关系,两人于 2005 年 5 月 21 日登记结婚。彭国开在 2016 年 3 月至 2019 年 2 月,使用小金鱼公司运营的小金鱼直播平台观看直播,陆续用本人名下银行卡、支付宝、微信充值 6 个账号,充值金额总计为 744004 元,打赏给平台主播徐志玲以 753693.2 个鱼翅所兑换的虚拟礼物。彭国开充值后,通过上述账号进入徐志玲的直播间(房间号 454850),观看直播并发送虚拟道具。具体方式为通过充值获得虚拟货币(鱼翅),在徐志玲的直播间中,点击虚拟道具(如火箭、飞机、喷泉、潜水艇等),即时发送给徐志玲。何琼表示,对彭国开观看直播一事并不清楚,自己平时主要负责照顾小孩。何琼起诉到人民法院,要求确认彭国开的充值、打赏行为因擅自处分夫妻共同财产而无效,并要求小金鱼公司和徐志玲返还该 70 余万元钱款。

人民法院认为,本案中,彭国开存在两个行为:一是将真实货币兑换成虚拟货币的行为,即充值;二是向徐志玲发送虚拟道具的行为,即打赏。首先,小金鱼公司系平台服务提供者,彭国开成为小金鱼平台的用户,可以使用小金鱼平台提供的各项网络服务,包含会员服务、观看直播、游戏服务等。彭国开与小金鱼公司之间成立合同关系,该合同应界定为网络服务合同,彭国开的充值行为,应理解为一种网络消费行为。其次,徐志玲系小金鱼平台的直播服务提供方(直播方、主播),为平台用户提供在线解说(直播)视频内容的直播服务,平台依据其结算要求及规则向直播方结算相应的服务费用。主播系为了小金鱼平台向用户提供服务而作为平台的直播服务提供方存在的。彭国开与徐志玲之间并未形成合同关系,其打赏行为亦仅是将虚拟道具发送给徐志玲。彭国开并未且不能占有虚拟道具,徐志玲也未获得真实的货币,真实货币由小金鱼公司获取。徐志玲对其所收到的虚拟道具无法占有、使用、收益和处分,仅作为一个记分符号用以评价主播流量带动能力进而用于向小金鱼平台索取酬劳,这类虚拟道具显然区别于一般的财产性权益。“刷礼物”的操作模式系虚拟世界中互动娱乐的一种形式,与在网络游戏中使用虚拟装备发射道具、触发加成(BUFF)效果,或在视频网站中发送特效、效果弹幕基本类似。这些虚拟道具的使用不产生新价值,不构建新的法律关系。因此,彭国开与徐志玲之间在小金鱼平台直播间内的打赏行为，尚未构成一种需要法律干预的关系。

彭国开在直播平台注册成为用户，观看直播，系为享受直播平台提供的服务与便利。充值后，获取虚拟货币及其他会员服务，根据个人喜好在主播的直播间使用虚拟道具进行打赏，从而获得精神上的满足感。不论彭国开的动机如何，其表示意思及表示行为均由充值和打赏所呈现，充值和打赏之间存在明显的先后顺序。若彭国开系以打赏为目的，充值为手段，则完全可以采用绕过小金鱼平台而直接向徐志玲赠送真实货币的方法为之，以直接实现其赠与目的。因此，彭国开的行为仍应界定为网络服务合同关系，并非赠与行为，且充值行为是应受法律评价的行为，打赏行为则因其在本案中的特殊性不纳入法律评价之中。故彭国开与小金鱼公司构成服务接受者与服务提供者之间的网络服务合同法律关系；彭国开与徐志玲之间在小金鱼直播平台中并不直接发生法律关系，双方之间不构成赠与合同关系。

人民法院认为，丈夫或妻子在处理夫妻共同财产上的权利是平等的，因日常生活需要而处理夫妻共同财产的，任何一方均有权决定。夫或妻非因日常生活需要对夫妻共同财产做重要处理决定，夫妻双方应当平等协商，取得一致意见。本案中，彭国开所充值的金额固然是其与何琼的夫妻共同财产，但彭国开的充值、打赏金额系多次、长期累计形成，充值金额多以百元、千元为主，涉案金额 70 余万元并非朝夕形成，呈现出小额、多次、长期的显著特征，这表明彭国开的充值行为并不必然侵害夫妻双方对共同财产的处分权。彭国开的充值、打赏行为发生在夫妻相处时间段内，何琼在三年时间里，理应知晓彭国开在该时间段内所从事的活动。但何琼却陈述因照顾孩子而疏于对彭国开的关注，故不清楚彭国开长期观看直播的事实，这番陈述实难以与常理所契合。本案中，因充分考虑到充值金额、充值次数、充值时间、持续周期、平台义务等多种原因，故认定彭国开的充值、打赏行为未超出夫妻共同财产处分权范围，应为有权处分。何琼提出彭国开的充值、打赏行为因其擅自处分夫妻共同财产而无效的主张，人民法院不予采纳。判决：驳回何琼的全部诉讼请求。

一方婚前以个人名义购买，婚后共同还贷的房子归谁？

一方婚前以个人名义购买，且登记在自己名下的不动产，婚后用共同财产还贷的，除非当事人另有约定，一般应认定房屋所有权归登记名义人所有，但婚后共同还贷部分及其相应的自然增值部分属于共同财产。

夫妻双方的父母出资购买的房屋归谁？

当事人结婚前，父母为双方购置房屋出资的，该出资应当认定为对自己子女的个人赠与，但父母明确表示赠与双方的除外。

当事人结婚后，父母为双方购置房屋出资的，该出资应当认定为对夫妻双方的赠与，但父母明确表示赠与一方的除外。

由双方父母出资购买的不动产，产权登记在一方子女名下的，该不动产可认定为双方按照各自父母的出资份额按份共有，但当事人另有约定的除外。

发放到军人名下的复员费、自主择业费是不是夫妻共同财产？

军人在退役时，向其一次性发放复员费、自主择业费主要是对其在军队服役期间的牺牲及奉献进行的经济补偿，该费用与军人的身份息息相关，不能都认定为夫妻共同财产。但是，“军功章有你的一半，也有我的一半”。军人配偶在军人服役期间，负责家中日常事务、照顾孩子、赡养老人，为家庭付出了较多的精力与时间，使军人能够安心服役。法律既要考虑军人的服役年限，又要结合双方的结婚时间，综合平衡各方利益。因此，现行立法规定，发放到军人名下的复员费、自主择业费，以夫妻婚姻关系存续年限乘以年平均值，所得数额为夫妻共同财产。年平均值，是指将发放到军人名下的上述费用总额按具体年限均分得出的数额。其具体年限为人均寿命 70 岁与军人入伍时实际年龄的差额。买断工龄款，参照军人复员费、自主择业费的规定处理。

2019 年的一个离婚案件中，张某 2004 年 9 月参军入伍，张某与贾某 2010 年 7 月登记结婚。张某后于 2017 年退役，选择自主择业，获得自主择业费 299740 元。人民法院认为，张某、贾某 2010 年 7 月登记结婚，婚姻已存续 9 年，在此期间所得的财产应为夫妻共同财产。张某 19 岁入伍，与人均寿命 70 岁之间的差额为 51 岁。其年平均值为 5877 元。因此，夫妻共同财产部分的金额为 52893 元。

哪些财产属于夫妻个人财产?

《民法典》规定,下列财产为夫妻一方的个人财产:一方的婚前财产;一方因受到人身损害获得的赔偿或者补偿;遗嘱或者赠与合同中确定只归一方的财产;一方专用的生活用品;其他应当归一方的财产。

(1)一方的婚前财产。由于一方的婚前财产,并非婚姻关系存续期间所得的财产,自应为一方的个人财产。值得注意的是,一方的婚前财产即使经婚后双方长期共同使用、管理,也不能变为夫妻共同财产。

(2)一方因身体受到伤害获得的医疗费、残疾人生活补助费等费用。否则,不仅不利于受损害一方对伤病的治疗,而且甚至可能造成生活上的困难。当然,如果医疗费是由夫妻共同积蓄或向他人借款先垫付的,则应从事后获得的属于个人财产的医疗费中扣除。

(3)遗嘱或赠与合同中确定只归夫或妻一方的财产。以遗嘱方式确定时,须采明示的方式,即遗嘱中必须明确指出遗产只归夫或妻一方;以赠与合同的方式为之时,此表示既可采明示的方式,也可采作为推定的方式。当事人结婚前,父母为双方购置房屋出资的,该出资应当认定为对自己子女的个人赠与,但父母明确表示赠与双方的除外。当事人结婚后,父母为双方购置房屋出资的,该出资应当认定为对夫妻双方的赠与,但父母明确表示赠与一方的除外。

(4)一方专用的生活用品。是指婚后以夫妻共同财产购置的供夫或妻个人使用的生活消费品。

(5)其他应当归一方的财产。如军人的伤亡保险金、伤残补助金、医药生活补助费属于个人财产。一方在体育竞赛中所获奖牌、奖金,具有特定的人身性质,应视为个人财产。指定受益人为夫妻一方的保险利益。保险利益主要表现为保险金,保险利益具有特定的人身关系,应属于夫妻一方的个人财产,不属于夫妻共同财产。

婚姻关系存续期间发生的债务属于共同债务还是个人债务?

《民法典》规定,夫妻双方共同签名或者夫妻一方事后追认等共同意思表示所负的债务,以及夫妻一方在婚姻关系存续期间以个人名义为家庭日常生活需要所负的债务，属于夫妻共同债务。夫妻一方在婚姻关系存续期间以个人名义超出家庭日常生活需要所负的债务，不属于夫妻共同债务；但是，债权人能够证明该债务用于夫妻共同生活、共同生产经营或者基于夫妻双方共同意思表示的除外。

（1）夫妻共同债务。夫妻共同债务，是指夫妻一方或双方在婚姻关系存续期间为维持婚姻家庭共同生活，或者为共同生产、经营活动所负的债务。夫妻共同债务包括：

①婚前个人债务向共同债务的转化。一般地，如果债务不是发生在婚姻关系存续期间，或虽然发生在婚姻关系存续期间但不是用于共同生活或共同生产经营的，不属于共同债务。一方婚前所负个人债务用于婚后家庭共同生活的，应当认定为夫妻共同债务。当然，债权人如果主张该债务用于婚后家庭共同生活的，对此负举证责任。

②婚后一方以个人名义所负债务。夫妻双方共同签名或者夫妻一方事后追认等共同意思表示所负的债务，以及夫妻一方在婚姻关系存续期间以个人名义为家庭日常生活需要所负的债务，属于夫妻共同债务。夫妻一方在婚姻关系存续期间以个人名义超出家庭日常生活需要所负的债务，不属于夫妻共同债务；但是，债权人能够证明该债务用于夫妻共同生活、共同生产经营或者基于夫妻双方共同意思表示的除外。其实质是明确在日常家事代理权范围内，夫妻双方互有法定代理权，在日常家事代理权范围外，夫妻双方并无法定代理权。

③分居期间的借款。分居不是离婚，夫妻关系存续期间所欠的债务一般仍应认定为夫妻共同债务。但举债人的配偶举证证明所借债务并未用于夫妻共同生活的，不承担偿还责任。

共同债务清偿规则：夫妻共同债务，在性质上属于连带债务。共同财产不足清偿的，或财产归各自所有的，由双方协议清偿，该协议不得对抗债权人。当事人的离婚协议或者人民法院的判决书、裁定书、调解书已经对夫妻财产分割问题作出处理的，债权人仍有权就夫妻共同债务向男女双方主张权利。这是因为，该协议或判决仅具有对内的效力，不过是双方约定或法院判决确定的各自分担的债务份额，并不因此而产生对外的效力，离婚后，对债权人而言，该项债务仍为连带债务。一方就共同债务承担连带清偿责任后，可基于离婚协议或者人民法院的法律文书向另一方主张追偿，此即连带债务人间的求偿权。

(2)夫妻个人债务。夫妻个人债务，是一方婚前或婚后以个人名义所负的与夫妻共同生活无关的债务。夫妻个人债务包括：

①夫妻一方婚前所负的债务。②夫妻双方约定由一方个人负担的债务。若将共同债务约定为一方个人债务，或将一方个人债务约定为另一方个人债务，必须经债权人同意，否则对债权人不生效力。③一方未经对方同意，擅自资助与其没有扶养义务的亲朋所负的债务。④一方未经对方同意，独自筹资从事经营活动，收入确未用于共同生活的债务。⑤确定财产只归夫妻一方的遗嘱或赠与合同所附的债务。⑥一方因个人违法犯罪行为所负债务或为满足个人私欲而挥霍所负的债务等。

常小亮收到各大购物网站的促销活动广告，难抵诱惑，于是瞒着妻子向交建银行办理个人信用贷款20万元，全部用于购买供其个人使用的高档奢侈品。后常小亮无力还款，交建银行起诉要求执行婚后共同购买的R房屋以清偿债务。本案中，R房屋属于夫妻共同财产，而该贷款债务属于个人债务，因此，交建银行的请求不能得到支持。

个人债务清偿规则：个人债务应当由本人以其个人财产承担清偿责任，离婚时不得要求以夫妻共同财产清偿。对方同意以共同财产清偿的除外。用于清偿的个人财产，包括法定的个人财产、约定的个人财产以及在离婚时分割共同财产所得的个人财产。对于在婚姻关系存续期间，一方以其个人财产替对方清偿了个人债务的，可根据《民法典》的规定成立无因管理，[①]请求对方偿还。

原告赵俊与被告项会敏系朋友关系。2007年7月20日，项会敏以装修房屋为由向其借款人民币20万元，双方约定以年利率5%计息，期限为2年。当日，原告从家中保险柜中取出现金20万元，步行至项会敏经营的干洗店内向其交付借款，项会敏当场出具借条。2009年7月23日，项会敏在原告的催讨下支付利息2万元，并请求延长借款期限2年。2011年7月27日，原告再次向项会敏催讨借款，但其仍未能还款。原告将项会敏及其妻子何雪琴起诉至法院，要求偿还借款20万元，并以20万元为本金，支付自2009年7月23日起至判决生

---

① 《民法典》第979条规定："管理人没有法定的或者约定的义务，为避免他人利益受损失而管理他人事务的，可以请求受益人偿还因管理事务而支出的必要费用；管理人因管理事务受到损失的，可以请求受益人给予适当补偿。管理事务不符合受益人真实意思的，管理人不享有前款规定的权利；但是，受益人的真实意思违反法律或者违背公序良俗的除外。"

效之日止按照年利率5%计算的利息。

被告项会敏对原告赵俊诉称的事实均无异议,但其目前无力归还借款。至于涉案借款的用途,其中10万元借款用于装修两被告名下房屋,另外10万元于2007年8月2日用于提前偿还购买该房屋时的银行贷款。因此,涉案借款是夫妻共同债务,应由两被告共同偿还。

被告何雪琴则辩称,原告赵俊主张的借款事实不存在。首先,两被告在2007年期间自有资金非常充裕,无举债之必要。原告提供的借条是项会敏事后伪造的,何雪琴原已申请对该借条的实际形成时间进行鉴定,但因不具备鉴定条件而无法进行。且原告当时并不具备出借20万元的经济能力,其也未提供任何借款交付证据。其次,何雪琴对原告主张的借款始终不知情。两被告于2009年6月18日签订协议书,约定对外债务任何一方不确认则不成立。故该笔借款即使存在,也应当是项会敏的个人债务。最后,两被告于2005年9月20日结婚,2010年7月开始分居。何雪琴曾分别于2010年8月25日、2011年5月12日向法院提起离婚诉讼。在这两次诉讼中,项会敏均未提及本案借款。目前,两被告的第三次离婚诉讼已在审理中。然而,除本案系争债务以外,另有两位债权人突然诉至法院要求归还借款。显然,本案是原告和项会敏通过恶意串通,企图转移财产的虚假诉讼,应追究两人的法律责任。

法院认为,在合同纠纷案件中,主张合同关系成立并生效的一方当事人对合同订立和生效的事实承担举证责任。自然人之间的借款合同,自贷款人提供借款时生效。故原告赵俊主张其与被告项会敏之间存在有效的借款合同关系,其应就双方之间存在借款的合意以及涉案借款已实际交付的事实承担举证责任。现原告提供借条意在证明其与项会敏之间存在借款的合意。关于借款交付,其主张因其无使用银行卡的习惯,故家中常年放置大量现金,200000元系以现金形式一次性交付项会敏。对于原告的上述主张,被告项会敏均表示认可,并称其收到借款后同样以现金形式存放,并于2007年8月2日用其中的10万元提前归还房屋贷款。被告何雪琴则明确否认涉案借款的真实性。

法院经审理查明:2007年7月19日,被告项会敏名下的中国工商银行账户内余额为167545.34元。2007年8月2日,项会敏自上述银行账户内支取100000元。当日,项会敏向中国建设银行偿还个人购房贷款100000元。此外,项会敏银行账户在同期存有10余万元存款,其购房银行贷款也享有利率的7

折优惠,再以5%的年利率向他人借款用以冲抵该银行贷款,缺乏必要性和合理性。本案于2013年3月7日开庭时,项会敏经法院合法传唤明确表示拒绝到庭。上述事实和行为足以对项会敏相关陈述的真实性产生怀疑。故基于以上原因,原告赵俊仍需就其与项会敏之间借贷关系成立并生效的事实,承担相应的举证义务。原告赵俊自述其名下有多套房产,且从事经营活动,故其具有相应的现金出借能力。为此,法院给予原告合理的举证期限,要求其提供相应的证据证明其资产状况和现金出借能力,并释明逾期举证的法律后果。之后,原告明确表示拒绝提供相应的证据。

法院认为,原告明确表示放弃继续举证权利,而其提供的现有证据亦并未能证明涉案借款的交付事实以及原告本人的资金出借能力,其陈述的借款过程亦不符合常理,故应承担举证不能的法律后果。判决驳回原告赵俊的全部诉讼请求。

离婚有哪几种方式?

离婚,又称离异、婚姻的解除,是指夫妻关系存续期间依照法律规定的条件和程序解除婚姻关系的法律行为,是婚姻终止的原因之一。

首先,离婚只是对合法有效婚姻关系的解除,因而只有合法的婚姻关系才有离婚可言。如果属于无效婚姻或可撤销婚姻,当事人可以通过申请宣告婚姻无效或申请撤销该婚姻,从而使婚姻不发生效力,无须通过离婚制度解决。离婚必须以合法婚姻关系的存在为前提。

其次,离婚的主体必须是合法婚姻关系的当事人本人。离婚是一种直接导致夫妻身份关系消灭的法律行为,因而其为身份行为,离婚的意思表示必须由夫妻双方本人亲自作出,他人不得代理。当然,当事人在离婚诉讼中,可以委托诉讼代理人,但当事人本人也必须出庭表达离婚的意思。对此,《民事诉讼法》规定,离婚案件有诉讼代理人的,本人除不能表达意思的以外,仍应出庭;确因特殊情况无法出庭的,必须向人民法院提交书面意见。即本人不能表达意思的情形,无须出庭,无须提交书面意见;本人能表达意思的,必须出庭;特殊情况无法出庭,但能表达意思的,无须出庭,但须提交书面意见。

再次,离婚只有夫妻双方均未死亡时才能进行。离婚只是婚姻关系终止的原因之一,婚姻关系亦可因配偶一方死亡而终止,自不存在离婚的问题。

复次,离婚须依法定程序进行。离婚与结婚一样,要履行法定程序,才能得到国家法律的认可,才能发生解除婚姻关系的法律效力。任何私下达成的离婚协议或单方宣布解除婚姻关系的行为,均不发生离婚的法律效力。

最后,离婚必然导致婚姻关系的终止,从而引起一系列的法律后果,如夫妻人身关系与财产关系的消灭、未成年子女的抚养、财产的分割与债务的清偿等。

离婚有登记离婚和诉讼离婚两种方式。登记离婚,又称行政离婚或非讼离婚,是指并非通过诉讼程序而是通过行政程序解除婚姻关系,即夫妻双方自愿离异,并就离婚的法律后果达成协议,经婚姻登记机关认可并办理离婚登记即解除婚姻关系的一种离婚方式。诉讼离婚,是指通过诉讼程序解除婚姻关系,即夫妻不能就离婚问题达成合意,或虽就离婚问题达成合意但对子女抚养、财产分割等法定必要事项达不成合意时,夫或妻基于一定原因向法院请求离婚,而法院通过诉讼程序调解离婚,或判决解除其婚姻关系的一种离婚方式。

登记离婚需要具备哪些条件?

《民法典》规定,夫妻双方自愿离婚的,应当签订书面离婚协议,并亲自到婚姻登记机关申请离婚登记。离婚协议应当载明双方自愿离婚的意思表示和对子女抚养、财产以及债务处理等事项协商一致的意见。婚姻登记机关查明双方确实是自愿离婚,并已经对子女抚养、财产以及债务处理等事项协商一致的,予以登记,发给离婚证。

登记离婚是婚姻当事人双方自愿的结果,是婚姻自由原则的体现,属于两愿离婚或合意离婚。我国现行婚姻立法基于"保障离婚自由,反对轻率离婚"的指导思想,亦对登记离婚的要件作了较为严格的规定。

(1)登记离婚是以婚姻当事人订立有效的离婚协议为基础。因此,登记离婚又称为协议离婚。离婚协议,是婚姻当事人所达成的以解除婚姻关系为目的的契约。首先,离婚协议的双方当事人为登记离婚的婚姻当事人,而不是第三人。其次,登记离婚的婚姻当事人就离婚协议的必要条款达成合意,即对子女抚养、财产等问题达成了一致的意见。再次,离婚协议必须采取书面形式。最后,离婚协议必须是双方真实自愿的意思表示,不得是基于欺诈、胁迫等情形而签订。

(2)登记离婚以婚姻登记机关办理离婚登记为要件。由于婚姻登记机关为行政机关或行政机关的组成部分，故登记离婚又称为行政离婚。登记离婚的登记程序为申请、审查、登记三个步骤。

办理离婚登记的当事人未办理结婚登记的，或者未达成离婚协议的，或者当事人属于无民事行为能力人或者限制民事行为能力人的，或者其结婚登记不是在中国办理的，婚姻登记机关不予受理。

(3)须经过30日的登记离婚冷静期。自婚姻登记机关收到离婚登记申请之日起30日内，任何一方不愿意离婚的，可以向婚姻登记机关撤回离婚登记申请。允许撤回的30日的期限届满后30日内，双方应当亲自到婚姻登记机关申请发给离婚证；未申请的，视为撤回离婚登记申请。

自婚姻登记机关收到离婚登记申请并向当事人发放《离婚登记申请受理回执单》之日起30日内，任何一方不愿意离婚的，可以持本人有效身份证件和《离婚登记申请受理回执单》(遗失的可不提供，但需书面说明情况)，向受理离婚登记申请的婚姻登记机关撤回离婚登记申请，并亲自填写《撤回离婚登记申请书》。经婚姻登记机关核实无误后，发给《撤回离婚登记申请确认单》，并将《离婚登记申请书》《撤回离婚登记申请书》《撤回离婚登记申请确认单(存根联)》一并存档。自离婚冷静期届满后30日内，双方未共同到婚姻登记机关申请发给离婚证的，同样视为撤回离婚登记申请。

(4)婚姻登记机关登记发证。婚姻登记机关查明双方确实是自愿离婚，并已经对子女抚养、财产以及债务处理等事项协商一致的，予以登记，发给离婚证。

协议离婚导致当事人婚姻关系的终止。离婚后的子女的抚养、财产的分割等应依离婚协议的约定。离婚协议在协议离婚后发生法律效力，当事人得向法院申请强制执行。离婚协议没有约定的，依《民法典》婚姻家庭编的规定。

诉讼离婚需要具备哪些条件？

只有有争议的离婚，才有必要寻求公力救助，适用诉讼程序来解决离婚问题。一是当事人对是否离婚本身有争议；二是当事人虽对是否离婚本身无争议，但对子女抚养、财产分割等法定必要事项有争议。诉讼离婚的结果取决于法院的调解或判决。

人民法院审理离婚案件，应当进行调解。如果通过法院调解，双方当事人达成离婚协议的，则尊重当事人的意愿，法院依当事人通过调解达成的离婚协议制作调解书，当事人之间的婚姻关系因法院调解而终结；如果通过法院调解，当事人既不能重新和好而撤诉，也不能达成离婚协议的，法院对当事人提出的离婚请求及其理由须进行能动的查证与裁决。如具备法定的离婚条件时，则判决离婚，并对离婚的后果一并裁决；否则，驳回当事人的诉讼请求。

法律可能基于对一方当事人的特殊保护，对另一方提起诉讼离婚的权利加以限制。现行立法基于对现役军人、怀孕等情况下的妇女的特别保护，对其配偶向法院提起离婚之诉的权利就加以限制。(1)为了协调保护军婚和离婚自由的关系，采取了既保护军婚，又保障有过错军人的配偶的离婚权，《民法典》规定，现役军人的配偶要求离婚，应当征得军人同意，但是军人一方有重大过错的除外。(2)《民法典》规定，女方在怀孕期间、分娩后1年内或者终止妊娠后6个月内，男方不得提出离婚；但是，女方提出离婚或者人民法院认为确有必要受理男方离婚请求的除外。(3)《民事诉讼法》规定，判决不准离婚或法院调解和好的离婚案件，没有新情况、新理由，原告6个月内又起诉的，不予受理。

法院调解离婚的条件：(1)双方当事人达成有效的离婚协议，或者说双方当事人达成了依法有效的离婚调解协议；(2)该协议经审理该案的人民法院认可；(3)法院依法制作了调解书，且双方当事人签收调解书。

法院裁判离婚的条件是感情确已破裂，调解无效。《民法典》规定，夫妻一方要求离婚的，可以由有关组织进行调解或者直接向人民法院提起离婚诉讼。人民法院审理离婚案件，应当进行调解；如果感情确已破裂，调解无效的，应当准予离婚。有下列情形之一，调解无效的，应当准予离婚：(1)重婚或者与他人同居；(2)实施家庭暴力或者虐待、遗弃家庭成员；(3)有赌博、吸毒等恶习屡教不改；(4)因感情不和分居满2年；(5)其他导致夫妻感情破裂的情形。一方被宣告失踪，另一方提起离婚诉讼的，应当准予离婚。经人民法院判决不准离婚后，双方又分居满1年，一方再次提起离婚诉讼的，应当准予离婚。

离婚会对当事人的人身和财产产生哪些法律后果？

（1）在人身关系方面，解除夫妻间的身份关系，是离婚的直接效力。基于夫妻身份所发生的一切权利义务，如相互扶养的义务、同居的义务、互为第一顺序法定继承人的资格等，都随着婚姻关系的解除而当然消灭。离婚后，双方都有再婚的自由。

（2）在财产关系方面，夫妻共同财产要按照约定或法律规定进行分割。离婚时，首先应依当事人之间所签订的有效婚姻财产制契约确定财产的归属。采分别财产制的，各自财产归各自所有；无约定的，则适用婚后所得共同制。在适用婚后所得共同制时，对于婚后所得财产，由双方协议处理；协议不成的，由人民法院根据财产的具体情况，依照顾子女、女方和无过错方权益的原则判决。对夫或者妻在家庭土地承包经营中享有的权益等，应当依法予以保护。共同财产的分割，一般采取实物分割、价金分割及价格补偿的方法。

夫妻一方隐藏、转移、变卖、毁损、挥霍夫妻共同财产，或者伪造夫妻共同债务企图侵占另一方财产的，在离婚分割夫妻共同财产时，对该方可以少分或者不分。离婚后，另一方发现有上述行为的，可以起诉请求再次分割夫妻共同财产。

男女双方协议离婚后1年内就财产分割问题反悔，请求变更或者撤销财产分割协议的，人民法院应当受理。人民法院审理后，未发现订立财产分割协议时存在欺诈、胁迫等情形的，应当依法驳回当事人的诉讼请求。

离婚后，一方以尚有夫妻共同财产未处理为由向人民法院起诉请求分割的，经审查该财产确属离婚时未涉及的夫妻共同财产，人民法院应当依法予以分割。请求再次分割夫妻共同财产的诉讼时效为2年，从当事人发现之次日起计算。

离婚时子女抚养权与探望权问题如何解决？

夫妻双方离婚后，子女抚养由双方共同直接抚养变为一方直接抚养。父母与子女间的关系，不因父母离婚而消除。离婚后，子女无论由父亲或者母亲直接抚养，仍是父母双方的子女；父母对于子女仍有抚养、教育、保护的权利和义务。离婚后,不满2周岁的子女,以由母亲直接抚养为原则。已满2周岁的子女,父母双方对抚养问题协议不成的,由人民法院根据双方的具体情况,按照最有利于未成年子女的原则判决。子女已满8周岁的,应当尊重其真实意愿。

离婚后,子女由一方直接抚养的,另一方应当负担部分或者全部抚养费。负担费用的多少和期限的长短,由双方协议;协议不成的,由人民法院判决。当事人达成的抚养费协议或者人民法院作出的抚养费判决,不妨碍子女在必要时向父母任何一方提出超过协议或者判决原定数额的合理要求。

离婚后,不直接抚养子女的父亲或者母亲,有探望子女的权利,另一方有协助的义务。行使探望权利的方式、时间由当事人协议;协议不成的,由人民法院判决。父亲或者母亲探望子女,不利于子女身心健康的,由人民法院依法中止探望;中止的事由消失后,应当恢复探望。

为家庭付出较多的一方能否要求另一方补偿?

夫妻一方因抚育子女、照料老年人、协助另一方工作等负担较多义务的,离婚时有权向另一方请求补偿,另一方应当给予补偿。具体办法由双方协议;协议不成的,由人民法院判决。过去的立法认为,只有夫妻双方实行分别财产制,而一方对家庭付出较多的,离婚时才有权要求另一方补偿。《民法典》对此进行了调整,认为无论夫妻双方实行何种财产制,只要一方因抚育子女、照料老年人、协助另一方工作等负担较多义务的,离婚时有权向另一方请求补偿,另一方应当给予补偿。

夫妻共同财产在离婚时如何进行具体的认定与分割?

(1)有价证券和股份有限公司股份。包括股票、债券、投资基金份额以及未上市股份有限公司股份,协商不成或按市价分配有困难的,可以根据数量按比例分配。

(2)有限责任公司的出资额。涉及分割夫妻共同财产中以一方名义在有限责任公司的出资额,另一方不是该公司股东的,按以下情形分别处理:

①夫妻双方协商一致将出资额部分或者全部转让给该股东的配偶,过半数股东同意、其他股东明确表示放弃优先购买权的,该股东的配偶可以成为该公

司股东。

②夫妻双方就出资额转让份额和转让价格等事项协商一致后,过半数股东不同意转让,但愿意以同等价格购买该出资额的,人民法院可以对转让出资所得财产进行分割;过半数股东不同意转让,也不愿意以同等价格购买该出资额的,视为其同意转让,该股东的配偶可以成为该公司股东。用于证明过半数股东同意的证据,可以是股东会决议,也可以是当事人通过其他合法途径取得的股东的书面声明材料。

(3)合伙企业中的出资。涉及分割夫妻共同财产中以一方名义在合伙企业中的出资,另一方不是该企业合伙人的,当夫妻双方协商一致,将其合伙企业中的财产份额全部或者部分转让给对方时,按以下情形分别处理:

①其他合伙人一致同意的,该配偶依法取得合伙人地位;其他合伙人不同意转让,在同等条件下行使优先受让权的,可以对转让所得的财产进行分割。

②其他合伙人不同意转让,也不行使优先受让权,但同意该合伙人退伙或者退还部分财产份额的,可以对退还的财产进行分割。

③其他合伙人既不同意转让,也不行使优先受让权,又不同意该合伙人退伙或者退还部分财产份额的,视为全体合伙人同意转让,该配偶依法取得合伙人地位。

(4)以一方名义投资设立的独资企业。①一方主张经营该企业的,对企业资产进行评估后,由取得企业一方给予另一方相应的补偿;②双方均主张经营该企业的,在双方竞价基础上,由取得企业的一方给予另一方相应的补偿;③双方均不愿意经营该企业的,可以进行清算,分割剩余财产。

(5)一方婚前以个人名义购买,且登记在自己名下的不动产,婚后用共同财产还贷的,婚后共同还贷部分及其相应的自然增值部分属于共同财产,登记名义人予以补偿。

(6)所有权欠缺的房屋。离婚时双方对尚未取得所有权或者尚未取得完全所有权的房屋有争议且协商不成的,人民法院不宜判决房屋所有权的归属,应当根据实际情况判决由当事人使用。当事人就上述房屋取得所有权以后,有争议的,可以另行起诉。

(7)房屋修缮增值。婚后双方对婚前一方所有的房屋进行修缮、装修、原拆原建,离婚时未变更产权的,房屋仍归产权人所有,增值部分中属于另一方应得的份额，由房屋所有权人折价补偿另一方；进行过扩建的，扩建部分的房屋应按夫妻共同财产处理。

（8）离婚夫妻土地承包经营权。承包期内，妇女结婚，在新居住地未取得承包地的，发包方不得收回其原承包地；妇女离婚或者丧偶，仍在原居住地生活或者不在原居住地生活但在新居住地未取得承包地的，发包方不得收回其原承包地。

（9）夫妻共同财产购买一方父母单位的房改房。婚姻关系存续期间，双方用夫妻共同财产出资购买以一方父母名义参加房改的房屋，产权登记在一方父母名下，离婚时另一方主张按照夫妻共同财产对该房屋进行分割的，人民法院不予支持。购买该房屋时的出资，可以作为债权处理。

（10）养老金账户中个人缴付部分。离婚时夫妻一方尚未退休、不符合领取养老保险金条件，另一方请求按照夫妻共同财产分割养老保险金的，人民法院不予支持；婚后以夫妻共同财产缴付养老保险费，离婚时一方主张将养老金账户中婚姻关系存续期间个人实际缴付部分作为夫妻共同财产分割的，人民法院应予支持。

（11）未分割的遗产继承份额。婚姻关系存续期间，夫妻一方作为继承人依法可以继承的遗产，在继承人之间尚未实际分割，起诉离婚时另一方请求分割的，人民法院应当告知当事人在继承人之间实际分割遗产后另行起诉。

（12）夫妻之间订立借款协议。夫妻之间订立借款协议，以夫妻共同财产出借给一方从事个人经营或用于其他个人事务的，应视为双方对夫妻共同财产的处分，离婚时可按照借款协议的约定处理。

怀疑孩子不是自己亲生的怎么办？

《民法典》规定，对亲子关系有异议且有正当理由的，父亲或者母亲可以向人民法院提起诉讼，请求确认或者否认亲子关系；成年子女可以向人民法院提起诉讼，请求确认亲子关系。首先，无论是确认亲子关系还是否认亲子关系，均须有正当理由。当然，这里并不需要有确切证据和充分理由，仅须有正当理由即可提起该确认之诉，至于实际上是否存在或不存在亲子关系，则属于法庭审理之后进行认定的事实。其次，父亲或母亲在有正当理由时，既可以提起确认亲子关系的诉讼，也可以提起否认亲子关系的诉讼；但成年子女在有正当理由时，只能提起确认亲子关系的诉讼，不可以提起否认亲子关系的诉讼，主要是为了防止有些成年子女通过提起否认亲子关系的诉讼来逃避法律规定的对父母的赡养义务。另外，这里的成年子女仅指亲生子女，不包括养子女和继子女，因为后者本来就不存在亲子血缘关系。

《最高人民法院关于适用〈中华人民共和国民法典〉婚姻家庭编解释（一）》规定，父亲或者母亲向人民法院起诉请求否认亲子关系，并已提供必要证据予以证明，另一方没有相反证据又拒绝做亲子鉴定的，人民法院可以认定否认亲子关系一方的主张成立。父亲或者母亲以及成年子女起诉请求确认亲子关系，并提供必要证据予以证明，另一方没有相反证据又拒绝做亲子鉴定的，人民法院可以认定确认亲子关系一方的主张成立。据此，如果提起诉讼一方已经提供必要证据证明有正当理由的，另一方没有相反证据的，则有义务配合进行亲子鉴定，否则将作出对其不利的推定。

刘葛军出生于 1928 年，与洪某系夫妻。根据刘建国入伍登记表及户籍登记信息记载，刘建国系刘葛军与洪某之子，其于刘葛军与洪某婚后的 1957 年出生，洪某于 1988 年死亡。后刘葛军与刘建国产生矛盾。刘葛军于 2020 年 1 月向人民法院提起诉讼，请求确认刘葛军与刘建国亲子关系不存在，理由是刘建国系其养子，并非亲生子。刘葛军向法庭提交了以下证据：（1）刘葛军本人手写的抱养刘建国经历的书面材料一份、刘葛军口述抱养刘建国经历的视频一份；（2）朱某、刘某、纪某书写的证人证言各一份，朱某、刘某、纪某均表示从亲属处听说刘建国为抱养的，纪某表示其血型与洪某血型一致；（3）刘葛军、纪某血型检测诊断证明各一份，其上显示两人血型均为 A 型。刘葛军向一审法院提出进行亲子鉴定，确认刘葛军与刘建国之间不存在亲子关系。刘建国则认为，其与刘葛军确系亲生父子关系，刘葛军与其妻子洪某均有生育能力，在刘建国出生前后，均生育过子女，刘葛军没有有效证据证明刘建国并非亲生。刘葛军年事已高，此次起诉确系受他人挑唆，不同意对亲子关系进行鉴定，请求法院依法驳回刘葛军的诉讼请求。

一审法院认为，当事人对自己提出的主张，有责任提供证据。刘建国出生于刘葛军与洪某婚姻关系存续期间，刘建国的个人档案及户籍信息均显示刘建国系刘葛军与洪某之子。现刘葛军请求确认其与刘建国之间不存在亲子关系，刘建国拒绝做亲子鉴定，故刘葛军应当提供必要的证据证明其主张。所谓必要证据，即对亲子关系的认定具有实质影响的证据。刘葛军提交的证据均为其自述或证人从他人处听说刘建国系收养，且证人亦未出庭作证，刘葛军亦未提交证据证明刘建国与刘葛军、洪某的血型不相符，故法院对刘葛军的诉讼请求不予支持。判决：驳回刘葛军的诉讼请求。

刘葛军提起上诉，请求撤销原判，改判确认刘葛军与刘建国亲子关系不存在。刘葛军认为一审程序违法，一审法院采取刘葛军线上先审、刘建国线下后审相结合的开庭审理形式，客观上限制了刘葛军的举证、质证和辩论的权利，导致法院对本案作出错误的认定和判决。刘葛军的证人未出庭，影响了对案件的认定。由于收养事实发生在 20 世纪 50 年代，收养的法律制度尚未建立，现已过去 60 多年，知情人绝大多数已经过世，直接知情人只有刘葛军本人，刘葛军作为一名 90 岁高龄的老革命军人和老党员，其本人口述和亲笔手书，具有极高的证明力。

二审期间，刘葛军申请证人朱某、纪某出庭作证。证人朱某系刘葛军的女婿，其陈述主要证言内容为：因其父亲与刘葛军原系同村村民，后来成了亲家。1998 年，朱某父亲胃癌手术后，其在陪护父亲时，听父亲说刘建国不是刘葛军夫妇的亲生孩子。岳母洪某病危住院时，也说过刘建国不是亲生的。证人纪某称其母亲陈某与洪某是姐妹关系，洪某参加革命后改了名字，之前的名字不清楚。大概 1984 年左右，纪某在北京进修时，住在洪某家里，曾听其母亲说过刘建国是抱养的，不是洪某生的，但母亲也是听姑姥姥说的，具体怎么抱养的不清楚。刘建国认为朱某与本案有利害关系，纪某并非洪某的亲侄女，故认为二人的证言陈述不属实，不予认可。

二审法院认为，刘葛军主张其与刘建国亲子关系不存在，其向法庭详细陈述了刘建国出生及双方形成父子关系的过程，该陈述清楚、流利，且有相应细节，作为当事人陈述具有较强的可信性。证人朱某、纪某虽系其亲属，但考虑到亲缘问题的特殊性，一般只有亲属或关系较亲近的人才知道，证人的陈述有细节，相应的证言亦应予以采信。现刘葛军年事已高，因刘建国出生的事实发生在 63 年前，与刘葛军同龄的人大都已不在世，要求刘葛军提供事发时的相应证人证言及物证已不可能，故进行亲子鉴定是确认刘葛军与刘建国之间是否存在亲子关系的唯一途径。经一审法院及本院反复释明，刘建国坚持不同意进行亲子鉴定，其所举的证据如户籍登记、档案登记等，均不能证明其与刘葛军之间具有生物学上的亲子关系。《民法典婚姻家庭编解释（一）》规定，父或者母向人民法院起诉请求否认亲子关系，并已提供必要证据予以证明，另一方没有相反证据又拒绝做亲子鉴定的，人民法院可以认定否认亲子关系一方的主张成立。综上所述，刘葛军的上诉请求成立，本院予以支持；一审判决认定事实清楚，但适用法律欠妥，本院予以改判。判决：确认刘葛军与刘建国之间不存在亲子关系。本判决为终审判决。

值得说明的是，人民法院确认双方当事人之间不存在亲子关系的判决，并不涉及双方当事人之间可能存在其他关系的认定，也不具有解除父子关系的效力。这是因为，虽然双方不存在亲子关系，但双方可能因收养而形成的养父母子女关系并不受影响，养子女仍然应当对养父母尽赡养等法定义务。

夫妻一方能否追究“第三者”的损害赔偿责任？

王女士与刘先生原是夫妻关系，夫妻感情基础较好，婚后生育有一子。后刘先生调任至某小学任教，在该学校任教期间，刘先生与本校女教师莫小姐关系暧昧，并发展成同居关系，自此刘先生对王女士感情淡漠，极少回家。王女士发现刘先生有外遇后，经常前往学校询问并辱骂莫小姐，以致双方矛盾加剧。此后，刘先生先后三次向法院起诉要求与王女士离婚，称王女士严重打扰了刘先生的正常生活及工作，且对刘先生及莫小姐的声誉构成严重破坏。刘先生前两次起诉时，法院均判决不准离婚。刘先生第三次起诉时，法院经审查认为双方感情确已破裂，调解无效，准予离婚。刘先生在收到判决书后一周，与莫小姐办理结婚登记，之后莫小姐生子，经查，父亲为刘先生。王女士认为刘先生、莫小姐的行为给其造成极大的精神伤害，遂于离婚后 6 个月时向法院提起诉讼，请求法院依法判决刘先生、莫小姐共同赔偿其精神损害抚慰金 5 万元。

离婚损害，又称离异损害，即离婚本身对夫妻一方的损害。如虐待配偶的直系血亲而离婚时，对配偶并不构成侵权行为，但配偶仍得请求损害赔偿。《民法典》规定，有下列情形之一，导致离婚的，无过错方有权请求损害赔偿：（1）重婚；（2）与他人同居；（3）实施家庭暴力；（4）虐待、遗弃家庭成员；（5）有其他重大过错。前例中，夫妻双方离婚的主要原因是男方与婚外异性同居以致双方感情破裂,男方违背了夫妻之间的忠实义务,具有明显过错,女方在离婚时可主张损害赔偿。

(1)离婚损害赔偿请求权的权利人为无过错方。如果夫妻双方均有法定过错,如双方均存在与他人同居的情形,则双方均不得提出离婚损害赔偿请求。前例中,王女士属于无过错方,享有离婚损害赔偿请求权。

(2)离婚损害赔偿的责任主体为离婚诉讼当事人中无过错方的配偶。婚外情的第三者不属于离婚损害赔偿的责任主体,无过错的夫妻另一方只能向夫妻一方主张赔偿,而无权主张第三者承担赔偿责任。前例中,刘先生与莫小姐同居,属于有过错方,应当承担离婚损害赔偿责任。

(3)离婚损害赔偿以当事人离婚为前提。人民法院判决不准离婚的案件,对于当事人提出的离婚损害赔偿请求,不予支持。另外,在婚姻关系存续期间,当事人不起诉离婚而单独提起损害赔偿请求的,人民法院不予受理。

(4)离婚损害赔偿请求权为人身专属权,应由权利人决定是否行使。未决定前,不得让与或继承;一经行使,则与普通债权无异,可以转让与继承,这被称为人身专属性之解除。

(5)无过错方作为原告提起离婚损害赔偿请求的,必须在离婚诉讼的同时提出。无过错方作为被告的离婚诉讼案件,如果被告不同意离婚也不基于该条规定提起损害赔偿请求的,可以在离婚后 1 年内就此单独提起诉讼。无过错方作为被告的离婚诉讼案件,一审时被告未提出损害赔偿请求,二审期间提出的,人民法院应当进行调解,调解不成的,告知当事人在离婚后 1 年内另行起诉。当事人在婚姻登记机关办理离婚登记手续后,又向人民法院提出损害赔偿请求的,人民法院应当受理。但当事人在协议离婚时已经明确表示放弃该项请求,或者在办理离婚登记手续 1 年后提出的,不予支持。前例中,王女士作为离婚案件中的被告,可以在离婚后 1 年内就此单独提起诉讼。因此,王女士于离婚后 6 个月时向法院提起诉讼,符合法律规定。

(6)离婚损害赔偿请求权的内容,包括物质损害赔偿和精神损害赔偿。

前例中,一审法院判决被告刘先生赔偿原告王女士精神损害抚慰金人民币 3 万元;驳回原告王女士对被告莫小姐的诉讼请求。

收养子女需要具备哪些条件?

亲属,是指基于婚姻、血缘或法律拟制而产生的人与人之间的身份社会关系。亲属包括配偶、血亲和姻亲。婚姻为亲属之源,配偶不仅是亲属,而且是处于核心地位的近亲属。血亲为亲属之流,是指相互之间具有血缘关系的亲属,包括自然血亲与拟制血亲。姻亲是指以婚姻关系为中介而产生的亲属,但不包括配偶本身。拟制血亲,指彼此本无该种血缘关系,但法律因其符合一定条件,确认其与该种血亲具有同等权利义务。如养父母子女、有抚养关系的继父母子女,均为拟制血亲。

收养是拟制血亲的亲子关系得以发生的法定途径,目的在于使没有父母子女关系的人们之间产生拟制的法律上的父母子女关系。收养人称为养父、养母,被收养人称为养子、养女,养父母与养子女之间的权利和义务,适用民法典婚姻家庭编对父母子女关系的规定。

收养不同于寄养,寄养是父母因特殊情况不能直接履行对子女的抚养义务,把子女寄托在他人家中生活的委托代理行为。寄养不发生父母子女关系的变更,被寄养儿童与受托人之间不产生父母子女的法律关系。

由于收养可以导致自然人的人身关系发生变化,所以《民法典》对收养行为规定了比较严格的条件,收养人和送养人根据法律规定的条件在自愿协商的基础上达成收养协议,按照法律规定的程序进行收养登记,从而形成收养关系。具体条件如下:

1. 被收养人的条件

《民法典》规定,下列未成年人,可以被收养:(1)丧失父母的孤儿;(2)查找不到生父母的未成年人;(3)生父母有特殊困难无力抚养的子女。值得说明的是,过去我们的立法按要求被收养人必须是 14 周岁以下的未成年人,但是,在实践中也存在 14 周岁以上的未成年人回归到家庭中成长的问题,因此,现行立法将被收养人的范围扩大到所有符合条件的未成年人。当然,我国立法并不承认成年收养,即成年人不得作为被收养人。

2. 送养人的条件

《民法典》规定,下列个人、组织可以做送养人:(1)孤儿的监护人;(2)儿童福利机构;(3)有特殊困难无力抚养子女的生父母。

未成年人的父母均不具备完全民事行为能力且可能严重危害该未成年人的,该未成年人的监护人可以将其送养。监护人送养孤儿的,应当征得有抚养义务的人同意。有抚养义务的人不同意送养、监护人不愿意继续履行监护职责的,应当依照民法典总则编的规定另行确定监护人。

生父母送养子女,应当双方共同送养。生父母一方不明或者查找不到的,可以单方送养。如生父母一方被宣告死亡的,另一方可以单方送养未成年子女。

3. 收养人的条件

《民法典》规定,收养人应当同时具备下列条件:(1)无子女或者只有一名子女;(2)有抚养、教育和保护被收养人的能力;(3)未患有在医学上认为不应当收养子女的疾病;(4)无不利于被收养人健康成长的违法犯罪记录;(4)年满30周岁。有配偶者收养子女,应当夫妻共同收养。无配偶者收养异性子女的,收养人与被收养人的年龄应当相差40周岁以上。

收养三代以内旁系同辈血亲的子女,可以不受生父母有特殊困难无力抚养这一条件的限制,不受无配偶者收养异性子女的,收养人与被收养人的年龄应当相差40周岁以上这一条件的限制。华侨收养三代以内旁系同辈血亲的子女,还可以不受"无子女或者只有一名子女"这一条件的限制。

无子女的收养人可以收养两名子女;有子女的收养人只能收养一名子女。收养孤儿、残疾未成年人或者儿童福利机构抚养的查找不到生父母的未成年人,可以不受"无子女或者只有一名子女"这一条件的限制。

4. 收养登记

收养人收养与送养人送养,应当双方自愿。收养8周岁以上未成年人的,应当征得被收养人的同意。收养应当向县级以上人民政府民政部门登记。收养关系自登记之日起成立。收养查找不到生父母的未成年人的,办理登记的民政部门应当在登记前予以公告。收养关系当事人愿意签订收养协议的,可以签订收养协议。据此,收养协议是根据当事人的意愿决定是否签订,不签订收养协议并不影响收养的成立;收养登记是收养成立的必备要件,收养关系自登记之日起成立,如果不办理收养登记,即使收养人和送养人签订了收养协议,收养关系也不成立。

收养关系当事人各方或者一方要求办理收养公证的,应当办理收养公证。公证的内容为该收养事实,主要目的是固定相关事实的证据材料,公证对收养关系的成立没有影响。

县级以上人民政府民政部门应当依法进行收养评估。民政部门应当按照最有利于被收养人的原则,对该收养关系的建立对被收养人可能产生的影响进行评估,并根据评估结果来决定是否为其办理收养登记。

继　承　编

第十五讲

遗产继承:财富的代际传承

王保富之父王守智与被告三信律师事务所签订了《非诉讼委托代理协议书》一份,约定三信律师所接受王守智的委托,指派张合律师作为王守智的代理人;代理事项及权限为代为见证;律师代理费用为6000元。后王守智又与三信律师所指派的律师张合签订了一份《代理非诉讼委托书》,内容为:因见证事由,需经律师协助办理,特委托三信律师所律师张合为代理人,代理权限为:代为见证。2002年9月17日,三信律师所出具一份《见证书》,附王守智的遗嘱和三信律师所的见证各一份。王守智遗嘱将位于北京市海淀区北太平庄钟表眼镜公司宿舍11门1141号单元楼房中我的个人部分和我继承我妻遗产部分给我大儿子王保富继承。见证的内容为:兹有北京市海淀区北太平庄钟表眼镜公司宿舍3楼4门2号的王守智老人于我们面前在前面的遗嘱上亲自签字,该签字系其真实意思表示,签字行为真实有效。落款处有见证律师张合的签字和三信律师所的盖章。王守智于2002年9月19日收到该《见证书》。

2002年12月9日,王守智去世。王保富起诉至人民法院,要求按照王守智的遗嘱继承遗产。法院认定,王守智所立遗嘱虽有本人、张合律师签字且加盖北京市三信律师事务所单位印章,但该遗嘱的形式与继承法律规定的自书、代书遗嘱必备条件不符,确认王守智所立遗嘱不符合遗嘱继承法定形式要件,判决王守智的遗产按法定继承处理。按法定继承,王保富所得遗产比按遗嘱继承少114318.45元。王保富因此提起诉讼,要求三信律师所赔偿经济损失。

什么是继承?

继承,是指自然人自然死亡或被宣告死亡时,按照法律规定、遗嘱安排将其生前所有、死亡时遗留的财产移转给他人的一种法律制度。在现代社会,继承仅指财产继承,即以死者生前的财产为继承对象的继承,并不包括身份继承。

继承的实质是根据被继承人的意愿实现财产的移转。在被继承人立有合法有效遗嘱或签订有合法有效遗赠扶养协议时,遗嘱或遗赠扶养协议的内容直接体现被继承人的意愿,此为遗嘱继承。

在被继承人未立有合法有效遗嘱时,立法者根据一般社会生活观念和人的一般自然情感通过法律法规间接地推定被继承人的意愿,此为法定继承。

《民法典》规定,继承开始后,按照法定继承办理;有遗嘱的,按照遗嘱继承或者遗赠办理;有遗赠扶养协议的,按照协议办理。据此,遗赠扶养协议优先适用,遗嘱继承或遗赠次之,法定继承再次之。

什么是代位继承?

代位继承,是指被继承人的子女或兄弟姐妹先于被继承人死亡,由其死亡的子女的晚辈直系血亲或兄弟姐妹的子女继承其应继承的遗产份额的制度。《民法典》规定,被继承人的子女先于被继承人死亡的,由被继承人的子女的晚辈直系血亲代位继承。被继承人的兄弟姐妹先于被继承人死亡的,由被继承人的兄弟姐妹的子女代位继承。据此,外甥、外甥女在符合条件时可以继承舅舅、姨母的遗产,侄儿、侄女在符合条件时可以继承伯伯、叔叔、姑姑的遗产。

先于被继承人死亡的子女或兄弟姐妹,称为被代位继承人或被代位人;作为被代位继承人的被继承人的子女的晚辈直系血亲或者被继承人的兄弟姐妹的子女,称为代位继承人。代位继承仅限于法定继承。遗嘱继承和遗赠不适用代位继承,因为遗嘱继承人先于被继承人死亡的,遗嘱不生效力,仍须按照法定继承办理。代位继承需要具备以下条件:

(1)被代位继承人为被继承人的子女或兄弟姐妹。被代位继承人仅限于被继承人的子女或兄弟姐妹,其他旁系血亲、长辈直系血亲和被代位人的配偶均无代位继承的权利。这里的子女包括亲生子女、养子女和有扶养关系的继子女。

(2)被代位继承人先于被继承人死亡。如果被继承人的子女或兄弟姐妹在被继承人死亡之后、遗产分割前死亡的,适用转继承而非代位继承。

(3)被代位继承人并未丧失继承权。继承人丧失继承权的,其晚辈直系血亲不得代位继承。如其晚辈直系血亲缺乏劳动能力又没有生活来源,或对被继承人尽赡养义务较多的,可适当分给遗产。

(4)代位继承人为被代位继承人的晚辈直系血亲。在被代位继承人为被继承人的子女时,代位继承人为被代位继承人的晚辈直系血亲。被继承人的孙子女、外孙子女、曾孙子女、外曾孙子女都可以代位继承,代位继承人不受辈数的限制。被继承人的养子女、已形成扶养关系的继子女的生子女可代位继承;被继承人亲生子女的养子女可代位继承;被继承人养子女的养子女可代位继承;与被继承人已形成扶养关系的继子女的养子女也可以代位继承。被继承人子女的形成扶养关系的继子女不能代位继承。

丧偶儿媳对公婆,丧偶女婿对岳父、岳母,无论其是否再婚,尽了主要赡养义务而作为第一顺序继承人时,不影响其子女作为被代位继承人的晚辈直系血亲进行代位继承。

在被代位继承人为被继承人的兄弟姐妹时,代位继承人仅限于被代位继承人的子女,并非所有的晚辈直系血亲。

《民法典》规定,代位继承人一般只能继承被代位继承人有权继承的遗产份额。据此,代位继承只能继承被代位人应得的遗产份额,即使代位继承人为两人以上,也无权要求与被代位人处于同一顺序的其他法定继承人平分遗产。但是,代位继承人缺乏劳动能力又没有生活来源,或者对被继承人尽过主要赡养义务的,分配遗产时可以多分。

甲育有二子乙和丙。甲生前立下遗嘱,其个人所有的存款由乙取得 60%,丙取得 40%。对房屋如何处理在遗嘱中并未说明。乙与丁结婚,并生育有一女戊。乙因病先于甲死亡。甲死亡后因遗产继承问题而产生纠纷。本案中,因乙先于甲死亡,因此甲的遗嘱中关于由乙取得存款 60% 的部分不生效力,又因遗嘱继承不适用代位继承,故该部分应当按照法定继承办理。因甲的遗嘱并未对房屋的继承问题作出说明,故该部分也应当按照法定继承办理。又由于乙先于甲死亡，因此在法定继承部分，丁可以进行代位继承，即代乙之位继承乙有权继承的份额。

什么是转继承？

转继承，是指被继承人死亡后，继承人没有表示放弃继承，并在尚未实际接受遗产前死亡，该继承人的继承人代其实际接受其有权继承的遗产。该死亡之继承人称为被转继承人；该死亡之继承人的继承人称为转继承人。《民法典》规定，继承开始后，继承人于遗产分割前死亡，并没有放弃继承的，该继承人应当继承的遗产转给其继承人，但是遗嘱另有安排的除外。

被转继承人后于被继承人死亡，应认为在被继承人死亡时被转继承人的继承权已经实现，被继承人的遗产就变为了被转继承人的财产或其与其他继承人共有的财产。继承开始后，受遗赠人表示接受遗赠，并于遗产分割前死亡的，其接受遗赠的权利转移给他的继承人。转继承需要具备以下条件：

（1）被转继承人在继承开始后、遗产分割前死亡。如果被转继承人在继承开始前死亡，则适用代位继承；如果被转继承人在遗产分割后死亡，则前一个继承关系已经结束，对其遗产直接适用继承制度，不适用转继承。

（2）被转继承人生前没有丧失或放弃继承权。转继承以被转继承人具有继承权为必备要件，如果被转继承人没有继承权，则不能参与遗产的分割，自无转继承之适用。

被转继承人有权分得的遗产由其继承人承受。被转继承人留有遗嘱的，由遗嘱继承人继承；没有有效遗嘱的，则由其法定继承人继承。

继承从什么时候开始？

《民法典》规定，继承从被继承人死亡时开始。这里的死亡包括自然死亡和宣告死亡。被宣告死亡的，人民法院宣告死亡的判决作出之日视为其死亡的日期；因意外事件下落不明被宣告死亡的，意外事件发生之日视为其死亡的日期。

被宣告死亡时间与自然死亡时间不一致的，被宣告死亡所引起的法律后果仍然有效，但自然死亡前实施的法律行为与被宣告死亡引起的法律后果相抵触的，则以其实施的法律行为为准。如被宣告死亡的人订立的遗嘱与宣告死亡后果不一致的,以遗嘱为准。

《民法典》规定,相互有继承关系的数人在同一事件中死亡,难以确定死亡时间的,推定没有其他继承人的人先死亡。都有其他继承人,辈份不同的,推定长辈先死亡;辈份相同的,推定同时死亡,相互不发生继承。所谓"其他继承人",是指活着的继承人。所谓推定"长辈先死亡",是指晚辈在继承了长辈的遗产后死亡。

什么是继承权?

继承权,是指自然人因法律规定或遗嘱指定而享有的承受被继承人财产权利和义务的权利。继承权是继承人概括地承受被继承人的财产权利和义务的一种法律地位。被继承人死亡时的全部财产法律关系,统一、概括地归属于继承人,专属于被继承人的除外。由于在现代社会,继承仅指财产继承,故继承权应为财产权,而非身份权。

继承权如何取得?

继承权一般以婚姻关系、血缘关系为基础。有基于婚姻关系而取得的,如配偶有相互继承遗产的权利;有基于血缘关系而取得的,如父母、子女、祖父母、外祖父母、兄弟姐妹的继承权;有基于扶养关系而取得的,如养子女与养父母之间、有扶养关系的继子女与继父母之间的继承权。此外,丧偶儿媳对公婆、丧偶女婿对岳父岳母尽了主要赡养义务的,作为第一顺序的法定继承人,也是因扶养关系而取得继承权。此外,法定继承权的取得还以被继承人的死亡为条件;遗嘱继承权的取得还以被继承人立有有效遗嘱和立遗嘱人死亡为条件。

继承权能否放弃?

继承权的放弃,是指继承人在继承开始后、遗产处理前对其享有的继承资格予以抛弃的法律行为。《民法典》规定,继承开始后,继承人放弃继承的,应当在遗产处理前,以书面形式作出放弃继承的表示;没有表示的,视为接受继承。

(1)放弃继承权的时间和方式。继承人应当在继承开始后,遗产处理前作出放弃的意思表示。遗产处理后表示放弃的不再是放弃继承,而是放弃已经因继承而移转取得的财产权。继承人放弃继承应当以书面形式向其他继承人表示。

(2)放弃继承权的限制。继承人因放弃继承权,致其不能履行法定义务的,放弃继承权的行为无效。若只是致其不能履行其他约定义务,则放弃有效。

(3)放弃继承权的效力。放弃继承权的效力,追溯到继承开始的时间,即其于继承开始时,不为继承人。继承人放弃继承权的,不发生代位继承。放弃继承不得附条件或附期限,否则放弃无效。

(4)放弃继承权的撤销。继承人作出放弃继承权的意思表示后不能撤销。遗产处理前或在诉讼进行中,继承人对放弃继承反悔的,由人民法院根据其提出的具体理由,决定是否承认。遗产处理后,继承人对放弃继承反悔的,不予承认。

继承权在哪些情况下会被剥夺?

继承权的剥夺,是指依照法律规定,在发生法定事由时取消继承人继承被继承人遗产的资格。继承权被剥夺的法定事由如下:

(1)故意杀害被继承人。只要继承人对被继承人有故意杀害的行为,无论出于何种动机,无论采取何种手段,无论既遂或未遂,无论是否被追究刑事责任,都丧失继承权。继承人过失或正当防卫致被继承人死亡的,不应丧失继承权。

(2)为争夺遗产而杀害其他继承人。继承人杀害行为的动机应为争夺遗产,无论既遂或未遂,无论直接故意或间接故意,也无论是否对其处以刑罚,都丧失继承权。否则,不应剥夺。

(3)遗弃被继承人的,或者虐待被继承人情节严重。遗弃是指继承人对没有劳动能力又没有生活来源的被继承人拒不履行扶养义务。如果被继承人有独立生活能力,继承人不尽扶养义务也属于不合法、不道德,但不构成遗弃。虐待是指继承人对被继承人进行身体上或者精神上的摧残和折磨。虐待情节严重可从虐待行为的时间、手段、后果和社会影响等方面认定。如长期性、经常性的虐待,手段比较恶劣,社会影响比较坏,可以认定为情节严重。

(4)伪造、篡改、隐匿或者销毁遗嘱,情节严重。伪造遗嘱,是指继承人以被继承人的名义制作假的遗嘱。继承人在被继承人未立有遗嘱时伪造遗嘱,或继承人将被继承人所立遗嘱予以隐藏并另行制作遗嘱,均属之,后者同时构成隐匿遗嘱。篡改遗嘱,是指继承人将被继承人所立遗嘱的内容进行改动。无论基于何种动机,无论改动后的内容对改动者是否有利,均属之。隐匿遗嘱,是指继承人将其控制的被继承人所立遗嘱予以隐藏,不对外声明和提交。销毁遗嘱,是指继承人将被继承人所立遗嘱加以毁灭、破坏,意在阻碍被继承人依其意愿对其财产进行处分的意志的实现。继承人因过失致被继承人的遗嘱毁损的,不属于这里的销毁遗嘱的情形,如不小心将墨水碰洒在遗嘱上。继承人教唆他人伪造、篡改、隐匿或者销毁遗嘱的,构成教唆行为,若属情节严重,也应丧失继承权。

继承人的伪造、篡改、隐匿或销毁遗嘱的行为若侵害了缺乏劳动能力又无生活来源的继承人的利益,并造成其生活困难的,应认定为情节严重。

(5)以欺诈、胁迫手段迫使或者妨碍被继承人设立、变更或者撤回遗嘱,情节严重。其实质是继承人干扰被继承人依自己意愿处分财产的意志,也会侵害其他继承人的合法权益,违反社会道德和法律,故令其丧失继承权。

继承权丧失的效力是使继承人失去继承被继承人遗产的资格,即其不再为继承人。即使继承权丧失的法定事由发生于被继承人死亡后,或者继承权的丧失是在继承开始后由人民法院的判决予以确认,均溯及继承开始之时发生效力。

《民法典》规定,继承人有下列情形之一,确有悔改表现,被继承人表示宽恕或者事后在遗嘱中将其列为继承人的,该继承人不丧失继承权:(1)遗弃被继承人的,或者虐待被继承人情节严重的;(2)伪造、篡改、隐匿或者销毁遗嘱,情节严重的;(3)以欺诈、胁迫手段迫使或者妨碍被继承人设立、变更或者撤回遗嘱,情节严重的。在故意杀害被继承人和为争夺遗产而杀害其他继承人之情形,不存在宽宥制度之适用。

继承权受到侵害怎么办?

虽然继承人因被继承人的死亡而当然地继承被继承人的一切财产,但其仅为观念上的取得,而在实际上继承人是否现实地支配所继承的财产尚有发生纠纷的可能。继承人在继承权受侵害时享有继承恢复请求权。

继承恢复请求权,又称继承回复请求权,是指合法继承人请求确认其继承人的地位和请求恢复到继承开始时状态的权利。继承恢复请求权是一种概括性的请求权。继承人在向侵害人请求返还遗产时,无须举证证明自己对遗产范围内的各项财产具有何种具体的权利,仅须举证证明被继承人生前享有的财产权利和自己享有继承权即可。

继承恢复请求权是以确认之诉为前提的给付之诉。首先,继承人请求确认其继承权,即继承人请求确认其特定身份,只要继承人的特定身份得以确认,则其继承权便得以确认。其次,继承人可基于其得到确认的继承权,要求恢复对遗产的权利。

2000 年 9 月 25 日,李天木向胜利石油管理局购买了胜中社区雅苑小区某单元 0302 号房屋。李某系李天木的亲生女儿,王某系李某的继母,被继承人李天木与王某于 2002 年 2 月 5 日登记结婚。杨某为李天木的母亲。

因涉嫌贪污罪、受贿罪,李天木于 2005 年 2 月 4 日被刑事拘留,同年 2 月 17 日被逮捕。2006 年 10 月 8 日,经山东省高级人民法院终审判决,判决李天木犯贪污罪,判处死刑,缓期二年执行,剥夺政治权利终身,并处没收个人全部财产;犯受贿罪,判处无期徒刑,剥夺政治权利终身。决定执行死刑,缓期二年执行,剥夺政治权利终身,并处没收个人全部财产。扣押在检察机关的李天木贪污赃款返还中国石化胜利油田大明(集团)股份有限公司;李天木受贿的赃款、赃物予以没收,上缴国库;不足部分继续追缴。

2011 年 4 月 9 日被继承人李天木去世。2012 年 11 月 1 日,李某经胜利石油管理局住房继承审批,继承了李天木名下胜中社区雅苑小区某单元 0302 号房屋(以下简称 0302 房屋),后李某将该房屋出售,总成交价为 70 万元。

李某认为,李天木与王某有位于北京市朝阳区山水文园某单元 802 室房屋(以下简称 802 房屋)一套,该房屋属于李天木遗留的部分财产,自己有权继承。李某曾多次找王某沟通,对该房屋进行继承分割,但王某始终不予配合。李某起诉至法院,要求分割该房屋。

经法院查明,802 房屋登记在王某名下,该房屋系 2005 年 11 月 26 日王某购得。经李某申请,房屋估价结果为房地产总价 2081.52 万元。

法院认为,802 房屋虽登记在王某名下,系王某在其与被继承人李天木婚姻关系存续期间购得,应属于王某与李天木的夫妻共同财产,李天木去世后,其享有的房屋份额,应当由王某、李某、杨某依法继承。考虑到李天木在其与王某婚姻关系存续期间存在过错,本院确定802房屋李天木享有40%的份额,该部分属李天木的遗产,应由王某、李某、杨某依法继承。在分割方案上,考虑到本案情况,本院确定802房屋归王某所有,并参考评估报告,判令王某给付李某、杨某相应的折价款。同时,0302房屋系李天木与王某再婚前所购房屋,属李天木遗产,应由法定继承人依法继承。李某在未通知其他继承人的情况下对0302房屋进行处理,侵犯了其他继承人的合法权益,本院判令李某对其他继承人予以补偿。

法院判决:802号房屋由被告王某继承所有;被告王某于本判决生效后10日内给付原告李某折价款277.536万元,给付被告杨某折价款277.536万元;原告李某于本判决生效后7日内给付被告王某23.3334万元,给付被告杨某23.3334万元。王某不服,提起上诉。

二审法院认为,杨某经本院合法传唤,无正当理由未到庭参加诉讼,视为其放弃相关诉讼权利,不影响本院查明事实后对本案作出裁决。依据2006年10月8日山东省高级人民法院作出的终审判决,李天木受贿的赃款、赃物予以没收,上缴国库;不足部分继续追缴。即依据上述生效判决,李天木的全部财产均应予以没收。802房屋虽登记于王某名下,但系王某与李天木夫妻关系存续期间购买,一审认定系双方夫妻共同财产,其中包含李天木的份额并无不当。0302房屋原登记于李天木名下,系李天木与王某再婚前购得,后该房屋虽被李某出售,但仅是财产形式发生了变化,该财产也属于李天木的财产。上述财产均于前述生效的刑事判决作出之前取得,在未经有权机关依法处理并认定其中所涉李天木财产不再予以没收前,不宜作为李天木遗产进行继承分割处理。一审判决对此处理有误,本院依法予以纠正,并裁定驳回李某的起诉。据此,裁定撤销一审民事判决;驳回李某的起诉。本裁定为终审裁定。

本案中,802房屋中李天木享有财产份额,0302房屋属于李天木的财产,但因涉及刑事责任中的追缴没收问题,因此,不能将该财产作为李天木的遗产进行继承。只能待有关机关依法处理之后再进行处理,如果有关机关将该两处房产中应当属于李天木的财产部分进行没收,则应上缴国库,原被告双方均无权继承;如果有关机关认定其中所涉李天木财产不再予以没收,才会发生继承问题。才涉及继承权受到侵害的保护问题。

遗产包括哪些财产？

《民法典》规定，遗产是自然人死亡时遗留的个人合法财产。依照法律规定或者根据其性质不得继承的遗产，不得继承。据此，凡被继承人死亡时遗留下的依法可转移的合法的财产均属于遗产。具体而言，除专属于被继承人的权利外，物权、债权、知识产权中的财产权、占有以及撤销权等形成权，均可成为继承法律关系的客体。如公民的收入；房屋、储蓄和生活用品；林木、牲畜和家禽；文物、图书资料；法律允许公民所有的生产资料；著作权、专利权中的财产权利；商业秘密；等等。

《民法典》规定，夫妻共同所有的财产，除有约定的以外，分割遗产的，应当先将共同所有的财产的一半分出为配偶所有，其余的为被继承人的遗产。遗产在家庭共有财产之中的，遗产分割时，应当先分出他人的财产。

不属于遗产的有以下情形：(1)专属于被继承人的权利，是指与被继承人人身或身份不可分离的人身权或财产权利，如知识产权中的人身权、抚养费请求权等。(2)被继承人享有的家庭承包方式的土地承包经营权。但承包人应得的承包收益，依照继承法的规定继承。林地承包的承包人死亡，其继承人可以在承包期内继续承包。(3)特许物权。包括依矿产资源法、渔业法、水法等规定的采矿权、渔业权、狩猎权和水权等自然资源用益物权。

被继承人的债务，是指被继承人生前以个人名义欠下的、完全用于被继承人个人需要的债务。首先，应当是生前欠下的，故丧葬费属于继承人的债务；其次，应当是以个人名义欠下的；最后，是用于被继承人个人需要欠下的，否则无论是否以被继承人名义欠下的，均属家庭共同债务，应以家庭共同财产清偿。依限定继承原则，继承人仅以遗产实际价值为限清偿被继承人依法应当缴纳的税款和债务。超过遗产实际价值部分，继承人自愿偿还的不在此限。继承人放弃继承的，对被继承人依法应当缴纳的税款和债务可以不负清偿责任。

什么是遗赠扶养协议？

遗赠扶养协议，是指遗赠人与扶养人之间订立的关于扶养人承担遗赠人生养死葬义务、遗赠人的财产在其死后转归扶养人所有的协议。《民法典》规定,自然人可以与继承人以外的组织或者个人签订遗赠扶养协议。按照协议,该组织或者个人承担该自然人生养死葬的义务,享有受遗赠的权利。遗赠人同时是被扶养人,扶养人同时是受遗赠人。扶养人可以是自然人,也可以是社会组织,但作为扶养人的自然人应是法定继承人以外的人,即所有的法定继承人,不论其是否为被继承人的法定扶养人,均不能成为遗赠扶养协议中的扶养人。

遗赠扶养协议经由遗赠人和扶养人双方合意而成立,在符合有效要件时具有法律效力,任何一方均应遵守协议,不得单方面解除协议。当事人互负对待给付义务,扶养人负有对遗赠人生养死葬的义务,遗赠人负有移转其财产给扶养人的义务。有偿性并不要求两者的义务必须价值相等。

遗赠扶养协议一经签订即具有法律效力,对双方当事人都有约束力。扶养人应当按照协议履行自己的扶养义务,在遗赠人生前对其给予生活上的照料和扶助;在遗赠人死后负责办理丧事。任何一方当事人都不能随意变更或解除。

扶养人或集体组织与公民订有遗赠扶养协议,扶养人或集体组织无正当理由不履行,致协议解除的,不能享有受遗赠的权利,其支付的供养费用一般不予补偿;遗赠人无正当理由不履行,致协议解除的,应偿还扶养人或集体组织已支付的供养费用。

什么是遗嘱继承?

遗嘱继承是法定继承的对称,又称指定继承或意定继承,是指按照被继承人所立的合法有效遗嘱继承被继承人遗产的继承方式。立遗嘱的被继承人为遗嘱人,遗嘱指定的继承遗产的人为遗嘱继承人。遗嘱继承以存在合法有效的遗嘱为前提,继承人范围、继承遗产的种类和份额按照遗嘱人的遗嘱内容来确定。遗嘱继承因直接体现了被继承人的真实意愿,故其在适用上优先于法定继承。

我国立法贯彻遗嘱自由原则。遗嘱自由,是指被继承人生前通过设立遗嘱的方式处分自己财产的自由。现行立法确立了遗嘱自由原则,允许公民用遗嘱的方式处理自己的遗产,可以变更法定继承人的顺序和应继份额,甚至可以取消法定继承人的继承权,将遗产遗赠给法定继承人以外的公民、国家或者集体组织。《民法典》规定，自然人可以依照本法规定立遗嘱处分个人财产，并可以指定遗嘱执行人。自然人可以立遗嘱将个人财产指定由法定继承人的一人或者数人继承。自然人可以立遗嘱将个人财产赠与国家、集体或者法定继承人以外的组织、个人。自然人可以依法设立遗嘱信托。

当立法者需要在被继承人意愿、抚养义务的承担、法律法规的强制性规定和公序良俗之间作出平衡时，遗嘱自由原则即应受到一定的限制。典型的限制如必留份制度。必留份，是指遗嘱应当对缺乏劳动能力又没有生活来源的继承人保留必要的遗产份额。

特留份制度是大陆法系存在的对遗嘱自由原则的一种限制。特留份，是指被继承人通过遗嘱设立遗嘱继承时，必须依法留给继承人的，不得自由处分的遗产份额。特留份是对被继承人行使权利、处分自己遗产的法律限制，如果遗嘱人通过遗嘱排除了特留份权利人的继承权，则遗嘱中处分特留份遗产的部分无效。除法律特别规定外，被继承人不得剥夺继承人的特留份。现行立法规定了"必留份"制度，并未规定"特留份"制度。

什么是遗嘱？

遗嘱是遗嘱人生前在法律允许的范围内，按照法律规定的方式处分其个人财产或者处理其他事务，并在其死亡时发生效力的单方法律行为。《民法典》规定，自然人可以依照本法规定立遗嘱处分个人财产，并可以指定遗嘱执行人。自然人可以立遗嘱将个人财产指定由法定继承人的一人或者数人继承。自然人可以立遗嘱将个人财产赠与国家、集体或者法定继承人以外的组织、个人。自然人可以依法设立遗嘱信托。

遗嘱依遗嘱人的单方意思表示而作出，无须向特定相对人表示，也无须他人为相应的受领或同意的意思表示。遗嘱继承人或受遗赠人是否知道或接受，均不影响遗嘱的生效。遗嘱必须是遗嘱人依其本人真实意愿独立自主作出，不许他人代理。

遗嘱的内容一般包括：指定继承人、受遗赠人；指定遗产的分配顺序、方法或份额；规定遗嘱继承人、受遗赠人的附加义务；指定遗嘱执行人；指定遗嘱信托的受托人和受益人等。

遗嘱有哪几种形式？

(1)公证遗嘱。公证遗嘱由遗嘱人经公证机构办理。根据《遗嘱公证细则》第6条之规定,遗嘱公证应当由两名公证人员共同办理,由其中一名公证员在公证书上署名。因特殊情况由一名公证员办理时,应当有一名见证人在场,见证人应当在遗嘱和笔录上签名。

下列人员不能作为遗嘱见证人:①无民事行为能力人、限制民事行为能力人以及其他不具有见证能力的人;②继承人、受遗赠人;③与继承人、受遗赠人有利害关系的人。此外,不能书写者、无了解遗嘱人口授内容的能力者、无认识笔记为正确的能力者,均属于事实上的缺格者。

(2)自书遗嘱。自书遗嘱,又称亲笔遗嘱,是指遗嘱人生前亲手书写的遗嘱。自书遗嘱由遗嘱人亲笔书写,签名,注明年、月、日。公民在遗书中涉及死后个人财产处分的内容,确为死者真实意思的表示,有本人签名并注明了年、月、日,又无相反证据的,可按自书遗嘱对待。

(3)代书遗嘱。代书遗嘱,又称代笔遗嘱,是指由遗嘱人口述遗嘱内容,他人代为书写制作而成的遗嘱。代书遗嘱应当有两个以上见证人在场见证,由其中一人代书,并由遗嘱人、代书人和其他见证人签名,注明年、月、日。

在前述王守智案件中,一审法院认为,律师与普通公民都有权利做代书遗嘱的见证人,但与普通公民相比,由律师作为见证人,律师就能以自己掌握的法律知识为立遗嘱人服务,使所立遗嘱符合法律要求,这正是立遗嘱人付出对价委托律师作为见证人的愿望所在。原告王保富的父亲王守智与被告三信律师所签订代理协议,其目的是通过律师提供法律服务,使自己所立的遗嘱产生法律效力。三信律师所明知王守智这一委托目的,应当指派两名以上的律师作为王守智立遗嘱时的见证人,或者向王守智告知仍需他人作为见证人,其所立遗嘱方能生效。三信律师所称代为见证的含义是指仅对王守智的签字行为负责的抗辩理由,因证据不足,不能采纳。《非诉讼委托代理协议书》的签约主体,是王守智和三信律师所,只有三信律师所才有权决定该所应当如何履行其与王守智签订的协议。张合只是三信律师所指派的律师,只能根据该所的指令办事,无权决定该所如何行动。三信律师所辩解,关于指派张合一人去做见证人的决定,是根据王守智对张合的委托作出的,这一抗辩理由不能成立。

被告三信律师所在履行与王守智签订的《非诉讼委托代理协议书》时,未尽代理人应尽的职责,给委托人及遗嘱受益人造成损失,应当承担赔偿责任,但赔偿范围仅限于原告王保富因遗嘱无效而被减少的继承份额。判决被告三信律师所于判决生效后7日内赔偿原告王保富经济损失114318.45元。三信律师所不服一审判决,提起上诉。

二审法院认为,公民在不具有法律专业知识,又想使自己的行为符合法律要求时,通常向律师求助。律师是熟悉法律事务,为社会提供法律服务的专业人员。律师在担任非诉讼法律事务代理人时,应当在受委托的权限内,维护委托人的合法权益。被上诉人王保富的父亲王守智委托上诉人三信律师所办理见证事宜,目的是通过熟悉法律事务的专业人员提供法律服务,使其所立遗嘱具有法律效力。作为专门从事法律服务的机构,三信律师所应当明知王守智的这一签约目的,有义务为王守智提供完善的法律服务,以维护委托人的合法权益。三信律师所不能以证据证明其与王守智约定的“代为见证”,只是见证签字者的身份和签字行为的真实性;也不能以证据证明在签约时,该所已向王守智明确告知其仅是对签字见证而非对遗嘱见证,故应当承担举证不能的不利后果。三信律师所上诉主张其仅为王守智签字行为的真实性提供见证,没有证据支持,不予采信。判决驳回上诉,维持原判。

(4)打印遗嘱。打印遗嘱,是指由操作人通过计算机记载遗嘱内容,经由打印机输出而形成打印件,遗嘱人在该打印件上签名并记载日期的遗嘱。打印遗嘱应当有两个以上见证人在场见证。遗嘱人和见证人应当在遗嘱每一页签名,注明年、月、日。

(5)录音录像遗嘱。录音遗嘱,是指以录音磁带或其他电子储存介质记录遗嘱人处分其遗产的语言的遗嘱。录像遗嘱,是指以录像制品记录遗嘱人处分其遗产的语言和图像的遗嘱。录像遗嘱包括声音和画面,可以更全面地反映订立遗嘱时的环境、被继承人的精神和身体状况。以录音录像形式立的遗嘱,应当有两个以上见证人在场见证。遗嘱人和见证人应当在录音录像中记录其姓名或者肖像,以及年、月、日。

(6)口头遗嘱。口头遗嘱,又称口授遗嘱,是指遗嘱人用口头表述的遗嘱。遗嘱人在危急情况下,可以立口头遗嘱。口头遗嘱应当有两个以上见证人在场见证。危急情况解除后,遗嘱人能够用书面或者录音录像形式立遗嘱的,所立的口头遗嘱无效。

遗嘱人另立遗嘱,且在新的遗嘱中明确声明撤回或变更原来所立的遗嘱。遗嘱被撤回的,被撤回的原遗嘱作废,以新设立的遗嘱为遗嘱人的真实意思表示,并以其认定遗嘱的效力;遗嘱被变更的,以变更后的遗嘱内容为遗嘱人的真实意思表示,并以其确定遗嘱的效力。

公证遗嘱具有优先效力吗?

我国过去的立法认为公证遗嘱具有优先于其他形式的遗嘱的效力,即如果当事人既订立有公证遗嘱,又订立有其他形式的遗嘱的,两者内容相冲突时,以公证遗嘱的内容为准。当事人如果想要改变公证遗嘱的内容,必须通过另外订立一个公证遗嘱的形式来完成,即只能用一个新的公证遗嘱改变原来的公证遗嘱。但这种做法并不合理,因为遗嘱的作用是按照当事人的意愿进行死后遗产的分配,认定当事人真实的意愿显然更重要,不同的遗嘱形式只是外在表现,公证遗嘱因其进行了公证,其书面材料证据效力更强,但不代表其不得被其他形式遗嘱改变。

《民法典》规定,遗嘱人立有数份遗嘱,内容相抵触的,以最后的遗嘱为准。据此,公证遗嘱并不具有更强的效力,现行立法以时间的先后来确定最终作为继承依据的遗嘱。当然,如果遗嘱人所立的数份遗嘱内容不相抵触,则均可以发生效力。

如何订立一份有效的遗嘱?

(1)遗嘱人立遗嘱时须具有遗嘱能力。遗嘱能力,即遗嘱人的行为能力,是指公民依法享有的订立遗嘱的意思能力。完全民事行为能力人具有订立遗嘱的行为能力,限制民事行为能力人和无民事行为能力人订立的遗嘱无效。

(2)遗嘱须是遗嘱人的真实意思表示。如果遗嘱人在订立遗嘱时受到外部影响,使遗嘱内容并非其真实意思的体现,则遗嘱的效力也会受到影响。

①受欺诈、胁迫所订立的遗嘱无效。一般法律行为若因受欺诈、胁迫而订立,则在效力上属于可撤销。受欺诈、胁迫所订立的遗嘱的效力则有所不同。

《民法典》规定，遗嘱必须表示遗嘱人的真实意思，受欺诈、胁迫所立的遗嘱无效。

②伪造的遗嘱无效。伪造的遗嘱，即假遗嘱，是指他人假借遗嘱人的名义作成的遗嘱。其因完全不能体现遗嘱人的意思而无效。

③遗嘱被篡改的，篡改的内容无效。被篡改的遗嘱，是指遗嘱人所立遗嘱的内容被他人作了修改、删减或补充，从而部分改变了遗嘱人的真实意思。

(3)遗嘱的内容不得违反法律、行政法规的强制性规定。遗嘱内容违反法律、行政法规的强制性规定的，遗嘱无效。

另外，《民法典》规定，遗嘱应当对缺乏劳动能力又没有生活来源的继承人保留必要的遗产份额。据此，遗产处理时，应当为该继承人留下必要的遗产份额，所剩余的部分，才可参照遗嘱确定的分配原则处理。

(4)遗嘱的形式符合法律规定。现行立法对不同的遗嘱类型规定了不同的形式要求，违反该形式要求，遗嘱无效。如口头遗嘱必须是在危急情况下，且不能以其他方式订立遗嘱时才能采用，否则口头遗嘱无效。

什么是遗嘱执行人制度？

遗嘱的执行，是指遗嘱生效后为实现遗嘱的内容所必须完成的行为和程序。遗嘱一般由遗嘱执行人来执行。遗嘱执行人，是指根据遗嘱人的生前指定或法律规定而实现遗嘱内容的个人或者组织。遗嘱执行人同时也是遗产管理人，旨在确保遗嘱人的遗嘱依法得以完全实现，同时确保遗产的分割得以顺利进行。

遗嘱人可以在遗嘱中指定遗嘱执行人或委托他人指定遗嘱执行人。遗嘱人未指定遗嘱执行人，或指定的遗嘱执行人不能执行、不愿执行的，遗嘱人的法定继承人为遗嘱执行人。在没有遗嘱中指定的遗嘱执行人，也没有法定继承人能执行遗嘱时，由遗嘱人生前住所地的民政部门或者村民委员会为遗嘱执行人。

遗嘱执行人应当严格依照遗嘱人的意愿，忠实勤勉地执行遗嘱，使遗嘱内容得以实现。遗嘱执行人在执行遗嘱的职责范围内，视为继承人的代理人。遗嘱执行人的职责内容、辞任、解任、共同执行，准用遗产管理人的规定。

什么是遗赠?

遗赠,是指遗嘱人采用遗嘱的形式将其遗产中财产权利的一部或全部赠给国家、集体组织或法定继承人以外的其他人,在遗嘱人死后发生法律效力的单方法律行为。通过设立遗嘱而遗赠财产的自然人称为遗赠人,接受遗赠的人称为受遗赠人,遗嘱中指定赠与的财产称为遗赠财产或遗赠物。

首先,遗赠必须以遗嘱的方式进行。遗赠要发生法律效力,必须具备遗嘱的有效要件。其次,遗赠是单方法律行为。遗赠人通过遗嘱将其个人财产赠给受遗赠人时,无须征得受遗赠人的同意。受遗赠人可以接受,也可以放弃,均不影响遗赠本身的效力。再次,遗赠是死因行为。遗赠在遗赠人死亡后才发生法律效力。复次,遗赠是无偿法律行为。遗赠人通过遗嘱将其个人财产无偿移转给受遗赠人。遗赠人可以对遗赠附加义务,但其并不构成遗赠的对价,不影响其本身的无偿性。最后,受遗赠人是法定继承人以外的人。受遗赠人可以是国家、集体组织或其他自然人,不得是法定继承人,否则适用遗嘱继承即可。胎儿也可以为受遗赠人。

遗赠与遗嘱继承的最大区别在于主体范围不同。遗嘱继承人只能是法定继承人中的一人或数人,即均属自然人;受遗赠人是国家、集体或法定继承人以外的人,不限于自然人。

什么条件下可以适用遗赠?

在符合下列条件时,适用遗赠:

(1)没有遗赠扶养协议。如果存在有效的遗赠扶养协议,则优先适用遗赠扶养协议。

(2)遗赠人立有合法有效的遗嘱。此为遗赠的前提。

(3)受遗赠人后于遗赠人死亡。受遗赠人先于遗赠人死亡的,遗嘱涉及该遗赠部分不生效力,遗嘱该部分所处分的财产适用法定继承。

(4)受遗赠人未丧失受遗赠权。受遗赠人故意杀害被继承人的,丧失受遗赠权。

(5)受遗赠人明确表示接受遗赠。《民法典》规定,受遗赠人应当在知道受遗赠后60日内,作出接受或者放弃受遗赠的表示。到期没有表示的,视为放弃受遗赠。

遗赠有哪些法律效力?

(1)受遗赠人接受遗赠的效力。受遗赠人接受遗赠的,遗赠的效力溯及继承开始时已发生。受遗赠人一旦接受,不得再为放弃,亦不得撤回其接受遗赠的意思表示。遗赠附有义务的,继承人或者受遗赠人应当履行义务。没有正当理由不履行义务的,经利害关系人或者有关组织请求,人民法院可以取消其接受附义务部分遗产的权利。

(2)受遗赠人放弃遗赠的效力。受遗赠人放弃遗赠的,溯及于继承开始时不发生效力;遗赠的财产仍为遗嘱人的遗产,除遗赠人在遗嘱中已设候补受遗赠人外,适用法定继承。执行遗赠不得妨碍清偿遗赠人依法应当缴纳的税款和债务。

(3)遗赠不生效。在下列情形下,遗赠不生效:①受遗赠人先于遗赠人死亡或消灭的。②受遗赠人丧失受遗赠权的。③遗赠物已不属于遗产或发生灭失、变造的。若遗赠人生前已对遗赠物进行处分,则其已不属于遗产;如果遗赠物因不可抗力而灭失,遗赠当然因标的物不存在而不生效力;若遗赠物因他人行为而灭失、占有的丧失或变造,但取得对他人的权利时,该权利应推定为遗赠的标的,遗赠并未失其效力。④受遗赠人放弃遗赠的。

什么是法定继承?

法定继承,又称无遗嘱继承,是指由法律直接规定继承人的范围、顺序、遗产分配原则或比例的继承方式。法定继承是法律在被继承人未立合法有效遗嘱时对其财产进行处理而构建的制度,其实质是法律以推定的形式来确定被继承人的财产处理意愿。故在适用顺序上,遗赠扶养协议和遗嘱继承优先于法定继承。

法定继承对继承人的范围、顺序、遗产分配原则等进行推定的根据一般是血缘关系、婚姻关系和收养关系,并严格限制在有扶养关系的家庭成员的范围内。此类规定多为任意性规范,如果被继承人立有合法有效遗嘱,则该任意性规范可以被排除,但法律另有规定的除外。如果并无合法有效遗嘱,则此类规定具有强行性,即任何人不得改变法律规定的继承人的范围、顺序和遗产分配原则。

哪些情形下可以适用法定继承?

法定继承属于在没有遗赠扶养协议和遗嘱时对被继承人意思进行推定,故其适用具有劣后性。在被继承人生前未立遗嘱,也未订立遗赠扶养协议,或者被继承人生前订立的遗赠扶养协议失去法律效力时,适用法定继承。另外,《民法典》规定,有下列情形之一的,遗产中的有关部分按照法定继承办理:(1)遗嘱继承人放弃继承或者受遗赠人放弃受遗赠;(2)遗嘱继承人丧失继承权或者受遗赠人丧失受遗赠权;(3)遗嘱继承人、受遗赠人先于遗嘱人死亡或者终止;(4)遗嘱无效部分所涉及的遗产;(5)遗嘱未处分的遗产。

哪些人属于法定继承人?

现行立法以血缘关系、婚姻关系和收养关系为原则,以扶养和赡养关系为例外,确定法定继承人的范围。包括配偶、子女、父母、兄弟姐妹、祖父母、外祖父母、尽了主要赡养义务的丧偶儿媳或丧偶女婿。

(1)配偶。配偶相互之间享有继承对方遗产的权利,为配偶之间权利义务关系的内容之一,且其继承权不因性别不同而有差异。配偶一方死亡后另一方再婚的,有权处分所继承的财产,任何人不得干涉。

配偶相互之间的继承权以存在合法有效的婚姻关系为条件。无效婚姻或可撤销婚姻被宣告无效或被撤销后,自始或溯及自始无效,当事人之间不产生夫妻间的权利义务关系,故相互之间不产生继承权。至于事实婚姻,法律承认其效力的,男女双方可互称配偶,相互之间享有继承权,否则不能互称配偶,相互之间不享有继承权。在夫妻一方死亡前,已经离婚的前妻或前夫,不能称为配偶,相互之间不享有继承权。

(2)子女。子女与被继承人有最亲近的直系血亲关系,而且有极为密切的人身关系和财产关系,父母死亡后,子女当然有继承其遗产的权利。子女,包括婚生子女、非婚生子女、养子女、有扶养关系的继子女,且都平等地享有继承权。

收养孙子女也是收养关系的一种,养孙子女与养子女是同样的收养关系,故养孙子女同样享有继承权。

死后过继,属于立嗣,是宗祧继承的遗俗。过继子的产生,既非死者生前意志的体现,又未对死者生前尽过任何义务,也无法履行法律所要求的收养手续,应不允许其以继承人身份继承死者的遗产。生前过继,或为继承宗祧,或为一子兼祧,若与过继父母形成收养关系的,按照养子女的规定享有继承权;否则,不能享有继承权,但如果与被继承人生前形成过某种扶养关系,依法可以分得适当的遗产。

被收养人对养父母尽了赡养义务,同时又对生父母扶养较多的,生父母死亡时,养子女虽不享有继承权,但在符合条件时可适当分得生父母的遗产。

继父母与继子女之间形成了扶养教育关系时,构成拟制血亲关系,继子女对继父母遗产享有继承权。没有形成事实上的扶养关系时,互相不享有继承权。继子女继承了继父母遗产的,不影响其继承生父母的遗产。

(3)父母。父母是子女直系血亲尊亲属中最亲近的人,包括生父母、养父母和有扶养关系的继父母。子女被他人收养的,与生父母的权利义务关系即行消灭,生父母对被他人收养的子女的遗产不享有继承权。有扶养关系的继父母继承了继子女遗产的,不影响其继承生子女的遗产。

(4)兄弟姐妹。兄弟姐妹是被继承人血缘关系最亲近的旁系血亲。兄弟姐妹,包括同父母的兄弟姐妹、同父异母或同母异父的兄弟姐妹、养兄弟姐妹、有扶养关系的继兄弟姐妹。养子女与生子女之间、养子女与养子女之间,本系兄弟姐妹,可互为继承人。被收养人与其亲兄弟姐妹之间的权利义务关系因收养之成立而解除,互相不能继承遗产。继兄弟姐妹因相互扶养而生继承权。

(5)祖父母、外祖父母。具有自然血缘关系的祖父母、外祖父母,因收养关系而形成的养祖父母、养外祖父母,以及因事实上的扶养关系而形成的继祖父母、继外祖父母对孙子女、外孙子女的遗产具有法定继承权。

(6)尽了主要赡养义务的丧偶儿媳或丧偶女婿。对公婆尽了主要赡养义务的丧偶儿媳、对岳父母尽了主要赡养义务的丧偶女婿,无论其是否再婚,依《民法典》第1129条的规定可作为第一顺序继承人,并且不影响其子女代位继承。对被继承人生活提供了主要经济来源,或在劳务等方面给予了主要扶助的,应当认定其尽了主要赡养义务或主要扶养义务。

法定继承人有无先后顺序的限制?

法定继承人的顺序,又称法定继承人的顺位,是指法律规定的法定继承人继承遗产的先后次序。并非所有的法定继承人均可同时继承遗产,能否实际继承到遗产,必须遵循法律所规定的先后顺序来认定。

《民法典》规定,遗产按照下列顺序继承:(1)第一顺序:配偶、子女、父母;(2)第二顺序:兄弟姐妹、祖父母、外祖父母。继承开始后,由第一顺序继承人继承,第二顺序继承人不继承;没有第一顺序继承人继承的,由第二顺序继承人继承。

《民法典》规定,丧偶儿媳对公婆,丧偶女婿对岳父母,尽了主要赡养义务的,作为第一顺序继承人。

代位继承人属于代自己父母之位参与继承,故为第一顺序继承人。涉及遗产继承的,胎儿视为具有民事权利能力,故其为第一顺序继承人。但是胎儿娩出时为死体的,其民事权利能力自始不存在,其继承的份额应由被继承人的继承人继承。

遗产如何进行管理?

(1)继承开始的通知。继承开始后,知道被继承人死亡的继承人应当及时通知其他继承人和遗嘱执行人。继承人中无人知道被继承人死亡或者知道被继承人死亡而不能通知的,由被继承人生前所在单位或者住所地的居民委员会、村民委员会负责通知。

人民法院在审理继承案件时,如果知道有继承人而无法通知的,分割遗产时,要保留其应继承的遗产,并确定该遗产的保管人或保管单位。

(2)遗产的保管义务。存有遗产的人,应当妥善保管遗产,任何组织或者个人不得侵吞或者争抢。因保管不善导致遗产受损的,应当承担损害赔偿责任。所谓存有遗产的人,是指被继承人死亡时占有死者遗产的人,可以是其法定继承人,也可以是其他亲友,还可以是死者生前所在单位等。

(3)遗产管理人。遗产管理人,是指对遗产负责保存和管理的人。被继承人死亡后,遗产转化为继承人或受遗赠人的财产,故遗产管理人是代理继承人或受遗赠人管理其应继承或受遗赠遗产之人。

《民法典》第 1145 条规定:“继承开始后,遗嘱执行人为遗产管理人;没有遗嘱执行人的,继承人应当及时推选遗产管理人;继承人未推选的,由继承人共同担任遗产管理人;没有继承人或者继承人均放弃继承的,由被继承人生前住所地的民政部门或者村民委员会担任遗产管理人。”第 1146 条规定:“对遗产管理人的确定有争议的,利害关系人可以向人民法院申请指定遗产管理人。”遗产管理人应当为完全民事行为能力人,应当具有管理能力,以及其愿意履行管理职责。

(4)遗产管理人的职责。

①清理遗产并制作遗产清单。遗产清单的内容主要应包括被继承人生前所有的不动产、动产、知识产权、股权等财产的数量价值;被继承人生前所享有的不具有人身专属性的债权;因被继承人死亡所获得的保险金、赔偿金、补偿金、抚恤金等;被继承人生前享有的受法律保护的网络虚拟财产等;被继承人生前所欠债务和应缴纳的税款;被继承人之丧葬费用及继承费用;其他被继承人财产上的负担;有争议或诉讼过程中的债权债务。①

利害关系人对清单内容有争议的,可以诉请人民法院裁定;有独立诉讼标的的,亦可提起诉讼或者仲裁,并持有效裁判文书,请求遗产管理人更改。

②向继承人报告遗产情况。遗产管理人应当将遗产的范围、遗产的占有状态、债权债务信息、法律关系和诉讼法律地位状态向继承人报告。

③采取必要措施防止遗产毁损。遗产管理人负有保管遗产的义务。除为了保存遗产上的必要行为外,遗产管理人不得处分其保管的遗产。如遗产管理人采取必要的变卖、修缮等措施以保存遗产,延续进行必要的营业行为等。

④处理被继承人的债权债务。遗产管理人应以公告或通知的方式告知债权人申报债权。遗产管理人在清偿被继承人依法应当缴纳的税款和债务时,以他的遗产实际价值为限。超过遗产实际价值部分,继承人自愿偿还的不在此限。遗产分割前,应当支付丧葬费、遗产管理费,清偿被继承人的债务,缴纳所欠税款;但应当为缺乏劳动能力又没有生活来源的继承人保留适当的遗产。

---

① 参见郭明瑞:《论继承法修订应考虑的因素》,载《四川大学学报(哲学社会科学版)》2018 年第 1 期。

债务清偿顺序:首先,支付继承费用,包括管理遗产、分割遗产和执行遗嘱而支出的必要费用;其次,支付所欠职工的工资、生活费;再次,缴纳所欠国家税款;复次,清偿享有物上担保的债权;最后,清偿普通债权。

⑤按照遗嘱或者依照法律规定分割遗产。在清偿债务、交付遗赠物后仍有积极遗产的,遗产管理人应当依继承法或有效遗嘱之规定,将剩余财产移交给继承人、受遗赠人或酌情分得遗产权人。

《民法典》规定,遗产管理人应当依法履行职责,因故意或者重大过失造成继承人、受遗赠人、债权人损失的,应当承担民事责任。遗产管理人可以依照法律规定或者按照约定获得报酬。据此,若遗产管理人为继承人以外的人的,应有权请求与其所执行职务相当的报酬,且该报酬应列入继承费用优先受清偿。

遗产如何进行分割?

遗产的分割,是指两个以上的继承人共同继承遗产时,将继承财产按各自应继份予以分配,从而消灭遗产共有关系的法律行为。继承开始之时,遗产归属于继承人;遗产未分割的,即为共同共有。

继承人应当本着互谅互让、和睦团结的精神,协商处理继承问题。遗产分割的时间、办法和份额,由继承人协商确定。协商不成的,可以由人民调解委员会调解或者向人民法院提起诉讼。遗产分割应当有利于生产和生活需要,不损害遗产的效用。不宜分割的遗产,可以采取折价、适当补偿或者共有等方法处理。人民法院在分割遗产中的房屋、生产资料和特定职业所需要的财产时,应依据有利于发挥其使用效益和继承人的实际需要,兼顾各继承人的利益进行处理。

《民法典》规定,遗产分割时,应当保留胎儿的继承份额。胎儿娩出时是死体的,保留的份额按照法定继承办理。

在没有法律特别规定时,同一顺序继承人继承遗产的份额,一般应当均等。对生活有特殊困难的缺乏劳动能力的继承人,分配遗产时,应当予以照顾。对被继承人尽了主要扶养义务或者与被继承人共同生活的继承人,分配遗产时,可以多分。有扶养能力和有扶养条件的继承人,不尽扶养义务的,分配遗产时,应当不分或者少分。继承人协商同意的,也可以不均等。此为意思自治原则之体现。

因遗产分割而分配给继承人的财产,视为在继承开始时业已归属各继承人,遗产分割不过是宣告或认定已有的状态。因此,遗产分割的效力应溯及继承开始之时。遗产分割后,各共同继承人之间应当承担相互担保责任,如对遗产的权利瑕疵和品质瑕疵担保责任、对债务人资力的担保责任;各共同继承人对被继承人的债务承担连带责任,共同继承人协议将该债务划归特定继承人承受的,应经债权人同意,否则对债权人不生效力。夫妻一方死亡后另一方再婚的,有权处分所继承的财产,任何组织或者个人不得干涉。

什么是酌情分得遗产权?

酌情分得遗产权,是指法定继承人以外的自然人,由于与被继承人生前形成过某种扶养关系,依法可以分得适当遗产的权利。《民法典》第1131条规定:"对继承人以外的依靠被继承人扶养的人,或者继承人以外的对被继承人扶养较多的人,可以分给适当的遗产。"

酌情分得遗产权的主体为继承人以外的依靠被继承人扶养的缺乏劳动能力又没有生活来源的人,或者继承人以外的对被继承人扶养较多的人。血缘关系在决定能否取得酌情分得遗产权的问题上是无关紧要的,起决定作用的是某种程度的扶养义务的存在。

可以分给适当遗产的人,分给他们遗产时,按具体情况可多于或少于继承人。酌情分得遗产权的行使不得损害必留份人的所应依法取得的遗产特留份额。

酌情分得遗产权人,在继承开始后,可向遗产管理人请求酌给遗产;如果死者无继承人而遗产转归国家或集体经济组织时,可从接受遗产的国家或集体经济组织那里取得应酌情分得的遗产份额。依法律规定可以分给适当遗产的人,在其依法取得被继承人遗产的权利受到侵犯时,本人有权以独立的诉讼主体的资格向人民法院提起诉讼。但在遗产分割时,明知而未提出请求的,人民法院一般不予受理;不知而未提出请求,在2年以内起诉的,人民法院应予受理。

无人承受的遗产如何处理？

《民法典》第1160条规定："无人继承又无人受遗赠的遗产，归国家所有，用于公益事业；死者生前是集体所有制组织成员的，归所在集体所有制组织所有。"遗产因无人继承收归国家或集体组织所有时，按法律规定可以分给遗产的人提出取得遗产的要求的，人民法院应视情况适当分给遗产。

侵权责任编

第十六讲

侵权责任:为权利而奋斗

谁来保障我们在公共场所的安全?

在社会生活中,民事主体之间会因互相交往而产生联系,从而衍生出对相互间的人身、财产等的注意、保护、照顾、保密等义务。如餐馆与食客、商场与顾客、银行与储户等。只有每个民事主体都尽到交往中形成的注意义务,才能维持社会的良性运行和发展。安全保障义务,是指宾馆、商场、银行、车站、机场、体育场馆、娱乐场所等经营场所、公共场所的经营者、管理者或者群众性活动的组织者所负有的保障他人的人身安全、财产安全的注意义务。德国称之为"交往安全义务",法国称之为"保安义务",日本使用"安全关照义务"。英美法系使用的类似概念是"注意义务"。我国采"安全保障义务"一词。

1. 安全保障义务人直接侵权时的责任

《民法典》规定,宾馆、商场、银行、车站、机场、体育场馆、娱乐场所等经营场所、公共场所的经营者、管理者或者群众性活动的组织者,未尽到安全保障义务,造成他人损害的,应当承担侵权责任。

此系经营者、管理者或组织者违反了防止他人遭受侵害的安全保障义务所应承担的责任。受害人是否和安全保障义务人存在合同关系,在所不问。如存在住宿合同、买卖合同关系,或在餐馆吃完饭结账后准备离开,或到宾馆拜访朋友等。但如果遭受损害的是其自身的工作人员,则可能适用工伤或用人单位责任的规定,不适用这里的安全保障义务责任的规定。如顾客到餐厅吃饭,由于餐厅地板油渍而导致顾客摔倒受伤,餐厅应承担责任。

某水库明确禁止游泳、露营、野炊和钓鱼等行为,在该水库必经之路上的显眼位置共安装有 9 个警示牌。受害人到水库离岸约 60 米处钓鱼,在返途游往岸边时溺水身亡。法院认为,水库不属对公众开放的公共场所,且已尽到适当注意义务,对擅入钓鱼者不承担法定安全保障义务。

褚某购买门票进入南华山森林公园,青峰寺水库处于森林公园中,水库附近设立了一定的警示标志,但该库区水位较深,危险性较大。褚某等游客下水游泳,也无人制止,后褚某溺亡。法院认为,公园对游客可能存在的安全风险,没有警示,褚某下水游泳时,无人阻止,未尽安全保障义务。褚某也有重大过失,故令公园承担 20% 的赔偿责任。

某洗浴中心大堂处有醒目提示语,"贵重物品,请放前台保管"。甲在更衣时因地滑摔成重伤,并摔碎了手上价值 20 万元的定情信物玉镯。经查明,因该中心雇用的清洁工乙清洁不彻底,地面湿滑导致甲摔倒。

本案中,玉镯因洗浴中心地滑而摔碎,洗浴中心未尽安全保障义务,应当承担损害赔偿责任。但洗浴中心在提示了"贵重物品,请放前台保管"后,甲仍然戴玉镯进入更衣间,自身也存在过错,故应当减轻洗浴中心的责任。甲的人身损害因洗浴中心未尽安全保障义务而产生,故洗浴中心应承担损害赔偿责任。因无免责或减轻责任的事由,故不存在减轻其责任的问题。乙属于洗浴中心的员工,两者之间属于用人单位与工作人员的关系,故应由用人单位对外承担责任,乙并不对外承担责任。用人单位承担侵权责任后,可以向有故意或者重大过失的工作人员追偿。这属于其内部关系问题。

2. 第三人侵权时安全保障义务人的侵权责任

《民法典》规定,因第三人的行为造成他人损害的,由第三人承担侵权责任;经营者、管理者或者组织者未尽到安全保障义务的,承担相应的补充责任。经营者、管理者或者组织者承担补充责任后,可以向第三人追偿。

此系管理人违反了防止他人遭受第三人侵害的安全保障义务所应承担的责任。(1)首先应由第三人承担侵权责任,其为第一位的责任人。(2)安全保障义务人承担相应的补充责任。一是有先后顺序,第三人如果已经全部承担了责任,则安全保障义务人不再承担;只有在无法找到第三人或者第三人没有能力全部承担赔偿责任时,才由安全保障义务人承担责任。二是只承担相应的补充责任,并非全部补充,依据未尽安全保障义务的程度及原因力的大小承担相应的责任。(3)安全保障义务人承担相应的补充责任后有权向第三人追偿。如储户到银行取钱或者存款,遭到第三人抢劫,银行的保安人员未尽到安全保障义务,没有及时注意或制止,导致储户钱款被抢走或人身受到伤害。如果第三人无资力承担侵权责任,则银行承担相应的补充责任。

陈某在奔跑吧公司经营的长沙市岳麓区某水上乐园游玩水上滑梯项目时,从滑梯下水后尚未站立稳定,被从滑梯滑下的后一位女游客压至头部导致受伤。医疗费、误工费等损失共计11.5万元。双方协商未果,陈某诉至岳麓区人民法院。

水上乐园的经营者奔跑吧公司在本案中属于安全保障义务人,陈某在其乐园内游玩,该公司应当尽到安全保障义务,陈某在此受伤之情形,究竟属于奔跑吧公司直接侵权,还是第三人行为导致损害,存在争议,正因如此,本案历经一审、二审和再审。

一审法院认为,奔跑吧公司在本案中并非直接侵权人,其应承担的是违反安全保障义务责任。陈某在游玩过程中未对自身安全尽到审慎注意和保护义务,对事故的发生有一定过错;奔跑吧公司未举证证明对陈某履行了游玩前的警示、告知以及游玩过程中采取了相应保护等安全保障义务,具有一定过错。根据双方的过错程度,酌定由奔跑吧公司承担20%的责任。陈某不服一审判决,提起上诉。

二审法院认为,陈某受伤系排序在后的游客未尽到谨慎注意义务导致,该游客对陈某的受伤负有相应责任,鉴于该侵权人在本案中尚未明确,该责任可在确定实际责任人后由其承担。奔跑吧公司在本案中并非直接侵权人,一审法院根据双方的过错程度,酌定由奔跑吧公司承担20%的责任并无不当。判决:驳回上诉,维持原判。二审受理费1072元,由陈某负担。陈某仍然不服,申请再审。

再审法院认为,事故发生时,被申请人直接指挥人员缺位是发生事故的根本原因,对此被申请人在与申请人的沟通中予以了自认。本案事故所涉水上滑梯,因滑面上覆盖水流,导致摩擦系数下降,滑行速度加快,在提高游乐的刺激性的同时也增加了风险性。故运营此类设施时，通常会在滑梯首尾配置工作人员，以确保游玩有序进行，防止碰撞。从原审查明的事实来看，奔跑吧公司既未举证证明就水上滑梯的使用向陈某进行过说明和警示，也未举证事故发生时有工作人员在现场指挥和调度，且也无证据证明陈某在游玩时采用了非常规操作。奔跑吧公司在原审中提供的设施合格证及特种设备操作人员资质证明等，并不能证明其尽到安全保障责任，对陈某的损伤依法应承担侵权责任。原审法院认为陈某受伤的直接原因是被第三人压到头部，故奔跑吧公司并非直接侵权人。但具体到本案实际情况，第三人在进入滑道高速滑行时，其行为通常无法控制，故陈某受到损害的真正原因在于奔跑吧公司的工作人员在未确保前一名游客离开滑道的情况下，便允许第三人滑下，即奔跑吧公司的过失行为直接导致了陈某的损伤后果，故奔跑吧公司在本案中应该承担的是侵权责任而非补充责任。陈某在游玩时已 56 岁，其未对自己的身体承受能力及反应速度尽到审慎注意和保护，对事故的发生亦有一定过错，可以减轻侵权人的责任。综合比较各方的过错程度及对于损害后果的发生或扩大所发挥的作用力，由奔跑吧公司承担 90% 的责任，陈某自负 10% 的责任更符公平正义。

宾馆里发现偷拍摄像头怎么办？

仝先生和女友去某市游玩，入住了当地的金泰酒店。入住后，仝先生就在酒店房间的电视机下方的插座里，发现了一个针孔摄像头。随后，仝先生立即找酒店理论，酒店管理方却回答：这种偷拍，网上很多的；不是我们装的，所以我们不负责任；市里的酒店，80% 的房间都有。仝先生立即报了警，警方随机抽检了四个房间，全部都发现了针孔摄像头，而此时酒店负责人居然还不以为意地说，另一个房间也有。酒店方面只同意免费调换房间。类似的案例还有很多，如有的酒店先给予现金赔偿，顾客随后就遭到电话骚扰和恐吓。

如果是酒店自己直接安装针孔摄像头，则酒店直接构成侵权，因其进入、拍摄、窥视他人的宾馆房间等私密空间，拍摄、窥视、窃听、公开他人的私密活动侵害了他人的隐私权；同时酒店也构成违约，违反了酒店应当全面适当履行酒店服务合同义务的约定。受害人可以主张侵权损害赔偿，也可以主张违约损害赔偿。

如果是他人在酒店私自安装摄像头,则该加害人构成侵害他人隐私权,应当承担侵权责任。如果酒店对他人私自安装摄像头未尽到注意义务,则因其未尽到安全保障义务,也要承担相应的补充责任。

现实中,如果消费者入住酒店发现针孔摄像头,消费者尽量不要跟酒店私下沟通要求金钱赔偿,因为酒店如果主动做这种违法行为,则其可能赔偿之后就会恐吓入住顾客,或者酒店反而认为消费者在实施敲诈勒索。我们应当立刻报警,在警察来到现场之前不要和酒店进行私自沟通,以免产生不必要的纠缠。可以在警察到来后要求查看摄像设备里的视频,并要求立即当面删除视频,退还房费和押金,剩下的由警察处理。至于其他民事责任,可以在警察调解之下进行协商,协商不成的,消费者也可以另行提起诉讼。

用人单位是否需要为员工的行为承担责任?

《民法典》规定,用人单位的工作人员因执行工作任务造成他人损害的,由用人单位承担侵权责任。用人单位承担侵权责任后,可以向有故意或者重大过失的工作人员追偿。

首先,工作人员,包括正式员工和临时员工。执行工作任务,以执行工作任务的表现形态进行判断。行为表现为与单位指示办理的事务要求相一致,就属于执行工作任务。如果不是在执行工作任务,用人单位无须为员工的行为承担责任。

如果用人单位是国家机关,若其工作人员因履行公职权行为致人损害,则适用国家赔偿法的规定。若国家机关为了维持正常运转所进行的民事法律行为,则因该行为致人损害时应承担民事侵权责任。

其次,用人单位承担无过错替代责任。工作人员不是责任主体,并不对外承担补充或连带责任,所有损害均由用人单位承担。受害人也不得以工作人员为被告提起诉讼,只能以用人单位为被告提起诉讼。

最后,用人单位承担侵权责任后,可以向有故意或者重大过失的工作人员追偿。如律师违法执业或者因过错给当事人造成损失的,由其所在的律师事务所承担赔偿责任;律师事务所赔偿后,可以向有故意或者重大过失行为的律师追偿。公证机构及其公证员因过错给当事人、公证事项的利害关系人造成损失的，由公证机构承担相应的赔偿责任；公证机构赔偿后，可以向有故意或者重大过失的公证员追偿。

某县某镇有一“二仙奶奶”庙，信众颇多。某市佛教协会对其宗教事务工作进行指导。甲在该庙出家修行，以僧人身份注册了微博账号，弘扬佛法，并撰有《波若波若蜜心经解说》书稿。某日，甲在寺院讲经时与信众刘某发生争执，将刘某打伤。刘某能否以寺庙为被告主张其承担用人单位责任？我们认为，僧人到寺庙挂单从事佛教教务工作，寺庙为其提供修行场所与基本生活补助，双方不构成劳动、雇用、劳务等法律关系，故寺庙不承担用人单位责任，也不承担第三人侵权时的安全保障义务人的相应补充责任。只有寺庙组织的特定群众性活动中，寺庙才承担安全保障义务责任。因此，刘某不能以寺庙为被告要求损害赔偿，只能以甲为被告要求损害赔偿。另外，僧人依据劳务关系起诉寺庙支付拖欠工资的，不属于人民法院受理的民事诉讼范围，不能作为民事案件受理，应裁定驳回起诉，宜由双方遵循教义教规和内部习俗处理。

劳务派遣中谁应当为员工的行为承担责任？

劳务派遣，是指劳动派遣机构与员工签订劳务派遣合同后，将工作人员派遣到用工单位工作。其特点是员工的雇佣和使用分离。劳务派遣机构不是职业介绍机构，是与劳动者签订劳动合同的一方当事人。

《民法典》规定，劳务派遣期间，被派遣的工作人员因执行工作任务造成他人损害的，由接受劳务派遣的用工单位承担侵权责任；劳务派遣单位有过错的，承担相应的责任。据此，首先，实际用工单位承担无过错替代责任，是第一顺位的责任人。其次，劳务派遣单位承担相应的责任，是第二顺位的责任人。

在用工单位全部赔偿责任的情况下，劳务派遣单位就不再对被侵权人承担赔偿责任。只有用工单位财力不足时，劳务派遣单位才进行赔偿，且是在自己过错范围内承担相应的责任，其并非补充责任，而是与其过错大小相应的责任。用工单位全部赔偿后，应当允许其向有过错的劳务派遣机构追偿其应承担的责任。

甲公司为劳务派遣单位，根据合同约定向乙公司派遣搬运工。搬运工丙脾气暴躁常与人争吵，乙公司要求甲公司更换丙或对其教育管理，甲公司不予理会。一天,乙公司安排丙为顾客丁免费搬运电视机,丙与丁发生激烈争吵故意摔坏电视机。

本案中,丙在劳务派遣期间作为被派遣人员在执行工作任务时造成他人损害,应当由接受劳务派遣的用工单位即乙公司承担侵权责任,乙公司曾要求甲公司更换丙或对其教育管理,甲公司不予理会,可知劳务派遣单位甲公司存在有过错,应当承担相应的补充责任。

家里请的小时工致人损害谁来承担责任?

《民法典》中的劳务关系,仅指自然人之间的劳务关系,个体工商户、合伙的雇员因执行工作任务发生纠纷的,适用用人单位责任的规定。

劳务关系不同于劳动关系。劳务关系由民法调整;劳动关系由劳动法调整。劳务关系是指自然人之间的劳务关系;劳动关系发生于符合条件的用人单位与自然人之间。劳务关系中,双方不存在隶属关系;劳动关系中,双方存在隶属关系。劳务关系中,接受劳务一方不承担对方的社会保险;劳动关系中,用人单位必须承担社会保险。劳务关系中,报酬双方协定;劳动关系中,应当遵守相关法律法规规定。

劳务关系不同于承揽关系。个人劳务责任不包括因承揽关系产生的纠纷。承揽合同中劳动者交付的是劳动结果,而劳务合同中劳动者交付的是劳动本身。定作人与承揽人之间不存在劳务关系。承揽人在完成工作过程中造成第三人损害或者自己损害的,定作人不承担侵权责任。但是,定作人对定作、指示或者选任有过错的,应当承担相应的责任。甲与家电维修公司乙签订上门安装空调服务合同,安装人员丙在工作过程中不慎将工具掉落,砸伤行人。甲与家电维修公司乙之间属于承揽合同关系,应由承揽人承担工作过程中致他人损害的责任,安装人员丙属于执行工作任务,故对丙的侵权行为应当适用用人单位责任之规定。

《民法典》规定,个人之间形成劳务关系,提供劳务一方因劳务造成他人损害的,由接受劳务一方承担侵权责任。接受劳务一方承担责任后,可以向有故意或重大过失的提供劳务一方追偿。但是,如果属于提供劳务者的个人行为,与劳务无关,则接受劳务一方无须承担责任。如保姆周末外出游玩,骑自行车撞伤他人,属于个人行为,与劳务无关。

王某请小时工来家里擦玻璃,告知其干活前要把花盆从阳台挪开,小时工未听王某指示,未挪花盆,不小心将花盆摔到楼下,砸裂楼下停放的汽车的挡风玻璃。王某对车主承担责任后,可以向有重大过失的小时工追偿。

提供劳务一方受到损害怎么办?

提供劳务一方因劳务自己受到损害的,根据双方各自的过错承担相应的责任。具体而言,接受劳务一方因过错造成提供劳务一方损害的,应当承担全部责任;提供劳务一方因过错造成自己损害的,由自己承担全部损害后果;对损害的发生或者扩大,双方均有过错的,根据双方各自的过错承担赔偿责任。

郑某雇用范某为驾驶员,为李家三兄弟运送蜜蜂。在装运过程中,坐在后座的郑某见范某座旁车窗未完全关闭,便提醒范某关闭车窗,范某未理睬,郑某也没有去将车窗关闭。行驶途中,因蜂箱未被密封,几只蜜蜂飞出将范某蜇伤,范某被立即送医救治,但因为过敏体质,其随后不治身亡。

本案中,郑某未主动将车窗关闭,具有过错。范某在郑某提醒后未予理睬,也有过错,应根据各自的过错承担侵权责任。因此,范某的家属可以要求郑某承担侵权责任。

提供劳务期间,因第三人的行为造成提供劳务一方损害的,提供劳务一方有权请求第三人承担侵权责任,也有权请求接受劳务一方给予补偿。接受劳务一方补偿后,可以向第三人追偿。

帮工人致人损害或遭受损害怎么办?

(1)帮工人致人损害。为他人无偿提供劳务的帮工人,在从事帮工活动中致人损害的,被帮工人应当承担赔偿责任。被帮工人明确拒绝帮工的,不承担赔偿责任。帮工人存在故意或者重大过失,帮工人和被帮工人承担连带责任。

(2)帮工人遭受人身损害。帮工人因帮工活动遭受人身损害的,被帮工人应当承担赔偿责任。被帮工人明确拒绝帮工的,不承担赔偿责任;但可以在受益范围内予以适当补偿。

帮工人因第三人侵权遭受人身损害的,由第三人承担赔偿责任。第三人不能确定或者没有赔偿能力的，可以由被帮工人予以适当补偿。

甲家盖房，邻居乙、丙前来帮忙。施工中，丙因失误从高处摔下受伤，乙不小心撞伤小孩丁。本案中，帮工人丙自身受到人身损害的，被帮工人甲应当承担责任。但是，丙对损害的发生也有过错，因此，可以减轻甲的责任。为他人无偿提供劳务的帮工人，在从事帮工活动中致人损害的，被帮工人应当承担赔偿责任。被帮工人明确拒绝帮工的，不承担赔偿责任。帮工人存在故意或者重大过失，赔偿权利人可以请求帮工人和被帮工人承担连带责任。因此，甲应当对丁的损害承担赔偿责任，因乙不存在故意或重大过失，因此乙无须承担连带责任。

网站上有造谣的帖子怎么办?

网络丰富了人们的学习、生活和娱乐的空间，可以身在家中，心游世界。网络也给了人们一副“面具”，让人们可以使用不同于现实社会中真实身份的标识符号在虚拟社会中与他人沟通交流，于是人们在网络中便有“放飞自我”的倾向。人们在现实社会中不敢说的话，仿佛在网络世界中可以畅所欲言，毫无顾忌。有不少自媒体也起到了极坏的示范作用，他们为了增加访问流量，拟定夸张的标题，编造虚假的内容，散布不实信息，贩卖焦虑，制造对立，完全突破了道德、良知和媒体客观真实的底线，在社会中造成负面影响，甚至引发恐慌，真是“造谣一张嘴，辟谣跑断腿”。但是，网络空间不是法外之地，同样应当遵守法律规定，合法性要求同样适用于人们在网络空间中的所有言语和行为。如果造谣的行为，侵害了他人合法权益的，应当承担侵权责任；扰乱了社会秩序的，应当承担行政责任；构成犯罪的，还应当承担刑事责任。《民法典》规定，网络用户、网络服务提供者利用网络侵害他人民事权益的，应当承担侵权责任。法律另有规定的，依照其规定。据此，网络用户、网络服务提供者各自直接侵权的，各自承担侵权责任。

我国知名导演谢某在 2008 年因心源性猝死后，刘无德向其博客上传多篇文章，称谢某因性猝死而亡、谢某与刘某某在海外育有一个重度脑瘫的私生子等。宋无信在其博客上称谢某事件是其亲眼看见、其亲自到海外见到了“谢某的私生子”等。两人还向媒体表示文章内容真实，证据材料充分。随后谢某遗孀徐某以刘无德、宋无信侵害谢某名誉权为由起诉。

人民法院审理认为,博客注册使用人对博客文章的真实性负有法律责任,有避免使他人遭受不法侵害的义务。判决刘无德、宋无信承担停止侵害、在多家平面和网络媒体的醒目位置刊登向徐某公开赔礼道歉的声明,消除影响;并赔偿徐某经济损失近9万元、精神损害抚慰金人民币20万元。刘无德、宋无信不服上诉,二审法院维持原判。

网络用户造谣时网站要不要承担责任?

《民法典》规定,网络用户利用网络服务实施侵权行为的,权利人有权通知网络服务提供者采取删除、屏蔽、断开链接等必要措施。通知应当包括构成侵权的初步证据及权利人的真实身份信息。网络服务提供者接到通知后,应当及时将该通知转送相关网络用户,并根据构成侵权的初步证据和服务类型采取必要措施;未及时采取必要措施的,对损害的扩大部分与该网络用户承担连带责任。权利人因错误通知造成网络用户或者网络服务提供者损害的,应当承担侵权责任。法律另有规定的,依照其规定。这一规定适用于网络服务提供者不知道网络用户实施侵权行为的情形。

首先,被侵权人有权要求网络服务提供者采取删除、屏蔽、断开链接等必要措施。如果有网络用户在网站上发布侵害他人合法权益的内容,权利人可以向网站发出通知,通知内容包括构成侵权的初步证据及权利人的真实身份信息,以证明自己要求的正当性,并要求网站及时删除、屏蔽或断开链接。

其次,网络服务提供者应当及时转送通知并采取必要措施。一方面,网站接到权利人的通知后要及时将该通知转送给相关的网络用户,告知其被他人主张侵权的事实,该网络用户可以根据该通知采取下一步应对措施;另一方面,网站根据权利人提交的初步证据采取必要措施,如果认为该初步证据可以证明存在侵权行为的,则应当采取删除、屏蔽、断开链接等必要措施,如果应当采取措施而未采取措施的,应当对损害的扩大部分与该网络用户承担连带责任。如果权利人存在错误通知,导致网站采取删除、屏蔽、断开链接等措施造成网络用户或网站损害的,该权利人应当承担侵权责任。值得注意的是,网站并不对网络用户直接承担责任。

最后,网络用户可以提交不存在侵权的声明。网络用户接到转送的通知后,可以向网络服务提供者提交不存在侵权行为的声明。声明应当包括不存在侵权行为的初步证据及网络用户的真实身份信息。

网络服务提供者接到声明后,应当将该声明转送发出通知的权利人,并告知其可以向有关部门投诉或者向人民法院提起诉讼。网络服务提供者在转送声明到达权利人后的合理期限内,未收到权利人已经投诉或者提起诉讼通知的,应当及时终止所采取的措施。据此,网络服务提供者在转送声明到达权利人后,权利人要积极采取行动维护自己的权利,否则,网络服务提供者应当及时解除屏蔽、恢复链接。

网络侵权案件的一大特点就是网络的匿名性,受害人往往因无法确定侵权人的个人真实身份而无法维护自身权利。互联网公司又负有法定的对网络用户的保密义务。因此,受害人可以通过诉讼的方式,由人民法院对受害人请求网络服务提供者提供网络用户个人真实信息的要求进行审查并作出裁判。

某网络公司博客博主发表涉及原告严某个人隐私的文章,原告先后向某网络公司和某网络平台发出律师函要求其采取必要措施,后严某起诉要求上述两公司提供博主的个人信息。在诉讼中,某网络公司未提交证据证明其采取了删除等必要措施,某网络平台则提供证据证明采取了断开链接、删除等措施。

人民法院认为,某网络公司未能证明接到原告通知后采取了必要措施,应承担侵权责任。某网络平台则在接到原告通知后及时采取了断开链接、删除等措施,不承担侵权责任。由于涉案博客内容涉及了原告的人格权益,原告有权知晓该网络用户的个人信息以便主张权利。

《民法典》规定,网络服务提供者知道或者应当知道网络用户利用其网络服务侵害他人民事权益,未采取必要措施的,与该网络用户承担连带责任。这一规定适用于网络服务提供者知道或应当知道网络用户利用其网络服务实施侵权行为的情形。如有的网站将网络用户的文章放置于网站首页,并予以重点推荐,如果该文章涉及侵权,则显然应当认为该网站知道或应当知道网络用户利用其网络服务侵害他人民事权益,而未采取必要措施的,因此网站应与该网络用户承担连带责任。

购买的产品有质量问题怎么办?

产品责任,是指产品制造者、销售者对因制造、销售或者提供有缺陷产品并致他人遭受财产、人身损害所应承担的民事责任。《民法典》规定,因产品存在缺陷造成他人损害的,生产者应当承担侵权责任。据此,产品责任适用无过错责任原则,只要产品存在缺陷造成他人损害,无论生产者或销售者是否存在过错,消费者都可以向其主张侵权责任。

1. 侵权责任的认定

消费者若要主张侵权责任,应当具备以下条件:

首先,产品存在缺陷。产品是指经过加工、制作,用于销售的产品。建设工程不属于产品,但是,建设工程使用的建筑材料、建筑构配件和设备,属于产品。

缺陷,是指产品存在危及人身、他人财产安全的不合理的危险;产品有保障人体健康和人身、财产安全的国家标准、行业标准的,是指不符合该标准。包括制造缺陷、设计缺陷、警示缺陷和发展缺陷,其中发展缺陷属于免责事由。

缺陷不同于瑕疵。瑕疵概念大于缺陷,瑕疵是瑕疵担保责任中的概念,意味着标的物本身不符合法定或约定的质量标准,原则上造成产品在贸易中的价值低落;缺陷则意味着标的物存在危险性,可能对人身、财产造成损害。

其次,缺陷产品造成了他人的损害后果,包括财产损害和人身损害。

最后,缺陷与损害之间有因果关系。产品缺陷造成的损害总是以使用行为或消费行为为中介的。此外,也可能有其他中介行为的存在。除非中介行为构成了克服并取代产品缺陷的原因力,而独立成为致损的“替代原因”或“直接原因”,使原有因果关系中断,则产品制造者、销售者不承担责任。否则,中介行为的存在一般不会减轻生产者或销售者的责任。如神风汽车公司设计的汽车油箱比较靠后,存在受到撞击容易发生爆炸的危险,甲驾驶汽车行驶途中,行人乙突然横穿马路,甲紧急刹车,被丙驾驶汽车装上,导致油箱爆炸起火,甲被烧伤。乙、丙的行为属于中介行为,但并不改变汽车公司产品缺陷与甲的损害之间的因果关系。

2. 责任承担的主体

(1)因产品存在缺陷造成他人损害的,生产者应当承担侵权责任。生产者无论是否存在过错,均应当承担责任。

(2)因产品存在缺陷造成他人损害的,被侵权人可以向产品的生产者请求赔偿,也可以向产品的销售者请求赔偿。产品缺陷由生产者造成的,销售者赔偿后,有权向生产者追偿。因销售者的过错使产品存在缺陷的,生产者赔偿后,有权向销售者追偿。这是立法者为了方便消费者获得赔偿而作的规定,消费者可以选择向生产者或销售者主张侵权责任。

因产品缺陷危及他人人身、财产安全的,被侵权人有权请求生产者、销售者承担停止侵害、排除妨碍、消除危险等侵权责任。

(3)因销售者的过错使产品存在缺陷,造成他人损害的,销售者应当承担侵权责任。销售者不能指明缺陷产品的生产者也不能指明缺陷产品的供货者的,销售者应当承担侵权责任。这是在销售者与生产者对外负连带责任后,对内在终局意义上是否应当承担责任的判断标准,即销售者有过错的,最终由其承担责任,销售者无过错的,最终其不承担责任,而由生产者承担责任。

(4)因运输者、仓储者等第三人的过错使产品存在缺陷,造成他人损害的,产品的生产者、销售者赔偿后,有权向第三人追偿。换言之,在此情形下,消费者仍然是向生产者或销售者主张赔偿,但生产者或销售者承担责任后享有追偿权,可以向运输者、仓储者进行追偿,而运输者、仓储者等则需要承担最终责任,此为过错责任。运输者、仓储者等不能作为被告,可以作为无独立请求权第三人。

(5)“知假买假”不影响食品、药品消费者主张权利。生产者、销售者以购买者明知食品、药品存在质量问题而仍然购买为由进行抗辩的,人民法院不予支持。

(6)“赠品”质量安全责任。赠送的食品、药品因质量问题造成消费者权益损害的,生产者与销售者亦应承担赔偿责任。但考虑到商家让利性质,赠品必须实际出现了质量安全问题,造成消费者损害,消费者才能主张权利。

(7)集中交易市场的开办者、柜台出租者、展销会举办者责任。未履行食品安全法规定的审查、检查、管理等义务,发生食品安全事故,致使消费者遭受人身损害,消费者可请求集中交易市场的开办者、柜台出租者、展销会举办者承担连带责任。

(8)“网络交易平台提供者”的责任。网络交易平台提供者不能提供食品、药品的生产者或者销售者的真实名称、地址与有效联系方式,消费者可请求网络交易平台提供者承担责任。网络交易平台提供者承担赔偿责任后,可向生产者或者销售者行使追偿权。

网络交易平台提供者知道或者应当知道食品、药品的生产者、销售者利用其平台侵害消费者合法权益,未采取必要措施,给消费者造成损害,消费者可要求其与生产者、销售者承担连带责任。

(9)挂靠者与被挂靠者的连带责任。未取得食品生产资质与销售资质的个人、企业或者其他组织,挂靠具有相应资质的生产者与销售者,生产、销售食品,造成消费者损害,消费者可请求挂靠者与被挂靠者承担连带责任。

(10)虚假食品、药品广告代言人和推销者的法律责任。消费者因虚假广告推荐的食品、药品存在质量问题遭受损害,可请求广告经营者、广告发布者承担连带责任。社会团体或者其他组织、个人,在虚假广告中向消费者推荐食品、药品,使消费者遭受损害,消费者可请求其与食品、药品的生产者、销售者承担连带责任。

(11)食品认证机构责任。食品认证机构故意出具虚假认证,造成消费者损害,消费者可请求其承担连带责任。食品认证机构因过失出具不实认证,造成消费者损害,消费者可请求其承担相应责任。

(12)食品、药品检验机构责任。食品、药品检验机构故意出具虚假检验报告,造成消费者损害,消费者可请求其承担连带责任。食品、药品检验机构因过失出具不实检验报告,造成消费者损害,消费者可请求其承担相应责任。

陆某参加 WDF 通信集团 H 省 C 市分公司推出的"充话费、送话费 + 抽奖"活动。陆某当场预付话费 200 元,又获得赠送话费 200 元,并参加抽奖,抽得三等奖电饭锅一个。陆某拿回使用两个星期后,因电饭锅存在设计瑕疵引起爆炸,遭受财产损失 2000 元。陆某能否要求 C 市分公司承担损害赔偿责任?我们认为,因为 C 市分公司的抽奖行为是附属于其营销促销活动中的,属于销售行为的一部分,不因其无偿而免除法律责任,故应由生产者和销售者承担不真正连带责任。也有人认为,因为 C 市分公司的抽奖活动,不属于销售行为,该公司不是销售者,不承担产品质量责任,应由生产者承担无过错责任。

3. 惩罚性赔偿

(1)产品质量责任惩罚性赔偿(2 倍)。

明知产品存在缺陷仍然生产、销售,或者没有采取停止销售、警示、召回等补救措施,造成他人死亡或者健康严重损害的,被侵权人有权请求相应的惩罚性赔偿。

经营者明知商品或者服务存在缺陷,仍然向消费者提供,造成消费者或者其他受害人死亡或者健康严重损害的,受害人有权要求经营者赔偿损失,并有权要求所受损失 2 倍以下的惩罚性赔偿。

医疗产品的生产者、销售者明知医疗产品存在缺陷仍然生产、销售,造成患者死亡或者健康严重损害的,被侵权人有权请求生产者、销售者赔偿损失及 2 倍以下惩罚性赔偿。

(2)经营者欺诈行为惩罚性赔偿(3 倍,500 元)。

经营者提供商品或者服务有欺诈行为的,增加赔偿的金额为消费者购买商品的价款或者接受服务的费用的 3 倍;增加赔偿的金额不足 500 元的,为 500 元。

(3)伪劣食品惩罚性赔偿(价款 10 倍或损失 3 倍,1000 元)。

生产不符合食品安全标准的食品或者经营明知是不符合食品安全标准的食品,消费者除要求赔偿损失外,还可以向生产者或者经营者要求支付价款 10 倍或者损失 3 倍的赔偿金;增加赔偿的金额不足 1000 元的,为 1000 元。但食品的标签、说明书存在不影响食品安全且不会对消费者造成误导的瑕疵的除外。在伪劣食品而主张惩罚性赔偿时,法律并不要求消费者人身权益遭受损害。

(4)商品房买卖惩罚性赔偿(已付购房款 1 倍)。

具有下列情形之一,导致商品房买卖合同目的不能实现的,无法取得房屋的买受人可以请求解除合同、返还已付购房款及利息、赔偿损失,并可以请求出卖人承担不超过已付购房款 1 倍的赔偿责任:①商品房买卖合同订立后,出卖人未告知买受人又将该房屋抵押给第三人;②商品房买卖合同订立后,出卖人又将该房屋出卖给第三人。

出卖人订立商品房买卖合同时,具有下列情形之一,导致合同无效或者被撤销、解除的,买受人可以请求返还已付购房款及利息、赔偿损失,并可以请求出卖人承担不超过已付购房款 1 倍的赔偿责任:①故意隐瞒没有取得商品房预售许可证明的事实或者提供虚假商品房预售许可证明;②故意隐瞒所售房屋已经抵押的事实;③故意隐瞒所售房屋已经出卖给第三人或者为拆迁补偿安置房屋的事实。

4. 产品责任的免责事由

(1)未将产品投入流通。判断标准在于是否交付他人。不论是否采用出售、出租、出借、寄托等方式,也不论是无偿还是有偿,只要是基于营业而为,即为交付。

(2)产品投入流通时,引起损害的缺陷尚不存在。这种抗辩多在缺陷是后续经营者造成的情况下提出。如销售者出售过期食物致害他人。

(3)发展缺陷。将产品投入流通时的科学技术水平尚不能发现的缺陷。

(4)受害人的故意或重大过失。多表现在非正常使用或错误使用产品。

医疗损害责任如何认定?

每一次医患关系纠纷中出现极端事件总是会刺痛我们最脆弱的那根神经。疫情期间,白衣天使们用生命守护生命,让我们成功渡过了阶段性的疫情危险,令我们感动至深。媒体报端也经常看到"医患一家亲""医患共同体"的感人故事,但也不时地出现医患矛盾的恶性事件。哈尔滨医科大学一位刚考上医学博士的28岁年轻医生被一17岁少年割喉殒命;榆林产妇要求剖宫产而未获同意,疼痛难忍,坠楼而去;北京朝阳医院一位每年为数千名眼疾患者带去光明的年轻教授医生陶勇被他人持刀追砍,虽经抢救保住了生命,双手却再也无法拿起那把手术刀,而陶勇医生甚至和凶手素不相识。如何真正有效地减少医患纠纷,缓和医患矛盾,避免悲剧一次次的上演,民法从未缺席,《民法典》也在尝试,希望通过在医疗损害责任部分准确界定医患双方的权利义务和责任划分,平衡双方当事人的利益,既要保护患者的合法权益,也要考虑到医学本身的特点以及有利于推动医疗科技发展,推动医患双方成为和谐的健康共同体,相互增益。

《民法典》规定,患者在诊疗活动中受到损害,医疗机构或者其医务人员有过错的,由医疗机构承担赔偿责任。因此,医疗损害责任适用过错责任原则。

1. 侵权责任的认定

(1)医疗行为具有违法性。医疗行为具有违法性与诊疗行为具有过错,属于同一评价要件,患者证明诊疗活动存在过错,就相当于证明了诊疗行为具有违法性。患者证明双方存在诊疗关系,医方实施了诊疗行为即可,违法性由患者证明医疗机构有过错即可。

(2)损害后果。医疗损害结果,是指患者生命健康权受到损害造成的后果。包括人身损害,如死亡、残疾、组织器官损伤导致功能障碍;也包括财产损害,如因另行治疗支出的医疗费用;还包括精神损害,如患者或其近亲属遭受的精神上的痛苦。

(3)医疗行为与损害间存在因果关系。由患者证明医疗机构及医务人员的医疗行为与患者的损害之间具有因果关系。

(4)医疗过失。一般情形,由受害人证明医疗机构以及医务人员存在医疗过失,例外情形,法律推定医疗机构具有过错。司法实践中,由于普通患者不具有专业知识,很难判断医疗机构存在过错,因此通常由患者提起过错和因果关系鉴定。

《民法典》规定,医务人员在诊疗活动中未尽到与当时的医疗水平相应的诊疗义务,造成患者损害的,医疗机构应当承担赔偿责任。“当时”,是指从事诊疗活动时,并非提起赔偿诉讼时;“当时的医疗水平”,是指当时一个合格的医务人员应具有的水平。

《民法典》规定,患者在诊疗活动中受到损害,有下列情形之一的,推定医疗机构有过错:①违反法律、行政法规、规章以及其他有关诊疗规范的规定;②隐匿或者拒绝提供与纠纷有关的病历资料;③遗失、伪造、篡改或者违法销毁病历资料。

田某突发重病神志不清,田父将其送至医院,医院实施手术失败,田某死亡。田父认为医院存在违规操作,应承担赔偿责任。田父向医院索要田某的病历资料时,医院声称病历资料丢失而无法提供。本案中的情形属于特殊情形下的过错推定责任,医院如果拒绝提供病历资料,则推定医疗机构有过错,原告无须再对该构成要件负举证责任。

2. 责任承担的主体

构成医疗损害责任的,由医疗机构承担责任,此为用人单位责任的适用,医务人员属于医疗机构的工作人员,不对外承担责任。

3. 医疗损害责任的免责事由

《民法典》规定,患者在诊疗活动中受到损害,有下列情形之一的,医疗机构不承担赔偿责任:(1)患者或者其近亲属不配合医疗机构进行符合诊疗规范的诊疗;(2)医务人员在抢救生命垂危的患者等紧急情况下已经尽到合理诊疗义务;(3)限于当时的医疗水平难以诊疗。

如果患者或者其近亲属不配合医疗机构进行符合诊疗规范的诊疗,同时医疗机构或者其医务人员也有过错的,医疗机构应当承担相应的赔偿责任。

患者的知情同意权如何得到有效保护?

《民法典》规定,医务人员在诊疗活动中应当向患者说明病情和医疗措施。需要实施手术、特殊检查、特殊治疗的,医务人员应当及时向患者具体说明医疗风险、替代医疗方案等情况,并取得其明确同意;不能或者不宜向患者说明的,应当向患者的近亲属说明,并取得其明确同意。医务人员未尽到前款义务,即属于侵犯患者的知情同意权,造成患者损害的,医疗机构应当承担赔偿责任。

1. 医务人员告知义务的范围

(1)一般的告知义务。一般的告知义务,又称为一般的告知说明义务,是指医务人员在诊疗活动中一般应尽的告知义务,即医务人员应当向患者说明病情和医疗措施。病情,包括疾病的性质、严重程度、发展变化趋势等,还包括诊断信息,如疾病名称、诊断依据等。医疗措施,包括可供选择的医疗措施、各种医疗措施的利弊、根据患者的具体情况拟采用的医疗措施、该医疗措施的治疗效果、预计大致所需的费用、可能出现的并发症和风险,以及不采取医疗措施的危险性等。

(2)特殊的告知义务。在需要实施手术、特殊检查、特殊治疗的重要诊疗行为中,医务人员除了须履行一般告知义务外,还应当及时向患者具体说明医疗风险、替代医疗方案等情况,并取得其明确同意。特殊检查、特殊治疗,是指具有下列情形之一的诊断、治疗活动:①有一定危险性,可能产生不良后果的检查和治疗;②由于患者体质特殊或者病情危笃,可能对患者产生不良后果和危险的检查和治疗;③临床试验性检查和治疗;④收费可能对患者造成较大经济负担的检查和治疗。医疗风险,是指医疗措施可能出现的并发症、后遗症、不良反应等风险。替代医疗方案,是指可选择的几种手术方案及其利弊等信息。

告知的方式应当是书面形式还是口头形式,法律并没有作出明确的规定。但在医疗实践中,医方兼采两种方式,通常在知情同意书上会列明所要进行的侵袭性医疗行为的相关风险或副作用,同时,医师也会对相关的事项予以说明或解释。但如果有些情形会对患者的选择或者判断造成重大影响,原则上应当采用书面形式。

对于告知的标准,法律也没有作出明确的规定。一般认为,应当按照理性病人的标准进行说明,即一位普通病人在相同情况下需要被告知哪些内容才能作出合理同意。这是因为,告知后取得患者同意的目的是确保患者自我决定权的实现,因此,应当从患者的角度去考虑应当告知的内容;同时,治疗信息对医师和患者的意义是不同的,两者面对相同的信息,可能会有不同的反馈,因此,应当以患者的标准去界定告知的边界。

在需要实施手术、特殊检查、特殊治疗的重要诊疗行为中,应当取得患者的明确同意。这便是患者的知情同意权,包括知情和同意两个部分。知情是同意的前提,医生必须对患者进行全面的、真实的、有效的说明,在此基础上取得患者的同意。换言之,患者对手术的同意及对手术后果的接受应当建立在对手术风险充分知情的基础之上,否则不能视为真正意义上的同意,即不能视为有效的同意。过去立法规定的是"书面同意",《民法典》将其改为"明确同意",并不以书面同意为限,只要能够证明患者已经明确表示同意即可。

2. 医务人员告知义务的例外

说明义务和患者的知情同意权的立法目的是保护患者的自主决定权,如果绝对地适用可能对患者的生命健康造成重大不利影响,因此,立法规定了免除告知义务的例外情况。

(1)医疗紧急情况。《执业医师法》第24条规定,对急危患者,医师应当采取紧急措施进行诊治;不得拒绝急救处置。《医疗机构管理条例》第31条规定,医疗机构对危重病人应当立即抢救。对限于设备或者技术条件不能诊治的病人,应当及时转诊。《民法典》第1220条规定,因抢救生命垂危的患者等紧急情况,不能取得患者或者其近亲属意见的,经医疗机构负责人或者授权的负责人批准,可以立即实施相应的医疗措施。换言之,此时并无医务人员告知义务违反的问题。

不能取得患者或者其近亲属意见的情形包括:近亲属不明的;不能及时联系到近亲属的;近亲属拒绝发表意见的;近亲属达不成一致意见的;法律、法规规定的其他情形。在此紧急情形,医务人员经医疗机构负责人或者授权的负责人批准立即实施相应医疗措施,患者因此请求医疗机构承担赔偿责任的,不予支持；医疗机构及其医务人员怠于实施相应医疗措施造成损害，患者请求医疗机构承担赔偿责任的，应予支持。值得说明的是，这里不包括患者拒绝救治或近亲属拒绝医疗机构实施医疗措施的情形。

(2)治疗危险程度非常轻微的情况。医师有着高度的专业知识，其劳动力价值极其昂贵，不可能事无巨细将所有有关情况都告知患者，否则会造成医疗资源的巨大浪费。

(3)告知可能对患者造成不利影响的情况。《医疗事故处理条例》第 11 条规定，在医疗活动中，医疗机构及其医务人员应当将患者的病情、医疗措施、医疗风险等如实告知患者，及时解答其咨询；但是，应当避免对患者产生不利后果。此时，允许医疗人员在履行说明义务时，在向患者告知内容、对象、实际情况和方式上享有一定的选择权。

(4)患者对医疗内容有充分了解的情况。有些慢性病人，长期重复同样的医疗内容，对该医疗内容可以免除医师的说明义务。这是因为，在其固有认知的范围内，我们认为有患者同意的存在，医师无须每次说明。

(5)患者拒绝或者放弃知情同意权。如果患者对知情权予以拒绝或者放弃，则无所谓同意权的有效行使问题，因为患者有效地行使同意权的前提是有效保证知情权。如果医务人员履行了告知义务，患者知情后因故作出拒绝或者放弃同意继续诊疗的决定，或者故意怠慢作出是否同意的决定，此时，由于这是患者本身的原因拒绝知情或同意，医疗人员没有侵害患者的知情同意权，就不应该承担侵犯知情同意权的法律责任。

(6)强制治疗行为的情形。为了使公共利益以及他人利益免受正在发生的危险的侵害或者威胁，医疗机构依照法律、法规授权，可以对正在发生特殊疾病的患者在必要情况下强制行使救护和诊疗措施，而患者必须接受，无权拒绝。如传染病病人接受强制治疗时，其知情同意权受到限制；严重精神障碍者接受强制治疗时，其知情同意权受到限制。

3. 向患者的近亲属告知的情形

《民法典》第 1219 条规定，需要实施手术、特殊检查、特殊治疗，不能或者不宜向患者说明的，医务人员应当向患者的近亲属说明，并取得其明确同意。一般情况下，应当向患者本人进行告知，并取得患者本人的明确同意，但特殊情况下可以向患者家属告知，并取得其家属的明确同意。《最高人民法院关于审理医疗损害责任纠纷案件适用法律若干问题的解释》(以下简称《医疗损害责任解释》)第5条第2款规定,实施手术、特殊检查、特殊治疗的,医疗机构应当承担说明义务并取得患者或者患者近亲属书面同意,但属于《侵权责任法》第56条规定情形的除外。医疗机构提交患者或者患者近亲属书面同意证据的,人民法院可以认定医疗机构尽到说明义务,但患者有相反证据足以反驳的除外。

在患者民事行为能力受限制时,由其近亲属代理行使知情同意权。如未满18周岁的未成年人、限制行为能力或无行为能力的成年人,无法以自身行为享有权利承担义务,由其近亲属代理行使知情同意权。

在患者意识清醒时,为防范患者在接受治疗时出现不可预测的事件,医疗机构应首先要求其指定代理人,如患者发生意识丧失或意识障碍时,根据其合法的授权实施后续的治疗。如果患者突发意识障碍,又没有任何事前委托,此时患者的近亲属作为知情同意权的代理行使主体应当依法获得患者的诊疗信息,并决定是否签署知情同意书。

在患者为心理脆弱者的情形,其主观上无认知障碍,客观上又需要近亲属代理行使知情同意权,此时允许患者的近亲属代理行使知情同意权具有一定的现实意义。

4.知情同意书的效力

(1)知情同意书是一种授权行为。患者据此授权医务人员适用特殊方法治疗疾病,使后续实施的具有一定破坏性的治疗行为合法化。

(2)知情同意书是患者行使知情同意权的书面证明。如实告知是医务人员的法定义务,而知情同意则是患者享有的法定权利。

(3)知情同意书不具有免责效力。实践中,医疗机构往往认为知情同意书具有免责的效力,只要患者签署了知情同意书,出现了知情同意书中的并发症或者其他不良后果均可以免责,这种认识是错误的。知情同意书只能被认定为医务人员履行告知义务和取得患者知情同意的依据,而医疗机构是否承担侵权责任,则需要考查医疗机构及其医务人员在诊疗活动中是否具有过错。如果医疗机构及其医务人员在诊疗活动中具有过错,并导致患者损害,患者即使签署了知情同意书也不能免除医疗机构的赔偿责任。即使知情同意书中明确写明"如出现上述问题,医院概不负责"或"医院不承担任何责任"等免责条款,该条款也属于造成对方人身伤害的无效免责条款。

5. 违反告知义务的法律后果

一般情形下，医务人员未尽到告知义务，包括一般告知义务和特殊告知义务，会被认定为医务人员存在过错，如果造成患者损害，且未尽告知义务与损害之间具有因果关系，则医疗机构应当承担赔偿责任。换言之，未尽告知义务被认为属于医疗损害责任中过错的一种形式，但如果要承担医疗损害责任，还需要满足医疗损害责任的其他构成要件。因此，违反告知义务并不等于一定承担侵权责任。

在医务人员违反告知义务，此违反与患者损害没有因果关系的情形，或者在医务人员违反告知义务但未造成患者人身损害的情形，因欠缺医疗损害责任的其他构成要件，患者无权要求医疗机构及其医务人员承担赔偿责任。

医务人员违反告知义务但未造成患者人身损害的，患者能否主张精神损害赔偿责任？《医疗损害责任解释》第 17 条规定，医务人员违反《侵权责任法》第 55 条第 1 款规定义务，但未造成患者人身损害，患者请求医疗机构承担损害赔偿责任的，不予支持。《民法典》第 1183 条规定，侵害自然人人身权益造成严重精神损害的，被侵权人有权请求精神损害赔偿。据此，如果违反告知义务，侵害患者人身权益，造成患者严重精神损害的情形，患者可以主张精神损害赔偿；如果未造成人身损害的，本着平衡救济患者损害和推动医疗卫生事业发展的考量，医疗机构不承担损害赔偿责任，其中也包括不承担精神损害赔偿责任。《医疗损害责任解释》第 17 条的讨论稿中明确此处的损害赔偿责任为精神损害赔偿责任，后“精神”两字被删掉，但该条主要解决精神损害赔偿问题，故在解释上应将医疗机构不承担精神损害赔偿责任包括于其中。

输血感染疾病谁来承担责任？

《民法典》规定，因药品、消毒产品、医疗器械的缺陷，或者输入不合格的血液造成患者损害的，患者可以向药品上市许可持有人、生产者、血液提供机构请求赔偿，也可以向医疗机构请求赔偿。患者向医疗机构请求赔偿的，医疗机构赔偿后，有权向负有责任的药品上市许可持有人、生产者、血液提供机构追偿。据此，在因输入不合格血液感染疾病时，患者既可以向血液提供机构请求赔偿，也可以向医疗机构请求赔偿，两者不得相互推诿。如果终局责任人是血液提供机构,则医疗机构对患者承担赔偿责任后,可以向血液提供机构追偿。

2011 年 1 月 17 日,李世恒头部受到撞击被送往长安高新医院门诊治疗。经诊断为重型开放性颅脑损伤以及全身多处骨折,并于当日住院治疗。2011 年 1 月 18 日,李世恒术后因严重贫血,且进行性加重,由临床主治医生提出输血申请,经高新医院输血科审核和李世恒妻子崔晓霞签署输血知情同意书后,于 1 月 21 日输 B 型悬浮红细胞,该血液由省红十字会血液中心长安市中心血站提供。输血后,李世恒贫血症得到纠正,于 2011 年 3 月 23 日出院。2011 年 10 月 8 日,李世恒参加单位体检,查出有肝炎史,后于 2011 年 10 月 25 日在长安交通大学医学院第二附属医院复查,门诊确诊为慢性丙型肝炎。李世恒遂将中心血站与高新医院诉至法院。人民法院委托鉴定机构进行鉴定,鉴定结论载明,李世恒目前所患丙型肝炎由长安高新医院于 2011 年 1 月 21 日为其输血所致的可能性大。

人民法院经审理认为,对于李世恒的损失,血站承担 30% 的责任,李世恒承担 70% 的责任。根据李世恒提交的证据,确定李世恒的医疗费为 3000 元,交通费为 600 元。判决:中心血站赔偿李世恒 21650 元。

污染环境、破坏生态如何承担责任?

环境污染,既包括对生活环境的污染,也包括对生态环境的污染。《民法典》规定,因污染环境、破坏生态造成他人损害的,侵权人应当承担侵权责任。

值得说明的是,企业生产污染采无过错责任原则,居民之间的生活污染适用过错责任,主要由相邻关系解决。

1. 环境污染责任的认定

(1)存在污染环境的行为。即使行为人排污符合标准,造成损害的,也仍然应承担赔偿责任。这是因为,国家或者地方规定的污染物排放标准,是主管部门决定排污单位是否需要交纳排污费和进行环境管理的依据,并不是确定排污者是否承担赔偿责任的界限。

(2)污染环境的损害后果。

(3)排污行为与损害后果之间具有因果关系。因污染环境、破坏生态发生纠纷,行为人应当就法律规定的不承担责任或者减轻责任的情形及其行为与损害之间不存在因果关系承担举证责任。如行为人证明排放的污染物没有造成该损害可能、排放的可造成该损害的污染物未到达该损害发生地、该损害于排放污染物之前已发生等。被侵权人虽然对该因果关系不负举证责任，但被侵权人仍应当证明，污染者排放的污染物或其次生污染物与损害之间具有关联性。

2. 环境污染责任的承担

两个以上侵权人污染环境、破坏生态的，承担责任的大小，根据污染物的种类、浓度、排放量，破坏生态的方式、范围、程度，以及行为对损害后果所起的作用等因素确定。

(1)两个以上污染者共同实施污染行为。此种情形属于多个污染者存在意思联络的共同加害行为，应当由多个污染者承担连带责任。

(2)两个以上污染者分别实施污染行为。

①两个以上污染者分别实施污染行为造成同一损害，每一个污染者的污染行为都足以造成全部损害，构成原因力竞合的无意思联络数人侵权。两者承担连带责任。

②两个以上污染者分别实施污染行为造成同一损害，每一个污染者的污染行为都不足以造成全部损害，构成原因力结合的无意思联络数人侵权。两者承担按份责任。

③两个以上污染者分别实施污染行为造成同一损害，部分污染者的污染行为足以造成全部损害，部分污染者的污染行为只造成部分损害，被侵权人可依原因力竞合的无意思联络数人侵权之规定请求足以造成全部损害的污染者与其他污染者就共同造成的损害部分承担连带责任，并对全部损害承担责任。两者承担部分连带责任。

(3)第三人过错污染环境。因第三人的过错污染环境、破坏生态的，被侵权人可以向侵权人请求赔偿，也可以向第三人请求赔偿。侵权人赔偿后，有权向第三人追偿。侵权人承担不真正连带责任。如果污染者与第三人存在意思联络，则构成共同侵权，承担连带责任。

(4)惩罚性赔偿。侵权人故意违反国家规定污染环境、破坏生态造成严重后果的，被侵权人有权请求相应的惩罚性赔偿。

我国环境公益诉讼有哪些规定?

违反国家规定造成生态环境损害,生态环境能够修复的,国家规定的机关或者法律规定的组织有权请求侵权人在合理期限内承担修复责任。侵权人在期限内未修复的,国家规定的机关或者法律规定的组织可以自行或者委托他人进行修复,所需费用由侵权人负担。

对污染环境、破坏生态,损害社会公共利益的行为,同时符合下列条件的社会组织可以向人民法院提起诉讼:(1)依法在设区的市级以上人民政府民政部门登记;(2)专门从事环境保护公益活动连续5年以上且无违法记录。提起诉讼的社会组织不得通过诉讼牟取经济利益。

违反国家规定造成生态环境损害的,国家规定的机关或者法律规定的组织有权请求侵权人赔偿下列损失和费用:生态环境受到损害至恢复原状期间服务功能丧失导致的损失;生态环境功能永久性损害造成的损失;生态环境损害调查、鉴定评估等费用;清除污染、修复生态环境费用;防止损害的发生和扩大所支出的合理费用。

摩尔化工有限公司将其工业副产品盐酸倾泻到浊水河,造成河水被严重污染,下游两公里处多家养殖场鱼类大量死亡,并严重污染了部分江段的地下水质。2018年4月9日,南州市绿水青山环境研究中心、省碧水蓝天环境协会以及南州大学法学院的9名师生联合提起环境公益诉讼,要求摩尔化工有限公司停止排放污染物,恢复水质,并承担赔偿责任。经查:南州市绿水青山环境研究中心是2013年2月12日经南州市民政局批准设立的非营利性社会组织(法人登记证书发证日期:2013年2月12日;有效期限:2013年4月26日至2023年4月25日)。省碧水蓝天环境协会是2011年8月16日经省民政厅批准设立的非营利性社会组织。该协会曾在2015年社会组织年检中被指出是“因经费不足以维持正常业务活动的不合格组织”,并限期整改。本案中,南州市绿水青山环境研究中心的登记有效期始于2013年4月26日,到2018年4月25日才符合满5年的要求,因此无权提起环境公益诉讼。省碧水蓝天环境协会成立时间较早,但2015年被认定是“因经费不足以维持正常业务活动的不合格组织”,在该年度无法从事环境公益活动,产生了中断,不符合连续5年从事环境公益活动的要求,因此无权提起环境公益诉讼。南州大学的9名师生,既非环境污染具体受害人,又非环境公益活动组织,故同样无权提起环境公益诉讼。

饲养的动物致人损害如何承担责任?

这里的动物,是指饲养的动物,即应当为特定的人所有或占有,饲养人或管理人对动物具有适当程度的控制力的情况。该动物为家畜、家禽、宠物或者驯养的野兽、爬行类动物,不包括野生动物。这里的动物致人损害应是源于动物自身特性具有危险性,如狗咬人。如果是动物携带传染病等,则不属于饲养动物损害责任。另外,这里应当是动物独立致人损害,如果是在人的驾驭、控制和支配下致人损害,则不属于动物损害责任,而是人的加害行为。

钱某邀请孙某前往家中做客,孙某带着张某家的宠物狗前往并将宠物狗放在钱某家的阳台上晒太阳。钱某提醒孙某说:“把宠物狗放在阳台容易掉下去。”孙某让钱某放心不会有事。后宠物狗从阳台掉落,将从楼下路过的段某砸伤,花去医药费5000元。本案中,宠物狗从阳台掉落砸伤段某,是动物作为“物件”的重力致人损害,并非因动物自身特定攻击性、危险性致人损害,故不属于饲养动物致人损害之情形。孙某和张某无须承担饲养动物致人损害的无过错责任。

饲养的动物造成他人损害的,动物饲养人或者管理人应当承担侵权责任;但是,能够证明损害是因被侵权人故意或者重大过失造成的,可以不承担或者减轻责任。

被侵权人致害,是因为自己挑逗、刺激等诱发动物的行为直接造成的,即属于故意或重大过失。如果被侵权人的行为不足以诱发动物的侵害行为,其行为只是引起损害的部分原因或次要原因,则不能认为被侵权人存在故意或重大过失。例如,甲明知乙有一条性情暴躁的狗且经常咬人,仍从乙家门口经过,乙的狗突然窜出咬伤甲,不能认为甲存在重大过失。又如,不能仅将主动接近动物的行为认定为故意或重大过失。

李保山、李保林、李保田兄弟三人分别将50箱蜜蜂出售给知蜂堂养殖公司,三人遂与郑某签订运输合同,约定由郑某将150箱蜜蜂运至知蜂堂公司。郑某雇用范某为驾驶员,在装运蜜蜂过程中,坐在后座的郑某见范某座旁车窗未完全关闭，便提醒范某关闭车窗，范某未理睬，郑某也没有去将车窗关闭。行驶途中，因蜂箱未被密封，几只蜜蜂飞出将范某蜇伤，被立即送医救治，但因为范某为过敏体质，随后不治身亡。无法查明蜇伤范某的蜜蜂属于何人所有，但李保田的50箱蜜蜂始终处于封闭状态。李保山、李保林、李保田兄弟三人应否对范某承担连带责任？我们认为，李保山和李保林构成共同危险行为，应对范某承担连带责任，李保田的蜂箱始终处于封闭状态，未实施危险行为，不承担责任。范某未关闭车窗，能否减轻侵权人的责任？我们认为，范某没有关闭车窗，存在一定的过错，但并非重大过失，因而不应减轻侵权人的责任。

违反管理规定，未对动物采取安全措施造成他人损害的，动物饲养人或者管理人应当承担侵权责任；但是，能够证明损害是因被侵权人故意造成的，可以减轻责任。如狗主人携狗搭乘电梯，没有给狗戴嘴套，一小孩拿出香肠喂狗而被咬伤。此时，不能认为小孩的监护人因未尽到监护职责而有过错，狗主人应承担全部责任。

禁止饲养的烈性犬等危险动物造成他人损害的，动物饲养人或者管理人应当承担侵权责任。饲养人或管理人均无免责事由。

因第三人过错致使动物造成他人损害的，被侵权人可以向饲养人或管理人请求赔偿，也可以向第三人请求赔偿。饲养人或管理人赔偿后，有权向第三人追偿。饲养人承担不真正连带责任，有过错的第三人承担最终责任。

动物园动物致人损害如何承担责任？

动物园的动物造成他人损害的，动物园应当承担侵权责任；但是，能够证明尽到管理职责的，不承担责任。损害如果是因游客的过失造成的，如擅自跨越栏杆投喂食物、戏弄动物、与动物拍照等过度骚扰行为，则动物园不承担责任。

2016年7月23日，距离东北虎园西北门出口19米的柏油路上，一辆自驾的白色速腾车突然停在路中。坐在副驾驶位的女子赵某未遵守八达岭野生动物世界猛兽区严禁下车的规定，对园区相关管理人员和其他游客的警示未予理会，擅自下车，导致其被虎攻击受伤。周某见女儿被虎拖走后，救女心切，未遵守八达岭野生动物世界猛兽区严禁下车的规定，施救措施不当，导致其被虎攻击死亡。

该事故的调查组调查后认为，八达岭野生动物世界在事发前进行了口头告知，发放了“六严禁”告知单，与赵某签订了《自驾车入园游览车损责任协议书》，猛兽区游览沿途设置了明显的警示牌和指示牌，事发后工作开展有序，及时进行了现场处置和救援，不属于生产安全责任事故。

遗弃、逃逸动物致人损害如何承担责任？

有些人看到小动物可爱，价格不贵，就买回家中养做宠物，后来却因各种原因而将动物遗弃。弃养后的动物流浪于街头，给他人带来诸多危险和伤害。这些弃养者认为反正已经弃养了，这个动物便和自己再无任何关系，动物就算咬人了也和自己没有关系，自己无须再为动物的伤害行为负责。《民法典》规定，遗弃、逃逸的动物在遗弃、逃逸期间造成他人损害的，由动物原饲养人或者管理人承担侵权责任。如张某饲养的一条狗经常咬人，于是张某将狗捆上石头投入河中后离开，希望狗被溺死，后狗被人救起而成为流浪狗并将他人咬伤。

野生动物致人损害如何承担责任？

野生动物致人损害并非《民法典》侵权责任编调整的内容。《野生动物保护法》规定，因保护本法规定保护的野生动物，造成人员伤亡、农作物或者其他财产损失的，由当地人民政府给予补偿。具体办法由省、自治区、直辖市人民政府制定。有关地方人民政府可以推动保险机构开展野生动物致害赔偿保险业务。有关地方人民政府采取预防、控制国家重点保护野生动物造成危害的措施以及实行补偿所需经费，由中央财政按照国家有关规定予以补助。

建筑物外墙面脱落、坠落致人损害如何承担责任？

《民法典》规定，建筑物、构筑物或者其他设施及其搁置物、悬挂物发生脱落、坠落造成他人损害，所有人、管理人或者使用人不能证明自己没有过错的，应当承担侵权责任。所有人、管理人或者使用人赔偿后，有其他责任人的，有权向其他责任人追偿。据此，该种侵权行为适用过错推定责任原则，即由所有人、管理人或使用人证明自己没有过错，否则就推定其存在过错。

如房屋窗户的防盗网坠落砸伤他人，原因是承揽人在几个月前安装的防盗网不牢固,此时房屋所有人不能证明自己没有过错的,应当承担责任,但事后可以向承揽人追偿。

如何防范和处理高空抛物问题?

现代城市生活,丰富多彩而又危险不断,说我们生活在一个高危社会并不夸张,有人甚至戏称,谁也不知道意外和明天哪个先来。文明、和谐、法治均为社会主义核心价值观,要培养良好道德品行,遵守法律规定,遵守社区共同生活的管理规约,促进社会和谐稳定。高空抛物早期缺乏完善的法律规定,各地法院裁判也不一致,当事人往往不信服法院判决,会提起上诉、再审,长期陷入纠纷之中,不利于社会的和谐稳定。《民法典》关于高空抛物的立法完善,为高空抛物法律问题的有效解决,促进社会和谐稳定,实现社会公平正义,具有重要意义。

拇指大小石块,从 4 楼抛下能砸破头皮,从 25 楼抛下可能把人当场砸死。100 起案件中 60 起可以找到明确加害者,具体惩罚视情节而定,造成财物损失、人身伤害的承担侵权损害赔偿责任,还可能以"危害公共安全罪"判处有期徒刑,承担刑事责任。

《民法典》规定,禁止从建筑物中抛掷物品。从建筑物中抛掷物品或者从建筑物上坠落的物品造成他人损害的,由侵权人依法承担侵权责任;经调查难以确定具体侵权人的,除能够证明自己不是侵权人的外,由可能加害的建筑物使用人给予补偿。可能加害的建筑物使用人补偿后,有权向侵权人追偿。物业服务企业等建筑物管理人应当采取必要的安全保障措施防止前款规定情形的发生;未采取必要的安全保障措施的,应当依法承担未履行安全保障义务的侵权责任。发生本条第一款规定的情形的,公安等机关应当依法及时调查,查清责任人。

(1)公安等机关的调查义务。《民法典》要求公安等机关尽可能通过调查,确定具体侵权人。

(2)能确定具体侵权人的,属于一般侵权行为,适用过错责任原则下侵权责任构成要件,由侵权人承担损害赔偿责任。

(3)调查后仍不能确定具体侵权人的,由可能加害的建筑物使用人给予补偿。在可能加害的建筑物使用人补偿后，如果查找到了具体的侵权人，则属于一般侵权行为，应由具体侵权人承担损害赔偿责任。作出补偿的建筑物使用人，有权向具体侵权人追偿。

霍某被某高层楼上抛下的玻璃酒瓶砸中，住院66天，医疗费用加其他损失共计4万余元。公安机关对案件进行了侦查，没有发现可疑线索，霍某为了维护自己的合法权益，向葫芦岛市连山区人民法院提起了民事诉讼。连山区人民法院判决，霍某的经济损失由该高层一单元的所有使用人共同承担。判决生效后，在小区内张贴了执行通知书，有57户已经履行了义务，剩余25户没有执行。后连山区人民法院执行局对不履行判决的住户强制执行。拒不履行将会被拉入"老赖"的名单，面临罚款和拘留的后果。

(4)物业服务企业等建筑物管理人应当采取必要的安全保障措施防止前款规定情形的发生；未采取必要的安全保障措施的，应当依法承担未履行安全保障义务的侵权责任。

(5)高空抛物者的行为有可能构成犯罪而承担刑事责任。

以危险方法危害公共安全罪是故意以放火、决水、爆炸以及投放危险物质以外的并与之相当的危险方法，足以危害公共安全的行为。

2019年8月1日，蒋某为发泄情绪，将手机、平板电脑、水果刀等从14楼扔出窗外，砸落在楼下停放的三辆轿车上。8月16日，蒋某因涉嫌以危险方法危害公共安全罪被上海市闵行区人民检察院批准逮捕，11月7日，闵行区人民检察院向闵行区人民法院提起公诉。11月25日14时，该案在闵行区人民法院大法庭公开审理。被告人蒋某表示对检察院的指控没有异议，自愿认罪认罚，希望法院可以对其依法从宽处理。

闵行区人民法院认为，蒋某的行为虽未造成人身伤害或重大财产损失的严重后果，但足以危害公共安全，其行为已经构成以危险方法危害公共安全罪。被告人蒋某因以危险方法危害公共安全罪，被判处有期徒刑1年。

共同加害行为如何承担责任？

共同加害行为，也叫狭义的共同侵权行为，是指数人共同故意或过失实施的造成他人损害的承担连带责任的侵权行为。"共同"仅指主观共同，即数人存在意思联络，不包括客观共同。包括共同故意、共同过失、故意与过失的结合。《民法典》规定，二人以上共同实施侵权行为，造成他人损害的，应当承担连带责任。

(1)共同故意。又称"共谋"，即行为人不仅对自己的加害行为存有故意，并且和其他加害人就此故意存在意思联络(沟通或共谋)。如甲、乙、丙三人都对丁有很深的成见，三人商议要共同教训丁一顿，在丁经过某偏僻道路时，甲上前拦住丁的去路，乙随之上前殴打，丙则在一旁望风。

(2)共同过失。数个行为人存有共同的疏忽大意或自信而造成他人损害。数个行为人的过失必须具有"共同"的性质，即有意思联络，否则属于各行为人分别的过失，构成无意思联络数人侵权。甲、乙两人用扁担共挑一重物上山。甲表示担心扁担承受不了这么重的东西而断裂，导致重物滚落伤人。乙对甲表示扁担是新买的，承重没问题。甲觉得乙说的也有道理。后在上山过程中，扁担断裂，重物滚落，砸伤后面行人。

(3)故意与过失的结合。有的行为人存在故意，有的行为人存在过失。甲、乙两人用扁担共挑一重物上山。甲表示担心扁担承受不了这么重的东西而断裂，导致重物滚落伤人。乙觉得这扁担很可能会断裂，但因为后面跟着的一个行人丙是自己的仇人，希望扁担断裂后重物砸伤丙，于是对甲表示扁担是新买的，承重没问题。甲觉得乙说的也有道理。后在上山过程中，扁担断裂，重物滚落，砸伤后面行人。

如果不存在意思联络，则不属于共同加害行为，各个加害人不承担连带责任。如陆明轩与庄婉婷婚后经常吵架，某次激烈争吵中，陆将庄某打伤，送往京旺医院救治，在手术过程中，因主刀医师的医疗过失，手术部分失败。由于共同侵权行为属于有意思联络的数人侵权，强调当事人之间存在意思联络。陆打伤庄某和医生存在医疗过失致手术失败，两者都是侵权行为，但两个主体并无意思联络，不构成共同侵权。须各自对自己的侵权行为承担侵权责任。

共同危险行为如何承担责任？

共同危险行为，又称"准共同侵权行为"，是指二人以上实施危及他人人身或财产安全的行为并造成损害后果，不能确定实际侵害行为人的情形。共同，是指数个行为人的行为必须是在同一时间、同一场所的行为,即时空上的共同性。因与共同侵权行为的“共同”含义不同,故立法没有使用“共同”一词。如果能够确定具体侵权人,则为单独侵权行为,不属于共同侵权行为;不能确定具体侵权人时才属于共同危险行为。不能确定具体侵权人的,行为人承担连带责任。

共同危险行为的核心在于,多个危险行为中,只有一人或部分人的行为导致了损害后果的发生,但实际侵害行为人不能确定。至于各行为人之间是否有意思联络,在所不问。共同故意,只能构成共同加害行为,不构成共同危险行为;共同过失,可以成立共同危险行为;故意与过失结合,也可以成立共同危险行为;不具有意思联络,仍然可以成立共同危险行为。

甲、乙、丙三人上山打猎,所持猎枪型号相同,正在三人埋伏等待猎物经过时,甲看到其仇人丁经过,甲跟乙和丙讲,“丁是我仇人,咱们一起打死他,将来出事了咱们就说没看清楚,以为是野兽”,乙和丙同意。三人同时开枪射击,只有一颗子弹打中丁,致其死亡。后真相被查明。三人属于共同故意,即使只有一颗子弹击中,且无法确定具体侵权行为人,也属于共同加害行为。同理,三人属于共同故意,即使只有一颗子弹击中,且能够确定具体侵权行为人,也仍然属于共同加害行为。

甲、乙、丙三人上山打猎,所持猎枪型号相同,三人于某处埋伏等待猎物经过,此时丁路过该处,三人听到动静,都以为是野兽出没,于是同时开枪射击,只有一颗子弹打中丁,致其死亡,但不知该子弹为谁所射。此时基于共同过失,成立共同危险行为。

甲、乙、丙三人上山打猎,所持猎枪型号相同,三人于某处埋伏等待猎物经过,此时丁路过该处,甲看到是自己的仇人丁,就准备开枪打死他,将来出事了就说没看清楚,以为是野兽。于是大喊“野兽来了!”。乙、丙听到甲的话后没有仔细看清楚,以为是野兽出没。三人同时开枪射击,只有一颗子弹打中丁,致其死亡,但不知该子弹为谁所射。后事情之原委被查明。此时基于故意与过失的结合,成立共同危险行为。

甲、乙、丙三人上山打猎,所持猎枪型号相同,三人互不认识,也没有注意到彼此的存在,恰好于某共同区域埋伏等待猎物经过,此时丁路过该处,三人听到动静,都以为是野兽出没,于是同时开枪射击,只有一颗子弹打中丁,致其死亡,但不知该子弹为谁所射。此时虽无意思联络,仍然成立共同危险行为。有人认为,这也是共同过失,属于客观共同,但这是过去司法解释观点,立法已将客观共同归入两类无意思联络数人侵权中。

教唆、帮助行为如何承担责任?

教唆、帮助侵权,是指教唆、帮助他人实施侵权行为。因教唆人、帮助人并未直接实施侵权行为,因此要证明教唆帮助行为和损害之间的因果关系非常困难,故立法规定教唆人、帮助人也被视作共同加害行为人,使其与直接加害人一起承担连带责任。教唆、帮助他人实施侵权行为的,应当与行为人承担连带责任。教唆、帮助无民事行为能力人、限制民事行为能力人实施侵权行为的,应当承担侵权责任;该无民事行为能力人、限制民事行为能力人的监护人未尽到监护责任的,应当承担相应的责任。

1. 教唆、帮助完全民事行为能力人实施侵权行为

法条中的"他人"指完全民事行为能力人,教唆人、帮助人也应理解为完全民事行为能力人。教唆人、帮助人具有教唆、帮助的主观意图,即其意识到所作出的教唆、帮助行为可能造成损害后果。被帮助人不知道存在帮助行为的,不影响帮助行为的成立。

被教唆人、帮助人需要实施了相应的侵权行为。如果具体实施的侵权行为与教唆、帮助行为没有任何联系,而是行为人另外实施的,则不应要求教唆人、帮助人承担侵权责任。

2. 教唆、帮助无民事行为能力人、限制民事行为能力人实施侵权行为

教唆人、帮助人应当承担责任,是第一位责任人。被教唆、帮助的无民事行为能力人、限制民事行为能力人,无须承担连带责任。监护人没有尽到监护职责的,才承担相应的责任,即依据监护人的过错程度来确定责任。教唆人、帮助人承担责任,监护人未尽到监护责任的,承担相应的责任。

因不可抗力造成的损害能不能免责?

免责事由,是指免除民事责任的理由,即其构成要件完整,但因有特定事由而免除承担责任。免责事由也可以包括减轻责任的事由,因减轻责任相当于免

除部分责任。侵权责任制度既要保护人们的民事权益不受侵害,也要保护人们的行为自由,否则人们会因惶恐不可终日,同样不利于人们追求自我。如果在任何情况下,行为人都要承担责任,同样会对行为人不公平。免责事由正是立法者在行为人和受害人之间进行利益平衡和价值取舍的结果,即立法者认为,在有些情形下,虽然行为人的行为导致了损害的发生,但因有特定事由的存在,应当使其免于承担责任。

因不可抗力不能履行民事义务的,不承担民事责任。法律另有规定的,依照其规定。不可抗力是不能预见、不能避免且不能克服的客观情况。不能预见,是指当事人在订立合同时无法合理地预见到客观情况的发生。不能避免和不能克服,是指所发生的客观情况是不可回避和不可抗拒的,即客观情况的发生具有客观性和必然性。不可抗力主要是指自然现象,如地震、洪水、海啸等。战争、暴乱、罢工等作为免责事由,多与不可抗力并列规定,其具有不可抗力的性质,但不属于不可抗力。

2014 年 3 月 26 日,河海公司从域外进口一批变速器,于 7 月 10 日运抵海口港,通过运恒公司安排将部分货物堆存于海口美兰集装箱公司码头,之后在海口海关完税。2014 年 7 月 17 日 17 时,海口市气象局发出台风警报,台风“威马逊”加强为强台风,将于 7 月 18 日中午前后最大可能在琼海、文昌一带沿海登陆,登陆强度将可达 14～15 级。7 月 18 日 8 时,海口市气象局再次发出台风紧急警报,台风“威马逊”已加强为超强台风,中心附近最大风力 16 级,阵风 17 级,19 日下午起“威马逊”影响逐渐减弱;18 日有暴雨到大暴雨,局部特大暴雨。台风“威马逊”为 1973 年以来袭击华南的最强台风,7 月 17 日至 19 日影响海口地区,虽新闻媒体及气象部门对该台风进行了预报,但其登陆的实际强度或破坏性已超过气象部门预计,并引发风暴潮与天文潮叠加,引起海水倒灌,造成全市大面积内涝积水,交通中断,损失巨大,其中海口美兰集装箱公司码头堆场集装箱被海水所淹,致使河海公司堆存的集装箱内的 400 台变速器总成水湿受损,共造成河海公司货损 504132.28 元。河海公司向海口美兰集装箱公司主张赔偿,海口美兰集装箱公司主张因不可抗力而免责,后河海公司提起诉讼。

人民法院认为,首先,根据公估报告,河海公司的货物受损系因“威马逊”台风引起海水倒灌码头堆场浸湿集装箱内货物所致。台风来之前虽有预报,但台风临近时,其强度不断加强,已远超出预期,最大阵风达 17 级以上,出现超警戒水位风暴潮,为四十年最大,导致海口市大面积内涝积水,损害严重众所周知,海口美兰集装箱公司码头集装箱堆场亦因海水上升被淹致货物浸水受损。故台风"威马逊"影响造成灾难后果的现实性与台风前预报具有较大差距性,超出了正常预见的范围,应视为不能预见。其次,本次台风系几十年不遇的重大自然灾害,已超出海口美兰集装箱公司集装箱堆场设计时的预估及承载能力,当超高潮位涌上海口美兰集装箱公司码头堆场时,集装箱被水淹货损的情况无法避免;尽管海口美兰集装箱公司采取事前防范措施,事后亦尽快止损,但面对"威马逊"超强台风的巨大破坏力,非人力可以抗拒,故案外人河海公司货物损失实属不能克服。因此,本案所涉台风给河海公司的集装箱货物所造成的损害系海口美兰集装箱公司不能预见、不能避免并不能克服的客观情况,构成不可抗力;海口美兰集装箱公司关于本案货损系因不可抗力导致的辩解主张成立,予以支持。判决:驳回河海公司的诉讼请求。

因正当防卫造成的损害能不能免责?

正当防卫,是指为防止自己或他人的人身或财产利益遭受不法侵害,对现时不法侵害,得于必要限度内采取保护性措施。因正当防卫造成损害的,不承担民事责任。正当防卫超过必要的限度,造成不应有的损害的,正当防卫人应当承担适当的民事责任。

正当防卫为合法行为,阻却违法,不成立侵权,不承担责任。被强暴妇女为摆脱被侵害而咬伤施暴者的舌头,施暴者后起诉该妇女。应认定属于正当防卫,不成立侵权,不承担责任。正当防卫人对超出必要限度部分构成侵权,但考虑到先前行为的正当防卫性质,立法者减轻其超出必要限度部分的责任承担,承担适当的责任。所谓"适当",是指根据防卫人过错程度,由防卫人在损失范围内承担一部分责任。

2016 年 5 月 30 日,传销人员刘某和以谈恋爱为名将胡春丽骗至其所在的杭州市梧桐县的传销窝点。胡春丽进入室内先在客厅休息,刘某和、唐某某、郭某成等传销人员多次欲将其骗入卧室,意图通过采取"洗脑"、恐吓、殴打等措施威逼其加入传销组织,胡春丽发觉情况异常予以拒绝。后在多次请求离开被拒并遭唐某某等人逼近时,拿出随身携带的水果刀予以警告,同时提出愿交付随身携带的钱财以求离开，但仍遭拒绝。郭某成等人陆续向胡春丽逼近，胡春丽被逼后退，当郭某成上前意图夺刀时，胡春丽持刀挥刺，划伤郭某成右手腕及左颈，刺中郭某成的左侧胸部，致心脏破裂。医院对郭某成伤口进行处治后，嘱咐其回当地医院进行康复治疗。同年 6 月 3 日，郭某成出院，未遵医嘱继续进行康复治疗。同年 6 月 9 日，郭某成在传销窝点突发昏迷经送医抢救无效于当晚死亡。经法医鉴定：郭某成系左胸部遭受锐器刺戳作用致心脏破裂，在愈合过程中继续出血，最终引起心包填塞而死亡。

公安机关以胡春丽涉嫌故意伤害罪（防卫过当）向检察机关移送审查起诉。杭州市人民检察院认为，郭某成等人陆续向胡春丽逼近，并意图夺刀，属于存在正在进行的不法侵害。胡春丽持刀挥刺，划伤郭某成右手腕及左颈，刺中郭某成的左侧胸部，致心脏破裂。郭某成受伤后经住院治疗，已经出院，但未遵医嘱继续进行康复治疗，导致心脏在愈合过程中继续出血，最终于出院一周后因心包填塞而死亡。考虑胡春丽所面临的不法侵害的严重程度，以及郭某成的死亡过程和原因，应当认为胡春丽的防卫行为符合正当防卫的构成要件，且没有明显超过必要限度。最终，人民检察院作出不起诉决定。胡春丽不构成犯罪，无须承担刑事责任；正当防卫属于合法行为，即使造成郭某成的人身损害，也无须承担民事责任。

因紧急避险造成的损害能不能免责？

紧急避险，是指为了使社会公共利益、本人或他人的合法权益免受更大的损害，不得已采取的造成他人少量损失的紧急措施。因紧急避险造成损害的，由引起险情发生的人承担民事责任。危险由自然原因引起的，紧急避险人不承担民事责任，可以给予适当补偿。紧急避险采取措施不当或者超过必要的限度，造成不应有的损害的，紧急避险人应当承担适当的民事责任。

首先，由引起险情发生的人承担责任。货车司机郭旭东驾车由北向南正常经过一十字路口，一自东向西的电动摩托车突然窜出穿过该十字路口，郭旭东为了避免撞到该电动摩托车，于是猛打方向盘，货车撞上了路边的护栏，造成护栏和货车的损害，应当由电动摩托车车主承担损害赔偿责任。

甲在河堤上取土致使河堤决口，乙驾驶从丙处借来的农用车正巧经过，迫不得已将车推进决口,决口被成功堵塞。此时,应当由甲承担该农用车的损失。

其次,危险为自然原因引起,避险人为他人利益采取行为,造成第三人利益损失的,避险人免于对第三人承担责任,由受益人对第三人损失给予适当补偿。如丙家房屋着火,甲推翻邻居乙家的院墙,使消防车得以进入灭丙家之火。又如甲为了接住从楼上坠下的男孩乙,在接住乙的瞬间将同行的丙撞伤在地。

再次,危险为自然原因引起,避险人为本人利益采取行为,造成第三人利益损失的,避险人本人作为受益人对第三人损失给予适当补偿。如甲家房屋着火,甲推翻邻居乙家的院墙,使消防车得以进入灭甲自家之火。

最后,避险措施不当或超出必要限度,造成不应有的损害的,紧急避险人应当承担适当的责任。甲家遭雷击失火,左邻乙家人用水灭火,在大火已经扑灭的情况下,乙家人未观察火情,而是担心火势复燃,继续往废墟上浇水,导致大量污水流入甲的右邻丙家。

因自愿实施紧急救助造成他人损害的是否需要承担责任?

这些年来,我们在新闻中经常看到"搀扶摔倒老人反被讹诈"等内容,老百姓称之为社会道德滑坡。"扶不扶""救不救"变成了两难选择。为了消除老百姓对助人为乐却可能承担责任的担心和顾虑,鼓励人们见义勇为,救人于危难,弘扬中华民族的优良传统美德。《民法典》规定,因自愿实施紧急救助行为造成受助人损害的,救助人不承担民事责任。

韩立在武汉东湖风景区散布时,发现有人跳湖自杀,韩立遂见义勇为跳入湖里救助。在救人过程中,跳湖者用力挣脱,激烈反抗,韩立紧紧将其抱住并救上岸。上岸后,韩立发现跳湖者的胳膊骨折了。韩立觉得,可能是在施救过程中造成的。根据《民法典》的规定,即使是救助过程中造成跳湖者的骨折,韩立也无须承担责任。

参加文体活动受到损害怎么办?

《民法典》规定,自愿参加具有一定风险的文体活动,因其他参加者的行为受到损害的,受害人不得请求其他参加者承担侵权责任;但是,其他参加者对损害的发生有故意或者重大过失的除外。

《北京青年报》曾经报道这样一个案件，宋老先生在群众自发组织的羽毛球比赛中，被作为对手的50岁的周先生击打出的羽毛球击中右眼，致人工晶体脱位，事后他将周先生诉至法院，索要医疗费等赔偿。宋老先生的代理人认为，这本来是非常轻松的老年人之间的锻炼活动，但是被告的最后一记扣杀，用了巨大的力量，没有任何控制，具有过错；即便周先生不构成重大过失，也应适用侵权责任法中的"公平责任"，分担损失。周先生却认为，他们打球已经打了好几年，谁也不愿意看到谁受伤，这是群众自发组织的文体活动，参加活动应风险自担。

北京市朝阳区人民法院认为，原告作为多年参与羽毛球运动的爱好者，对于自身和其他参赛者的能力以及此项运动的危险，应当有所认知和预见，但仍自愿参加比赛，应认定为自甘冒险的行为。这种情况下，只有被告存在故意或重大过失时，才需承担侵权损害赔偿责任。被告杀球进攻的行为属于该类运动的正常技术动作，并不存在明显违反比赛规则的情形，故不应认定存在重大过失。判决：驳回宋老先生的全部诉讼请求。

因意外事件造成的损害能不能免责？

某暴雨夜，甲拦截并获准搭乘一辆运棺材的卡车，甲为躲雨钻进棺材。后乙和丙也搭上该车，他们只看到车上棺材，并不知甲在其内。乙向丙借火抽烟，丙回答没有，甲在棺材内听到后推开棺材盖伸手递出打火机。乙见此状以为诈尸，吓得跌下车受伤。乙要求甲承担侵权责任，甲认为自己没有过错，无须承担责任。

意外事件，是指无法预见的偶然发生的事件。意外事件与不可抗力都不可预见，但不可抗力通常是不能避免并不能克服的自然灾害，即使预见也无法克服，而意外事件通常只是无法预见，如果可以预见，往往可以克服。《民法典》虽然没有明确规定意外事件作为免责事由，但行为人如果能利用意外事件证明其无过错，在过错责任原则下，法院也不会判其承担责任。上述案子中，甲并无过错，无须承担责任。